Recht der Luftsicherheit

Elmar M. Giemulla · Bastian R. Rothe
Herausgeber

Recht der Luftsicherheit

Springer

Prof. Dr. Elmar M. Giemulla
Bastian R. Rothe, LL.M.
Schopenhauerstr. 51
14129 Berlin
giemulla@giemulla.com
rothe@giemulla.com

ISBN 978-3-540-78996-3 e-ISBN 978-3-540-78997-0

DOI 10.1007/978-3-540-78997-0

Bibliografische Information der Deutschen Nationalbibliothek
Die Deutsche Nationalbibliothek verzeichnet diese Publikation in der Deutschen Nationalbibliografie; detaillierte bibliografische Daten sind im Internet über http://dnb.d-nb.de abrufbar.

Herstellung: le-tex publishing services oHG, Leipzig
Einbandgestaltung: WMXDesign GmbH, Heidelberg

Gedruckt auf säurefreiem Papier

9 8 7 6 5 4 3 2 1

springer.de

Vorwort

Der 11. September 2001 markiert ein Datum, das für den überwiegenden Teil der Menschheit mit einem tief sitzenden Schock verbunden ist. Die Bilder von den einstürzenden Hochhäusern in New York werden wohl für immer im kollektiven Bewusstsein der Menschheit eingebrannt bleiben.

Das Leben der Menschen, vor allem im industrialisierten Teil der Welt, hat sich seitdem drastisch verändert. Es sind weniger die vielen einzelnen Sicherheitsmaßnahmen, die ja im Wesentlichen nur den fliegenden Teil der Bevölkerung treffen. Es ist vielmehr das gesellschaftliche Klima, das zunehmende Bereitschaft erzeugt, von den Werten einer freiheitlichen Gesellschaft abzurücken. Ist im Zeitalter des Internet denn überhaupt noch etwas vor dem Zugriff durch wen auch immer sicher? Ist es denn so schlimm, dass wer auch immer über mich fast mehr weiß als ich selber, weil nicht ich, aber dafür andere meinen Lebensablauf minutiös speichern oder zumindest die Zusammenfügung der bereits überall gespeicherten Informationen hierüber lückenlos Auskunft gibt? Die gleichgültige Bemerkung „Ich habe nichts zu verbergen“ gibt traurige Auskunft darüber, dass derjenige, der so spricht, auch nach mehr als 60 Jahren Grundgesetz und Grundrechten noch nicht erkannt hat, welchen Wert in der abendländischen Tradition das Individuum hat und welche Dynamik der Schutz des Individuums und die erst hierdurch ermöglichte „freie Entfaltung der Persönlichkeit“ freisetzt.

So notwendig es ist, dem Terrorismus die Stirn zu bieten und uns selbst zu schützen: Wir dürfen uns nicht zu seinen Handlangern machen. Das Einstürzenlassen von Hochhäusern ist nicht das Ziel, sondern lediglich ein Mittel zur Erreichung eines Ziels, das nur in der Abschaffung oder zumindest Verformung der freiheitlichen Gesellschaftsordnungen bestehen kann. Der erste Schritt wurde durch den Terrorismus getan; wir dürfen die Arbeit der Terroristen nicht von uns aus vollenden.

Das Spannungsverhältnis von Freiheit und Sicherheit muss deshalb immer wieder neu austariert werden. Dies setzt voraus, dass nicht nur über die Gefahren des Terrorismus, sondern auch über die Gefahren der gegen ihn gerichteten Sicherheitsmaßnahmen geredet und gestritten wird.

Das FORUM • Institut für Management und die Technische Universität Berlin (Institut für Luft- und Raumfahrt – Forschungszentrum Sicherheit) haben deshalb im Oktober 2007 eine Tagung zu diesem Thema organisiert, deren Vorträge neben einigen anderen Beiträgen in dem vorliegenden Band zusammengefasst sind. Wir danken den Vortragenden und Autoren, dass sie sich mit der Veröffentlichung ihrer Beträge einverstanden erklärt haben.

Die Organisatoren der Tagungen und die Herausgeber dieses Bandes würden sich freuen, wenn ihre Initiative auf ein breites Echo der Beteiligten stoßen würde. Zuviel steht auf dem Spiel. Wir dürfen nicht zulassen, dass durch die Summation von Einzelmaßnahmen ein schleichender Prozess in Gang gesetzt wird, an dessen Ende eine Gesellschaftsordnung steht, in der der Staat des Grundgesetzes nicht mehr wiederzuerkennen ist.

Berlin, im Juli 2008

Elmar M. Giemulla
Bastian R. Rothe

Inhaltsverzeichnis

1 Grundlagen

1.1 Im Spannungsfeld von Freiheit und Sicherheit

Im Spannungsbereich Sicherheit und Datenschutz stehen wir mit dem Rücken an der Wand, wenn wir die Grundrechte verteidigen. Wir verteidigen inzwischen eine ganze Reihe von Grundrechten: die Menschenwürde, die Unverletzbarkeit der Wohnung, die Pressefreiheit. Das Versammlungsrecht, wenn wir die Beschränkungen in Heiligendamm vor Augen haben, mit dem inakzeptablen Einsatz eines Tornado-Flugzeugs, um ein Camp zu fotografieren. Damit wurde die ganze Vorsorgehysterie sichtbar, die immer wieder an den Grenzen der Verfassung entlang geschrammt ist. In der Auseinandersetzung um die Haftdauer für RAF-Häftlinge hatten wir die auf dem Prinzip der Menschenwürde beruhende Position zu verteidigen, dass auch eine lebenslange Freiheitsstrafe die Perspektive der Freiheit enthalten muss. In Köln geht es zur Zeit im Streit um einen Moschee-Neubau um die Religionsfreiheit. Immer wieder gilt es, in schwierigen Situationen, möglicherweise auch gegen die Mehrheit der Bevölkerung – ich denke nur an den Folterfall Daschner – die Grundrechte zu verteidigen.

Wir sind in einer Situation, wo es sehr schwer ist, in den Parlamenten Datenschutzforderungen durchzusetzen. Wir müssen uns fragen: Woran liegt das? Was können wir ändern?

Meine Lebenserfahrung ist, dass Politiker auf Druck ihrer Wähler reagieren. Dieser Druck ist nicht stark genug. Immerhin gibt es jetzt Umfragen, in denen ca. 60 % den Flugzeugabschuss und auch 41 % die heimliche Online-Durchsuchung ablehnen. Es wird Terrorismusangst verbreitet. Ganz massiv vom Bundesinnenminister[1], der gleichzeitig zu Gelassenheit aufruft.

Mit Recht wird gefragt: Was ist eigentlich Terrorismus? Die UNO hat mehrfach den Versuch unternommen, das zu definieren. Es ist nicht gelungen. Was geht in den Köpfen der Menschen vor? Werden sie manipuliert, um einer diffusen Terrorismusangst zu erliegen? Ich meine schon. Es wird ihnen nicht gesagt, dass wir selbst in einem totalen Überwachungsstaat die Risiken nicht ausschalten können. Es wird eine Stimmung erzeugt, die die Bevölkerung zu dem berühmten Spruch bringt: Wer nichts zu verbergen hat, hat auch nichts zu befürchten. Meine Antwort darauf ist: Was sind Sie für ein langweiliger Mensch. Aber für die Geltung von Grundrechten kann es keine Bedeutung haben, ob einzelne Bürger oder gar die Mehrheit auf sie verzichten wollen.

---

1 Anm. der Hrsg.: Dr. Wolfgang Schäuble, CDU.

Gerhart R. Baum

Also: Es besteht Angst vor dem Verbrechen, und diese hat zu immer neuen Schüben von Ausnahmegesetzen geführt. Wir sind auf einer Rutschbahn. Mit der RAF-Zeit begann es. In einer Ausnahmesituation haben wir Ausnahmegesetze gemacht. Einen Teil der Gesetze und der Fahndungsmaßnahmen haben wir revidiert, beispielsweise das Kontaktsperregesetz oder auch die Einbeziehung von Unverdächtigen in die Fahndung aufgrund von allgemeinen Merkmalen. Dann haben wir eine weitere Phase erlebt. Sie war gekennzeichnet durch die angebliche Drohung einer organisierten Kriminalität. Ein fatales Ergebnis dieser Debatte war der Große Lauschangriff. Er hat zum Rücktritt einer FDP-Ministerin geführt, die in einer bisher nicht gekannten Weise später bestätigt worden ist durch das Bundesverfassungsgericht. Es hat uns – Herrn Dr. Hirsch, Frau Leutheusser-Schnarrenberger und mir – in wesentlichen Punkten Recht gegeben. Es hat die Grenzen der staatlichen Ermittlungstätigkeit aufgezeigt. Wir haben eine Verfassung, die Grenzen aufzeigt. Die Grenze liegt vor allem in dem Schutz der Menschenwürde. Das Gericht hat auch in anderen Urteilen diese sehr genau bestimmt, zum Beispiel im Urteil zur Rasterfahndung. Ich erwähne noch das Luftsicherheitsgesetz, das in wesentlichen Punkten für nichtig erklärt wurde.[2]

Der Staat darf von seinen Bürgern nicht erwarten, dass sie sich für andere opfern. Leben darf nicht gegen Leben nach Kriterien von Qualität oder Quantität aufgewogen werden. Die Folge dieses Urteils war, dass einige Politiker sofort nach Umwegen gesucht haben und dazu die Konstruktion eines „Quasi-Verteidigungsfalles“ ins Gespräch gebracht haben. Das heißt also: Wir haben das Bundesverfassungsgericht, das in einer bemerkenswerten Serie von Entscheidungen dem Gesetzgeber in den Arm gefallen ist, während die Politiker immer wieder die Belastbarkeit der Verfassung erproben. So etwas hat es in der Geschichte der Bundesrepublik noch nicht gegeben: Niedersächsisches Polizeigesetz, Europäischer Haftbefehl, Zollfahndungsgesetz, Cicero-Entscheidung, Entscheidungen zu Maßnahmen gegen einzelne Anwälte, zum Beispiel zu Abhörentscheidungen von Anwaltskanzleien.

Die Reaktion der Öffentlichkeit auf diese Urteile war eher verhalten. Ich merke das dann immer, wenn ich angesprochen werde. Die Taxifahrer haben auf das Luftsicherheitsgesetz reagiert, das war darstellbar. Aber der Lauschangriff, das noch wichtigere Urteil, ist schon sehr viel schwerer darstellbar.

Diese ganze Serie von Entscheidungen ist von der Sorge geprägt, dass es in einem Präventionsstaat – und den haben wir mittlerweile – keine Bürger mehr gibt, sondern nur noch potenzielle Täter. Das Volkszählungsurteil von 1983 stellte auf einen Aspekt ab, der auch heute ganz wichtig ist: In einer freiheitlichen Demokratie darf die freie Auseinandersetzung nicht behindert werden. Die Bürger dürfen nicht in die Furcht geraten, dass ihre Kommunikation überwacht wird mit der Folge, dass sie ihre Rechte nicht mehr wahrnehmen. Dadurch, so hat das Gericht argumentiert, nimmt die Demokratie Schaden. Diese Argumente können und müssen auch herangezogen werden, wenn wir das neue Instrument der Vorratsdatenspeicherung von Telekommunikationsverbindungen beurteilen. Es ist in meinen

[2] Urteil des Bundesverfassungsgerichts – 1 BvR 357/05 – vom 15. Februar 2006 zu § 14 Abs. 3 LuftSiG, BVerfGE 115, 118, abgedruckt im Anhang.

Augen verfassungswidrig. Es muss jetzt geprüft werden, ob die Hürde zum Bundesverfassungsgericht genommen werden kann. Die Maßnahme greift so weit in die geschützte Privatheit der Bürger ein, dass ich mir nicht vorstellen kann, dass sie, wenn es allein um das Grundgesetz geht, Bestand hat. Sechs Monate werden alle Kommunikationsverbindungen gespeichert, und zwar so, dass auch Bewegungsprofile möglich werden.

Monatelang haben wir in den 80er Jahren über das so genannte Vermummungsverbot gestritten, mit dem ein Stück Gesinnungsstrafrecht eingeführt wurde. Kaum war diese Phase abgeklungen, kam der nächste Schub mit der Reaktion auf den 11. September. Wieder kam es zu der bekannten Gemengelage. Die einen versprechen mehr Sicherheit, ohne Erforderlichkeit und Verfassungskonformität penibel zu prüfen. Die anderen machen es sich schwerer, wenn sie Sicherheitsbedürfnisse und Freiheit gegeneinander abwägen.

Ich meine, dieses Spannungsverhältnis muss ausgehalten werden, das müssen auch die verantwortlichen Politiker aushalten. Dieses Spannungsverhältnis muss auch den öffentlichen Diskurs prägen. Es scheint ja so zu sein, dass jetzt in der Großen Koalition dieser Diskurs wieder beginnt, nachdem Herr Schily[3] in weiten Teilen mit der CDU/CSU einig war. Jetzt akzeptiert die SPD nicht ohne weiteres, was von Schäuble vorgeschlagen wird.

Prof. Denninger hat kürzlich in einem Vortrag in Frankfurt zur Sicherheitspolitik bemerkenswerte Aussagen gemacht, unter anderem die Aussage, dass zur Logik des Sicherheitsstaats seine Maßlosigkeit gehört. Er findet kein Maß, das ist so. Das ist auch meine Lebenserfahrung. Ich war Datenschutzminister und Sicherheitsminister. Ich habe das Spannungsverhältnis in mir selber aushalten müssen. Auf eine Tat folgt regelmäßig die Forderung nach immer neuen Gesetzen. Auch jetzt erleben wir das bekannte Ritual: Die „Sauerlandtäter" sind gefaßt, bevor sie ihre Verbrechen begehen konnten – wir freuen uns nicht, sondern diskutieren neue Gesetze!

Denninger weist darauf hin, dass in diesen Sicherheitsgesetzen, die Schily vorgelegt hat, das Wort ‚Terrorismus' 37 Mal, das Wort ‚Freiheit' kein einziges Mal vorkommt.[4] Das ist bezeichnend für die Situation. Die Parteien bewegen sich in einer Kontroverse. Der eine sagt: Ich kämpfe erfolgreich gegen den Terrorismus. Du hinderst mich daran. Du bist mitverantwortlich, wenn etwas passiert. Das ist eine fatale Diskussion. Wir wissen, dass absolute Sicherheit nicht herstellbar ist. Wir haben damals in der RAF-Debatte bei den Gesetzen zur Bekämpfung der RAF die CDU/CSU-Opposition gegen uns gehabt und haben das bis zu einem gewissen Grad sogar ausgehalten, auch in Wahlen.

Ich brauche das nicht im Einzelnen aufzufuhren, was alles im Lauf der Jahre passiert ist: erhöhte Strafdrohung, erleichterte Verhaftung, elektronische Belauschung, anlasslose Personenkontrolle, polizeiliche Recherchen im Vorfeld über ahnungslose Kontakt- und Begleitpersonen, Rasterfahndungen – die letzte ist vom Verfassungsgericht an enge Kriterien gebunden worden –, Telefonkontrollen mit den höchsten Steigerungsraten weltweit, Kontrollmöglichkeiten aller grenzüber-

[3] Anm. der Hrsg.: Bundesinnenminister bis 2005.

[4] Vgl. Denninger, Recht in globaler Unordnung, S. 219, 227.

schreitender Telekommunikation, Ausdehnung der Zuständigkeit der Dienste, schleichender Abbau der Trennung zwischen Polizei und Verfassungsschutz; das Bankgeheimnis fiel; die Pässe werden mit Fingerabdrücken und biometrischen Merkmalen ausgerüstet; das Terrorismusbekämpfungsergänzungsgesetz – ein schreckliches Wort – hat vor kurzem drastisch und ohne ernsthafte Evaluierung des Vorgängergesetzes die Auskunftsrechte der Dienste erweitert und bezieht sich keineswegs nur auf den Terrorismus; gemeinsame Arbeitsdateien von Geheimdiensten und Polizei, deren Inhalt, Dauer und Zugang ohne parlamentarische Beteiligung allein von der Verwaltung bestimmt wird; die Vorratsdatenspeicherung; das Zollfahndungsgesetz und schließlich jetzt der Versuch, den privaten Computer heimlich zu erfassen. Schon die Erforderlichkeit dieser Maßnahme ist angesichts der anderen Möglichkeiten, die das Internet bietet, zu bestreiten. Ich meine: Dieser Grundrechtseingriff geht noch tiefer als der Lauschangriff.

Das alles geschieht mit dem Ziel, da man die Täter nicht mehr kennt, eine allgemeine Prävention einzuführen. Es hat ein gefährlicher Paradigmenwechsel stattgefunden: Es ist wichtiger, eine Straftat zu verhindern – und hierzu nimmt man Grundrechtsverstöße in Kauf –, als sie hinterher aufzuklären. Damit begibt man sich auf eine Rutschbahn vom gegenwärtigen Angriff über die konkrete und abstrakte Gefahr bis hin zu vagen Vermutungen. Immer mehr präventive Eingriffsbefugnisse werden geschaffen. „Die präventive Logik", sagt Prantl, „ist expansiv", und er fügt hinzu: „Wer vorbeugen will, weiß nie genug – und so verwandelt sich der Rechtsaat in den Präventionsstaat."

Ich erzähle überall, wo ich rede, den Bürgern: Ihr seid in einer Weise heute mit euren elektronischen Spuren im Visier des Staates, wie das noch nie in der Geschichte der Fall gewesen ist, und stoße auf Zurückhaltung. Diese Gleichgültigkeit macht mir zunehmend Angst.

Ich wiederhole noch einmal: Die Entwicklung ist gekennzeichnet durch eine Politik, in der Angst verbreitet wird. Zur Bekämpfung der Angst werden Vorschläge gemacht. Derjenige, der die Angst zum Thema macht, tritt gleichzeitig als Retter auf die Bühne und sagt: Ich habe das Konzept. Ihr braucht nur diese ganzen Gesetze zu beschließen, dann braucht ihr keine Angst mehr zu haben. Das sind dann zum Teil reine Symbolgesetze, mit denen Aktionismus vorgespiegelt wird.

Ich will nicht bestreiten, dass ein Teil der Maßnahmen auch nach dem 11. September notwendig war. Meine Kritik gilt denen, die zu weit gehen. Angst verbindet sich mit einer rasanten technischen Entwicklung, die ungemein verführerisch ist. Es ist fantastisch, was man alles machen kann. Ich habe mich bei den TÜVs vergewissert, was das Auto heute schon elektronisch kann und künftig elektronisch kann. Es wird künftig möglich sein, jeden Meter, den wir mit dem Auto fahren, nachzuverfolgen. Am Ende des Monats bekommen wir eine Abrechnung über alle Geschwindigkeitsübertretungen, die wir gemacht haben – per Satellit erfasst.

Auch wenn die einzelne Maßnahme relativ harmlos erscheint, es ist die Summe der Maßnahmen, die mir Angst macht, und die Dynamik, die sich entwickelt hat. Es wird mit den Fingerabdrücken angefangen. Es wird gesagt: Die brauchen wir in den Pässen, um wirklich festzustellen, ob derjenige, der den Pass vorlegt, auch identisch ist mit dem, auf den der Pass ausgestellt worden ist.

Gerhart R. Baum

Was war die nächste Überlegung? Wir richten eine Datei ein, denn schließlich haben wir die Daten. Vorher wurde uns gesagt: Die Daten werden gelöscht, wenn der Pass ausgegeben worden ist. Für die mehr als drei Millionen Ausländer in unserem Lande soll eine Fingerabdruckdatei eingerichtet werden. Das heißt: Eins kommt zum anderen. Bei den Mautdaten wurde uns gesagt: Sie sind für Abrechnungszwecke notwendig. Jetzt sollen sie helfen, Verbrechen aufzuklären. Hier würde ich sogar ein Stück mitgehen, wenn die Kriterien klar bestimmt sind. Der biometrische Code im Pass wird in Kürze mit den Videokameras kombiniert werden können, befürchte ich. Man wird sagen: Wir haben die Videokameras, wir haben die biometrischen Daten. Also verbinden wir beides.

Ein Problem ist eine gewisse Gleichgültigkeit der Bevölkerung. Was ist da passiert? Hat das Internet die Sensibilität der Menschen verändert? Sind die Menschen heute eher bereit, gleichgültig gegenüber der Preisgabe von Daten zu sein? Hat sich die Schamgrenze gesenkt? Die Schamgrenze, die eigentlich da sein müsste, um das Private zu schützen? Immerhin flackert Widerstand auf. Zum Beispiel bei den neuen Zugriffsmöglichkeiten auf Bankkonten und jetzt bei der beabsichtigten, heimlichen Online-Überwachung. Schily hat immer behauptet, es gäbe ein Grundrecht auf Innere Sicherheit. Das haben wir natürlich nicht. Sicherheit ist nur als Bedingung für die Möglichkeit der Freiheit zu begreifen.

Und nun stehen wir vor den neuen Vorschlägen von Schäuble. Man muss sich wirklich fragen, ob wir nicht auf dem Wege zur Rehabilitierung des Staatsrechtlers Carl Schmitt sind, der bekanntlich ein Wegbereiter des Nazi-Unrechtsstaates war.[5] Er hat sich intensiv mit dem Phänomen des Ausnahmezustandes befasst und legitimiert die Aufhebung von wichtigen Elementen der Rechtsordnung in solchen Situationen. Er sagt: Um Recht zu schaffen, muss man nicht Recht haben. Schmitt hat dem Staat das Kriegsrecht im Inneren eingeräumt. In der Tat sind wir in unseren Diskussionen auf dem Wege zur Einführung eines Feindstrafrechts zur Bekämpfung des Terrorismus. Bush hat uns das vorgemacht – und nun soll auch die Bundeswehr als Ersatzpolizei die Kriminalität bekämpfen!

Wir sind in einer Phase der Ausnahmegesetze. Die Grundrechte stehen mit dem Rücken an der Wand. Das einzige Bollwerk ist, wie gesagt, das Bundesverfassungsgericht. Wann wacht das Parlament endlich auf? Ich hoffe, dass die SPD die Schäuble-Vorschläge kritisch bewertet und sich nicht auf faule Kompromisse einlässt. Die FDP-Fraktion, allerdings in der Opposition, hat die meisten Gesetze abgelehnt. Ich habe hier vor meinen Augen die Begründung der Verfassungsbeschwerde, die ich mit einigen Kollegen gegen die Online-Durchsuchung im NRW-Verfassungsschutzgesetz eingelegt habe. Nach unserer Ansicht verstößt es gegen mehrere Grundrechte. Insbesondere beachtet es nicht den vom Verfassungsgericht geforderten Schutz eines Kernbereichs privater Lebensgestaltung.

Es stellt sich die Frage, wie sich andere Staaten mit denen wir auf der Basis einer gleichen Werteordnung zusammenarbeiten, entscheiden. Denken wir an die Vorratsdatenspeicherung, so sehen wir einen Prozess der internationalen Aufweichung von Datenschutzprinzipien. Wird sich das fortsetzen? Wird die zunehmende Übertragung von Kompetenzen auf die Europäische Gemeinschaft dazu führen,

5 Vgl. dazu Kohl/Stolleis, NJW 1988, 2849.

dass wir unsere Standards nicht behaupten können? Standards, die geprägt sind von den bitteren Erfahrungen, die unser Land mit Diktaturen gemacht hat.

Wenn ich mir den letzten bemerkenswerten Bericht des Bundesbeauftragten für den Datenschutz ansehe, so ist das ein Horrorkatalog. Wir müssen inne halten und wir brauchen dringend, im öffentlichen wie im privaten Sektor, ein neues Datenschutzrecht, das uns besser schützt. Die Vorschläge, die der Bundesbeauftragte zur Weiterentwicklung des Datenschutzrechtes macht, finde ich sehr beachtlich. Er sagt: Ohne entsprechende Reformschritte wird die Lücke zwischen dem technologischen Fortschritt und dem Einsatz elektronischer Datenverarbeitung immer größer.

Ich komme zum Schluss: Der Berliner Journalist Christian Bommarius beschäftigt sich mit der Serie von Gesetzen zur Kriminalitätsbekämpfung in allen Bereichen der Kriminalität und kommt zu dem Schluss: „Die Angst vor dem Verbrechen ist furchtbarer als das Verbrechen und gefährlicher als der Verbrecher, denn sie lässt sich nicht festnehmen, nicht anklagen, nicht verurteilen, nicht bestrafen."

Und an anderer Stelle fährt er fort: „Verglichen mit dem Abwehrzauber dessen sich der neue Gesetzgeber bedient, waren die Abwehrriten des Volkglaubens Manifestationen der Rationalität. Der Glaube, die Gefahren der Risikogesellschaft ließen sich durch ihre Kriminalisierung bezwingen, verrät weniger Realitätssinn als die Hoffnung, das Böse mit dem Blick zu töten."

Recht hat der Mann!

Gerhart R. Baum

1.2 Die Luftsicherheit und die Übermittlung von personenbezogenen Daten oder der „Gläserne Passagier“ – Ein Überblick über den Ist-Zustand

1.2.1 Allgemeines

Die Erhebung, Verarbeitung, Nutzung und Übermittlung von personenbezogenen Daten ist vornehmlich ein „Problem“ der Passagiere. Ihre Daten sind heiß begehrt - nicht nur bei den Marketingstrategen der Fluggesellschaften, sondern zunehmend auch bei den Sicherheitsbehörden im In- und Ausland. Insbesondere im Blickpunkt stehen dabei die - relativ mühelos erlangbaren - sogenannten Passagierdaten, d. h. die Angaben, die Flugreisende üblicherweise im Zusammenhang mit der Buchung ihrer Reise der Fluggesellschaft oder dem Reisebüro anvertrauen, wie etwa das Datum der Reise, Reiseroute oder die Art der Bezahlung. Diese Daten werden von den Fluggesellschaften als Passenger-Name-Record-Daten (PNR-Daten) in ihren Reservierungssystemen gespeichert. Sie sind damit „im Prinzip“ verfügbar und werden so zum „Objekt der Begierde“ von staatlichen Datensammlern - auch oder insbesondere auf dem Gebiet der Luftsicherheit.

Unumstritten ist, dass mit der Erhebung, Verarbeitung, Nutzung und Übermittlung von personenbezogenen Daten in das Grundrecht auf informationelle Selbstbestimmung (Art. 2 Abs. 1 i. V. m. Art. 1 Abs. 1 GG) eingriffen wird. Ein solcher Eingriff bedarf nach Auffassung des Bundesverfassungsgerichtes eines überwiegenden Interesses der Allgemeinheit und einer besonderen gesetzlichen Ermächtigungsgrundlage.[6]

Dementsprechend regelt § 6 LuftSiG im (überwiegenden) Interesse (der Allgemeinheit) am Schutz vor Angriffen auf die Sicherheit des Luftverkehrs, insbesondere vor Flugzeugentführungen, Sabotageakten und terroristischen Anschlägen (§ 1 LuftSiG), die allgemeinen Befugnisse der Luftsicherheitsbehörden zur personenbezogenen Datenerhebung, -verarbeitung und -nutzung. § 6 Abs. 1 LuftSiG enthält hierfür als Grundsatz eine Verweisnorm auf bereits existierende aufgabenbezogene Befugnisnormen für die Luftsicherheitsbehörden. Lediglich in Einzelfällen soll auf spezielle Vorschriften zurückgegriffen werden (können). „Die Schaffung bereichsspezifischer Datenschutzvorschriften im Luftsicherheitsgesetz ist nur insoweit erforderlich, als der Umgang mit personenbezogenen Daten gegenüber dem Datenverkehr, wie er bei den Luftsicherheitsbehörden bereits in Erfüllung ihrer bisherigen Aufgaben anfällt, in regelungsbedürftiger Weise abweicht. Dies ist für den überwiegenden Bercich der Tätigkeit der Luftsicherheitsbehörden nicht der Fall. Bereichsspezifische Besonderheiten existieren allerdings hinsichtlich des Umgangs mit den Daten aus der Zuverlässigkeitsüberprüfung.“[7]

§ 7 LuftSiG enthält an verschiedenen Stellen gegenüber der allgemeinen Regelung des § 6 LuftSiG Vorrang genießende, besondere Bestimmungen über die Erhebung und Verwendung personenbezogener Daten zu Zwecken der Zuverlässig-

[6] BVerfGE 65, 1 ff. – Volkszählungsurteil.

[7] BT-Drucks. 15/2361, S. 16.

keitsüberprüfung. Diese werden hinsichtlich der Einzelheiten der Erhebung und Verwendung durch eine Verordnung nach § 18 Abs. 1 LuftSiG[8] ergänzt. „Soweit die besonderen Erhebungs- und Verwendungsbestimmungen dieser Vorschrift keine abweichenden Regelungen enthalten, müssen die Luftsicherheitsbehörden ihren sich aus den in § 6 LuftSiG in Bezug genommenen Vorschriften ergebenden Verpflichtungen nachkommen. So ergibt sich die Verpflichtung zur Berichtigung unrichtiger Daten ebenso wie die Verpflichtung zur Auskunftserteilung für die im Rahmen einer Zuverlässigkeitsüberprüfung erhobenen und verarbeiteten Daten bereits aus den allgemeinen Vorschriften.“[9]

1.2.2 Die Übermittlung von personenbezogenen Daten ins Ausland

Nach deutschem Rechtsverständnis ist bei jeder Übermittlung von personenbezogenen Daten genauso wie bei deren Erhebung, Verarbeitung und Nutzung das Gebot der Zweckbindung zu beachten, d. h. personenbezogene Daten dürfen grundsätzlich nur zu dem Zweck verwendet werden, zu dem sie erhoben worden sind. Dies gilt naturgemäß auch für Daten, die ins Ausland übermittelt werden sollen. Um den Gefahren der automatischen Datenverarbeitung zu begegnen, „ist ein - amtshilfefester - Schutz gegen die Zweckentfremdung personenbezogener Daten durch Weitergabe- und Verwertungsverbote erforderlich“.[10] Eine Änderung der ursprünglichen Zweckbestimmung und die Weitergabe von Daten können nur auf gesetzlicher Grundlage erfolgen. Zweckentfremdete und nicht auf gesetzlicher Grundlage weitergegebene Daten unterliegen dem Verwertungsverbot.

Die Übermittlung von personenbezogenen Daten an (öffentliche) Stellen im Ausland ist ein besonderer Eingriff in das Recht der informationellen Selbstbestimmung des Betroffenen, da der Personenkreis derer, die Kenntnis von den Daten des Betroffenen erhalten, erheblich und für die übermittelnde Stelle unkontrollierbar erweitert wird. Dementsprechend bedarf diese Übermittlung einer speziellen, über die Rechte des § 6 Abs. 1 LuftSiG hinausgehenden Rechtsgrundlage. Diese wurde für die internationale Kooperation bei Luftsicherheits-Zuverlässigkeitsüberprüfungen mit § 7 Abs. 10 LuftSiG bzw., soweit dies zur Abwehr unmittelbar drohender erheblicher Gefahren für die Sicherheit des Luftverkehrs (insbesondere bei erfolgten oder drohenden terroristischen Angriffen) erforderlich ist, mit § 6 Abs. 2 LuftSiG geschaffen.

Die Übermittlung nach dem LuftSiG

Übermittlung nach § 7 Abs. 10 LuftSiG. § 7 Abs. 10 LuftSiG erlaubt den deutschen Luftsicherheitsbehörden die internationale Kooperation bei Zuverlässigkeitsüberprüfungen. Diese ist bei Anfragen ausländischer, über- oder zwischen-

---

8 Vgl. Luftsicherheits-Zuverlässigkeitsüberprüfungsverordnung (LuftSiZÜV) vom 23. Mai 2007 (BGBl. I S. 947).

9 BT-Drucks. 15/2361, S. 16.

10 BVerfGE 65, 1/46.

staatlicher Stellen durch die Luftsicherheitsbehörden selbst vorzunehmen. Übermittelt werden dürfen im Zuge dieser Kooperation nach § 7 Abs. 10 Satz 2 LuftSiG nur die der Identifizierung des Betroffenen dienenden personenbezogenen Daten (wie Name, Vorname, Geburtsname, Geburtsdatum, Geburtsort, Wohnort und Staatsangehörigkeit) sowie das Ergebnis der Überprüfung. Nicht übermittelt werden dürfen jedoch die der Überprüfung zugrunde liegenden Daten. § 7 Abs. 10 Satz 3 LuftSiG schließt die Übermittlung aus, wenn der Betroffene ein schutzwürdiges Interesse hieran hat. Dies kann dann der Fall sein, wenn deutsche Stellen davon ausgehen können, dass bei der empfangenden Stelle kein angemessenes Datenschutzniveau gewährleistet ist. Zur Gewährleistung der Zweckbindung bei der Verwendung der übermittelten Daten schreibt § 7 Abs. 10 Satz 4 LuftSiG einen entsprechenden Hinweis an den Übermittlungsempfänger vor.

Übermittlung nach § 6 Abs. 2 LuftSiG. § 6 Abs. 2 LuftSiG entspricht im Wesentlichen dem § 69 LuftVG a. F. Auch die amtliche Begründung zum LuftSiG lehnt sich an die Gesetzesbegründung zum § 69 LuftVG a. F. bei dessen Einführung in das LuftVG mit dem Elften Gesetz zur Änderung des LuftVG[11] an: „Bei erfolgten oder drohenden Angriffen auf die Luftsicherheit müssen die zuständigen Behörden grenzübergreifend schnell handeln."[12]

Bewusst verzichtet wurde im LuftSiG auf die z. B. im Bundesdatenschutzgesetz[13], im Bundespolizeigesetz[14], im Bundeszentralregistergesetz[15], im Ausländerzentralregistergesetz[16] oder auch in den Ordnungs- und Polizeigesetzen der Länder enthaltene konkrete Beschränkung der Übermittlungsmöglichkeit personenbezogener Daten. Beispielsweise hat die Übermittlung nach § 44 Abs. 3 des Berliner Allgemeinen Gesetzes zum Schutz der öffentlichen Sicherheit und Ordnung (ASOG) vom 11. Oktober 2006 (GVBl. S. 930), zuletzt geändert durch Artikel V des Gesetzes vom 15. Dezember 2007 (GVBl. S. 604) zu unterbleiben, soweit Grund zu der Annahme besteht, dass

- dadurch gegen den Zweck eines deutschen Gesetzes (auch des BDSG) verstoßen würde oder
- schutzwürdige Belange der betroffenen Personen beeinträchtigt würden.

In der Gesetzesbegründung zum LuftSiG heißt es zu diesem Verzicht: „Bei einer Übermittlung ins Ausland sind grundsätzlich die Interessen der Betroffenen gegen das öffentliche Interesse an der Übermittlung abzuwägen, allerdings kann in Ausnahmekonstellationen eine Abwägung unter Berücksichtigung des Datenschutzniveaus bei der empfangenden Stelle zurückstehen. Eine solche Fallkonstellation beschreibt Abs. 2. Dies ist sachgerecht, weil insbesondere bei erfolgten oder drohenden terroristischen Angriffen unmittelbares Handeln geboten ist und bereits die

[11] BT-Drucks. 13/9513, S. 41.
[12] BT-Drucks. 15/2361, S. 16.
[13] § 4b BDSG.
[14] § 33 BPolG.
[15] § 57 BZRG.
[16] § 26 AZRG.

Feststellung des jeweiligen ausländischen Datenschutzniveaus als Grundlage für eine Abwägung tatsächlich nicht möglich ist. Eine dennoch getroffene gesetzliche Anordnung würde ins Leere laufen. Der Verzicht auf eine besondere gesetzliche Anordnung der Abwägung unter Berücksichtigung des Datenschutzniveaus bei der empfangenden Stelle führt nicht dazu, dass evtl. entgegenstehende Interessen der Betroffenen außer Betracht bleiben, sie sind vielmehr nach § 4 zu berücksichtigen."[17] Der Grundsatz der Verhältnismäßigkeit soll demnach eine konkrete gesetzliche Regelung ersetzen. Im Zweifel wird sich die übermittelnde Stelle dennoch an den oben genannten Kriterien messen lassen müssen.

Auch der in den genannten Gesetzen vorgeschriebene Hinweis an den Empfänger, dass die übermittelten Daten nur zu dem Zweck genutzt werden dürfen, zu dessen Erfüllung sie ihm übermittelt wurden, wurde im § 6 LuftSiG bewusst weggelassen.

Unter die nach § 6 Abs. 2 LuftSiG ermöglichte Übermittlung von personenbezogenen Daten ins Ausland sollen nach der Gesetzesbegründung auch die Übermittlung von Passagierlisten und Daten der Besatzungsmitglieder fallen.[18] Dieser Auffassung muss entschieden widersprochen werden, da in diesen Fällen regelmäßig keine „unmittelbar drohenden erheblichen Gefahren für die Sicherheit des Luftverkehrs"[19] vorliegen, mithin auch nicht von einer „Ausnahmekonstellation"[20] gesprochen werden kann. § 6 Abs. 2 LuftSiG bietet damit keine ausreichende Rechtsgrundlage für die regelmäßige, d. h. nicht anlassbezogene, Übermittlung von Passagierlisten und Daten der Besatzungsmitglieder.

Die Übermittlung nach EU- und internationalem Recht

Eine nicht anlassbezogene Weitergabe von Passagierdaten ist derzeit allerdings auf der Grundlage des – dem deutschen Recht vorgehenden, supranationalen – EG/EU-Rechts möglich. Zu nennen sind hier insbesondere die Richtlinie 2004/82/EG des Rates vom 29. April 2004 über die Verpflichtung von Beförderungsunternehmen, Angaben über die beförderten Personen zu übermitteln (ABl. Nr. L 261 vom 6. August 2004, S. 24) und die Abkommen der EG mit Drittstaaten. Letztere hat die EG/EU bereits mit Kanada[21] und mit den USA[22] abgeschlos-

---

17 BT-Drucks. 15/2361, S. 16.

18 Vgl. BT-Drucks. 15/2361, S. 16.

19 So aber der Wortlaut des § 6 Abs. 2 LuftSiG.

20 So aber die amtliche Gesetzesbegründung.

21 Abkommen zwischen der Europäischen Gemeinschaft und der Regierung Kanadas über die Verarbeitung von erweiterten Fluggastdaten und Fluggastdatensätzen (ABl. Nr. L 82 vom 21. März 2006, S. 15).

22 Derzeit gültig: Abkommen zwischen der Europäischen Union und den Vereinigten Staaten von Amerika über die Verarbeitung von Fluggastdatensätzen (Passenger Name Records - PNR) und deren Übermittlung durch die Fluggesellschaften an das United States Department of Homeland Security (DHS) (PNR-Abkommen von 2007) (ABl. Nr. L 204 vom 4. August 2007, S. 18).

sen. Mit Australien ist dem Vernehmen nach ein solches Abkommen in Vorbereitung.[23]

Richtlinie 2004/82/EG. Am 29. April 2004 erließ der Rat die Richtlinie 2004/82/EG über die Verpflichtung von Beförderungsunternehmen, auf Anfrage Angaben über die beförderten Personen vorab an die mit der Personenkontrolle an den Außengrenzen der EU beauftragten nationalen Behörden zu übermitteln (ABl. Nr. L 261 vom 6. August 2004, S. 24).

Als Zweck der Regelung werden in Artikel 1 Absatz 1 der Richtlinie ausdrücklich die Verbesserung der Grenzkontrollen und die Bekämpfung der illegalen Einwanderung genannt. Sie ergänzt insofern die Bestimmungen des Übereinkommens von Schengen, die ebenfalls diesem Ziel dienen. Zu dem genanten Zweck haben die Fluggesellschaften den „zuständigen nationalen Behörden" die folgenden in Artikel 3 Absatz 2 der Richtlinie aufgeführten Datensätze zu übermitteln:

- die Nummer und die Art des mitgeführten Reisedokuments,
- die Staatsangehörigkeit,
- der vollständige Name,
- das Geburtsdatum,
- die Grenzübergangsstelle für die Einreise in das Hoheitsgebiet der Mitgliedstaaten,
- die Beförderungs-Codenummer,
- die Abreise- und Ankunftszeit,
- die Gesamtzahl der mit der betreffenden Beförderung beförderten Personen,
- der ursprüngliche Abreiseort.

Die Richtlinie gilt nur für Flüge aus einem Drittstaat in einen EU-Mitgliedstaat (siehe Artikel 3 Absatz 1). Sie gilt sowohl für EG- als auch für Nicht-EG-Luftverkehrsgesellschaften. Sie ermächtigt die Mitgliedstaaten nicht dazu, die Fluggesellschaften dazu zu verpflichten, Fluggastdaten zu EG-internen Flügen vorab zu erfassen und zu übermitteln.

Das Abkommen mit Kanada. Das Abkommen zwischen der Europäischen Gemeinschaft und der Regierung Kanadas über die Verarbeitung von erweiterten Fluggastdaten und Fluggastdatensätzen wurde am 3. Oktober 2005 unterzeichnet und ist am 22. März 2006 in Kraft getreten.[24] Mit dem Abkommen werden die EG-Luftfahrtunternehmen zur Weitergabe von Passagierdaten an die Canada Border Services Agency (CBSA) verpflichtet. Ziel dabei ist es, die Bekämpfung der weltweiten Terrorgefahr zu verbessern.

---

[23] http://de.reuters.com/article/idDEKOE75953620080207.

[24] ABl. Nr. L 86 vom 24. März 2006, S. 19.

Nach Anhang II des Abkommens sind folgende PNR-Datenelemente zu übermitteln:

1. PNR-Buchungscode (Record Locator)
2. Datum der Reservierung
3. Geplante Abflugdaten
4. Name
5. Andere Namen im PNR
6. Sämtliche Zahlungsdaten
7. Rechnungsanschrift
8. Telefonnummern
9. Gesamter Reiseverlauf für den jeweiligen PNR
10. Vielflieger-Angaben (beschränkt auf abgeflogene Meilen und Anschrift(en))
11. Reisebüro
12. Bearbeiter des Reisebüros
13. Informationen über Aufspaltung/Teilung eines PNR
14. Flugschein-Angaben
15. Flugscheinnummer
16. Sitzplatznummer
17. Datum der Flugscheinausstellung
18. Angaben zu in der Vergangenheit nicht angetretenen Flügen („No show")
19. Nummern der Gepäcketiketten
20. Angaben zu Fluggästen mit Flugschein, aber ohne Reservierung („Go show")
21. Sitzplatzinformationen
22. Flugscheine für einfache Strecken
23. Etwaig erfasste APIS-Daten
24. Standby-Daten
25. Reihenfolge bei der Abfertigung

Das Abkommen mit den USA. Nach dem Abkommen der EU mit den USA, das am 23. Juli 2007 verabschiedet wurde und zum 1. August 2007 vorläufig in Kraft getreten ist, sind Fluggesellschaften, die Flüge von Europa in die USA anbieten, verpflichtet, Daten ihrer Passagieren an das US-Heimatschutzministerium (DHS) zu übermitteln, wo sie standardmäßig für bis zu 15 Jahre gespeichert werden. In Passenger-Name-Records (PNR) werden insgesamt 19 Datenfelder übermittelt. Im Einzelnen sind dies:

1. PNR-Buchungscode (Record Locator)
2. Datum der Reservierung / der Ausstellung des Flugscheins
3. Geplante Abflugdaten
4. Name(n)
5. Verfügbare Vielflieger- und Bonus-Daten (d. h. Gratisflugscheine, Upgrades usw.)
6. Andere Namen im PNR, einschließlich Zahl der Reisenden im PNR
7. Alle verfügbaren Kontaktinformationen (einschließlich Auftraggeberinformationen)

8. Alle verfügbaren Zahlungs-/Abrechnungsinformationen (ohne weitere Transaktionsdetails für eine Kreditkarte oder ein Konto, die nicht mit der die Reise betreffenden Transaktion verknüpft sind)
9. Reiseverlauf für den jeweiligen PNR
10. Reisebüro/Sachbearbeiter des Reisebüros
11. Code-Sharing-Informationen
12. Informationen über Aufspaltung/Teilung einer Buchung
13. Reisestatus des Fluggastes (einschließlich Bestätigungen und Eincheckstatus)
14. Informationen über Flugscheinausstellung (Ticketing), einschließlich Flugscheinnummer, Angabe, ob Flugschein nur für einfachen Flug gültig (One Way), sowie Automatic Ticket Fare Quote (automatische Tarifabfrage)
15. Sämtliche Informationen zum Gepäck
16. Sitzplatzinformationen, einschließlich Sitzplatznummer
17. Allgemeine Bemerkungen einschließlich OSI, SSI und SSR
18. Etwaig erfasste APIS-Daten
19. Historie aller Änderungen der unter den Nummern 1 bis 18 aufgeführten PNR

Ggf. sind noch weitere Daten zu übermitteln, sofern sie im Buchungssystem der Airline gespeichert sind.

Gemäß dem „Schreiben der USA an die EU" (ABl. Nr. L 204 vom 4. August 2007, S. 21) verwendet das United States Department of Homeland Security (DHS) die EU-Passenger-Name-Records (EU-PNR) ausschließlich zum Zwecke der Verhütung und Bekämpfung

1. des Terrorismus und damit zusammenhängender Straftaten,
2. sonstiger schwerer Straftaten grenzüberschreitender Art, einschließlich der organisierten Kriminalität, sowie
3. der Flucht vor Haftbefehlen oder vor Gewahrsamnahme im Zusammenhang mit den genannten Straftaten.

Allerdings können die EU-PNR darüber hinaus - „soweit erforderlich" – „zum Schutz lebenswichtiger Interessen der betroffenen Person oder anderer Personen oder im Zusammenhang mit Strafprozessen oder anderen gesetzlichen Erfordernissen verwendet werden".[25]

Europäische Menschenrechtscharta. Die europäischen Richtlinien und Abkommen müssen sich an der Charta der Grundrechte der Europäischen Union (ABl. Nr. C 303 vom 14. Dezember 2007, S. 1) messen lassen. Diese enthält in Art. 8 ein Datenschutzgrundrecht. Es lautet:

---

[25] „Schreiben der USA an die EU", Punkt I (ABl. Nr. L 204 vom 4. August 2007, S. 21).

(1) Jede Person hat das Recht auf Schutz der sie betreffenden personenbezogenen Daten.
(2) Diese Daten dürfen nur nach Treu und Glauben für festgelegte Zwecke und mit Einwilligung der betroffenen Person oder auf einer sonstigen gesetzlich geregelten legitimen Grundlage verarbeitet werden. Jede Person hat das Recht, Auskunft über die sie betreffenden erhobenen Daten zu erhalten und die Berichtigung der Daten zu erwirken.
(3) Die Einhaltung dieser Vorschriften wird von einer unabhängigen Stelle überwacht.

Damit hat der auch im deutschen Recht bekannte Grundsatz der Zweckbindung Eingang in das europäische Verfassungsrecht gefunden. Hieran gemessen, begegnet das erneuerte Abkommen mit den USA ähnlich wie sein Vorgänger[26] großen datenschutzrechtlichen Bedenken[27]:

- Diese betreffen die nur unzureichend definierte Zweckbindung der Daten bei deren Übermittlung und die Weiterleitung an andere Stellen in den USA und in Drittstaaten. Die Zwecke, zu denen die Daten verwendet werden dürfen, sind zu unbestimmt. Sie sollen nämlich neben der Verfolgung terroristischer Verbrechen auch „im Zusammenhang mit Strafprozessen oder anderen gesetzlichen Erfordernissen verwendet werden“ dürfen.
- Bedenken bestehen des Weiteren wegen des Umfangs der zu übermittelnden Daten: Das Abkommen verringert zwar gegenüber seinen Vorgängern deutlich die Anzahl der Datensätze, praktisch aber bleibt der Umfang der zu übermittelnden Daten fast gleich. Es wurden nur einige Informationen, die vorher einzelne Datenelemente bildeten, zu Datensätzen zusammengefasst. So wurden zum Beispiel die Daten zu Straße, Postleitzahl und Ort zum Punkt „Kontaktinformationen“ verbunden.
- Ein weiterer Kritikpunkt ist, dass es den US-Behörden in Zukunft in bestimmten (Ausnahme-)Situationen gestattet ist, auf andere Daten als den unten genannten zuzugreifen, sofern diese in den Buchungssystemen der Fluggesellschaften gespeichert sind.
- Problematisch ist auch die auf bis zu 15 Jahre verlängerte Speicherdauer. Die Speicherfrist wurde von ursprünglich dreieinhalb Jahren auf jetzt sieben Jahre mit der Möglichkeit einer weiteren Verlängerung um acht Jahre erhöht.
- Bestimmte sensible Daten, d. h. personenbezogene Daten, aus denen die rassische oder ethnische Herkunft, politische Meinungen, religiöse oder weltanschauliche Überzeugungen oder die Gewerkschaftszugehörigkeit hervorgehen, sowie Daten über Gesundheit oder Sexualleben einer Person, sollen im Normalfall nach der Übermittlung beim DHS gelöscht werden, allerdings ist

---

[26] Vgl. zum Vorgänger des derzeitigen PNR-Abkommens mit den USA das Urteil des Gerichtshofes (Große Kammer) vom 30. Mai 2006 in den verbundenen Rechtssachen C 317/04 und C 318/04 („Schutz natürlicher Personen bei der Verarbeitung personenbezogener Daten – Luftverkehr – Beschluss 2004/496/EG – Abkommen zwischen der Europäischen Gemeinschaft und den Vereinigten Staaten von Amerika – Dem United States Bureau of Customs and Border Protection übermittelte Passenger Name Records – Richtlinie 95/46/EG – Artikel 25 – Drittstaaten – Entscheidung 2004/535/EG – Angemessenheit des Schutzes“).

[27] http://www.bfdi.bund.de/ (Europa und Internationales, Artikel 29-Gruppe).

hier eine Ausnahme für Notfälle, „in denen das Leben von betroffenen Personen oder Dritten gefährdet oder ernsthaft beeinträchtigt werden könnte“, vorgesehen.

Eine Verbesserung der Rechtsposition der von der Datenübermittlung betroffenen Personen hat es im neuen Abkommen insofern gegeben, als nunmehr auch Nicht-Staatsangehörige der USA oder Ausländer ohne gültige Aufenthaltserlaubnis auf der Grundlage des Bundesgesetzes über die Privatsphäre („US Privacy Act“[28]) Datenschutzrechte, z. B. auf Auskunft und Berichtigung, in Anspruch nehmen können.

1.2.3 Die Übermittlung von personenbezogenen Daten aus dem Ausland

Damit deutsche Behörden jedoch Daten erheben und übermittelt bekommen können, bedarf es einer entsprechenden gesetzlichen Grundlage. Diese wurde bezüglich der Übermittlung von Passagierdaten aus dem Ausland mit dem Dritten Gesetz zur Änderung des Bundespolizeigesetzes vom 22. Dezember 2007 (BGBl. I S. 3214) geschaffen, mit dem § 31a neu in das Bundespolizeigesetz eingefügt wurde, der der Umsetzung der Richtlinie 2004/82/EG dient. Das Gesetz trat am 1. April 2008 in Kraft.

Gemäß § 31a BPolG haben alle Luftfahrtunternehmen, also auch die im Ausland ansässigen, die Fluggäste über die Schengen-Außengrenzen in das Bundesgebiet befördern, auf Anordnung der Bundespolizeidirektion folgende Daten in den von den Fluggästen mitgeführten Dokumenten zu erheben und, sobald die Annahme der Fluggäste für den betreffenden Flug geschlossen ist, an die Bundespolizeidirektion zu übermitteln:

1. den Familiennamen und die Vornamen,
2. das Geburtsdatum,
3. das Geschlecht,
4. die Staatsangehörigkeit,
5. die Nummer und die Art des mitgeführten Reisedokuments,
6. die Nummer und der ausstellende Staat des erforderlichen Aufenthaltstitels oder Flughafentransitvisums,
7. die für die Einreise in das Bundesgebiet vorgesehene Grenzübergangsstelle,
8. die Flugnummer,
9. die planmäßige Abflug- und Ankunftszeit und
10. den ursprünglichen Abflugort sowie die gebuchte Flugroute, soweit sich dies aus den vorgelegten oder vorhandenen Buchungsunterlagen ergibt.

---

[28] Public Law No. 93-579, 88 Stat. 1897 (Dec. 31, 1974), codified in part at 5 U.S.C. § 552a - http://www4.law.cornell.edu/uscode/html/uscode05/usc_sec_05_00000552---a000-.html.

Diese Daten werden jedoch - im Gegensatz zu den Abkommen mit Kanada und den USA - „nur“ zum Zwecke der Grenzkontrolle erhoben.

1.2.4 Anstelle meines Fazits: der Bundesbeauftragte für den Datenschutz und die Informationsfreiheit

„Technologische Entwicklungen und politische Herausforderungen, besonders die Bedrohung durch den internationalen Terrorismus und einige der Reaktionen auf diese Bedrohung gefährden das Recht auf Privatsphäre, sogar in demokratischen Gesellschaften.

Als Folge der technischen Entwicklungen und aufgrund der ständigen Sammlung, Verarbeitung und Nutzung personenbezogener Daten hat der Betroffene, der Bürger, nicht mehr länger die Möglichkeit zu kontrollieren, wer was über ihn weiß. Die Kombination all dieser Daten verursacht ernsthafte Risiken für den Datenschutz.

Nach dem 11. September wurde der Kampf gegen den Terrorismus zur Hauptaufgabe aller Regierungen. Es wurden neue Gesetze für die Überwachung von Bürgern eingeführt. Aber heutzutage werden diese Daten nicht nur im Kampf gegen den Terrorismus genutzt, sondern auch aus anderen Gründen. Ein alarmierendes Beispiel auf diesem Gebiet ist die allgemeine Verpflichtung für Telekommunikationsunternehmen, die Verkehrsdaten über alle Telefonanrufe und Internetzugänge auf Vorrat zu speichern. Die Daten unschuldiger Menschen werden gespeichert, einfach nur weil einige Daten in der Zukunft einmal zu Strafverfolgungszwecken notwendig sein könnten.“[29]

---

[29] Peter Schaar, Bundesbeauftragter für den Datenschutz und die Informationsfreiheit, und Vorsitzender der Artikel 29 Arbeitsgruppe, Das Recht auf Privatsphäre in einer Überwachungsgesellschaft, Eröffnungsrede anlässlich der Konferenz am 22. und 23. Oktober 2007 zum 10-jährigen Bestehen des Datenschutzgesetzes in Polen, http://www.bfdi.bund.de (Reden und Interviews).

1.3 Terrorism and Security

The problem of terrorism. I know that it is a very difficult thing to resolve and a very, very difficult thing to combat. „If there is a will, there is a way", there is a saying, which goes for terrorism as well. It's very easy to take on board the plane a capsule detonator; it can be hidden in such a ballpoint pen. It's very easy to take on board the plane some plastic explosive. The scanning machinery would not differentiate it from cheese for instance. So far attempts to have a full fledged and systemic approach to preventing the import of explosives on board the plane are not efficient enough. I dare say, if terrorists have the will, they might as well find a way, provided there is no systemic approach towards prevention.

It's not a single case study. I want to stress that prevention involves many and many thousands of people a day. Despites the fact that something works on the level of a single case study, it might not work when thousands of trials are involved.

Generally speaking there is a cybernetic law to the effect that you can not control a very complex system, a very complex environment by way of a command administrative system, i.e. bureaucracy. I think there is an essential danger in the attempt to control the anti-terrorist activity by way of bureaucratic means only. I'm pretty sure that this would lead to failures.

Coming back to the source of terrorism, I have to say that it is business first of all. Of course it is aimed at destabilising our community, our society, our way of life. But it also is a very efficient business, unfortunately. It can be used for the sake of manipulating market expectations, in order to change the prices of oil, the prices of gold, etc.

It turns out that we are confronted not simply by the minds - sane or insane - of single terrorists, not even by a network of evil-doers. We are confronted by a business strategy aiming at the production of fear. Because the product they create and sell, is fear. Fear, you know has the tendency of self-increasing being promoted by mass media, which instantaneously spread the news. This involves millions of people into the process of sharing fear and generating more fear. Thinking people, responsible statesmen have to face this challenge.

I wish to suggest something. Of course, professor Giemulla is the person to whom I wish to address it. I think it's high time we created a sort of Aviation Security and Safety Academy, based here with a certain unit or branch in Bulgaria or in other countries. I'm ready to advocate this idea and to let the Bulgarian government know about it in terms of a public-private partnership. This collective competence can generate something that is capable of confronting the self-generating threat of violence.

Lately a secret annual report warns about the tendency of the self-generating terrorists' cells. As a matter of fact, terrorism is self-reproductive. It starts with a terrorist act, brings destabilisation, from this destabilisation follows the motivation for more terrorist acts and violence capitalises on fear.

There has to be something that could prevent the capitalisation of terror and fear. This could be the capitalisation of knowledge and of expertise.

Hristo Smolenov

Finally, I wish to suggest that there are technical ways and means of tackling the problem of liquid explosives (e.g. TATP) and of gels. There are simple and very efficient ways of adding some expertise to what is well-known and supported by big companies.

So, we have a technical solution, which is capable of detecting from a big distance all kinds of explosives; starting from the liquid ones, all the plastic explosives, and the ordinary ones. Detection can take place from behind walls, under water, under the earth, in vacuum-packed formats, behind iron cases, etc.

But once again, the technical side of the problem is not the main one. We are in need of organisational atmosphere and organisational framework to launch such innovations. We have to unite our efforts to combat terrorism, not simply in terms of war. Because the war on terror involves bureaucratic structures, which are inadequate for the purpose of fighting terrorism - based on networks and self generation and not on hierarchies.

Therefore, I strongly suggest that we consider the possibility to share expertise in such a way that knowledge itself can grow as opposed to terror and fear.

Hristo Smolenov

1.4 Security versus Safety

Ich darf ein paar Erläuterungen zur Position der TU Berlin, genauer des Fachgebietes Flugführung und Luftverkehr, das ich leite, zum Thema Luftsicherheit an Sie richten.

Traditionsgemäß beschäftigt sich mein Fachgebiet mit Technik und betrieblichen Abläufen im Luftverkehr, insbesondere an Bord von Flugzeugen sowie der Infrastruktureinrichtungen Flughafen und Flugsicherung. In jedem Fall ist Luftsicherheit ein Thema, das Prozesse in diesen Bereichen maßgeblich beeinflusst. Aus diesem Grund ist Luftsicherheit auch ein Arbeitsgebiet für uns. Das ganze ist eine sehr vernetzte Thematik, d. h. es ist das Zusammenwirken unterschiedlicher Disziplinen notwendig, um eine Gesamtsystembetrachtung durchzuführen. Deswegen haben wir uns Anfang des Jahres 2007 entschlossen, Forschung und Wirtschaft näher zusammenzubringen. Wir haben ein „Forschungszentrum Sicherheit" ins Leben gerufen, das sich aus den Kooperationspartnern TU Berlin, TÜV Nord Aviation und der Firma Mühlbauer AG – für viele vielleicht ein Begriff im Bereich der Sicherheitstechnologie – zusammensetzt.

Im Fokus des Zentrums steht natürlich einerseits der Versuch, die Forschung und Entwicklung im Sinne der Luftsicherheit zu beeinflussen, d.h. gemeinsame Forschungsbemühungen zu initiieren. Auf der anderen Seite, und das ist mir sehr wichtig, steht auch die Lehre und Ausbildung; d.h. Luftsicherheit insgesamt muss in die akademische Lehre, aber auch in die berufliche Aus- und Weiterbildung mit einfließen. Heute ist wahrscheinlich kein Ingenieur mehr, der in den genannten Betriebsbereichen arbeitet, in der Lage, seine Tätigkeit ohne Berücksichtigung von Aspekten der Luftsicherheit auszuüben. Wir haben dazu im abgeschlossenen Sommersemester 2007 zunächst mit einer „Seminarreihe Sicherheit" begonnen. Hierfür haben wir aus verschiedenen Bereichen Referenten zu uns an die TU Berlin eingeladen und das Thema Luftsicherheit zunächst als Überblicksveranstaltung versucht darzustellen. Wir wollen diese Vorhaben sowohl auf der Seite der Lehre als auch auf der Seite der Forschung zukünftig weiter intensivieren.

Lassen sie mich zum Abschluss drei Wünsche an Sie richten, die ich mir von zukünftigen Bemühungen im Bereich der Sicherheit verspreche und die sehr aus der Sicht eines Ingenieurs geprägt sind:

Da ist zunächst einmal das Thema der Abwägung von Nutzen und Aufwand, den Sicherheitsmaßnahmen beitragen bzw. verursachen. Für mich ist das ein Punkt, der bei den bisherigen Bemühungen zur Erhöhung der Luftsicherheit immer ein wenig in den Hintergrund getreten ist.

Als zweites, und das sage ich jetzt bewusst als Ingenieur, muss die technische Machbarkeit von Lösungen, die in Sicherheitsprozesse einfließen, Berücksichtigung finden. Ingenieure tendieren dazu, immer sehr viele und sehr schnelle Lösungen zu versprechen. Die praktische Umsetzung in die Realität, die dann maßgeblich Betriebsprozesse beeinflusst, verzögert sich dann zum Teil erheblich oder ist dann manchmal auch nicht mehr so gewollt wie geplant. Aus diesem Grund müssen Anforderungen sowie technische Machbarkeit und Praktikabilität der Umsetzung immer ineinander gehen, sie sollten insbesondere bei der Festsetzung von Rahmenbedingungen nicht außer Acht gelassen werden.

Und last but not least möchte ich noch einmal appellieren, dass wir – auch wenn wir heute oftmals nur von der Luftsicherheit oder Security – die englischen Begriffe sind da etwas besser – sprechen, das Thema Flugsicherheit oder Safety nicht aus dem Auge verlieren. Beide Bereiche – Security und Safety – sind essentielle Bereiche für die Luftfahrt. Trotz aller Fokussierung auf Security darf Safety auch zukünftig nicht außer Acht gelassen werden. Die Erhaltung oder Erhöhung der Flugsicherheit wird auch zukünftig maßgeblicher Faktor für wirtschaftliche Nachhaltigkeit des Luftverkehrs sein. Wir haben zwar heute ein sehr hohes Niveau an betrieblicher Sicherheit im Luftfahrtbereich erreicht; bei einem prognostizierten Wachstum hin zu einer Verdopplung des Verkehrsaufkommens in den nächsten fünfzehn Jahren sind aber unablässig Bemühungen notwendig, um diesen heutigen Standard an Flugsicherheit auch zukünftig zu halten oder gar zu erhöhen.

Parallel dazu verlaufen Maßnahmen im Bereich Security. Dies alles darf die wirtschaftliche Nachhaltigkeit dieses Verkehrsträgers nicht zum Negativen beeinflussen.

Wir wollen den Verkehrsträger Luftfahrt nicht behindern, sondern wir wollen ihn erhalten, fördern und nachhaltig secure und safe gestalten.

Gerhard Hüttig

1.5 Luftsicherheit aus der Perspektive der Innenpolitik

In meinem Vortrag wird weniger die Sicht der Verkehrspolitik, oder die der Wissenschaft im Mittelpunkt stehen. Vielmehr werde ich die ganz spezifische Sicht eines Innen- und Sicherheitspolitikers darlegen. Ich will Ihnen erstens deutlich machen, was uns als Innenpolitiker, dort wo wir entschieden haben, bewogen hat, so oder so zu entscheiden. Ich will Ihnen zweitens unsere Positionen als Innenpolitiker bei den strittigen Themen, deutlich machen. Es ist mir wichtig, dass sie die unterschiedlichen Standpunkte hören.

1.5.1 Bedrohungslage

Die Festnahmen von Terrorverdächtigen im Sauerland im Herbst 2007 führen natürlich immer dazu, dass die mediale Wahrnehmung hochschwappt, einige Tage nichts anderes in den Medien zu sehen und zu hören ist. Dann verschwindet das Thema häufig genauso schnell wieder. Für uns Innenpolitiker natürlich nicht, für die Sicherheitsbehörden auch nicht. Die Bedrohungslage in Deutschland hat sich seit den Anschlägen vom 11.9.2001 geändert. Von einem sog. „Ruheraum" für islamistische Terroristen ist Deutschland zu einem Anschlagsziel geworden. Die vereitelten Terroranschläge im Jahre 2006 in den Regionalzügen in Koblenz und Hamm sowie die jüngsten Festnahmen im Sauerland bestätigen diese These.

Die Zahl der Gefährder, die zu Anschlägen bereit sind, liegt nach Erkenntnissen der zuständigen Sicherheitsbehörden in Deutschland im dreistelligen Bereich.

Diese Bedrohungslage unterscheidet sich grundsätzlich von der terroristischen Bedrohung durch die RAF, wie sie von den 70er bis in die frühen 90er Jahre bestand. Die Bedrohung durch die RAF war eine andere: kleinere Kommandostrukturen, „bekannte" Gesichter. Die RAF hat sich im Lauf ihrer Geschichte über drei Tätergenerationen verändert, aber es waren nie mehr als fünfzehn oder zwanzig Leute. Die Ziele waren klar begrenzt: Repräsentanten unseres Staates, unserer Wirtschaft und diejenigen, die sie beschützt haben.

Der islamistische Terrorismus ist gekennzeichnet durch das Phänomen des „Home-Grown-Terrorism", die Konzentration auf Ziele, die möglichst eine hohe Opferzahl und/oder hohen symbolischen Charakter bedeuten, und kleinteilige, variable, anonyme Organisationsstrukturen. Die Ziele sind nicht die Repräsentanten unseres Staates, das Ziel ist die Allgemeinheit, die westliche Gesellschaft und dort vor allen Dingen die kritische Infrastruktur und der Flugverkehr.

1.5.2 Sicherheit auf Flughäfen

Ein Teil unserer kritischen Infrastruktur ist nun einmal die Luftfahrt. Wir bewegen uns bei den Maßnahmen, diesen Bereich der Verkehrsinfrastruktur sicherer zu machen in einem Spannungsfeld: Sind die Dinge, die wir machen, auch richtig? Oder stehen Aufwand und Sicherheitsertrag in keinem guten Verhältnis zueinander?

Neue Sicherheitsmaßnahmen müssen im Vorfeld und später in der praktischen Anwendung genauestens auf ihre Sinnhaftigkeit überprüft werden. Ein Beispiel für eine solche Maßnahme ist die Regelung zu Flüssigkeiten im Handgepäck bei Flügen. Die Regelung wird mitunter als Schikane empfunden, bei den betroffenen Flugreisenden kommt Frust auf. Teilweise wird die Notwendigkeit und Sinn der Regelung bezweifelt, solange es keine umsetzbare Alternative gibt, kann darauf aber nicht verzichtet werden.

Auf der anderen Seite gibt es nach wie vor Lücken bei der Flughafensicherheit, die es zu schließen gilt. Zielgenaue Maßnahmen brauchen wir beispielsweise bei der Detektion, sowohl von Gepäck als auch von Personen. Der **Einsatz moderner Techniken** bei der Sprengstofferkennung ist ein dringend notwendiger Prozess, der vorangetrieben werden muss. Dabei ist die öffentliche Akzeptanz sehr wichtig.

Bessere und zielgenauere Technik an Flughäfen bedeutet auch mehr **Kosten**. In diesem Zusammenhang sollte darüber nachgedacht werden, wie den Betreibern geholfen werden kann, damit diese Kosten nicht ausschließlich dort auflaufen.

Am Rande sei in diesem Zusammenhang noch erwähnt, dass kürzlich der US-Präsident ein Gesetz unterzeichnet hat, in dem festgelegt wird, dass Fracht in Passagiermaschinen zukünftig zu 100 Prozent kontrolliert werden muss. Damit wird deutlich: Wir stehen noch nicht am Ende der Diskussion um neue Wege, modernere Technik und dem Schließen von Sicherheitslücken im Bereich des Luftverkehrs. Im Spannungsfeld zwischen Zielgenauigkeit und Qualität der Sicherheitsmaßnahmen auf der einen, und Kosten, Nutzen und Sinnhaftigkeit auf der anderen Seite, werden wir uns noch längere Zeit bewegen.

1.5.3 Luftsicherheitsgesetz

Lassen sie mich bei der Diskussion um das Luftsicherheitsgesetz auf zwei Aspekte genauer eingehen. Punkt eins: die Zuverlässigkeitsüberprüfungen. Punkt zwei: der unzulässige Abschuss von zivilen Verkehrsmaschinen.

Die Zuverlässigkeitsüberprüfung ist ein Bereich, bei dem Sinnhaftigkeit und Nutzen kontrovers diskutiert werden. Dabei fokussierte sich die Empörung der Betroffenen zuletzt fast ausschließlich auf den jährlichen Rhythmus der Überprüfung. Die CDU/CSU-Bundestagsfraktion hat die Art und Weise der Überprüfung schon im Gesetzgebungsverfahren heftig kritisiert:

Im ursprünglichen rot-grünen Gesetzentwurf sollte einer Überprüfung eine sog. Nachberichtspflicht folgen. D. h., alle Sicherheitsbehörden sollten neue Erkenntnisse über eine bereits sicherheitsüberprüfte Person sofort weitergeben. Diese sinnvolle Nachberichtspflicht war im abschließenden rot-grünen Luftsicherheitsgesetz nicht mehr enthalten, weil die rot-grüne Regierung das Luftsicherheitsgesetz damit zustimmungsfrei vom Bundesrat machen wollte. Nach dem Regierungswechsel 2005 ist zwischen dem Bundesinnenministerium und den Ländern auf dem Verordnungswege mittelfristig ein Intervall von fünf Jahren eingeführt worden. Auch die Nachberichtspflicht wurde wieder eingeführt.

Ein zweiter umstrittener und öffentlich kontrovers diskutierter Teil des Luftsicherheitsgesetzes ist § 14 Abs. 3, der den **Abschuss eines von Terroristen ent-**

führten Passagierflugzeuges beinhaltet. Das Bundesverfassungsgericht hat über diesen Teil des Luftsicherheitsgesetzes geurteilt und festgestellt, dass Artikel 1 des Grundgesetzes, der die Unantastbarkeit der Würde des Menschen festschreibt, die Abwägung von Leben in der Luft gegen Leben am Boden ausschließt. Der Abschuss eines mit Passagieren besetzten und von Terroristen zur Waffe umfunktionierten Flugzeuges ist demnach im Vorfeld gesetzlich nicht regelbar.

Ich will aus meiner persönlichen Meinung als Parlamentarier deutlich machen, welche Lehren ich aus dem Karlsruher Urteil ziehe. Die Diskussion über das Wie beschränkt sich leider in der Öffentlichkeit auf den geschilderten Fall des Abschusses eines von Terroristen entführten Passagierflugzeuges. Dieser Fall steht aber zu Unrecht im Fokus, denn der Fall eines entführten Flugzeugs reicht nicht aus, um die gesamte Bandbreite der möglichen terroristischen Bedrohung deutlich zu machen. Auch ein erweiterter Verteidigungsbegriff würde in der Praxis wohl kaum helfen, bei einem singulären Anschlag die Tatbestandsvoraussetzungen für einen Angriff auf das Gemeinwesen zu erfüllen.

Karlsruhe hat – neben der Unmöglichkeit, den Abschuss gesetzlich zu regeln – der Politik zwei Leitsätze mit auf dem Weg gegeben: Zum einen kann die Bundeswehr im Rahmen des Art. 35 GG auch zur Verhinderung eines Unglücksfalls eingesetzt werden, wenn absehbar ist, dass ohne den Einsatz der Bundeswehr ein Unglücksfall eintreten wird. Zum anderen hat Karlsruhe aber sehr deutlich gemacht, dass es der Bundeswehr nach heutiger Verfassungslage untersagt ist, auf militärisches Equipment bei einem Einsatz im Innern zurückzugreifen.

Notwendig ist folgerichtig eine Diskussion über eine Änderung des Artikel 35 GG: Die *militärische* Amtshilfe – bei der die Bundeswehr auch auf ihr militärisches Equipment zurückgreifen darf – sollte dort geregelt werden. Dabei steht nicht die Aufhebung der Aufgabentrennung von Polizei und Bundeswehr und ein dauerhafter und routinemäßiger Einsatz der Bundeswehr im Innern zur Debatte, sondern die Unterstützung der Polizei durch die Bundeswehr in einem eng begrenzten Aufgabenbereich bei akuten terroristischen Bedrohungssituationen. Wenn es um See- und Luftraumüberwachung oder die Verhinderung von Anschlägen mit ABC-Waffen geht, ist die Polizei mit ihrem Gerät und Personal nicht in der Lage, größtmögliche Sicherheit zu gewährleisten, und muss deshalb auf die Bundeswehr mit ihren militärischen Fähigkeiten zurückgreifen können.

Ich hoffe sehr, dass wir uns bei Artikel 35 schnell einigen können, weil wir sonst die paradoxe Situation hätten, dass wir bei einem Flugzeug, in dem nur Täter sitzen, nicht mit der Bundeswehr eingreifen dürfen. Das glaube ich, können wir unserer Gesellschaft nicht zumuten. Diese Lücke sollte man bald schließen.

Eine auf den emotionalen Sonderfall des entführten Passagierflugzeuges zugespitzte Diskussion sollten wir nicht führen. Vielmehr sollten wir die neue Bedrohungslage, vor der wir stehen, vor der wir wahrscheinlich noch viele Jahre stehen werden, ohne Scheuklappen diskutieren. Deshalb, glaube ich, sind wir hier alle gemeinsam aufgerufen, Lösungen zu finden. Solche Foren sind die richtigen Orte, das Parlament ist der richtige Ort, oder die Rechtswissenschaft.

Clemens Binninger

2 Europäische und Internationale Dimension der Luftsicherheit

2.1 Prioritäten der Europäischen Kommission in der Luftsicherheitspolitik

Der folgende Beitrag ist in drei Teile gegliedert. Zunächst soll beleuchtet werden, wie die gemeinschaftliche, europäische Gesetzgebung im Bereich Luftsicherheit entstanden ist. Im zweiten Teil wird erläutert, warum und mit welcher Zielrichtung die europäische Kommission dem Parlament und dem Ministerrat einen Vorschlag für eine neue, modernisierte Gesetzgebung im Bereich Luftsicherheit vorgelegt hat. Im dritten und letzten Teil wird auf einige Aspekte eingegangen, die für die zukünftige Arbeit der Kommission von besonderer Bedeutung sein werden.

Zunächst zur Entstehungsgeschichte der geltenden Verordnung Nr. 2320/2002, einer Verordnung, der Rat und das Europäische Parlament im so genannten Mitentscheidungsverfahren zustimmen mussten.

Vor dem 11. September 2001 gab es keinerlei bindende europäische Gesetzgebung im Bereich der Luftsicherheit, also im Bereich der Gefahrenabwehr im Luftverkehr. Nach diesem schrecklichen Ereignis haben dann sowohl der Rat der EU-Verkehrsminister als auch der Europäische Rat sehr schnell innerhalb weniger Tage beschlossen, dass es in der möglichst nahen Zukunft eine verpflichtende und erzwingbare europäische Gesetzgebung im Bereich Luftsicherheit geben sollte.

Die Europäische Kommission hat die Arbeiten an diesem Vorschlag in der damaligen Situation unter großem Zeitdruck durchführen müssen. Die Arbeit der Kommission wurde aber dadurch erleichtert und beschleunigt, dass die europäische Zivilluftfahrtkonferenz ECAC in der Form des Dokumentes 30 mit den darin enthaltenen Empfehlungen quasi die geistige Vorarbeit für die Verordnung Nr. 2320/2002 geleistet hatte. Die Kommission hat also keineswegs die Sicherheitsregeln neu erfinden müssen.

Der gesetzgeberische Prozess hat damals vierzehn Monate in Anspruch genommen. Das ist für eine solch komplexe Gesetzgebung relativ wenig, wenn man bedenkt, dass es sich um das Mitentscheidungsverfahren handelt, das die volle Beteiligung von Rat und Parlament einschließt.

Mit Hinblick auf die Diskussionen, die wir heute führen, muss daran erinnert werden, dass das Europäische Parlament im Rahmen des Gesetzgebungsverfahrens im Jahr 2001/2002 in einigen wichtigen Bereichen auf verschärfte Anforderungen gedrängt und diese auch durchgesetzt hat, vor allem in Bezug auf Bestimmungen für den Zugang des Personals zu kritischen Sicherheitsbereichen innerhalb eines Flughafens.

Das Rechtssystem Luftsicherheit der Europäischen Union besteht aus einer Reihe von Kapiteln und lehnt sich an die Klassifikationen des Anhangs 17 zur Chicago Convention an, deren Anforderungen von der ECAC im schon erwähnten Dokument 30 weiterentwickelt und präzisiert worden waren. Es gibt zwölf Kapi-

Eckard Seebohm

tel, die teilweise von zentraler Bedeutung sind wie z. B. die Kontrolle der Passagiere, die aber auch weniger zentrale Bereiche wie z. B. „catering“ oder „general aviation“ enthalten.

Die Kernanforderung der Verordnung Nr. 2320/2002 besteht darin, dass Passagiere und ihr Handgepäck zu hundert Prozent, d. h. jeder einzelne Fluggast und jedes einzelne Gepäckstück, zu kontrollieren sind. Das gleiche gilt für das aufgegebene Gepäck. Jedes einzelne aufgegebene Gepäckstück muss kontrolliert werden. Damit gibt es eine vollständige Kontrolle in diesem Bereich und keinen Stichprobenansatz.

Die Kontrolle der an einem Flughafen Beschäftigten ist in Europa besonders weit reichend geregelt. Hier geht die EU deutlich über Anforderungen in anderen Industrieländern, einschließlich den USA, hinaus. So sind Zugangskontrollen erforderlich, die den Anforderungen für Passagiere ähneln. Andere Länder begnügen sich weitgehend mit einem so genannten background-check, d. h. mit einer behördlichen Überprüfung der Zuverlässigkeit der Mitarbeiter vor ihrer Einstellung und in Intervallen danach.

Das Problem in Europa ist aber leider, dass wir eine sehr unterschiedliche Qualität der national durchgeführten background-checks haben. Daher ist es schwierig, diese Maßnahme als ausreichend anzusehen.

Eine weitere, spezielle Facette der europäischen Gesetzgebung besteht darin, dass den EU-Mitgliedsländern das Recht erhalten bleibt, strengere Maßnahmen, als sie die europäische Gesetzgebung verlangt, zu erlassen. Dies ist Ausfluss des so genannten Subsidiaritätsprinzips, aber auch als Anerkenntnis der Tatsache zu werten, dass es innerhalb der 27 Mitgliedsländer durchaus unterschiedliche Risikoeinschätzungen gibt und damit die Möglichkeit für einzelne Länder erhalten bleiben muss, weiterzugehen, als es die europäische Gesetzgebung vorschreibt.

Dies wird in der Praxis vor allem in Großbritannien gemacht, wegen der Risikoeinschätzung in diesem Land wahrscheinlich nicht überraschend. Aber auch einige andere Länder, wie zum Beispiel Frankreich, haben hier und da weitergehende Vorschriften erlassen.

Wenn man fragt, wie die Verbände, die Flughäfen, die Luftverkehrsgesellschaften und andere Interessengruppen auf die Arbeit der Kommission einwirken, ist zuerst zu erwähnen, dass die konkreten Arbeiten zur Weiterentwicklung des EU-Regelwerks zur Luftsicherheit, also z. B. der Erlass von neuen Durchführungsbestimmungen oder die Änderung derselben, von einem Regulierungsausschuss vorgenommen wird, der alle sechs Wochen unter dem Vorsitz der Kommission in Brüssel tagt. In diesem Ausschuss sind sowohl die 27 Mitgliedsländer der EU als auch einige andere Länder, die am EU-System als assoziierte Länder teilnehmen, wie beispielsweise die Schweiz oder Norwegen, vertreten.

An der Arbeit des Ausschusses können die Verbände aus juristischen Gründen nicht direkt teilnehmen. Die Kommission hat aber eine so genannte „Stakeholder Advisory Group on Aviation Security“ (SAGAS) etabliert, die unmittelbar vor der Ausschusssitzung tagt. Dort können die Verbände ihre Anliegen zu den Tagesordnungspunkten, die für sie im Ausschuss relevant sind, vortragen. Es ist also durchaus so, dass die laufenden Arbeiten in diesem Bereich in enger Konsultation mit den direkt betroffenen Verbänden durchgeführt und keineswegs hinter verschlossenen Türen organisiert werden.

Ich möchte insbesondere unterstreichen, dass durch den Übergang von einem Ansatz, der empfehlenden Charakter hatte (Dokument 30 der ECAC) zu einer europäischen Gesetzgebung alle darin enthaltenen Regeln nunmehr durch die Kommission und, in letzter Instanz, den Europäischen Gerichtshof, erzwingbar und überprüfbar sind, wobei von der Kommission durchgeführte Inspektionen ein wesentliches Instrument zur Durchsetzung der korrekten Umsetzung darstellen.

Ich möchte aber auch darauf hinweisen, dass die Mitgliedsländer nach wie vor im Kern die Hauptlast tragen, wenn es darum geht, die Umsetzung und die Durchsetzung dieser Bestimmungen auf der nationalen Ebene zu kontrollieren.

Nach der in Brüssel beschlossenen Gesetzgebung müssen die Mitgliedsländer ein nationales Qualitätskontrollprogramm aufstellen. Im Rahmen dieses nationalen Qualitätskontrollprogramms haben die Mitgliedsländer Inspektionen durchzuführen.

Die europäisch angelegten Inspektionen sind die zweite Ebene, sozusagen eine Kontrolle der Kontrolleure der Mitgliedsländer im Bezug auf die Frage, ob alle diese Maßnahmen korrekt angewendet werden. Ein solcher zweistufiger Ansatz der Qualitätskontrolle ist nach meiner Kenntnis beispiellos in der Welt und dokumentiert den Willen der politisch Verantwortlichen, der Sicherheit kraft umfassender Gesetzgebung auch uneingeschränkte Gültigkeit in der täglichen Praxis zu verschaffen.

Wir haben also eine Rahmenverordnung (2320/2002) und Durchführungsbestimmungen, die im Ausschussverfahren beschlossen werden. Bei diesen Durchführungsbestimmungen hat das Europäische Parlament nur eine sehr begrenzte Einflussmöglichkeit. Nach geltendem Recht kann das Europäische Parlament nur intervenieren, wenn formale Dinge nicht in Ordnung sind. Aber das Europäische Parlament kann derzeit nicht eingreifen, weil es den Inhalt der Durchführungsverordnungen beanstandet.

Einige der wichtigeren Durchführungsverordnungen sind die Verordnung Nr. 622/2003 und die Verordnung Nr. 68/2004. Der schon recht detaillierte Anhang der Verordnung Nr. 2320/2002 wurde über die Verordnung Nr. 622/2003 noch einmal präzisiert, damit möglichst wenig Interpretationsfragen auftreten und jedem klar ist – sowohl den Flughäfen als auch den Kontrolleuren – welche Maßnahmen wie durchzuführen sind.

Bei der Verordnung Nr. 68/2004 geht es um die verbotenen Gegenstände an Bord von Luftfahrzeugen, ein Thema, das mit der Flüssigkeitsverordnung vom vergangenen Jahr (Verordnung Nr. 1546/2006) neu auflebte und in den Fokus der breiten Öffentlichkeit geriet: Die Begrenzung der Flüssigkeiten im Handgepäck von Fluggästen wurde rechtstechnisch über eine Modifizierung der Liste der verbotenen Gegenstände umgesetzt.

Andere Durchführungsverordnungen beziehen sich auf die Harmonisierung der technischen Anforderungen an Geräte, die an einem Flughafen verwendet werden. Es wurde auch eine Klausel eingeführt, die es Mitgliedsländern erlauben soll, neue Technologien versuchsweise einzuführen und während dieses Versuchs die normalen Anforderungen auf der Grundlage bestimmter Vorbedingungen zu suspendieren.

Seit 2004 führt die Kommission Inspektionen der Behörden und einer Stichprobe von Flughäfen durch. Die Auswahl zu inspizierender Flughäfen wurde bisher nach geographischen und funktionalen Kriterien vorgenommen. Es ist also bisher nicht nach Risikovermutungen oder Vermutungen in Bezug auf die gegebene Qualität der Sicherheit an einem Flughafen inspiziert worden. Ob das immer so bleibt, werden weitere Überlegungen in Brüssel in enger Zusammenarbeit mit den Mitgliedsländern ergeben.

Auf der Grundlage von Inspektionsergebnissen ergibt sich hin und wieder einmal die Anforderung, bestehende Durchführungsverordnungen zu ändern, weil sie nicht klar genug sind oder weil sie in der Praxis Durchführungsprobleme aufweisen.

Die Kommission ist davon überzeugt, dass dieses erzwingbare europäische System ganz eindeutig zur Verbesserung der Qualität der Luftsicherheit in Europa beigetragen hat. Dies gilt vor allem für Länder, die vor dem 11. September 2001 noch nicht so gut aufgestellt waren.

Nun stellt sich die Frage, warum die Europäische Kommission dennoch im Jahre 2005 vorgeschlagen hat, eine neue Rahmenverordnung zu erlassen. Dies hat sehr viel mit den gemachten Erfahrungen zu tun.

Wir haben in der Verordnung Nr. 2320/2002 einen recht detaillierten Anhang, der nur im Wege einer umfassenden gesetzgeberischen Aktion, die Parlament und Rat einschließt, an neue Anforderungen angepasst werden kann, was sehr zeitraubend ist. Man kann im Durchschnitt für eine Änderung der Rahmenverordnung von etwa zwei bis drei Jahren gesetzgeberischer Arbeit in Rat und Parlament ausgehen.

Auch sind im Anhang der Rahmenverordnung Bestimmungen enthalten, die aus der Sicht der Kommission nicht unbedingt der Weisheit letzter Schluss sind. Ein Beispiel: Auf der Grundlage einer Intervention des Europäischen Parlamentes sind die Bestimmungen zum Zugang zu kritischen Bereichen im Flughafen durch das Personal erheblich verschärft worden. In der Rahmenverordnung Nr. 2320/2002 stellen wir gleichzeitig hohe, aufwendig zu implementierende Anforderungen an die Durchsuchung oder Überprüfung von Flugzeugen, und zwar auch jener Flugzeuge, die während eines operativen Tages ausschließlich innerhalb der EU fliegen und die aufgrund der derzeit geltenden Bestimmungen bei jedem turnaround durchsucht werden müssen. Hier scheint das Verhältnis von Risiko und Kontrollaufwand sehr unausgewogen zu sein.

Im Rahmen der gegenwärtigen Rahmenverordnung können wir solche Ungereimtheiten nicht so einfach ändern. Deshalb hat die Kommission vorgeschlagen, eine einfachere Rahmenverordnung dergestalt zu erlassen, dass die Bestimmungen im Anhang der Rahmenverordnung sehr allgemein gefasst werden und alle Details dem Ausschussverfahren überlassen werden und auf diesem Wege, wo nötig, zügig angepasst werden können[1].

---

1 Anm. d. Hrsg.: Die Verordnung Nr. 300/2008 ersetzt die bisherige Verordnung Nr. 2320/2002, abgedruckt im Anhang.

Ein weiterer Mangel der gegenwärtigen Rahmenverordnung besteht in der großen Inflexibilität bei der Anwendung neuer Technologien. Wenn es neue Technologien gibt, die herkömmliche Prüfverfahren überflüssig machen, dann müssen wir gleichwohl die herkömmlichen Prüfverfahren zusätzlich beibehalten. Dies ist eine unnötige Behinderung effizienten Arbeitens im Bereich der Luftsicherheit.

All diese Dinge haben die Kommission veranlasst, eine neue Rahmenverordnung vorzuschlagen, die sich darauf beschränken soll, die grundlegenden Prinzipien zu der Frage: „Was muss gemacht werden?“ festzulegen, aber die Art und Weise, wie es im Einzelnen gemacht werden soll, den Durchführungsverordnungen überlässt.

Ein paar Worte zur politischen Gemengelage bei der Verabschiedung dieser neuen Rahmenverordnung. Diese Gemengelage ist aus zwei Gründen sehr schwierig. Erstens: Das Europäische Parlament hat weit reichende Wünsche in Bezug auf die öffentliche Mitfinanzierung von Ausgaben für die Luftsicherheit, zum Beispiel auf Flughäfen oder bei Fluggesellschaften. Das Parlament geht von dem durchaus nachvollziehbaren Standpunkt aus, dass Sicherheit für die Bürger eine klassische öffentliche Aufgabe ist und dass sich die Mitgliedsländer – sehr viel stärker, als sie es heute tun – an diesen Ausgaben beteiligen sollten.

Heute ist es weitgehend so, dass am Ende des Tages die Nutzer des Systems Luftverkehr die Ausgaben zahlen, die in der einen oder anderen Weise auf die Flugpreise umgelegt werden. Der Sektor selbst sorgt also für den Ausgleich dieser Ausgaben. Damit ist das Europäische Parlament nicht einverstanden, natürlich auch unter dem Einfluss von Argumenten, die von der Industrie vorgebracht worden sind.

Der zweite Punkt ist ein etwas jüngerer, und er hat ganz eindeutig mit den politischen Folgen der Verordnung zur Begrenzung von Flüssigkeiten im Handgepäck zu tun. Ich glaube, ich brauche die Verordnung selbst nicht zu erläutern. Diejenigen, die fliegen, wissen, dass seit dem Herbst 2006 jeder Fluggast Flüssigkeiten in kleinen Beuteln verstauen muss. In diesem Zusammenhang sind auch Beschränkungen für die Einfuhr von Duty-Free-Käufen aus nichteuropäischen Ländern beschlossen worden, mit der Folge der Beschlagnahme an europäischen Transferflughäfen, ein Vorgang, der natürlich sehr unpopulär ist.

Hierzu meint das Europäische Parlament jetzt: „Als Vertreter der (reisenden) Bürger wollen wir nicht, dass Experten hinter verschlossenen Türen im Ausschuss solche Entscheidungen treffen können und das Parlament sie hinnehmen muss.“

Das Europäische Parlament fordert jetzt also eine Mitbestimmung an Entscheidungen, die im Regulierungsausschuss getroffen werden. Ein solcher Ansatz für mehr Transparenz ist für viele Sicherheitsexperten, die mit diesem Thema seit langem vertraut sind, schwer zu akzeptieren. Hierbei geht es um Dinge wie den Schutz der Vertraulichkeit in Bezug auf Informationen, die für potentielle Terroristen von Nutzen sein könnten, und es geht um die Notwendigkeit, schnell handeln zu können, wenn sich durch einen Vorfall zeigt, dass eine Lücke im System schnell geschlossen werden muss.

Eckard Seebohm

Auf der anderen Seite muss ich persönlich sagen, dass ich einige der Argumente des Europäischen Parlamentes durchaus nachvollziehen kann. Denn wenn es so ist, dass wir etwas beschließen, was den Bürger in seinen Reisegewohnheiten ganz massiv beeinflusst, dann liegt es in der Natur der Sache, dass die Vertreter der Bürger im Parlament eben ein Wort mitzureden haben. Ich hoffe sehr, dass wir hierzu am Ende des Gesetzgebungsprozesses eine vernünftige Regelung finden werden.

Nun zum Schluss ein paar Anmerkungen zur internationalen Kooperation. Ich möchte die Frage ansprechen, ob es nicht über verstärkte internationale Kooperation Möglichkeiten gibt, Anforderungen zu vereinfachen, ohne höhere Sicherheitsrisiken einzugehen, denn wie wir alle wissen, ist die terroristische Bedrohung leider eine Realität, und sie wird, so wie es heute aussieht, uns leider auch noch für einige Zeit als Realität begleiten.

Es gibt im internationalen Bereich dennoch Möglichkeiten der Vereinfachung. Insbesondere das Prinzip der „One-Stop-Security" umreißt eine viel versprechende Option.

Worum geht es? Viele Fluggäste fliegen ja nicht von A nach B, sondern sie fliegen von A über B nach C. Wenn das innerhalb der europäischen Union geschieht, sehen unsere Regeln heute so aus, dass am Flughafen in B nicht noch einmal nachkontrolliert werden muss. Fliegt demnach jemand von Athen über Frankfurt/Main nach Oslo, so ist in Frankfurt/Main keine Nachkontrolle mehr notwendig, weil Kontrollen gemäß europäischen Anforderungen ja schon in Athen vorgenommen wurden.

Die Frage ist jetzt: Können wir dieses innereuropäische System der One-Stop-Security nicht auf jene Drittländer übertragen, von denen wir begründeterweise annehmen können, dass sie eine gute Sicherheit auf ihren Flughäfen zu gewährleisten imstande sind?

Wenn wir diese One-Stop-Security, die innerhalb Europas von den meisten Ländern angewandt wird – Großbritannien und Frankreich ausgenommen – auf bestimmte Dritte Länder übertragen und übertragen können wollen, dann müssen wir gewährleisten, dass die Standards in diesen Drittländern im Vergleich zu europäischen Standards als äquivalent anzusehen sind. Wenn das nicht der Fall ist, dann muss das entsprechende Land in gewissem Umfang bereit sein, an einer Harmonisierung der Anforderungen mitzuwirken.

Eine weitere Voraussetzung ist, dass das Drittland bereit ist, im Bereich der Qualitätskontrolle zusammenzuarbeiten. Dies könnte in der Form gemeinsamer Inspektionen geschehen.

Des Weiteren muss es einen rechtlichen Mechanismus geben, um verantwortbare und beide Parteien verpflichtende Entscheidungen treffen zu können, die die Ausdehnung und die Anwendung der One-Stop-Security im Bezug auf dritte Länder ermöglichen.

Wie weit sind wir bei den vorbereitenden Arbeiten für die Erweiterung dieses Konzeptes?

Eckard Seebohm

Mit den Vereinigten Staaten von Amerika laufen derzeit sehr intensive Diskussionen in Bezug auf den detaillierten Vergleich geltender Regeln und die angestrebte Zusammenarbeit im Bereich von gemeinsamen Inspektionen auf beiden Seiten des Atlantiks. Dazu gibt es Gesprächsrunden technischer Experten in Brüssel und Washington, die in der ersten Hälfte des Jahres 2008 abgeschlossen sein sollten. Mit anderen dritten Ländern sind wir weniger weit, weil wir uns zunächst natürlich auf die Vereinigten Staaten als den vom Verkehrsvolumen her größten Partner konzentriert haben.

Die Zusammenarbeit bei der Qualitätskontrolle ist im Prinzip schon im Luftverkehrsabkommen zwischen der EU und den Vereinigten Staaten von Amerika angelegt. Da ist vieles auch auf gutem Wege und wir können im Rahmen dieses Abkommens auch die rechtlich notwendigen Entscheidungen zur Einführung der One-Stop-Security treffen.

Als Optimist hoffe ich, dass wir ab 2008 zumindest über Teilsysteme der Sicherheit eine entsprechende Vereinbarung mit unseren Kollegen in Washington treffen können. Hierbei ist hilfreich, dass der gegenwärtige Chef der amerikanischen Luftsicherheitsbehörde (Transport Security Administration) in einem sehr kooperativen Geist an diese Gespräche herangeht. Er geht, ich denke zu Recht, davon aus, dass die Anschlagsrisiken im Luftverkehr ihren Ursprung nicht vornehmlich in Europa, sondern in anderen Teilen der Welt haben. Eine engere Zusammenarbeit mit Europa mit dem Ziel der gegenseitigen Anerkennung bestehender Regeln dient daher auch dem Zweck, Ressourcen für mehr Kontrollen in gefährlicheren Teilen dieser Welt freizumachen.

Ich komme nunmehr zum Schluss meiner Ausführungen. Ich hoffe, ich habe darlegen können, dass sich die Instanzen der EU durchaus bemühen, bei neuen Gefahrenlagen nicht unreflektiert immer draufzusatteln. Wir sehen sehr wohl, dass dieses ständige Aufschichten neuer und schärferer Bestimmungen über mehr als zwanzig Jahre hinweg zu Schwerfälligkeiten und Inkonsistenzen im System der Luftsicherheit geführt hat, die es zu bereinigen gilt.

Wir hoffen sehr, dass das anstehende Vermittlungsverfahren mit dem europäischen Parlament nicht zu allzu großen Komplikationen führt, sondern bald zu einem Abschluss geführt werden kann. Denn eine neue Rahmenverordnung ist die formale Voraussetzung, um die notwendigen Verbesserungen zügig beschließen zu können.

Eckard Seebohm

2.2 Reaktionen des europäischen Gesetzgebers auf Bedrohungen der Luftfahrt

Sicherheit, Luftsicherheit – Safety und Security – dies sind Begriffe, mit denen wir täglich leben müssen. Es geht dabei nicht nur darum, dass wir diese Sicherheitsmaßnahmen, wenn nicht gerade gerne, ertragen. Wir müssen dies auch, sollen diese Maßnahmen effektiv sein, mit der notwendigen Einsicht tun. Das setzt allerdings voraus, dass diese Einsicht überhaupt möglich ist, was nicht bei allen Sicherheitsmaßnahmen auf Anhieb der Fall ist.

„Die Reaktion des europäischen Gesetzgebers auf Bedrohungen der Luftfahrt". Dieses Thema ist insbesondere unter dem Blickwinkel zu erörtern, ob wir dabei sind, das zu zerstören, was wir eigentlich mit den Sicherheitsmaßnahmen schützen wollen, nämlich den Rechtsstaat und die Demokratie bzw. unsere freiheitliche Lebensweise insgesamt. Keinem Verantwortlichen kann eine derartige Absicht unterstellt werden. Aber gerade deswegen muss man die einzelnen Sicherheitsmaßnahmen bzw. auch ihren Summationseffekt mit größter Vorsicht betrachten, damit uns nicht eines Tages erst in der Rückschau bewusst wird, dass die Grenze zur Abschaffung des Rechtsstaats längst überschritten ist.

Ich möchte drei Thesen zugrunde legen, die ich im Einzelnen erläutern werde. Die erste These: Zuviel Freiheit ist Chaos, zuviel Sicherheit ist Diktatur. Ein altes Bonmot, das – treffender als kaum ein anderes – das sensible Spannungsverhältnis von Freiheit und Sicherheit beschreibt. Ein Thema, dessen sich natürlich auch das Grundgesetz annimmt. Dort stehen die Grundrechte gleich am Anfang; dass sie vor den Vorschriften über den Staat, seinen Aufbau und seine Organe platziert sind, ist kein Zufall, sondern Programm: Dem Individuum wird vom Grundgesetz ein höherer Wert eingeräumt als dem Kollektiv. Das heißt allerdings nicht, dass die Interessen des Individuums stets Vorrang vor den Gemeinschaftsinteressen hätten: Die Grundrechte stehen bekanntlich unter Gesetzesvorbehalt und damit unter dem Vorbehalt des notwendigen Eingriffs. Damit ist der alte Menschheitskonflikt zwischen Individuum einerseits und Kollektiv andererseits vorprogrammiert. Seitdem es Menschen gibt und solange es Menschen geben wird, wird dieses Thema die Menschheit aus kultureller, aber natürlich auch aus juristischer Sicht bestimmen.

Dieses Wechselspiel, dieses Spannungsverhältnis erhält vor dem Hintergrund der Luftsicherheit eine besondere Zuspitzung. Dies insofern, als die Eingriffe, von denen wir reden, sich nicht in erster Linie gegen die potenziellen Rechtsbrecher richten. Sie richten sich vielmehr in erster Linie gegen uns alle, gegen uns als die potenziellen Opfer dieser Rechtsbrecher.

Wir alle müssen Eingriffe hinnehmen, Anweisungen nachkommen und Sicherheitsmaßnahmen organisieren. Die Frachtkette, die Luftfahrt und auch die Flughäfen müssen erhebliche Anstrengungen unternehmen, erhebliche Belastungen finanzieller und auch organisatorischer und damit freiheitsbeschränkender Art hinnehmen und durchsetzen, weil sie sich als mögliches Ziel von Angriffen auf diese Weise schützen wollen. Im Einzelnen dazu noch später.

Elmar M. Giemulla

Die zweite These: Der Terror ist nicht das Ziel, sondern das Mittel. Es wäre naiv zu glauben, dass Terroristen bezwecken würden, Hochhäuser einstürzen zu lassen, dass also die Herbeiführung derartiger Katastrophen das Ziel des Terrorismus sei. Das ist nicht das Ziel, das ist das Mittel. Die Frage, die wir uns stellen müssen, und die zu recht auch gestellt wird, ist: Was ist es denn dann, was die Terroristen mit dem Einsatz derartiger Mittel bezwecken?

Hierzu lassen sich verschiedene Thesen entwickeln, aber nur einige dieser Thesen betreffen uns unmittelbar. Dem Terrorismus geht es mit Sicherheit um die Veränderung, wenn nicht gar um die Abschaffung des westlichen Gesellschaftssystems, zumindest aber um die Erschütterung dieser Ordnung und damit um die Bekämpfung unserer traditionellen Wertvorstellungen.

Die Änderung oder Abschaffung eines als feindlich empfundenen Gesellschaftssystems kann – und das wurde in der Geschichte durch eine Vielzahl von Beispielen belegt – auf unterschiedliche Weise bewirkt werden:

Man kann eine Gesellschaft terrorisieren, um anschließend selbst die Macht zu übernehmen – uns Deutschen nicht gerade unbekannt.

Man kann ein Land besetzen und dort die Macht übernehmen, um die Gesellschaftsordnung zu ändern. Das passiert leider auch heute.

Man kann Terror ausüben, so wie es jetzt geschieht und überlässt die Änderung des Gesellschaftssystems den Betroffenen höchstselbst. Dieser Weg stellt damit eine Form von makabrer Arbeitsteilung zwischen Terroristen und uns selber her. Dies zwingt zu der Frage: Machen wir uns damit nicht zu unfreiwilligen Erfüllungsgehilfen des internationalen Terrorismus?

Zunächst aber zur ersten These: Zuviel Freiheit ist Chaos, zuviel Sicherheit ist Diktatur. Jeder von uns kennt diesen etwas dümmeligen, zumindest aber kurzsichtigen Satz: „Ich habe nichts zu verbergen, bei mir kann jeder reingucken". Dies bedeutet ja, umgekehrt gewendet: Wenn jemand etwas gegen den totalen Überwachungsstaat vorbringt, setzt er sich der Unterstellung aus, er habe etwas zu verbergen. Etwas überspitzt könnte man dann behaupten, er betreibe gemeinsame Sache mit Terroristen oder begünstige den Terrorismus zumindest.

Derjenige, der nicht irgendetwas in seinem Privatleben hat, das er nur mit Leuten seiner Wahl teilen will, muss einem ja fast leidtun. Wer das ernsthaft für sich behauptet, der hat das Spannungsverhältnis zwischen Individuum und Kollektiv auf eine traurige Weise entschieden.

Das Individuum definiert sich doch dadurch erst als solches, dass es etwas verbergen darf, was immer das auch sein mag. Allein die Frage zu stellen – ob jemand etwas zu verbergen hat –, ist ein Angriff auf das Persönlichkeitsrecht. Die persönliche Entscheidung hierüber hinwegzuwalzen mit dem Satz: „Der hat wohl etwas zu verbergen", ist blanker Kollektivismus. Nicht gerade das, was das Grundgesetz im Sinn hat. Nicht gerade das – so unterstelle ich – was wir wollen.

Ein weiterer Aspekt: Terrorismus soll durch Sicherheitsmaßnahmen verhindert und nicht provoziert werden. Vielleicht eine etwas überraschende These, aber es gibt Beispiele dafür. Eines nur sei an dieser Stelle genannt. Es gibt ein Programm im Rahmen der zu beobachtenden Welle von sich entwickelnden Sicherheitstechniken, das es – von den Betroffenen unbemerkt – ermöglicht, dass ganze Flughafenterminals mit Terahertz-Strahlung abgedeckt werden. Mithilfe dieser Strahlung kann man Menschen an Bildschirmen bis auf die Haut entblößt betrachten. Natürlich nicht aus sexuellen Erwägungen heraus, sondern mehr, um zu sehen, ob Waffen oder sonstige (gefährliche) Gegenstände getragen werden.

Auch hier könnte dem Kritiker entgegengehalten werden: „Stell dich nicht so an. Hast du denn etwas zu verbergen?“ Das mag in unserer libertinistischen Gesellschaftsordnung kein Problem sein. Wir reden aber nicht nur von uns. Wir müssen auch von denjenigen reden, die sich dadurch provoziert fühlen könnten. Ich möchte mich nicht in die Mentalität eines Moslems hineinversetzen, der mit dem Gefühl durch den Flughafen gehen muss, dass seine ansonsten – aus religiösen Gründen – bis zu den Augen vermummte Ehefrau von westlichen Männern an Bildschirmen beäugt wird. Aus welchen Gründen auch immer dies geschehen mag, muss man sich die Frage stellen: Provozieren wir dadurch nicht Terrorismus?

Die letzte Frage, die sich in diesem Zusammenhang stellt: Ist ein Sicherheitsapparat, wie wir ihn in der Luftfahrt bereits installiert haben, gesamtgesellschaftlich – also auf alle Lebensbereiche einer Gesellschaft – machbar, vertretbar und auch vorstellbar?

Wir haben es geschafft, Flughäfen zu Hochsicherheitstrakten auszubauen. Das ist nur deshalb möglich, weil Flughäfen lokal begrenzte Einrichtungen sind. Wir haben allerdings schon Schwierigkeiten, den hohen Sicherheitsstandard von den Flughäfen hinaus auf die gesamte Frachtkette zu verlagern. Andererseits macht es aber keinen Sinn, im Terminal Fluggäste bis auf die Haut zu durchsuchen, um damit den Terrorismus und das Einschleusen von unerwünschten Gegenständen zu verhindern, wenn auf der anderen Seite des Flughafens die Scheunentore weit offen stehen und Millionen Tonnen von Fracht unkontrolliert auf die Flughäfen und in die Flugzeuge hineintransportiert werden.

Also muss die gesamte Fracht entweder ebenso durchleuchtet werden wie die Passagiere, was die Frachtkette zum Kollabieren bringen würde. Oder die Sicherheitsmaßnahmen müssen bis zum Transporteur oder gar zum Verpacker der Fracht hinausverlagert werden. Betroffen sind Tausende von Herstellern, Tausende von Spediteuren, und schließlich Hunderttausende von Lastwagenfahrern, die ja auch mal auf einer Autobahnraststätte einen Kaffee trinken oder zur Toilette gehen. Was geschieht in dieser Zeit mit der Fracht? Kann man in dieser Zeit nicht mühelos gefährliche Gegenstände in der Fracht unterbringen?

Auch hier einen akzeptablen Sicherheitsstandard herzustellen, erfordert mehr als das bloße Hochrüsten der Flughäfen. Es erfordert organisatorische Maßnahmen, es erfordert Zuverlässigkeitsüberprüfungen in einem Umfang, den wir uns nicht vorstellen können und wollen.

Man ist fast versucht zu sagen: Gott sei dank, dass sich die Terroristen – sicherlich aus Gründen, die nahe liegen – bisher in erster Linie die Luftfahrt ausgesucht haben.

Wenn wir es tatsächlich schaffen sollten, die Luftfahrt insgesamt so abzusichern, dass sie für terroristische Absichten uninteressant wird, dann wird damit fast zwangsläufig ein Ausweicheffekt verbunden sein. Der Terrorismus wird sich wahrscheinlich verlagern, dafür braucht man nicht einmal viel Phantasie. Den Sicherheitsapparat auf die Weise, wie er in der Luftfahrt bereits hergestellt ist und immer noch weiter verfeinert wird, auf alle übrigen Lebensbereiche auszudehnen, ist schlichtweg unmöglich. Wir können nicht U-Bahnen, Tausende Kilometer von ICE-Strecken, von Binnenwasserstraßen und von Autobahnen so absichern wie die Luftfahrt. Weder der Personal- noch der organisatorische Apparat wären hierfür verfügbar. Und würden wir ihn verfügbar machen, hätten wir genau das, was wir alle nicht wollen: nämlich den Polizeistaat.

Hier müssen wir überlegen, ob das, was wir tun, nicht nur zufälligerweise effektiv ist, weil sich die Terroristen - bisher zumindest - „freundlicherweise" weitestgehend auf die Luftfahrt konzentriert haben.

Die zweite These: Der Terror ist nicht das Ziel, sondern das Mittel, und: Machen wir uns nicht zu unfreiwilligen Erfüllungsgehilfen des internationalen Terrorismus? Auf die aktive Tötung Unschuldiger durch den Staat muss dabei noch nicht einmal eingegangen werden. Aber vor allem dort hat ein Paradigmenwechsel stattgefunden und es herrscht dort nicht mehr das vor, was ich durch die Brille des Grundgesetztes als Zivilisation ansehen würde. Das Töten von Unschuldigen, die in eine Lage geraten sind, in der sie sich selbst nicht mehr helfen können, macht diese zum bloßen Objekt. Dass das gegen die Menschenwürde verstößt, wissen wir spätestens seit der Entscheidung des Bundesverfassungsgerichts zu § 14 Abs. 3 Luftsicherheitsgesetz.

Dass dennoch entgegen der Entscheidung des Bundesverfassungsgerichts ohne Rechtsgrundlage solch ein Vorgehen in Erwägung gezogen wird, ist ein Beleg dafür, dass wir bereits dabei sind, die Achtung vor dem Grundgesetz, dem Verfassungsgericht und dem zentralen Verfassungsorgan einer Demokratie, dem Parlament, zu verlieren.

Dass das Parlament die Grundsatzentscheidungen des Staates zu treffen hat, hat einen großen Vorteil für uns alle: Die Entscheidungen sind transparent; der Bürger nimmt an den Entscheidungen teil, zumindest kann er es. Grundsatzentscheidungen müssen transparent getroffen werden. Wir müssen wissen, wer sie trifft, mit welchen Argumenten sie getroffen werden, wie sie getroffen werden und vor allem, was sie beinhalten.

Ich betone das deswegen, weil wir von der EG zunehmend mit so genannten „geheimen Verordnungen" konfrontiert werden. Geheime Verordnungen, die natürlich in erster Linie deswegen geheim sind, weil die Inhalte vor denjenigen geschützt werden sollen, die damit nicht in unserem Sinne umgehen würden. Es geht in dem Fall natürlich nicht um uns, wir wissen das sehr wohl, aber man weiß ja nicht, ob nicht einer von uns mit Terroristen zu tun oder Kontakte zu Terroristen hat oder vielleicht von Terroristen erpresst werden könnte. Deswegen ist es anscheinend besser, dass auch wir die Inhalte solcher Verordnungen nicht kennen.

Wenn aber zum Beispiel ein Frachtunternehmer auf Basis dieser Verordnungen Maßnahmen ausführen muss, so muss er auch die Möglichkeit haben, im Wege des Rechtschutzes dagegen vorzugehen. Das ist ein integraler Bestandteil unseres rechtsstaatlichen Systems. Wie kann er aber vergleichen, ob der ihn belastende Verwaltungsakt mit der Rechtsgrundlage übereinstimmt, auf die er sich bezieht?!

Elmar M. Giemulla

Effektiver Rechtsschutz setzt die Kenntnis der Rechtsgrundlagen voraus, um seine Erfolgsaussichten einschätzen zu können.

Man kann dem natürlich entgegenwirken, indem man nur dem betroffenen Kreis von Adressaten solche Verordnungen kenntlich macht. Das ändert jedoch nichts daran, dass die Gesellschaft als solche von diesen geheimen Verordnungen nichts wissen soll. Aus verständlichen Gründen, ich will das gar nicht karikieren, aber ich will warnend den Finger heben. Die Gesellschaft muss wissen, was in ihrem Namen und mit ihrer Legitimation geschieht. Zumindest müssen die Inhalte dieser geheimen Verordnungen auf ein Minimum beschränkt bleiben.

Zwei weitere Gesichtspunkte sind zu nennen. Zunächst muss auf die Verlagerung von Sicherheitsmaßnahmen auf Private im Spannungsverhältnis zur Gewährleistungsverantwortung des Staates für die Sicherheit seiner Bürger eingegangen werden. Wir sind auf dieses Stichwort vor kurzem im Zusammenhang mit der Privatisierung der Flugsicherung vom Bundespräsidenten hingewiesen worden. Es gibt bestimmte Kernbereiche der Sicherheit, die der Staat übernehmen bzw. behalten muss, d. h. nicht von Privaten wahrnehmen lassen darf. Zu diesen Kernbereichen gehört naturgemäß in erster Linie das, wovon wir hier reden: der Schutz des Lebens. Die Verlagerung von Sicherheitsmaßnahmen auf Private steht dazu im Gegensatz.

Im Luftsicherheitsgesetz aus dem Jahr 2005 ist vorgesehen, dass private Personen anstelle des Staates in staatlicher Funktion, d. h. als Beliehene, Sicherheitsmaßnahmen ausführen können. Ich halte eine solche Beleihung für einen Kulturbruch vor dem Hintergrund der Gewährleistungsverantwortung. Für die Aufgabe selbst ist es völlig ausreichend, wenn die vielen Luftsicherheitsassistenten – wie bisher – als Verwaltungshelfer für den Staat tätig sind. Warum müssen sie beliehen werden? In diesem Bereich gilt es, besonders vorsichtig zu sein, dass sich nicht neben dem Staat ein Sicherheitsapparat mit Staatsbefugnissen aufbaut, der womöglich irgendwann nach eigenen „Gesetzen" funktioniert.

Mindestens ebenso wichtig scheint mir noch ein weiterer Gesichtspunkt zu sein: die Zuverlässigkeitsüberprüfungen, die Tausende, Hunderttausende von Piloten und andere, die regelmäßig Zugang zum Flughafen haben, über sich ergehen lassen müssen und die sehr tief in das Persönlichkeitsrecht hineinreichen. Glücklicherweise findet die Überprüfung jetzt nicht mehr jedes Jahr, sondern nur noch alle fünf Jahre statt – ein Verdienst des Parlaments. Eine Belastung für die Betroffenen, die vermindert und auf diese Weise auch erträglicher gemacht wurde. Auch wenn die Kritik gegen die Maßnahme etwas verstummt ist – meine These ist in diesem Zusammenhang, dass Zuverlässigkeitsüberprüfungen das Denunziantentum fördern. Mir ist vor kurzem einer von vielen Fällen zugetragen worden, der mir besonders symptomatisch für das Ausmaß solcher Maßnahmen erscheint: Ein Pilot hatte sich mit seinem für die Zuverlässigkeitsüberprüfung zuständigen Sachbearbeiter aus welchen Gründen auch immer überworfen, der ihm in der Folge die Zuverlässigkeitsbescheinigung nicht erteilt hat. Dies hatte zur Folge, dass die Lizenz des Piloten verfiel und er seinen Beruf verlor.

Der Sachbearbeiter hatte sich zuvor im Internet über den Betroffenen kundig gemacht und festgestellt, dass der Pilot, der gleichzeitig Luftfahrtjournalist war, auf seiner Website eine Dokumentation über große und kleine historische Flugzeuge abgebildet hat. Unter diesen 500 kleinen Fotos – jeweils von der Größe einer Visitenkarte und nicht vergrößerbar – befanden sich zwei mit Abbildungen eines kaum erkennbaren Hakenkreuzes auf der Schwanzflosse des jeweiligen Flugzeuges. Wie gesagt, die Fotos waren nicht vergrößerbar. Der Sachbearbeiter hatte aufgrund dessen bei der Staatsanwaltschaft eine Anzeige wegen der Verbreitung nationalsozialistischer Symbole erstattet – und dem Piloten die Ausstellung der Zuverlässigkeitsbescheinigung verweigert.

Glücklicherweise haben wir es noch mit Staatsanwaltschaften zu tun, die vernünftig genug sind, solche Verfahren einzustellen. Aber man sieht durchaus, wohin solche Maßnahmen, die dem Schutz der Gesellschaft vor Terrorismus dienen sollen, führen können. Zuverlässigkeitsüberprüfungen fördern das Denunziantentum. Das Recht darf nicht so gestaltet sein, dass es den niedrigsten Instinkten Vorschub leistet. Das ist eines Rechtsstaates sicherlich nicht würdig.

Man sagt hin und wieder, dass man aus der Geschichte lernen könnte. Die Geschichte wiederholt sich leider nicht eins zu eins; sonst könnte man vielleicht besser daraus lernen. Ich will hier auch keine billigen Anleihen in der jüngeren oder jüngsten deutschen Geschichte betreiben. Der Untergang der römischen Republik ist durch Terroristen auslöst worden. Im letzten Jahrhundert vor Christi Geburt wurde Rom von insgesamt 1600 bestens organisierten Seeräubern bedroht. Sie hatten bereits den Hafen Ostia niedergebrannt und waren dabei, sich auch Roms zu bemächtigen. Pompeius der Große hat sich daraufhin vom Senat Sondervollmachten einräumen lassen, die nie zurückgenommen worden sind. Die Seeräuberei – wir würden sagen: der Terrorismus – wurde besiegt, aber die Republik ist untergegangen – nicht am Terrorismus, sondern am Kampf gegen den Terrorismus. Caesar und Augustus und das römische Kaisertum waren Folge; die Republik ist nie wiedergekehrt.

Können wir aus der Geschichte lernen?

Meine letzte These: Das Funktionieren jeder Sicherheitsstrategie setzt Akzeptanz voraus. Ein Staat, der nicht Polizeistaat sein will, ist auf die Akzeptanz seiner Bürger angewiesen.

Natürlich wissen wir, dass es keine absolute Sicherheit geben kann. Es soll sie auch nicht geben; das wäre eine schreckliche Vorstellung. Das allgemeine Lebensrisiko läuft nun einmal immer mit. Natürlich muss eine Gesellschaft funktionieren; der Bürger muss das Gefühl haben, dass der Staat tut, was er kann: das, was sinnvoll und rechtlich möglich ist, um den Bürger in seiner physischen Existenz zu beschützen. Und man muss sich sicher sein, dass er gewisse Dinge nicht tun kann, also den Bürger, wenn er in eine auswegslose Situation hineingeraten ist, obendrein noch abzuschießen.

Umgekehrt natürlich ist das Gefühl der Sicherheit ein Grundpfeiler jeder funktionierenden Gesellschaft. Wir wissen alle, dass wir überfahren werden können, wenn wir über die Straße gehen. Wir wissen alle umgekehrt, dass alles getan ist, um die Verkehrsverhältnisse auch für Fußgänger sicher zu gestalten. Es gibt ein allgemeines Lebensrisiko, was sich nicht ausschalten lässt. Wir vertrauen aber darauf, dass alles Menschenmögliche getan ist, um dieses Lebensrisiko auf ein Minimum zu reduzieren.

Elmar M. Giemulla

Das bedeutet aber auch, dass Sicherheitsmaßnahmen vom Publikum verstanden werden müssen, damit sie akzeptiert werden. Umgekehrt: Zweifelhafte Maßnahmen sind insofern kontraproduktiv.

Die Regelungen zu Flüssigkeiten im Handgepäck sind hierfür ein Beispiel. Wenn derlei Regelungen beim Publikum das Gefühl hervorrufen, dass die Terroristen nicht von der Regierung gejagt werden, sondern umgekehrt die Regierung von den Terroristen, dann führt das meines Gefühls nach zu einer Erosion des Sicherheitsgefühls.

Die Paper Security im Frachtbereich, etwas was Frachtleute bestens kennen, wird heute lediglich abgesichert durch bloße abgeheftete Sicherheitserklärungen der Betroffenen. Im Moment kontrolliert das noch keiner nach. Große Frachtunternehmen haben zum Teil bis zu 8000 solcher Erklärungen in ihren Akten – und das wird dann als die Sicherheit bezeichnet, die wir benötigen, um uns vor Terroristen zu schützen?

Paper Security ist nicht das, was ein Sicherheitsgefühl vermittelt. Sie kann im Gegenteil dazu führen, dass wir an dem zweifeln, was uns umgibt, dass wir an dem Sinn dessen zweifeln, was staatliche Stellen tun. Und das ist das Schlimmste, was uns geschehen kann: dass das Publikum Herrschaft nicht mehr begreift. Denn demokratische Herrschaft ist, wie wir alle wissen, auf das Verständnis der Bürger angewiesen. Alles andere ist der Polizeistaat.

Ich will ganz zum Schluss meinen Blick drei Jahrzehnte zurückwerfen. Der „Deutsche Herbst“ wurde in diesen Tagen 30 Jahre alt. Es gab sicherlich damals viele Unterschiede zur heutigen Zeit; auf einen wesentlichen strukturellen Unterschied will ich hinweisen: Es ging damals in erster Linie um Sanktionen des Staates, mit denen er auf die Terroristen der RAF reagiert hat. Das heißt, es ging um einen begrenzten Personenkreis, und als Bürger hat man diese Sanktionen den Terroristen ja geradezu gegönnt. Das auch derartige Gesetzesverschärfungen eine Gefahr für den Rechtsstaat mit sich bringen können, brauche ich nicht zu betonen. Aber man stand seinerzeit im Grunde außerhalb dieser Sanktionen und hat zugeschaut, wie der Staat mit dieser Bedrohung umging. Man war in erster Linie jedenfalls nicht selber Adressat dieser Maßnahmen.

Heute ist das völlig anders. Die heutigen Maßnahmen sind nicht in erster Linie Sanktionsmaßnahmen, sie sind Präventionsmaßnahmen. Sie richten sich zwar in ihrer Zielrichtung gegen die Terroristen, sie richten sich aber in ihrer unmittelbaren Stoßrichtung gegen uns alle.

Bundeskanzler Schmidt hat damals, nachdem die Bedrohung abgeebbt war – hoffentlich erleben wir das auch noch mit der heutigen Bedrohung –, gesagt: „Wir haben uns bis an die Grenzen des Rechtsstaates bewegt, aber wir haben diese Grenzen nicht überschritten.“ Das mag bereits für die damalige Situation zweifelhaft gewesen sein - das ist vor allem aber zweifelhaft für die heutige Situation.

Wir dürfen uns nicht bloß der Hoffnung hingeben, dass wir diese Grenze nicht überschreiten. Wir müssen alle etwas dafür tun.

Elmar M. Giemulla

2.3 Luftsicherheit aus Sicht eines Beitrittslandes der EU

Briefly I will introduce you with the measures the ministry of transport and my government are taking at national and airport levels in order to fight against terrorism and I will talk from a CAA point of view; Civil Aviation Administration which I'm representing at this stage.

Top priority ***for*** Civil Aviation Administration is drafting a new aviation security act which is at stage to be signed by concerning parties and again send for discussion and approval at Bulgarian parliament. Particularly this act will actually put in place the responsibilities between the concerning parties and most important will give a legislative mechanism for Civil Aviation Administration to again pose sanctions to parties which are misconducting. CAA is in process of renewing the national civil aviation security program. The new version will be fully compliant with all EC requirements and existing documents. So far there are some discrepancies which actually…I mean this will be changed.

So far Civil Aviation Administration and Bulgarian government are able to keep up to the pace of the constant changing of the requirements for a safeguarding civil aviation.

Civil Aviation Administration and Bulgarian government so far are looking and they will keep working towards the policy of pro-active instead of re-active ***politics*** in order to prevent acts of a unlawful interference at our airports.

Boyan Boyanov

2.4 Luftsicherheit aus Sicht der ICAO: Der aktuelle Stand

2.4.1 Einführung

Mein Thema lautet Luftsicherheit aus der Sicht der ICAO, und zwar möchte ich über das Luftsicherheitsprogramm der ICAO berichten, dessen aktueller Stand von der jüngsten 36. ICAO-Versammlung diskutiert worden ist.

Das Luftsicherheitsprogramm der ICAO umfasst zunächst die Luftsicherheits-Audits, das sind die Verifizierungen durch ICAO-Teams in den einzelnen Mitgliedstaaten vor Ort. Zweitens die Arbeiten zur Verbesserung des Anhangs 17; es geht dabei um die Neuerungen, die am 1. Juli 2006 in Kraft getreten sind (Ergänzung 11 zum Anhang 17). Und drittens die flankierenden Maßnahmen, nämlich Erstellung von Schulungsprogrammen, von Datenbanken und von Untersuchungen, um nationale Maßnahmen im Bereich der Luftsicherheit zu unterstützen.

Ich werde ferner auf die Sonderprobleme Flughafensicherheit und Luftfracht eingehen und den Stellenwert der internationalen Zusammenarbeit anhand des so genannten CASP–AP Programms erläutern. Abschließend werde ich einen kurzen Erfahrungsbericht und eine Zusammenfassung geben.

2.4.2 Das Luftsicherheitsprogramm der ICAO

Die ICAO ist die UN Sonderorganisation für Luftfahrtangelegenheiten mit gegenwärtig 190 Mitgliedstaaten. Luftfahrtsicherheit ist, neben der technischen Sicherheit, eines der Hauptthemen der Arbeit der ICAO.

Die 36. ICAO-Versammlung, die vom 18. bis 28. September 2007 stattgefunden hat, hat sich vor allem mit technischer Sicherheit, Luftfahrtsicherheit und Umweltfragen befasst. Der Generalsekretär der ICAO hat dazu drei relevante Sachstandsberichte erstattet. Sein Bericht über den Stand der Luftfahrtsicherheit ging insbesondere auf die Themen Luftsicherheit-Audits, Neuerungen im Anhang 17 und flankierende Maßnahmen ein.

Luftsicherheit-Audits

Die systematische Durchführung von Luftsicherheit-Audits ist vom Rat der ICAO im Jahre 2002 als Reaktion auf die terroristischen Anschläge vom September 2001 beschlossen worden. Sie sollen vor allem der Überprüfung von staatlichen Luftsicherheitsmaßnahmen vor Ort dienen und sind methodisch ähnlich angelegt wie das ICAO Audit-Programm im technischen Sicherheitsbereich.

Methodik der Audits

Alle 190 Mitgliedstaaten werden vor Ort von ICAO-Teams überprüft. Das Hauptkriterium bei den Audits ist die Frage ob und inwieweit die Standards und Empfehlungen des Anhangs 17 in adäquater Weise angewendet werden. Jedes Audit

Ludwig Weber

erfordert einen Besuch durch ein meistens dreiköpfiges Team von Sicherheitsexperten der ICAO. Die Audit-Teams werden von der ICAO zusammengestellt und geleitet. Sie überprüfen vor Ort nicht nur die Sicherheitsvorkehrungen auf internationalen Flughäfen, sondern auch, ob die für Luftsicherheit zuständigen Behörden rechtlich, fachlich und ausstattungsmäßig in der Lage sind, ihre Aufgaben angemessen zu erfüllen.

Die ICAO begreift die staatlichen Luftsicherheitsaufgaben als ein System. Nach den Vorgaben des Anhangs 17 soll das nationale Sicherheitsprogramm auf drei Ebenen durchgeführt werden: auf der Ebene der nationalen Behörden, auf der Ebene der Flughäfen und auf der Ebene der Luftfahrtunternehmen und anderer dritter Beteiligter. Dazu gehören z. B. Catering-Unternehmen, Betankungsunternehmen und andere, die auf der „airside" im Flughafen tätig sind. Verantwortlich für alle drei Ebenen ist die Behörde, die gegenüber der ICAO als verantwortlich notifiziert wurde. Auf ihre Tätigkeit richtet sich daher das besondere Augenmerk der Audits vor Ort.

Jedes Audit untersucht daher unter anderem, ob die nationalen Luftsicherheitsbehörden das Screening-Personal auf den Flughäfen einer Zertifizierung unterziehen, ob sie über ausreichende Aufsichts- und Vollstreckungskompetenzen verfügen, ob sie Luftsicherheitsschulungen durchführen und ob sie ein nationales Luftsicherheitsprogramm erstellt haben und anwenden.

Auf der Ebene der Flughäfen werden u. a. die Elemente Zugangskontrolle, Fracht- und Catering-Sicherheit, Flughafenorganisation und Verwaltung, Passagier- und Handgepäcksicherheit, Einsatzpläne für Krisenfälle, Sicherheit des aufgegebenen Gepäcks sowie die Sicherheit an Bord untersucht.

Alle im Rahmen der Audits festgestellten Anwendungsdefizite werden in einem Audit-Bericht festgehalten. Der Mitgliedstaat wird dann aufgefordert, binnen einer Frist – in der Regel sind das vier Monate – ein Aktionsprogramm vorzulegen, um die Anwendungsdefizite zu beseitigen. Binnen einer weiteren Frist – meistens sind das zwölf Monate – findet ein Folge-Audit statt, um die Fortschritte bei der Anwendung des Aktionsprogramms zur Beseitigung der Anwendungsdefizite festzustellen.

Audit-Bericht

Die Audit-Berichte sind naturgemäß vertraulich; sie werden normalerweise nur dem betroffenen Staat zur Verfügung gestellt. Auf der jüngsten Versammlung hat es aber eine Diskussion gegeben, inwieweit die Hauptergebnisse dieser Berichte auch anderen Staaten zugänglich gemacht werden können und sollen. Das Ergebnis dieser Diskussion ist, dass nun eine vermehrte Transparenz stattfinden und die Audit-Ergebnisse in begrenztem Umfang auch anderen Staaten zugänglich gemacht werden sollen. Das ist ähnlich wie bei den Audits im technischen Sicherheitsbereich; auch hier sind die Audit-Berichte bei der Mehrzahl der Staaten anderen Staaten zugänglich, jedoch mit dem wichtigen Unterschied, dass diese auch veröffentlicht werden können, während dies bei den Luftsicherheits-Audits naturgemäß nicht der Fall ist.

Ludwig Weber

Die Methodik für vermehrte Transparenz ist im Moment noch in der Diskussion, insbesondere die Frage, welche Daten und Informationen transparent gehandhabt werden dürfen.

Seit 2002 sind 169 Mitgliedstaaten vor Ort überprüft worden. 77 Folgeüberprüfungen sind durchgeführt worden und ein besonderes Augenmerk wurde auf die staatlichen Aufsichts- und Vollstreckungskompetenzen gerichtet, da die Audits festgestellt haben, dass in diesem Bereich größere Anwendungsdefizite bestehen. Das hängt zumeist mit der bestehenden Gesetzgebung zusammen, die in diesem Bereich keine ausreichenden Kompetenzen vorsieht.

Ergebnisse der Audits

Der Bericht des Generalsekretärs an die 36. Versammlung der ICAO umfasste den Fünfjahreszeitraum von 2002 bis 2007. Er stellte unter anderem fest, dass seit dem ersten Dreijahreszyklus von Luftsicherheits-Audits (2002 bis 2005) eine merkliche Verbesserung in der Anwendung des Anhangs 17 eingetreten ist. Die Ergebnisse sind im Einzelnen analysiert worden und ich werde sie kurz erläutern.

Auf nationaler Ebene waren vom ersten Dreijahreszyklus der Luftsicherheits-Audits (2002-2005), bezogen auf die nationale Luftfahrtbehördenorganisation und –verwaltung, bei der Überprüfung der Zertifizierung des Durchsuchungspersonals nur 11 % der Mitgliedsländer gutgeheißen worden. Bei den Aufsichts- und Vollstreckungskompetenzen waren es ebenfalls nur 11 %. Bei der Luftsicherheitsschulung waren es nur 9 % und beim nationalen Luftsicherheitsprogramm insgesamt war es sogar nur 1 %.

Auf der Ebene der Flughäfen waren bei der Überprüfung der Zugangskontrollen, ebenfalls nach dem ersten Dreijahreszyklus, nur 18 % der Staaten gutgeheißen worden, im Fracht- und Catering-Sicherheitsbereich 29 %, bei der Flughafenorganisation und Verwaltung 38 %, bei der Passagier- und Handgepäcksicherheit 32 % und bei Einsatzplänen für Krisenfälle 44 %. Dieses letztere Ergebnis ist darauf zurückzuführen, dass natürlich in diesem Bereich schon vor den Ereignissen von 2001 erhebliche Anstrengungen unternommen worden waren. Bei der Sicherheit des aufgegebenen Gepäcks waren es 36 %, bei der Sicherheit an Bord 44 %. Auch in diesem Bereich ist es historisch so gewesen, dass die Luftfahrtunternehmen seit den 70er Jahren deutliche Anstrengungen unternommen haben, um die Sicherheit an Bord zu gewährleisten.

Von den Mitgliedstaaten sind zwischen dem ersten Audit-Zyklus und den Follow-up-Audits im zweiten Zyklus Fortschritte im Bereich der nationalen Luftsicherheitsbehörden und der Verwaltung erzielt worden, da nunmehr 55 % der Staaten gutgeheißen wurden, gegenüber nur 31 % beim ursprünglichen Audit.

Ähnlich sieht es auch bei der Zertifizierung des Durchsuchungspersonals aus. Die ursprüngliche Zahl war 11 %, nach dem Follow-up-Audit sind es schon 30 % der Staaten, deren Ergebnisse gutgeheißen wurden. Bei den Aufsichts- und Vollstreckungskompetenzen der Luftfahrtbehörden war ein Anstieg von 4 % auf 23 % festzustellen, bei der Luftsicherheitsschulung von 5 % auf 24 % und beim nationalen Luftsicherheitsprogramm von 1 % auf 22 %.

Auf der Ebene der Flughäfen waren ähnliche Ergebnisse festzustellen, dort sind eher noch erheblichere Verbesserungen zu sehen. Bei der Zugangskontrolle waren es ursprünglich 18 % der Staaten, die gutgeheißen wurden, bei den Folge-Audits 46 %. Ähnlich bei der Fracht- und Catering-Sicherheit, wo ein Sprung von 24 % auf 46 % zu verzeichnen ist. Die übrigen Zahlen kommen auf Werte von über 50 %.

Insgesamt ist festzustellen, dass die ICAO-Audits vor Ort zu einer merklichen Verbesserung der Sicherheit beigetragen haben.

Gleichwohl sind natürlich Zahlen, die noch an der 50 %-Marke liegen, insgesamt nicht akzeptabel. Dieses Programm muss daher weitergeführt werden, um die Sicherheit in allen 190 Mitgliedstaaten weiter zu verbessern.

Folgerungen

Im Bereich der Luftsicherheit muss sich das Augenmerk jeweils auf das schwächste Glied in der Kette richten. Deswegen reicht es nicht aus, Luftsicherheit nur in den entwickelten Ländern zu gewährleisten, sondern die Entwicklungsländer müssen in das System voll miteinbezogen werden, sonst bleibt das ganze System gefährdet.

Bereiche mit Handlungsbedarf sind, nach dem Sachstandsbericht des Generalsekretärs während der 36. ICAO-Versammlung, zunächst die Zertifizierung des Sicherheitspersonals bei Passagier- und Gepäckkontrollen. In vielen Fällen ist es so, dass zunächst das Personal ausgebildet wird – wobei auch die Zeiträume der Ausbildung ziemlich weit auseinander gehen –, dass aber die Ergebnisse der Schulung kaum überprüft werden. Nach den neuen Standards im Anhang 17 soll das systematisch geschehen. Das bedeutet, dass die Behörden des Mitgliedstaates die Schulungsergebnisse des Durchsuchungspersonals zertifizieren sollen. Sie sollen dadurch gewährleisten, dass die Schulungsergebnisse den Standards des Anhangs 17 entsprechen. Die Sicherheitsschulungsprogramme selbst sind verbesserungsbedürftig.

Ferner sind bei der Verbesserung der staatlichen Aufsichts- und Vollstreckungskompetenzen Anstrengungen zu unternehmen, was zumeist bedeutet, dass gesetzgeberische Maßnahmen erforderlich sind. Vor allem die Vollstreckungskompetenzen sind zu verstärken. Des Weiteren sind bei der Erstellung und Anwendung der nationalen Luftsicherheitsprogramme weitere Verbesserungen notwendig. Trotz der Fortschritte, die in immerhin 78 % der untersuchten Staaten gemacht worden sind, besteht weiterhin ein erheblicher Handlungsbedarf. Die nationalen Luftsicherheitsprogramme müssen so verbessert werden, dass sie den Standards des Anhangs 17 voll entsprechen. Weitere Anstrengungen sind auch auf der Ebene der Flughäfen und Luftfahrtunternehmen erforderlich.

Neuerungen im Anhang 17

Anhang 17 zum Abkommen über die Internationale Zivilluftfahrt vom 7.12.1944 gibt die inhaltlichen Standards vor, die die Mitgliedstaaten im Luftsicherheitsbereich anwenden sollen. Sinn des Anhangs 17 ist es, einheitliche Mindeststandards für alle Mitgliedstaaten festzulegen. Die Mitgliedstaaten sollen die Mindeststandards einheitlich anwenden, sie können aber, wenn sie das wollen, über die Mindeststandards hinausgehen. In diesem Fall sollen sie bei der ICAO in Montreal die zusätzlichen Maßnahmen notifizieren, um sie allen anderen Mitgliedstaaten zugänglich zu machen.

Nationales Luftsicherheitsprogramm

Bei den Neuerungen im Annex 17 und ihrer Anwendung ist zunächst die Stärkung der Regeln über die nationalen Luftsicherheitsprogramme zu nennen. Wie bereits erwähnt, ist jeder Mitgliedstaat nunmehr gehalten, ein nationales Luftsicherheitsprogramm zu erstellen und anzuwenden, und zwar auf drei Ebenen: Luftfahrtbehörden, Flughäfen und Flugunternehmen. Daneben sind auch andere beteiligte Dritte einzubeziehen, wie z. B. Catering und Handlingunternehmen auf Flughäfen. Flankiert wird es durch Schulungsprogramme, z. B. die Schulung des Screening-Personals und die Einführung von Qualitätskontrollen. Auf nationaler Ebene wird die Durchführung des Luftsicherheitsprogramms durch einen Luftsicherheitsausschuss, dem Vertreter aller beteiligten Behörden angehören, koordiniert.

„Sky-Marshals“

Eine weitere Neuerung betrifft die so genannten IFSOs, wobei es sich um Sky-Marshals handelt. Der offizielle Begriff ist „In Flight Security Officers“, deren Rechtsstellung nun im Anhang 17 in den Standards 4.7.5 und 4.7.7 näher geregelt worden ist. Demnach soll ausschließlich geschultes Behördenpersonal eingesetzt werden, also keine Beliehenen und keine Dritten. Zweitens muss der Einsatz der Sky-Marshals mit dem Land des Zielortes koordiniert werden. Die Behörden des Zielortes müssen wissen, dass und auf welchen Flügen IFSOs eingesetzt werden. Drittens muss der Einsatz streng vertraulich behandelt werden, wobei der jeweilige Chefpilot jedoch im Vorhinein über den Einsatz und den vorgesehenen Sitzplatz des Sky-Marshals Bescheid wissen muss. Dies sind Neuregelungen, da der Einsatz von Sky-Marshals bis dahin weitgehend ungeregelt und international umstritten war.

Risikobeurteilung

Der nächste Punkt betrifft das so genannte Risk-Assessment-Konzept. Anhang 17 sieht nunmehr vor, dass jeder Mitgliedstaat eine laufende Risikobeurteilung einer möglichen terroristischen Bedrohung durchführen soll und sein nationales Sicherheitsprogramm durch erforderliche Maßnahmen anpassen soll, soweit diese laufende Risikobeurteilung das erfordert. Das ist nunmehr im Standard 3.1.3 des Anhangs 17 festgelegt. Die Methodik für diese Risikobeurteilung soll auf der Grundlage des ICAO Security Manual, Dokument 8973, erfolgen, wo diese Methodik im Einzelnen niedergelegt worden ist.

Konkret soll das Risk-Assessment auch erfolgen im Bereich der Luftsicherheitsmaßnahmen für aufgegebenes Gepäck und Fracht. Hier hat es aber nur Empfehlungen gegeben und keine bindenden Standards.

Daneben gibt es neue Regelungen für Nur-Frachtflüge. Die Empfehlung 4.6.6 des Anhangs 17 besagt, dass Sicherheitskontrollen für Fracht und Post auf Nur-Frachtflügen auf der Grundlage von Risk-Assessments stattfinden sollen. Das Risk-Assessment soll durch die nationalen Behörden vorgenommen werden. Konkret bedeutet das, dass die nationalen Behörden einen Ermessensspielraum haben, inwieweit sie Sicherheitskontrollen und Maßnahmen für Nur-Frachtflüge vorsehen wollen.

Zurück zur Stärkung der Regelungen für das nationale Sicherheitsprogramm. Die nationale Behörde, die gegenüber der ICAO als Verantwortliche Behörde designiert wird, soll auch für das nationale Sicherheitsschulungsprogramm und ein Qualitätskontrollprogramm verantwortlich sein.

Was die Qualitätskontrollen angeht, so ist vorgesehen, dass die verantwortliche Behörde sich durch Stichproben oder Inspektionen fortlaufend davon überzeugt, dass die getroffenen Sicherheitsmaßnahmen wirksam angewendet werden. Auch der Ausbildungsstand der einzelnen mit Sicherheitsaufgaben betrauten Personen sowie die Angemessenheit der Schulungsmaßnahmen sollen in diese Qualitätskontrolle einbezogen werden. Die Wirksamkeit der Zugangskontrollsysteme auf Flughäfen und die Einhaltung der Sicherheitsvorschriften durch die Flugunternehmen und das Boden- und Bordpersonal sind weitere wichtige Punkte der fortlaufenden Qualitätskontrolle.

Zugangskontrolle

Nun kurz noch zu den Sonderproblemen Flughafensicherheit und Luftfracht. Hier gibt es vor allem Sonderprobleme bei der Zugangskontrolle zur so genannten „airside area". Wir unterscheiden im Anhang 17 zwischen sog. „security restricted areas" und „airside areas". Die „security restricted areas" sind die Bereiche im Flughafenterminal, die sich hinter der Passagier- und Gepäckkontrolle befinden und allen bereits kontrollierten Fluggästen zugänglich sind. Demgegenüber sind die „airside areas" Bereiche außerhalb des Terminals, einschließlich Rampe und Flugfeld selbst, die nur Personen mit Zugangsberechtigung zugänglich sind.

Zugangskontrollprobleme gibt es vor allem bei den „airside areas". Viele der Unternehmen, die im „airside" auf dem Flughafen angesiedelt sind, führen ihre Zugangskontrollen nicht so durch, wie sie das nach Annex 17 eigentlich sollten. Da gibt es oft Praktiken, die relativ lasch sind, vor allem bei der täglichen Handhabung der Zugangskontrollsysteme durch die Angestellten. Hier besteht auf manchen Flughäfen klarer Handlungsbedarf.

„Liquids, Aerosols and Gels"

Zweiter Problemkreis sind die „LAGs", also „Liquids, Aerosols and Gels" (Flüssigkeiten, Sprühdosen und Gels). Die Maßnahmen, die dazu nach dem in London vereitelten Anschlag von 2006 vom ICAO-Rat vorgegeben worden sind, sind bisher nur Empfehlungen, kein bindendes Recht. Beschränkungen für das Mitführen von LAGs an Bord sind zunächst im August 2006 ergangen. Weitere Empfehlungen, die das Problem der in Duty Free Shops erworbenen LAGs behandeln, sind im März 2007 ergangen und sehen Ausnahmen vor, soweit die Flüssigkeiten in so genannten Security Tamper-Evident Bags (STEBs) mitgeführt werden. Duty Free Waren sind demnach an Bord erlaubt, sofern diese speziellen, im Duty Free Shop versiegelten Plastiktüten benutzt werden. Bisher sind diese Empfehlungen noch nicht einheitlich in den Mitgliedstaaten angewendet worden. Vor allem die Behandlung der in STEBs verpackten Flüssigkeiten bei Transferkontrollen ist noch weltweit uneinheitlich.

Auch hier besteht momentan Handlungsbedarf, die Verfahren, die bei der Passagierkontrolle auf den Flughäfen angewandt werden, zu vereinheitlichen.

Luftfracht

Ich komme zur Luftfracht. Das Hauptproblem sehen wir hauptsächlich bei Flughäfen, die viel mit „unregulated agents" arbeiten. Auf den meisten dieser Flughäfen gibt im Moment nicht genügend Geräte, um die von „unregulated agents" eingebrachte Fracht zu kontrollieren. Die betreffenden Mitgliedstaaten sind bisher nicht in der Lage oder willens gewesen, Geräte anzuschaffen, die diese Mengen an Fracht angemessen kontrollieren können.

Weiterhin ist zu sagen, dass die Kontrollen, die sich auf „unregulated agents" beziehen, vorwiegend im Ermessen des jeweiligen Mitgliedstaats liegen; es heißt dazu im Annex 17 „appropriate controls". Was als „appropriate" eingeschätzt wird, ist Definitionsfrage.

Flankierende Maßnahmen

Daneben gibt es flankierende Maßnahmen; vor allen Dingen sind zu nennen die Schulung und der Ausbau von einschlägigen Datenbanken und einschlägigen Untersuchungen. Ein weiterer Punkt ist das so genannte Qualitätskontrollprogramm, wo eine Rückmeldung über das erfolgt, was auf diesem Gebiet tatsächlich passiert.

Die Schulung des Sicherheitspersonals ist ein weiteres Systemelement und in den letzten drei Jahren wichtig geworden. Ebenso die Qualitätskontrolle, um auch den nationalen Behörden die Möglichkeit zu geben zu erfahren, ob neben den nationalen Behörden die übrigen das tun, was sie nach dem nationalen Sicherheitsprogramm tun sollen.

2.4.3 CASP-AP Programm

Ich darf kurz auf das CASP-AP Programm eingehen. Das Problem, das wir bei der ICAO sehen, ist natürlich, dass trotz des enormen Handlungsbedarfs in vielen Entwicklungsländern die finanziellen Mittel fehlen, um die Situation nennenswert zu verbessern.

CASP-AP ist im Jahre 2005 als kooperatives Programm zwischen zunächst 18 Staaten im asiatisch-pazifischen Raum begonnen worden. Es beruht im Prinzip darauf, dass diese Staaten ihre Ressourcen zusammenlegen, um gemeinsame Maßnahmen bei der Verbesserung der Luftsicherheit zu treffen. Dazu wird ein Koordinierungsbüro in Bangkok unterhalten.

Dabei geht es vor allem darum, die nationalen Sicherheitsprogramme so zu verbessern, dass sie den Standards des Anhangs 17 entsprechen, sowie die gesetzlichen Grundlagen für verbesserte Aufsichts- und Vollstreckungskompetenzen zu schaffen. Die CASP ist dabei vorwiegend beratend tätig. Sie berät die Mitgliedstaaten bei der Überarbeitung ihrer Programme und ihrer Gesetzgebung. Außerdem berät sie die Mitgliedstaaten bei der Neuordnung ihrer Zuständigkeiten für Verwaltungsmaßnahmen im Bereich Luftsicherheit.

Ferner überprüfen sie gemeinsam die tatsächliche Anwendung des Anhangs 17 und des nationalen Programms. Weitere Punkte sind die Unterstützung bei Schulungsprogrammen der Mitgliedstaaten und die Durchführung von Schulungsprogrammen durch die CASP selbst.

Des Weiteren findet ein Austausch der Sicherheitsexperten zwischen den Mitgliedsländern statt. Es ist ferner vorgesehen, sog. nationale Sicherheitsteams zusammenzustellen, die, vom CASP-Team in Bangkok beraten und begleitet, in den einzelnen Mitgliedsländern Verbesserungen vorantreiben sollen.

2.4.4 Zusammenfassung und Ausblick

Zusammenfassend kann man sagen, dass das ICAO-Audit-Programm, das Luftsicherheit als System auffasst, in den fünf Jahren des Bestehens bereits Ergebnisse gezeigt hat. Es ist natürlich eine Mammutaufgabe, in einer derart großen Zahl von Ländern Fortschritte zu erbringen. Der Bericht des Generalsekretärs weist jedenfalls darauf hin, dass auch strukturelle Änderungen bei den Behördenkompetenzen und bei der Gesetzgebung möglich sind. Hier ist zu sagen, dass die strukturellen Änderungen natürlich am schwierigsten zu erbringen sind.

Auch im Bereich der Luftsicherheit wird nun eine Methodik angewandt, die sich im Bereich der technischen Sicherheit SMS nennt: Safety Mangement System. Im Bereich der Luftsicherheit nennt sie sich Security Management System.

Die Luftsicherheit muss praktisch innerhalb dieses Systems in allen Elementen des Systems angewandt werden, sonst gibt es auch weiterhin Schwachstellen. In der Praxis ist es auch weiterhin eine Ressourcenfrage, vor allem bei den Entwicklungsländern. Hier ist festzustellen, dass bei vielen Entwicklungsländern aufgrund der Audit-Besuche auch in der Budgetierung Fortschritte gemacht worden sind. Es ist so, dass die nationalen Parlamente und auch die nationalen Regierungen durch die Audit-Besuche darauf aufmerksam gemacht worden sind, dass der Luftsicherheit mehr Ressourcen zur Verfügung gestellt werden sollten. Das hat dazu geführt, dass in vielen Entwicklungsländern jetzt Geld für Dinge da ist, für die vorher kein Geld da war.

In diesem Bereich kann nichts wirklich Wirksames geschehen, ohne dass finanzielle Mittel eingesetzt werden. Deswegen glauben wir, dass dies der richtige Weg ist, die Luftsicherheit auch in den Entwicklungsländern zu verbessern.

Ludwig Weber

3 Sicherheit am Boden

3.1 Umsetzung von EU-Luftsicherheitsvorschriften aus der Perspektive eines Mitgliedstaates

In Deutschland ist eine relativ große Verästelung in Bezug auf die Zuständigkeiten im Bereich der Luftsicherheit festzustellen. An der Spitze stehen die beiden Bundesministerien für Verkehr (BMVBS) und Inneres (BMI), darunter die Landesbehörden, die Bundespolizei und das Luftfahrt-Bundesamt, die alle eine wichtige Rolle bei der Umsetzung der Luftsicherheitsmaßnahmen spielen.

Das BMI ist die oberste Luftsicherheitsbehörde, was die behördlichen Sicherheitsmaßnahmen betrifft, als da wären die Kontrolle von Passagieren, die Kontrolle von Gepäck und die Zuverlässigkeitsüberprüfungen des Personals. Das Verkehrsministerium hingegen ist einerseits die zuständige, oberste Luftsicherheitsbehörde für Fragen der Frachtkontrollen und des Weiteren von allen Sicherheitsmaßnahmen, die Fluggesellschaften erbringen müssen. Darüber hinaus sind der Verkehrsminister und seine Mitarbeiter die zuständige Behörde, die in Brüssel die Dossiers verhandelt. Dies gilt insbesondere für die Verordnung Nr. 2320/2003, aber auch für die neue Verordnung Nr. 300/2008. Dort ist der Vertreter des Verkehrsministeriums der zuständige Verhandlungsführer für Deutschland. Wegen dieser geteilten Zuständigkeit muss sich das BMVBS immer sehr genau und eng mit dem BMI abstimmen.

Eine Ebene tiefer sind die Landesbehörden vertreten, die ganz überwiegend zuständig sind für Sicherheitsmaßnahmen der Flughäfen und Personaldurchsuchungen des Flughafenpersonals, aber auch auf einigen Flughäfen für die Kontrolle von Passagieren und Gepäck.

Es gibt insgesamt 36 Flughäfen in Deutschland, die unter den Anwendungsbereich der Verordnung Nr. 2320/2002 fallen, und nur auf 14 dieser 36 Flughäfen ist die Bundespolizei die Behörde, die vor Ort die Fluggast- und Gepäckkontrollen verantwortet. Auf den restlichen 22 sind es die Länder und nicht die Bundespolizei. Das sind aber überwiegende kleinere Flughäfen, wie Friedrichshafen, Münster/Osnabrück, Paderborn/Lippstadt und so weiter.

Daneben ist noch das Luftfahrt-Bundesamt unmittelbar zuständig für die Überwachung der Eigensicherungsmaßnahmen der Fluggesellschaften und der Frachtagenten.

Insgesamt gibt es in Deutschland – wenn man die 16 Landesbehörden betrachtet, die Bundespolizei, das Luftfahrt-Bundesamt, das BMI und das BMVBS – zusammen 20 Behörden, die mit Luftsicherheit befasst sind.

Jörg W. Mendel

Von daher wurde, meiner Meinung nach, eines der Ziele des Luftsicherheitsgesetzes: „Sicherheit aus einer Hand" noch nicht erreicht. Daher sollte man vielleicht noch einmal darüber nachdenken, ob man das noch besser organisieren kann.

Bei der Umsetzung von Luftsicherheitsmaßnahmen aus der Perspektive eines Mitgliedstaates gab es eine Reihe von Dingen, die die Mitgliedstaaten – damals waren es noch 15 – in ziemlich kurzer Zeit erledigen mussten. Die Verordnung Nr. 2320/2002 ist am 19. Januar 2003 in Kraft getreten und man hatte für die Verabschiedung des Nationalen Luftsicherungsprogramms und des Nationalen Qualitätskontrollprogramms einmal drei Monate und einmal sechs Monate Zeit. Damit haben wir natürlich nicht erst am 19. Januar begonnen, das war ja absehbar, wir haben die Vorarbeiten schon früher gestartet. Ein wichtiger Punkt, den jeder Mitgliedstaat erfüllen musste, war das Nationale Luftsicherheitsprogramm. Darin muss aufgeführt werden, wie in einem Land die Luftsicherheit organisiert, wer für was zuständig ist, und wie die Sachen umgesetzt werden.

Deutschland verfügt auch über so ein Programm. Das ist aber seinerzeit nur den damals verantwortlichen Ministern Otto Schily und Manfred Stolpe zur Billigung vorgelegt worden. Die beiden Minister haben eine Paraphe dran gemacht und das war alles. Es wurde somit nicht vom Kabinett beschlossen, es wurde nicht dem Parlament zugeleitet und liegt seitdem in der Schublade und verstaubt. Wir werden es aber demnächst noch einmal überarbeiten.

Der Grund dafür ist, dass wir mit dem Nationalen Luftsicherheitsprogramm keine Rechtswirkung entfalten können. Wenn wir da reinschreiben, Firma X muss das und das machen, oder Flughafen Y muss das machen, entfaltet das keinerlei Rechtswirkung.

Insofern bedienen wir uns eines anderen Mittels. Jeder Flughafen und jede Fluggesellschaft muss bei der zuständigen Behörde einen Luftsicherheitsplan einreichen. Und die Behörden – das sind bei den Flughäfen die Landesbehörden, bei den Fluggesellschaften das Luftfahrt-Bundesamt – können zu diesen Programmen Auflagen erteilen. Sie beschreiben dort, wie sie die Maßnahmen umsetzen und die Behörden können dazu Auflagen in Form belastender Verwaltungsakte erteilen und das wiederum entfaltet dann Rechtswirkung.

Des Weiteren mussten wir ein nationales Qualitätskontrollprogramm auf die Beine stellen. Das war auch etwas völlig Neues und das sieht in der Praxis so aus, dass von den 36 Flughäfen, die wir haben, jeden Monat ein Flughafen auditiert wird. So haben wir nach 36 Monaten, sprich drei Jahren, einen Zyklus absolviert.

Die Audit-Teams setzen sich aus Vertretern der zuständigen Behörden zusammen. Das ist also einer vom Land, einer vom Luftfahrt-Bundesamt, einer von der Bundespolizei und teilweise auch von BMVBS und BMI dabei. Das Team läuft eine ganze Woche lang über einen Flughafen und schaut sich vor Ort genau an, ob die Maßnahmen umgesetzt werden oder nicht, um dann ggf. entsprechende Aktionen in Gang zu setzen mit dem Ziel, die festgestellten Mängel zu beseitigen.

Nur als kleiner Hinweis am Rande: Für neue Beitrittsländer, wie Bulgarien und Rumänien, galt nicht die Frist von drei Monaten bzw. sechs Monaten. Sie mussten mit ihrem Beitritt zur EU unmittelbar diese beiden Dinge machen.

Es gibt eine weitere Verordnung Nr. 1486/2003. Darin wird geregelt, dass die EU-Kommission ebenfalls mit Teams von Inspektoren in die Mitgliedstaaten geht und die Umsetzung der Maßnahmen überwacht und das nicht nur auf den Flughäfen, sondern auch in den Behörden der Mitgliedstaaten.

Die Kommission hat seit Beginn dieses Programms bereits über 100 Flughäfen untersucht. Der hundertste war übrigens der Flughafen München, der im Mai 2007 auditiert wurde. Wir hatten außerdem schon Besuch in Düsseldorf, Frankfurt, Hahn und Köln und des Weiteren im Verkehrsministerium selbst.

Der zentrale Punkt ist die Vermischung von Passagieren und die Durchsuchung von Personal.

Die Flughäfen Frankfurt und München waren ungefähr ein Jahr lang unsaubere, „uncleane", Flughäfen. Passagiere, die von dort in andere EU-Länder geflogen sind, wurden so behandelt, als kämen sie aus einem Flughafen außerhalb der EU. Sie durften nicht am Terminal aussteigen und sich dort mit anderen Passagieren vermischen. Stattdessen mussten sie über das Vorfeld mit Bussen zu besonderen Gates gebracht werden und wurden dort entweder in den öffentlichen Bereich entlassen oder erneut kontrolliert.

Wir hatten die One-Stop-Security bereits verwirklicht. Wir hatten ein System entwickelt, bei dem wir mithilfe der deutschen Auslandsvertretungen, also der Botschaften und Konsulate, ausländische Flughäfen außerhalb der EU auditiert haben.

Wir hatten ein Formular entwickelt und haben auch selber Bereisungen vorgenommen und hatten dann letztendlich eine Liste mit – die Zahl variierte – zum Schluss zwischen 70 und 80 Flughäfen, wo wir der Meinung waren, dass sie unterhalb des Anforderungsniveaus liegen. Bei Flügen von diesen Flughäfen haben wir dafür gesorgt, dass ankommende Passagiere sich nicht vermischen können. Wir hatten dann andere Destinationen wie USA, Japan, Kanada, Israel, wo von vornherein klar war, das sind Länder oder Flughäfen, wo das Niveau äquivalent ist. Von daher sahen wir keine Notwendigkeit diese Passagiere erneut zu kontrollieren oder eine Vermischung zu verhindern. Das stand aber im Widerspruch zu der Gesetzgebung, sprich der Verordnung Nr. 2320/2002. Das wurde von der Kommission festgestellt, und da wir diese Passagiere nicht entsprechend nachkontrolliert haben vor einem Weiterflug in andere EU-Länder, wurden diese beiden Flughäfen entsprechend eingestuft mit der entsprechenden Folge.

Wir mussten einen Aktionsplan bei der Kommission einreichen, in welchem wir dargelegt haben, wo und wie wir dieses Problem in den Griff bekommen wollen. Und das sah und sieht eben so aus, dass wir innerhalb eines Jahres, also von Oktober 2004 bis Oktober 2005, die Flughäfen Frankfurt und München so umgebaut haben und die Passagierströme so umgelenkt haben, dass wir sicherstellen konnten, dass Passagiere aus Ländern außerhalb der EU, beispielsweise aus den USA, die über Frankfurt und München entweder innerdeutsch oder innereuropäisch weiterfliegen, erneut kontrolliert werden.

In einer zweiten Stufe, für die man uns seitens der Kommission bis Ende 2008 Zeit gelassen hat, müssen umfangreiche Baumaßnahmen in Frankfurt und München getroffen werden. Diese Umbaumaßnahmen sind außerordentlich kostspielig und zwar im dreistelligen Millionen Euro Bereich. Auch die Baumaßnahmen nehmen einige Zeit in Anspruch und beeinträchtigen den laufenden Flughafenbetrieb. Wir hoffen, dass wir das innerhalb dieser Frist hinbekommen.

Jörg W. Mendel

Der zweite Punkt war aus der Perspektive eines Mitgliedstaates sehr schwierig umzusetzen, weil es dies bislang nicht gab. Was ist ein sensibler Bereich des Sicherheitsbereiches und warum gibt es ihn?

Dazu muss man ein klein wenig zurückgehen, nämlich in das Jahr 2002. Da gab es schon einmal im Zusammenhang mit der Verabschiedung der Verordnung Nr. 2320/2002 im September 2002 ein Vermittlungsverfahren mit dem Europäischen Parlament, wo es um zwei gravierende Streitpunkte ging. Den einen haben wir heute noch bzw. wieder, nämlich den Wunsch des Parlaments nach Finanzierung von Luftsicherheitsmaßnahmen durch die Regierungen in den Mitgliedstaaten.

Der zweite große Streitpunkt war damals die Forderung des Parlaments, dass alles Personal, was in den Flughäfen hinter den Sicherheitsschleusen beschäftigt ist, durchsucht werden muss.

Das Ergebnis war, dass das Parlament auf seine Forderung nach Finanzierung weitgehend verzichtet und sich mit dem Auftrag zu einer Untersuchung bzw. Studie durch die Kommission zufrieden gegeben hat. Aber das Parlament konnte sich durchsetzen bei der Forderung von Personaldurchsuchungen, die es seinerzeit übrigens schon in Großbritannien und Irland gab. Das waren auch die einzigen Mitgliedsstaaten, die dafür waren - zunächst.

Aber im Rahmen des Vermittlungsverfahrens, das fast genau auf den 11. September 2002 hinauslief, konnte man es sich aus politischen Gründen nicht erlauben, die Verordnung ganz scheitern zu lassen. Also hat man nachgegeben und sich auf eine Fristenregelung geeinigt, die so aussieht, dass wir bereits seit eineinhalb Jahren Personal durchsuchen, das in den Sicherheitsbereichen arbeitet und dort mit den Passagieren zusammentreffen kann, die bereits kontrolliert wurden.

Eine zweite Frist, die in der Verordnung vorgegeben ist, läuft erst im Sommer 2009 ab. Spätestens ab dann müssen auch alle Mitarbeiter durchsucht werden, die beispielsweise im Gepäckkeller arbeiten und mit durchleuchteten Gepäckstücken in Kontakt kommen.

Wir hier in Deutschland haben die zweite Frist vorgezogen. Wir sprechen intern von der „großen Lösung", da wir beide Sachen auf einmal gemacht haben. Das war sehr schwierig, sehr kostspielig und hat zu erheblichen Baumaßnahmen an den Flughäfen geführt. Natürlich auch zu einer Erhöhung der Kosten, weil die Flughäfen die Kosten dieser Baumaßnahmen umlegen auf die Nutzer; also Fluggesellschaften, Konzessionäre und letztlich auf die Passagiere. Wir haben also seit dem 1. Januar 2006 schon die Situation, dass alle Mitarbeiter, die im sensiblen Bereich des Flughafens arbeiten, durchsucht werden müssen.

Dieser Begriff „sensibler Bereich" ist neu, auf Englisch nennt sich das „critical part". Das ist ein Sonderbereich des Sicherheitsbereichs. Es gibt auch noch sonstige Sicherheitsbereiche, wo im Rahmen von Stichproben das Personal durchsucht wird und auch Zuverlässigkeitsüberprüfungen gemacht werden. Dieser „sensible Bereich" ist ein etwas engerer Bereich. Das ist nämlich genau der, wo Personal mit Passagieren und Gepäck zusammentrifft, das schon durchleuchtet wurde.

Die nächste wichtige Frage ist: Wer macht das? Wir haben seinerzeit festlegen müssen, ob dies der Staat macht, genau wie bei den Passagieren und dem Gepäck. Letzteres ist in Deutschland eine staatliche Aufgabe, für die auch eine Luftsicherheitsgebühr erhoben wird. Alternativ war zu entscheiden, ob diese Aufgabe den Privaten aufzuerlegen war.

Im Jahre 2004, als das Luftsicherheitsgesetz entworfen wurde, hat man diese Frage mit den Flughäfen und Fluggesellschaften diskutiert und die Meinungen waren sehr konträr. Die Flughäfen haben sogar ein Rechtsgutachten bei Professor Ronellenfitsch in Auftrag gegeben, der zu dem Ergebnis kam, dass dies nicht geht. Das sei eine ganz klar staatliche Aufgabe, die man nicht Privaten auferlegen könne.

Letztendlich wurde es aber doch so im Luftsicherheitsgesetz geregelt. Das heißt, Flughäfen und Fluggesellschaften sind verpflichtet, ihr Personal auf ihre Kosten zu durchsuchen. Die Kosten werden nicht über die bereits vorhandene Luftsicherheitsgebühr abgerechnet. Hiergegen haben die Flughäfen geklagt. Es hat bereits einige Entscheidungen durch Obergerichte gegeben, die bislang aber alle so entschieden wurden, dass dies sehr wohl von den Privaten zu leisten ist.

Ich komme jetzt noch zu einigen kleineren Punkten im Rahmen eines Ausblicks. Der erste: Flüssigkeitsverbot im Handgepäck. In der Tat ist es so, dass diese weit reichende Maßnahme, die jeder, der fliegt, schon einmal erlebt hat, weder vom Parlament beschlossen wurde, noch von den Ministern, sondern von Beamten. Aber nicht von der so genannten Oberregierungsratsebene – wie etwas verächtlich von einigen Europaparlamentariern vermutet –, sondern der Ministerialratsebene. Aber die war es in der Tat. Das nennt man Komitologie. Die Kommission ist in der Verordnung Nr. 2320/2002 vom Europäischen Parlament und vom Rat ermächtigt worden, Durchführungsverordnungen zu erlassen.

Das Gleiche haben wir hier in Deutschland auch. Wenn der Bundestag ein Gesetz verabschiedet, findet man dort häufig den Hinweis, der Bundesminister für Verkehr, oder der des Inneren, wird ermächtigt, das Nähere in einer Durchführungsverordnung zu regeln. Und danach bekommt das Parlament diese Durchführungsverordnung nicht mehr zu sehen, sondern nur der Bundesrat. Was in Deutschland der Bundesrat ist, wären dann in Europa die Mitgliedsländer. Nur das man das nicht auf der Ebene der Minister macht, sondern in der Regel – weil es sich um sehr detaillierte, technische Vorschriften handelt – auf der Ebene der Beamten, die ihr Land dort vertreten.

Natürlich muss man sich intern abstimmen. Bevor ich dort „ja" oder „nein" sage, läuft ein hausinterner Prozess ab, in den sicherlich die Hausleitung mit einbezogen wird. Aber letztendlich sind es dort die Beamten, die Vorschriften beschließen, die von der Kommission vorgeschlagen wurden, die in diesem Fall sehr weit reichend sind.

Aber dieses Verfahren hat auch Vorteile. Das ist ein sehr schnelles Verfahren. Wir können damit innerhalb von zwei bis drei Monaten Verordnungen verabschieden, die im EU-Amtsblatt veröffentlicht werden. Wir können aber genauso schnell etwas wieder zurücknehmen, wenn es sich nicht bewährt hat. Ein sehr gutes, prominentes Beispiel ist die Begrenzung der Handgepäckgröße.

Gleichzeitig mit dem Flüssigkeitsverbot war nämlich eine Vorschrift in Kraft getreten, nach der ein halbes Jahr nach dem Flüssigkeitsverbot, nämlich im Mai dieses Jahres, Handgepäckstücke nur noch eine bestimmte Größe haben dürfen. Wenn sie größer sind, dürfen sie nicht mehr mit an Bord genommen werden.

Hier war die vorherrschende Meinung in diesem Ausschuss, dass dies eine sehr unpraktikable Maßnahme ist, insbesondere für Transferpassagiere. Nehmen wir mal den Fall eines indischen Passagiers, der mit in Air India über Frankfurt in ein Drittland weiterfliegt – beispielsweise in die USA –, der in Frankfurt noch mal kontrolliert wird, wo dann festgestellt wird, sein Handgepäckstück ist zu groß. Dem kann man jetzt nicht sagen: „Gehen sie zum Check-in und geben sie das Gepäckstück auf". Allein schon deswegen nicht, weil dieser Passagier gar kein Visum für Deutschland hat, sondern nur ein Visum für die USA. Also müsste man sich andere Maßnahmen einfallen lassen, wie zum Beispiel das Gepäck dann per Hand zu durchsuchen oder einen Vertreter der Fluggesellschaft herbeizuholen. Dies würde jedenfalls die Flughäfen vor große Schwierigkeiten stellen. Der Grund, dass man so etwas beschlossen hatte, war, dass es für die Fluggastkontrolleure vermutlich leichter ist, Gepäck zu durchsuchen, was sehr klein und nicht sehr voluminös ist.

Momentan läuft eine Untersuchung, ob kleinere Gepäckstücke wirklich mehr Sicherheit bringen. Wir haben in diesem Ausschuss die Limitierung des Handgepäcks nur um ein Jahr verschoben. In dieser Zeit befassen sich verschiedene Gremien von Technikern und Fachleuten mit der Frage, ob es wirklich einen Sicherheitsgewinn bringt, das Gepäckstück kleiner zu halten? Oder besteht vielleicht die Gefahr, wenn die Passagiere nur noch kleine Gepäckstücke haben dürfen, dass sie besonders viele Dinge dort hineinstopfen mit der Folge, dass auf dem Röntgenbildschirm nicht mehr genug zu erkennen ist?

Ein weiterer Punkt, der bevorsteht, sind neue Regelungen beim Thema Luftfracht. Wir haben ja bisher eher eine „Paper Security" – man kann auch von administrativer Bereinigung sprechen. Fakt ist jedenfalls, dass Luftfracht nur zu einem äußerst geringen Anteil hier in Deutschland, aber auch anderswo in Europa durchleuchtet bzw. physisch kontrolliert wird. Und zwar im Bereich von wahrscheinlich unter fünf Prozent, auf jeden Fall unter zehn Prozent. Die restlichen über neunzig Prozent werden nicht physisch kontrolliert, sondern derjenige, der etwas verschicken will, man spricht technisch von „Bekannter Versender", unterschreibt eine Erklärung, dass bei ihm alles in Ordnung ist und er nur zuverlässiges Personal beschäftigt. Er übergibt seine Fracht dem Spediteur, also dem „Reglementierten Beauftragten". Der muss zwar Kontrollen machen, aber nur, wenn er Fracht von einer Privatperson annimmt, die zum ersten Mal dort etwas verschickt.

Wenn er sie von einem bekannten Versender, also von einem Stammkunden annimmt, braucht er das Frachtstück nicht mehr zu kontrollieren. Er übergibt es dem Luftfahrtunternehmen und es wird ohne weitere Kontrolle an Bord geladen. Hier sind derzeit Bestrebungen im Gange, und es gibt auch schon konkrete Vorschläge auf Papier, diese Kontrollquote deutlich zu erhöhen. Es ist auch beabsichtigt, dass jeder bekannte Versender und jeder reglementierte Beauftragte vor Ort in seiner Firma aufgesucht wird, um dort überprüfen zu lassen: Stimmt das auch, was er auf dem Papier verspricht. Dies wird sicherlich auch gebührenpflichtig sein und

Kosten verursachen, sodass wir damit rechnen, dass es in Zukunft wesentlich weniger reglementierte Beauftragte und bekannte Versender gibt als heute, was dann wiederum zur Folge hat, dass die Kontrollquote steigt. Das betrifft dann in erster Linie die Luftfahrtunternehmen, denn nach § 9 Luftsicherheitsgesetz ist es die primäre Aufgabe des Luftfahrtunternehmens, für die Kontrolle der Fracht zu sorgen. Es kann sich dabei eines reglementierten Beauftragten behelfen, muss es aber nicht.

Jörg W. Mendel

3.2 Security-Ansätze in der Allgemeinen Luftfahrt

Wenn wir über Luftsicherheit reden, dann denken wir zunächst an die Verkehrsluftfahrt, also jenen Teil unseres Luftverkehrssystems, der täglich allein in Deutschland rund 500.000 Passagiere befördert und unmittelbar von den Anschlägen des 11. September 2001 betroffen war. Doch unser Luftverkehrssystem ist ein vielfältiges Gebilde, das weitaus mehr umfasst, als die von der Öffentlichkeit primär beachtete Großluftfahrt. Neben der Verkehrs- und der Militärluftfahrt ist die Allgemeine Luftfahrt die dritte große Säule unseres Luftverkehrssystems.

Unter Allgemeiner Luftfahrt versteht man den gesamten Luftverkehr, der sich außerhalb des Linienverkehrs und des linienähnlichen Charterverkehrs bewegt und der nicht zur Militärluftfahrt gehört.

Dass diese Sparte unseres Luftverkehrssystems nicht zu vernachlässigen ist, sollen die folgenden Zahlen belegen:

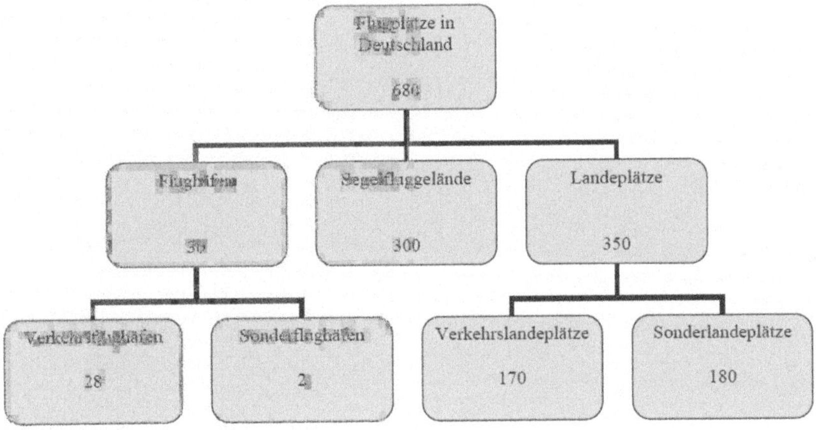

System der deutschen Flugplätze

Zugelassene Luftfahrzeuge in Deutschland	
LFZ- Kategorie	in der deutschen LFZ- Rolle eingetragene Luftfahrzeuge
Gesamt	20.865
davon Verkehrsflugzeuge > 14 t Flugzeuge der Allgemeinen Luftfahrt < 14 t Segelflugzeuge, Ballone, Luftschiffe	 719 11.123 9.023

Luftfahrzeuge in der Deutschen Luftfahrzeugrolle

Allgemeine Luftfahrt
Business Aviation: Geschäftsflüge Werksverkehr Lufttaxi
Expressfrachtflüge
Ausbildung für die gesamte Luftfahrt vom Privat- bis zum Verkehrspiloten
Arbeitsflüge: Vermessungsaufgaben Erprobungsflüge Kranflüge Luftbildaufnahmen, z.B. für Spezialkarten und andere Anwendungen
Verkehrsbeobachtung
Forschung und Erprobung
Medien-, Film-, Presseflüge
Sonderaufgaben, wie archäologische Erkundungen Seuchenbekämpfung Landwirtschaft Umweltschutz
Luftrettung- und Katastrophenschutz Ambulanzflüge Such- und Bergungsflüge eilige Organtransporte OP-Teams Löschflüge Versorgungsflüge Evakuierungsflüge
Touristische Sightseeingflüge
Privater Individualverkehr selbstfliegender Geschäftsmann und Unternehmer Hobbyflieger
Sportluftfahrt Segelflug, Ultraleicht, Gleitschirm, Ballon Showflüge Wettbewerbsflüge, wie Präzisionsflug, Kunstflug, Rallye

Klaus-Jürgen Schwahn

Wenn wir also über Luftsicherheit reden, dann können wir diesen Teil der Luftfahrt nicht außer Acht lassen, auch wenn sich das Gefährdungspotential in Grenzen hält:

- Mit Flugzeugen der Allgemeinen Luftfahrt sind noch nie Anschläge verübt worden.
- Das Zerstörungspotential ist begrenzt. Eine Boeing 767, mit der die Anschläge vom 11. September verübt wurden, hat bei rund 200 t Abfluggewicht 100.000 l Treibstoff an Bord. Die berühmte C 172 bringt es auf 1.200 kg und rund 200 l. Businessjets bewegen sich überwiegend unter 14 t Abfluggewicht.
- Untersuchungen in den USA haben gezeigt, dass Kleinflugzeuge auch für die Verbreitung biologischer Kampfstoffe eher ungeeignet sind.

Dennoch kann man mögliche Gefahren nicht komplett ignorieren:

1. Terror setzt auf öffentliche Wirkung und Verunsicherung: Diese kann man nicht nur durch große Schadenshöhen, sondern auch durch spektakuläre Aktionen erreichen. Wenn sich z.B. ein Kleinflugzeug auf die amerikanische Botschaft oder auf das Kanzleramt stürzt, dann würde das weltweit für Aufmerksamkeit sorgen, auch wenn nur eine Fensterscheibe kaputt gegangen wäre. Beispiele für das hohe Maß öffentlicher Aufmerksamkeit und Verunsicherung waren Ereignisse wie der Absturz eines Selbstmörders in einem Ultraleichtflugzeug vor dem Berliner Reichstag im Jahr 2005 und der Zusammenprall einer einmotorigen Cirrus mit dem Footballstar Corey Lidle am Steuer mit einem Hochhaus in Manhattan im Jahr 2006.
2. Verwundbarkeit von Gebäuden und Einrichtungen von oben: Gebäude sind im Allgemeinen über das Dach verwundbarer als über das Mauerwerk. Ganz besonders gilt dies für Einrichtungen wie Sportstadien. Wenn sich beispielsweise ein Selbstmordattentäter mit einem sprengstoffbeladenen Kleinflugzeug in ein vollbesetztes Sportstadion stürzen würde, wäre mit vielen Toten zu rechnen.
3. Ungesicherter Luftzugang von Verkehrsflughäfen: Während der landseitige Zugang zu einem Verkehrsflughafen gut gesichert ist, ist der luftseitige Zugang weitgehend ungeschützt. Zwischen hochgesicherten Verkehrsflughäfen und weitgehend ungesicherten Landeplätzen der Allgemeinen Luftfahrt findet Mischverkehr statt. D.h. Luftfahrzeuge können mit Passagieren und Fracht beladen unkontrolliert von einem kleinen Flugplatz starten und im Sicherheitsbereich eines Verkehrsflughafens landen. Dieser Mischverkehr wird sich durch neue Luftfahrzeugkonzepte, wie die derzeit in den Markt drängenden Very Light Jets, weiter ausbreiten.

4. Unkontrollierter Transport von Fracht und Personen: Kleinflugzeuge bieten viele Möglichkeiten Fracht und Personen unkontrolliert zu transportieren bzw. ins Land zu bringen. Um diesen Risiken zu begegnen, hat sich die Politik bisher im Wesentlichen zwei Maßnahmen einfallen lassen:
   - Über kritischen Einrichtungen, wie z.B. Atomkraftwerken oder der Berliner Innenstadt, sowie bei Großereignissen, wie z.B. der Fußball-WM, wurden Luftsperrgebiete eingerichtet.
   - Das neue Luftsicherheitsgesetz hat u.a. eine Zuverlässigkeitsüberprüfung für Piloten festlegt, die vor Beginn der Ausbildung abzulegen und danach regelmäßig zu wiederholen ist.

Was bringen uns diese Maßnahmen?

Luftsperrgebiete

Das Sperrgebiet über dem Berliner Regierungsviertel hat einen Durchmesser von 5 nm = 9 km. Mit einem 200 kt (ca. 385 km/h) schnellen Flugzeug braucht man ca. 45 Sekunden vom Rand des Sperrgebietes bis zur amerikanischen Botschaft. Für eine Reaktion vom Boden ist diese Zeitspanne zu kurz. Sperrgebiete können deshalb nur dann einen wirksamen Schutz bieten, wenn sie durch fliegende Patroullien permanent überwacht werden. Die Amerikaner machen dies u.a. in Washington, D.C. Die luftseitige Überwachung des Weißen Hauses kostet dort 11 Millionen Dollar pro Jahr. Aufgrund der höheren Kosten eines Flugbetriebes in Europa würde uns ein entsprechender Schutz des hiesigen Regierungsviertels ca. 15 bis 20 Millionen Euro im Jahr kosten. Würde man also nur die zehn kritischsten Objekte in Deutschland effektiv gegen Luftanschläge schützen wollen, wäre man schnell bei Ausgaben von 150 bis 200 Millionen Euro. Dennoch hätte man nur einen punktuellen Schutz. Entsprechend hat man sich in Deutschland zunächst darauf beschränkt, Luftsperrgebiete lediglich als blauen Kreis in die Luftfahrtkarten zu zeichnen.

Die Sperrgebiete bieten also letztendlich gegen luftseitige Anschläge nicht mehr Schutz als ein Haltverbotsschild vor einer Bankfiliale gegen Überfälle. Kaum ein Terrorist würde sich durch einen drohenden Bußgeldbescheid für das illegale Durchfliegen beeindrucken lassen.

Auf der anderen Seite hat das Berliner Luftsperrgebiet Arbeitsplätze vernichtet, da mehrere Unternehmen zum Teil von gewerblichen Flügen über der Stadt leben.

Sinn können solche Sperrgebiete bei bestimmten Großereignissen machen, wenn gleichzeitig eine temporäre Luftraumüberwachung erfolgt. Dies würde aber voraussetzen, dass man sie zu Ende denkt und plant. Zumindest während der Fußball-WM kam es zu erheblichen Abstimmungslücken zwischen den beteiligten Einrichtungen, die im Ernstfall einen effektiven Schutz in Frage gestellt hätten.

Ein unerwünschter Nebeneffekt entsteht durch die Pflichtveröffentlichung der Sperrgebiete. Wer sich in Deutschland nicht auskennt, schaut in die weltweit verfügbare Liste deutscher Luftsperrgebiete und hat die GPS-Koordinaten der kritischen Infrastrukturen metergenau griffbereit.

Zuverlässigkeitsüberprüfung

Die Zuverlässigkeitsüberprüfung für Piloten war eine Maßnahme, die nicht nur innerhalb der Branche für viel Aufsehen und erheblichen Widerstand gesorgt hat. Seit Einführung des neuen Luftsicherheitsgesetzes ist es schwieriger geworden an eine Pilotenlizenz als an eine Handfeuerwaffe zu kommen.

Zuverlässigkeitsüberprüfung für Piloten- und Waffenscheininhaber
Zuverlässigkeitsüberprüfung nach § 7 LuftSiG Anzufragen sind von der zuständigen Behörde: 1. die Polizeivollzugsbehörden, 2. die Verfassungsschutzbehörden der Länder, 3. das Bundeskriminalamt, 4. das Zollkriminalamt, 5. das Bundesamt für Verfassungsschutz, 6. der Bundesnachrichtendienst, 7. der Militärische Abschirmdienst, 8. der Bundesbeauftragte für die Unterlagen des Staatsicherheitsdienstes der ehemaligen DDR, 9. das Bundeszentralregister (unbeschränkte Auskünfte), 10. das Ausländerzentralregister (bei Personen ohne deutsche Staatsbürgerschaft), 11. die zuständigen Ausländerbehörden (bei Personen ohne deutsche Staatsbürgerschaft), 12. ggf. die Flugplatzbetreiber, 13. ggf. die Luftfahrtunternehmen, 14. ggf. der gegenwärtige Arbeitgeber des Betroffenen und 15. die Strafverfolgungsbehörden (bei Zweifeln an der Zuverlässigkeit).
Zuverlässigkeitsüberprüfung nach § 5 WaffG Anzufragen sind von der zuständigen Behörde: 1. Bundeszentralregister, 2. zentrales staatsanwaltschaftliches Verfahrensregister hinsichtlich bestimmter Straftaten, 3. örtliche Polizeidienststelle.

Dennoch muss man den Nutzen in Frage stellen: Es ist kaum vorstellbar, dass sich ein potentieller Terrorist freiwillig einer Sicherheitsüberprüfung unterzieht. Die Wahrscheinlichkeit, potentielle Attentäter herauszufiltern, ist eher gering. Durch die ZÜP wird weder der Zugang zum deutschen Luftraum noch zu Luftfahrzeugen erschwert, sondern lediglich der Zugang zu einer deutschen Pilotenlizenz.

Die Zuverlässigkeitsüberprüfung gibt es nur in Deutschland. Mit jeder Nichtdeutschen Lizenz, die in einem Mitgliedstaat der JAA (Joint Aviation Authorities) ausgestellt wurde, kann man ein deutsches Flugzeug mieten und legal und ohne Zuverlässigkeitsüberprüfung in Deutschland fliegen. Mit jeder in einem der 187 ICAO-Mitgliedstaaten ausgestellten Pilotenlizenz darf man ein dort registriertes Luftfahrzeug auch in Deutschland fliegen. Ein Attentäter wird einen Anschlag nicht davon abhängig machen, ob er im Besitz einer Pilotenlizenz ist. Entweder er kann ein Flugzeug steuern oder er kann es nicht.

Durch die Anordnung einer regelmäßigen Überprüfung fühlt sich eine ganze Bevölkerungsgruppe von rund 30.000 Piloten diskriminiert und als potentielle Risikogruppe unter Generalverdacht gestellt. Verschiedene Medienberichte haben die Zuverlässigkeitsüberprüfung auch als gesamtgesellschaftliches Problem dargestellt. Stellenweise wird sie als Testlauf für andere Berufsgruppen gesehen und damit als weiterer Schritt in den Überwachungsstaat. Verschiedene Klagen bis zum Bundesverfassungsgericht sind anhängig.

Folge der Zuverlässigkeitsüberprüfung ist u.a. ein Weggang deutscher Piloten in ausländische Pilotenlizenzen, nicht weil sie etwas zu verbergen haben, sondern weil sie der Überwachung aus Prinzip entgehen wollen. Die Folge:

- Immer weniger in Deutschland fliegende Piloten stehen unter der Aufsicht deutscher Behörden, d.h. statt einem erwünschtem Sicherheitsgewinn erhält man einen realen Sicherheitsverlust.
- Arbeitsplätze in deutschen Flugschulen und vielen Nebenbetrieben werden vernichtet.
- Die sich in den nächsten Jahren abzeichnenden Nachwuchsprobleme in der gewerblichen Luftfahrt werden verschärft, da sich weniger Nachwuchspiloten über Fluglehrertätigkeiten für höhere Aufgaben qualifizieren können.

In Anbetracht des Handlungsdruckes, dem Politik und Verwaltung nach dem 11. September 2001 ausgesetzt waren, kann man für diese Maßnahmen noch ein gewisses - wenn auch begrenztes - Verständnis aufbringen. Dennoch sind es, wie die Mediziner sagen, reine Placebomaßnahmen. Sie erwecken – oberflächlich betrachtet – den Eindruck eines handlungsfähigen Staates und einer gewissen Luftsicherheit, halten jedoch keiner näheren Überprüfung stand.

Mit dieser Darstellung möchte ich keine neuen Bedrohungsszenarien an die Wand malen. Vielmehr möchte ich anregen, nach den ersten Jahren hektischen Aktionismus innezuhalten, die Placebos beiseite zu legen und über eine wirkungsvolle Schulmedizin nachzudenken.

Geeignete Sicherheitsmaßnahmen für die Allgemeine Luftfahrt

Security-Konzepte in der Allgemeinen Luftfahrt müssen vollkommen anders aussehen als in der Großluftfahrt.

1. Jeder Flugplatz ist individuell zu betrachten. Im Englischen sagt man: „If you have seen one airport you have seen one airport.“ Das bedeutet, die Flugplätze der Allgemeinen Luftfahrt unterscheiden sich erheblich in Funktion, Aufgabenstellung, Betriebsumfang und Größe. Die Palette reicht vom ehrenamtlich geführten Vereinsplatz mit überwiegenden Wochenendaktivitäten bis hin zum professionell gemanagten Verkehrslandeplatz mit umfangreichen gewerblichen Aktivitäten und einigen Hundert Arbeitsplätzen.
2. Ein Flugplatz der Allgemeinen Luftfahrt hat nur einen Bruchteil der wirtschaftlichen Leistungsfähigkeit eines Verkehrsflughafens.
3. Mögliche Security-Kosten müssen auf eine verhältnismäßig sehr kleine Passagierzahl umgelegt werden.

4. Größe, Geschwindigkeit, Ziel und Mission der Luftfahrzeuge sind sehr unterschiedlich und erfordern dementsprechend unterschiedliche Security-Maßnahmen. Die Bandbreite der erbrachten Transportleitung ist sehr groß und reicht vom Hobbyflug in einem zweisitzigen Ultraleicht über diverse Sonderaufgaben im Rahmen der Arbeitsflüge bis zu gewerblichen Taxiflügen mit interkontinentaler Reichweite.
5. Flüge der Allgemeinen Luftfahrt werden nach Bedarf ad hoc durchgeführt und unterliegen keinem regelmäßigen Flugplan.
6. Die Qualifikation von Piloten und Flugplatzmitarbeitern reicht vom Amateur bis zum gut trainierten Profi.

Einheitliche Sicherheitsstandards wie auf einem Verkehrsflughafen sind auf den Flugplätzen der Allgemeinen Luftfahrt nicht umsetzbar. Sicherheitskonzepte der großen Verkehrsflughäfen sind deshalb nicht auf die Plätze der Allgemeinen Luftfahrt übertragbar. Dennoch muss man das Rad nicht komplett neu erfinden.

Was macht das Ausland?

Hier sind in erster Linie die USA zu betrachten, mit über 650.000 Piloten, 200.000 Luftfahrzeugen und über 1,1 Millionen Arbeitsplätzen in der dortigen General Aviation. Die Amerikaner, die in vielen Sicherheitsfragen seit 2001 rigoroser vorgegangen sind als die Europäer, haben im Bereich der Allgemeinen Luftfahrt viel Augenmaß, aber auch Effizienz bewiesen. Folgende Maßnahmen wurden umgesetzt:

1. Security Guidelines for General Aviation Airports: Von der Transport Security Administration wurde eine Arbeitsgruppe ins Leben gerufen, das „Aviation Security Advisory Commitee“. Neben den Behördenvertretern wurden die zehn größten Fachverbände der Allgemeinen Luftfahrt in die Arbeitsgruppe berufen. Herausgekommen ist neben einer Analyse der Gefahrenpotentiale eine breite Palette sinnvoller Empfehlungen, die Basis der amtlichen Security Guidelines for General Aviation Airports war. Begleitet wurden die Sicherheitsempfehlungen durch eine breite Förderung der Branche, wie z.B. Investitionszuschüsse für die Flugplätze, finanzielle Hilfen für die 2001 in Not geratenen Flugschulen, Sonderabschreibungsmöglichkeiten für Geschäftsreiseflugzeuge usw. Damit wollte man die Ausbildung des Nachwuchses sowie die Produktion von Flugzeugen wieder ankurbeln. Gestützt wurde das Paket durch eine massive Öffentlichkeitsarbeit der Verbände. D.h. man hat großen Wert auf eine wirtschaftsfreundliche Umsetzung von Security-Maßnahmen gelegt. Das Ergebnis konnte man bereits 2005 feststellen. Die GAMA (General Aviation Manufacturer Association) meldet seit 2005 wieder Umsatzsteigerungen im zweistelligen Bereich.
2. Einführung des Airport Watch Programms durch die AOPA-USA in Zusammenarbeit mit der TSA: Das Airport Watch Programm ist eine Adaption des in den USA weit verbreiteten Neighborhood Watch Programms auf Flugplätze. Kern des Programms ist es, dass die 650.000 amerikanischen Piloten in ein

Sicherheitsnetzwerk eingebunden werden und damit quasi zu Security-Assistenten der Sicherheitsorgane werden. Das Programm konnte bereits mehrere sicherheitskritische Fälle verhindern und gilt als sehr erfolgreich, gerade weil es die Piloten einbindet und nicht brüskiert. Die Einbindung des gesamten Netzwerkes von Piloten und Flugplatzmitarbeitern als für die Sicherheit des Landes Mitverantwortliche ist ein psychologisch geschickter Schachzug, auch wenn einige deutsche Medienvertreter, die das System nicht richtig verstanden hatten, von einer Blockwartmentalität sprachen. Von Themen der Flugsicherheit, also Sicherheit im Sinne von Safety, wissen wir, dass diese nur dann effektiv funktionieren, wenn alle Beteiligten, vom Bodenpersonal über den Mechaniker bis zur Cockpitcrew, effektiv in ein Gesamtsicherheitskonzept eingebunden werden und Eigenverantwortung auch für kleinste Handlungsabläufe übernehmen. Die Airlines geben viel Geld für entsprechende Trainingskonzepte aus. Dieses Prinzip der Eigenverantwortung wurde hier auf den Bereich der Security übertragen. In Deutschland empfinden die Flieger bisher eher das Gegenteil.

3. Einzug von Pilotenlizenzen: US-Pilotenlizenzen werden lebenslang erteilt. Per Gesetzesänderung wurde die Möglichkeit geschaffen, Pilotenlizenzen zu entziehen, falls jemand auf der Watchlist der TSA auftaucht. Allerdings funktioniert hier der Austausch zwischen FAA und TSA noch nicht zufriedenstellend.
4. Zuverlässigkeitsüberprüfung: Eine der deutschen Zuverlässigkeitsüberprüfung vergleichbare Überprüfung wurde für ausländische Flugschüler eingeführt, jedoch nicht für amerikanische Staatsbürger.
5. Security Guideline Flugplätze: Im Juni 2006 wurden von der TSA die „Recommended Security Guidelines for Airport Planning, Design and Construction“ herausgegeben.
6. Webtool zur Überprüfung von Sicherheitsrisiken: Von der TSA wurde das Internettool GA-VISAT installiert. Flugplätze können über einen autorisierten Account anhand verschiedener Menüs eine Risikoanalyse für ihren Flugplatz durchführen. Dabei werden auch soziale, politische und wirtschaftliche Aspekte verschiedener Sicherheitsempfehlungen berücksichtigt.
7. Temporäre Sperrgebiete: Bei sportlichen Großereignissen werden TRAs (Temporary Restricted Areas) eingerichtet, die auch aus der Luft überwacht werden. Washington selber hat eine ADIZ erhalten, die mit verschiedenen Sondermaßnahmen verbunden ist (Flugplan, Überprüfung von Crew und Gepäck, Begleitung durch einen TSA-zertifizierten Security Officer).
8. Lokale Sonderlösungen: Lokal gab es auch einige Sonderlösungen, wie z.B. die Stationierung kommunaler Rettungskräfte auf Flugplätzen.
9. Förderungen von Sicherheitsplänen: Die 5.261 öffentlichen amerikanischen Flugplätze der Allgemeinen Luftfahrt erhalten einen Zuschuss in Höhe von 150.000 USD/Jahr von der FAA und einen Betrag in ähnlicher Größenordnung von den Kommunen. In einigen Kommunen hat man die Auszahlung der Zuschüsse von der Vorlage eines Sicherheitsplanes abhängig gemacht.

Darüber hinaus sind für die Zukunft folgende Schritte geplant:

1. Rückbau der Washington ADIZ.
2. Einführung eines Trusted Pilot Programms. Am 11. September 2001 wurde der gesamte Luftverkehr gegroundet. Dadurch konnten auch Spezialrettungskräfte nicht per Flugzeug zum Einsatzort nach Manhattan gelangen. Durch das Trusted Pilot Programm soll die Katastrophenhilfe mit Flugzeugen der Allgemeinen Luftfahrt bei künftigen Bedrohungsszenarien aufrechterhalten werden.
3. Einrichtung einer Datenbasis für Piloten und Luftfahrzeuge, auf die gleichzeitig TSA und FAA Zugriff haben.
4. Ausstattung von Coast Guard, Zoll und Grenzschutz mit geeigneten Luftfahrzeugen zur Luftraumüberwachung, da Abfangjäger der Streitkräfte zum Abfangen von Flugzeugen der Allgemeinen Luftfahrt zu schnell sind.
5. Förderung neuer Technologien, wie z.B. die Einführung des GPS in allen Flugzeugen der Allgemeinen Luftfahrt. Dadurch ist präziseres Fliegen möglich, was versehentliche Luftraumverstöße vermeiden hilft.

Den USA vergleichbare Lösungen haben wir derzeit weder in Europa noch in Deutschland. Daher wäre folgende Vorgehensweise angebracht.

Konzepte für die deutsche Allgemeine Luftfahrt

1. Erarbeitung eines standardisierten Maßnahmekataloges. Die amerikanischen Programme sind nicht 1:1 nach Deutschland übertragbar, bieten aber erste Anhaltspunkte.
2. Analyse jedes einzelnen Flugplatzes auf der Grundlage von 1.
3. Entwicklung eines auf den Flugplatz, die Betriebsart und den Betriebsumfang zugeschnittenen Sicherheitsplanes. Dies muss kein teurer und aufwändiger Luftsicherheitsplan im Sinne des Luftverkehrsgesetzes sein. Auf kleinen Plätzen können schon einfachste Maßnahmen, wie die bessere Sicherung von Flugzeugen gegen Diebstähle, ausreichen. Kernpunkte eines solchen Sicherheitsplanes könnten z.B. sein die
   - Optimierung der baulichen Voraussetzungen (Beleuchtung, Zugänge, Umzäunung),
   - Optimierung von Betriebsabläufen,
   - Beschilderung (Notrufnummern usw.),
   - Zugangsvoraussetzungen zu Flugbetriebsflächen,
   - Reduzierung möglicher Zugänge,
   - Schulung und Sensibilisierung der Mitarbeiter und ansässigen Firmen für Fragen der Luftsicherheit,
   - Optimierung der Alarmpläne hinsichtlich Terrorabwehr,
   - Verbesserung der Kommunikation mit örtlichen Polizeidienststellen (z.B. Aufklärung über Flugbetrieb und Sicherheitsmaßnahmen),
   - regelmäßiger Austausch mit Luftsicherheitsbehörden,
   - Optimierung des Objektschutzes oder die

- Erweiterung der Flugplatzbenutzungsordnung im Hinblick auf Luftsicherheit.

4. Aufstellen eines Kosten-, Investitions- und Umsetzungsplanes für die Flugplätze und Bereitstellung entsprechender Mittel.
5. Benennung eines Security-Verantwortlichen für jeden Flugplatz.
6. Einrichtung einer bundesweit gültigen, zentralen Rufnummer für Fragen der Luftsicherheit, die auf allen Flugplätzen und bei allen Piloten bekannt ist.
7. Schaffung einer überregionalen Koordinationsstelle, die mit entsprechender finanzieller Ausstattung die jeweiligen lokalen Sicherheitsprogramme durch Schulungen, Informationsmaterial, Hilfsmittel und Forschungsprogramme am Leben erhält.
8. ständige Überprüfung der Sichermaßnahmen und gegebenenfalls auch Rücknahme überflüssiger Maßnahmen.

Für alle Sicherheitsmaßnahmen gelten folgende Kernpunkte:

1. Wirksame Security in der Allgemeinen Luftfahrt kann nur begrenzt von oben verordnet werden. Effektive Maßnahmen müssen von allen Beteiligten verstanden und täglich gelebt werden. Dies unterscheidet den individuellen, sehr vielschichtigen Verkehr der Allgemeinen Luftfahrt mit überwiegend bekannten Gesichtern vom Massenverkehr der Großflughäfen.
2. Security-Maßnahmen müssen wirtschaftlich tragbar und auf den Flugplatz individuell zugeschnitten sein.
3. Kriminelle Energie geht den Weg des geringsten Widerstandes. Flugplätze, die einen sicheren Eindruck machen, schrecken ab.

Wie eingangs beschrieben, haben wir in Deutschland 650 Landeplätze der Allgemeinen Luftfahrt. Nimmt man die 300 Segelfluggelände und verschiedene Sonderlandeplätze, wie z.B. die Hubschrauberlandeplätze der Krankenhäuser usw. heraus, bleiben schätzungsweise ca. 250 Landeplätze übrig. Es wird geschätzt, dass die Umsetzung der Schritte 1. bis 4. ca. zwei Millionen Euro kosten würde. Notwendige Investitionen in einfache Maßnahmen zur Steigerung der Luftsicherheit müssten nochmals mit vielleicht zehn Millionen Euro gefördert werden. Durch diese einmalige Investition könnte die Luftsicherheit der Landeplätze bundesweit erheblich gesteigert werden. Die Kosten für die weitere Pflege dieser Maßnahmen gemäß Schritt 7. und 8. würden im unteren sechsstelligen Bereich liegen.

Zum Vergleich: Wie oben ausgeführt würde die luftseitige Überwachung eines einzigen Sperrgebietes 15 bis 20 Millionen Euro pro Jahr kosten.

4 Sicherheit in der Luft

4.1 Die Security-Aufgabe der Piloten

4.1.1 Veränderte Aufgabe in einem veränderten Umfeld

Der 11. September 2001 markiert durch seine Terroranschläge eine Zeitenwende im Umgang mit den Gefahren krimineller Einflussnahme auf die zivile Verkehrsluftfahrt. Während vorher Geiseln in Flugzeugen als Druckmittel zur Durchsetzung meist politischer Ziele missbraucht wurden, gab es so erstmals Anschläge, bei denen das Flugzeug von Selbstmordattentätern als Mittel der Zerstörung eingesetzt wurde.

Die Luftfahrt der westlichen Welt kam an einem Dienstag vor sieben Jahren zum Stillstand! Nur wenige Tage später saßen im Bundesinnenministerium auf Einladung des zuständigen Ministers Vertreter der beteiligten Interessengruppen zusammen, um über mögliche Maßnahmen unmittelbar zu beraten. Gemeinsames Ziel dieser Treffen, an denen ich teilnehmen konnte, war es, die Sicherheit der Luftfahrt wieder herzustellen bzw. zu bewahren sowie das Vertrauen der Passagiere schnellstmöglich zurück zu gewinnen.

Zahlreiche Maßnahmen wurden diskutiert, die Vereinigung Cockpit – Arbeitsgruppe Security - hat damals in hervorragender Weise erste Standards für die Sichtweise der Piloten gesetzt, welche weltweit Berücksichtigung fanden. Gesicherte Cockpittüren, Reisegepäckkontrollen, Zugangskontrollen zu geschützten Bereichen und Flugsicherheitsbegleiter (FSB), auf die ich später noch eingehen werde, sind für uns heute zur Normalität geworden. Auch Vorschläge wie die Fernsteuerung von Verkehrsflugzeugen oder die automatische Umleitung von Flugzeugen zum nächsten Flugplatz wurden damals diskutiert und tauchen heute immer wieder in den Medien auf. Aus Pilotensicht will ich Ihnen sagen, dass dies auf lange Zeit ausgeschlossen bleibt, da die Unterstützung durch Computer uns zwar unverzichtbare und wertvolle Dienste leistet, aber der Mensch in seinem Umgang mit unvorhergesehenen Problemen in einem äußerst komplexen Umfeld als Entscheidungsträger noch nicht zu ersetzen ist.

Letztendlich verlor die von Piloten eingeübte Strategie der Deeskalation, um die Passagiere und das Flugzeug sicher zu landen, vor der neuen Bedrohung ihre Berechtigung. Konsequenterweise gehen wir seitdem bei jedem Fall einer sich kritisch entwickelnden Situation an Bord davon aus, dass sich ein Szenario entwickeln könnte, dass die Übernahme der Kontrolle über das Flugzeug zum Ziel hat! Es ist ein Teil des Preises, den wir zur Zeit bezahlen, dass uns dadurch Flexibilität verloren gegangen ist, auf unterschiedliche Situationen auch unterschiedlich zu re-

Tim Würfel

agieren, obwohl es auch in den vergangenen Jahren immer wieder Vorfälle auf der Welt gegeben hat, in denen Deeskalation zum Erfolg führte.

4.1.2 Der rechtliche Handlungsrahmen der Piloten

Den Flugzeugführern, insbesondere dem Kapitän, ist ein großer Entscheidungsraum gegeben worden. Beispielhaft heißt es in den einschlägigen Gesetzen: „...der Kommandant muss die aus Gründen der Sicherheit notwendigen Maßnahmen treffen". Dies bedeutet neben dem gewährten Freiraum auch die Anerkennung der Fachkompetenz und der Notwendigkeit, die betreffende Verantwortung ausschließlich beim Flugkapitän zu belassen.

Neben der aus der Seefahrt stammenden nautischen Entscheidungsgewalt über den Kurs des anvertrauten Flugzeugs im weiteren Sinne ist der Kapitän durch Luftverkehrsgesetz (LuftVG) und Luftsicherheitsgesetz (LuftSiG) im Rahmen der Bordgewalt mit hoheitlichen Befugnissen ausgestattet worden und wird bei geschlossenen Flugzeugtüren zum Beliehenen staatlicher Gewalt. Während des Zeitraumes, innerhalb dessen während des Rollens oder in der Luft keine Hilfe staatlicher Institutionen unmittelbar erreichbar ist, kann der Kapitän auch Zwangsmaßnahmen durchführen lassen, der Einsatz von Waffengewalt bleibt den Flugsicherheitsbegleitern vorbehalten. Die Problematik der Anwendung jeglicher Maßnahmen zur Aufrechterhaltung der Sicherheit an Bord wird zusätzlich erschwert durch die Tatsache, dass man sich ständig über dem Hoheitsgebiet anderer Staaten befindet und es somit zu Kollisionen der Rechtsordnungen kommen kann. Diese Problematik versuchten die Unterzeichnerstaaten durch das Tokioter Abkommen auszuräumen, indem sie die jeweiligen nationalen Regelungen des Herkunftslandes gelten lassen, es sei denn, sie stehen dem in dem betreffenden Hoheitsgebiet geltenden Recht diametral entgegen. Weiterhin vereinigt der Kapitän auch die Rolle des Repräsentanten seiner Fluggesellschaft gegenüber den Kunden, aber auch die des Vertreters des Arbeitgebers gegenüber den unterstellten Mitarbeitern.

All diese Aufgaben und Verantwortlichkeiten sowie die vom Gesetzgeber erwartete Übernahme von staatlichen Aufgaben an Bord von Flugzeugen führen zu dem Schluss, dass es nur die Piloten sein können, die neben der Safety auch die Verantwortung für die Security an Bord haben. So hilfreich die beiden Begriffe auch sein mögen, um die Themen technisch zu differenzieren, so sehr vermitteln sie den falschen Eindruck, die Entscheidungsgewalt und Verantwortung an Bord sei teilbar! Diese Erkenntnis ist für den Umgang mit Piloten im heutigen Netz von Sicherheitsmaßnahmen von hoher Bedeutung.

4.1.3 Flugsicherheitsbegleiter

Ich will offen sagen, dass wir anfänglich gegen den Einsatz von Flugsicherheitsbegleitern an Bord deutscher Flugzeuge waren, weil es unserem Verständnis widersprach, das darauf setzte, Sicherheit bereits im Vorfeld eines Fluges zu schaffen, und wir die Gefahr von Waffen an Bord mit den Missbrauchsrisiken vermeiden wollten. Im Rahmen des in der damaligen Situation eingeführten Gesamtpaketes an Maßnahmen ließen wir uns aber aufgrund der Einsatzbedingungen und des erhofften Erfolges im Kundenverhalten von den heutigen Lösungen überzeugen. Es gab übrigens in Ländern wie Israel und der Schweiz schon lange vor dem Jahr 2001 so genannte „Sky Marshals“, in Großbritannien und Skandinavien gibt es sie bis heute nicht. Bei den deutschen Flugsicherheitsbegleitern handelt es sich um ausgewähltes und speziell geschultes Personal, ausschließlich Beamte der Bundespolizei – keinerlei private Sicherheitsdienste, das war eine unserer Bedingungen. Ihre Aufgabe, in Abstimmung mit den Piloten die Sicherheit an Bord aufrecht zu erhalten bzw. im Zweifel wieder herzustellen, nehmen sie nach unseren Kenntnissen bei allen deutschen Fluggesellschaften wahr. Unsere Aufgaben als Piloten sind durch die verschlossene Cockpittür und die dadurch erschwerte Kommunikation mit unseren Kolleginnen und Kollegen in der Kabine nicht einfacher geworden, hier wird Safety gegen Security abgewogen. Die Zusammenarbeit mit den Flugsicherheitsbegleitern ist konstruktiv und positiv, es darf jedoch nicht vergessen werden, dass wir bisher keine ernsthafte Bewährungsprobe der eingeführten Verfahren bestehen mussten – hoffen wir, dass dies so bleibt.

4.1.4 Sicherheitskontrollen

In den Jahren seit 2001 wurden Zugangskontrollen aller Personen mit ihren mitgeführten Gegenständen, die Kontrolle aller aufgegebenen Gepäckstücke und letztlich auch Kontrollen der mitgeführten Flüssigkeiten eingeführt. Am letzten Beispiel will ich auf den Mechanismus der Einführung eingehen, der aus unserer Sicht die Unsinnigkeit der letztendlichen Maßnahme zeigt: Es entstand hoher politischer Handlungsdruck in Großbritannien nach den aufgedeckten Anschlagsplänen im Sommer 2006. Die USA pflichteten der britischen Regierung unmittelbar in der Notwendigkeit bei, schnellstmöglich Maßnahmen zu ergreifen, die diese Gefahr generell ausschließen sollten. Nicht wenige europäische Länder waren skeptisch gegenüber einem Flüssigkeitsverbot. Sowohl Fluggesellschaften als auch Flughäfen verlangten aber bei allem, was getan wird, wenn es schon nicht zu verhindern ist, eine einheitliche Lösung, da die unterschiedliche Handhabung, welche Gegenstände, Flüssigkeiten bzw. Mengen im Handgepäck in welches Zielland unzulässig seien, weder für Passagiere noch das Personal überschaubar seien und die notwendige Unterscheidung bei der Abfertigung am Flughafen schlicht unmöglich sei. Man einigte sich also einheitlich darauf, der Forderung aus Großbritannien und den USA nachzukommen. Gleichzeitig stellte man fest, dass „hinter“ den Sicherheitskontrollen, die für die Einnahmen des Flughafens unverzichtbaren Duty-Free Shops und zahlreiche Gastronomiebetriebe liegen. Da weder der Staat noch die Flughäfen für die Einnahmeverluste bei Schließung/Verlegung aufkommen wollen, entstand die absurde Situation, dass Sie als Passagier ihre privatesten Dinge in einem Klarsichtbeutel vorführen müssen, während neben Ihnen palettenweise Flüssigkeiten in großen Mengen durch eine separate Schleuse gefahren werden. Dort kommt es zu stichprobenartigen Kontrollen, wobei Flüssigkeiten durch den üblichen Detektor geschoben werden, der das Gefahrenpotenzial einer Flüssigkeit überhaupt nicht erkennen kann!

Ein seit Jahren von uns angesprochenes Problem der Sicherheitskontrollen ist die geringe Bezahlung der Angestellten dieser Privatunternehmen, die zu einer enormen Fluktuation beim Personal führt, teilweise mehr als 30 % pro Jahr! Dadurch ist es nicht möglich, die für diese Kontrollen notwendige Erfahrung aufzubauen. Aus den Berichten aus Ländern wie Israel wissen wir aber, dass dieser Aspekt erhebliche Bedeutung für die Erfolgschancen dieser Kontrollen hat. Unsere Forderung war deshalb seit Jahren, wenn schon die Fluktuation der Kontrolleure nicht eingedämmt wird, so muss ein erfahrener Mitarbeiter oder Beamter an jeder Kontrollstelle stehen, um durch seine Hinweise die Effizienz zu steigern.

Hält man sich das Ausmaß der genannten Kontrollen vor Augen, so sticht weiterhin die Ungleichbehandlung der Verkehrsträger ins Auge. Ich möchte nicht missverstanden werden, wir Piloten wollen das größtmögliche Maß an Sicherheit, aber eine Abwägung des Verhältnisses zwischen Aufwand und Erfolg sollte nüchtern erfolgen. Wenn es denn stimmt, dass die Freiheit in kleinen Schritten stirbt, so erleben wir mit dem Flüssigkeitsverbot eine unsinnige Einschränkung der Freizügigkeit unserer Gesellschaft.

4.1.5 Renegade

So lautet das Stichwort zum Aufsteigen der Abfangjäger der Bundeswehr bei Zweifeln an den Absichten eines Verkehrsflugzeuges. Gründe können ein Abweichen von der Freigabe, vom geplanten Flugweg oder der Verlust der Sprechfunkverbindung sein. Es kommt über Deutschland etwa einmal pro Woche zu dem Fall, dass die Piloten der Bundeswehr durch das Herstellen von Sichtkontakt zur Klärung der Situation beitragen sollen. In den allermeisten Fällen entschärft sich die Situation bereits, bevor die Kampfflugzeuge die zivile Maschine erreichen, leider waren die Flugzeugbesatzungen auch an vielen Vorkommnissen nicht unbeteiligt, durch Missverständnisse im Funkverkehr als Folge der in einem zersplitterten Luftraum notwendigen zahllosen Frequenzwechsel. Diese Thematik ist bei deutschen Besatzungen mittlerweile ganz gut im Griff. Zu dem Thema eines möglichen Abschusses eines Verkehrsflugzeuges über Deutschland möchte ich noch einmal auf unsere Stellungnahme vor dem Bundesverfassungsgericht aus dem Jahre 2006 verweisen, die letztlich mit zu der Ablehnung des betreffenden Gesetzes geführt hat: Den Amtsträgern kann auch bei Sichtkontakt der Kampfflugzeuge keine belastbare Entscheidungsgrundlage über die Absichten und den zu erwartenden Flugweg des Flugzeuges im am dichtesten beflogenen Luftraum der Welt gegeben werden und auch schon deshalb schließt sich nach unserem Verständnis ein Abschuss aus! Die in den letzten Monaten durch den Bundesverteidigungsminister und den Bundesinnenminister immer wieder beförderte Debatte ist, wenn sie denn nicht ganz andere Ziele als den Abschussbefehl verfolgt, eine unsinnige und verfehlte Diskussion. Wir Piloten sind dafür ausgebildet, ausgewählt und werden letztendlich auch dafür bezahlt, in Situationen, die nicht wie im Lehrbuch ablaufen, Verantwortung zu übernehmen und zu entscheiden. Dabei liegt das Leben der Passagiere buchstäblich in unseren Händen. Dennoch rufen wir nicht permanent nach zusätzlicher Absicherung – da wir wissen, dass es diese nur in begrenztem Maße geben kann. Weniger sollte man von einem Bundesminister nicht erwarten müssen.

4.1.6 Fazit

Aus den dargelegten Fakten und der heutigen Situation ziehen wir Piloten folgende Schlussfolgerungen:

Es sind seit 2001 viele sinnvolle und sicherheitserhöhende Maßnahmen eingeführt worden. Das Flüssigkeitsverbot gehört nicht dazu. Es ist höchste Zeit, einen Mechanismus zu schaffen, der nach festem Zeitablauf die eingeführten Sicherheitsmaßnahmen auf ihren Beitrag zu einer sicheren Luftfahrt überprüft und dabei auch die Verhältnismäßigkeit des Aufwandes und des Eingriffes in die Freizügigkeit zum jeweiligen Erfolg setzt. Es kann nicht hingenommen werden, dass jede eingeführte Maßnahme als unumkehrbar gilt.

Die Ressourcen zur Aufrechterhaltung der Sicherheit müssen dort eingesetzt werden, wo sie den größten Nutzen haben. Piloten in gleicher Weise zu kontrollieren wie den Behörden unbekannte Fluggäste, ist unsinnig. Als erster Schritt ist es deshalb notwendig, differenzierte Kontrollen, z.B. für Piloten, zuzulassen.

An Bord bleibt die Verantwortung des Kapitäns für die Sicherheit, bestehend aus Safety und Security, unbestritten und deshalb muss endlich Schluss damit sein, Piloten wie ein Sicherheitsrisiko zu behandeln – Piloten sind aktiver Teil der Sicherheitskette!

Weiterhin ist die Vereinigung Cockpit gewillt, zu jeder Zeit den konstruktiven Dialog über Sicherheitsfragen mit den zuständigen staatlichen Stellen fortzusetzen.

Tim Würfel

4.2 Der Einsatz von „Sky Marshals" an Bord von Luftfahrzeugen

4.2.1 Fokus

Der 11. September 2001 hat das Sicherheitsdenken auf der ganzen Welt und die Luftsicherheitsstrukturen zweifelsohne so nachhaltig verändert wie kaum ein anderes Ereignis in der jüngeren Geschichte. Regierungen aller Staaten sahen sich der immensen Herausforderung gegenüber gestellt, Geschehnisse wie die des 11. September nicht noch einmal zuzulassen. Die Staatengemeinschaft rückte eng zusammen und bekundete allen betroffenen Staaten ihre Unterstützung, um sich selbst verteidigen zu können[1]. Überall auf der Welt, aber natürlich insbesondere in der Vereinigten Staaten von Amerika wurden die unterschiedlichsten Sicherheitsmaßnahmen implementiert und erhebliche und zum Teil geradezu beispiellose Sicherheitsstrukturen aufgebaut. Um die Sicherheit im Luftverkehr weiterhin aufrecht erhalten zu können, wurde beispielsweise die Zahl der bewaffneten staatlich Bediensteten auf Flügen innerhalb der USA drastisch erhöht. In anderen Ländern, wie in Deutschland, wurde dies aufgrund der Ereignisse des „11. September" erst eingeführt.

Im allgemeinen Sprachgebrauch als „Sky Marshals", „Air Marshals" oder „In Flight Security Officers" bezeichnet, verwendet das deutsche Recht den Begriff des Flugsicherheitsbegleiters für die begleitenden Beamten der Bundespolizei, die seit dem 24. September 2001 an Bord deutscher Luftfahrzeuge eingesetzt werden. Die Regelungen und Verfahren, die sich in den USA und der Schweiz bereits in den 1970er Jahren etabliert haben, sind in ihrer Zweckbestimmung durchaus vergleichbar, wenn auch vereinzelt Unterschiede zu erkennen sind. Noch nicht endgültig sind die multilateralen Regelungen des Prümer Vertrages, die demnächst in europäisches Verordnungsrecht überführt werden sollen und daher besondere Beachtung verdienen.

4.2.2 USA

Im Jahre 1968 wurde in den USA das „Federal Aviation Administration`s (FAA) Sky Marshal Program" ins Leben gerufen, mit dem der Einsatz von Sky Marshals an Bord von US-Flügen abgedeckt werden sollte. Auf Grundlage des vom US-Kongress verabschiedeten „International Security and Development Cooperation Act" wurde auf Anordnung des damals amtierenden Präsidenten Ronald Reagan das „FAA Sky Marshal Program" zum „Federal Air Marshal Service (FAMS)" ausgebaut. Am 11. September 2001 bestand der Federal Air Marshal Service nur noch aus 50 Einsatzkräften, deren Anzahl auf Anordnung von Präsident Bush

[1] Vgl. van Schyndel/Rothe, in: Giemulla/van Schyndel, LuftSiG, § 12 Rn. 82 f.; Resolutionen 1368 und 1373 (2001) des UN-Sicherheitsrates.

Bastian R. Rothe

schnellstmöglich aufgestockt wurde. Man muss davon ausgehen, dass heute mehrere Hundert Bedienstete Flüge innerhalb der USA und mit US-Bezug begleiten.

Auf der Grundlage des „Aviation and Transportation Security Act” vom 19. November 2001 kann der Unterstaatssekretär für Transport und Sicherheit jederzeit Flugsicherheitsbegleiter auf jedem Passagierflug innerhalb und außerhalb der USA einsetzen[2]. Die Einsätze werden dabei vom „Office of Flight Operations“ koordiniert.

4.2.3 Schweiz

Auch innerhalb und aus der Schweiz heraus werden bereits seit über 30 Jahren Flugsicherheitsbegleiter als „Sicherheitsbeauftragte“ an Bord von Luftfahrzeugen eingesetzt[3]. Diese Sicherheitsbeauftragten oder Flugsicherheitsbegleiter werden als Tigers und Foxes bezeichnet und vom Bundesamt für Zivilluftfahrt (BAZL) in Absprache mit dem Bundesamt für Polizei[4] an Bord von schweizerischen Luftfahrzeugen eingesetzt.[5]

Tigers arbeiten ausschließlich auf schweizerischem Hoheitsgebiet und sind bewaffnet, Foxes werden auf bestimmten Flughäfen im Ausland für zusätzliche Sicherheitskontrollen eingesetzt. Die Foxes sind durch das Tragen von Uniformen der Fluggesellschaften äußerlich von Besatzungsmitgliedern nicht zu unterscheiden und besitzen auch im Gegensatz zu den Tigers keine extraterritorialen Hoheitsbefugnisse auf ausländischem Staatsgebiet.

Der Einsatz bewaffneter Flugsicherheitsbegleiter (Tiger) richtet sich nach den Ermächtigungen aus Artikel 15 und 21 des Luftfahrtgesetzes[6], den Artikeln 122a bis e der Luftfahrtverordnung[7], sowie – wegen des Einsatzes von Angehörigen des Militärs als Flugsicherheitsbegleiter – nach den Artikeln 67 und 69 des Militärgesetzes[8].

---

2 49 U.S.C. § 44917; Sec. 105.

3 Den Anlass bot im Jahre 1970 die Entführung einer von jordanischen und palästinensischen Terroristen entführten Swissair-Maschine auf dem Weg von Zürich nach New York, bei der die Terroristen die Maschine nach der Freilassung aller unversehrt gebliebenen Geiseln und Crew-Mitglieder sprengten.

4 Das Bundesamt für Polizei bestimmt den Einsatz der Sicherheitsbeauftragten jeweils im Einvernehmen mit den betreffenden schweizerischen Unternehmen und gibt dem Bundesamt für Zivilluftfahrt nach Art. 122c Abs. 3 LFG darüber Kenntnis.

5 Vgl. USIS, Überprüfung des Systems der inneren Sicherheit der Schweiz, Teil IV vom 30. November 2003, S. 45 ff., http://www.usis.ch; dem entgegen regelt Art. 122c LFV, dass das Bundesamt für Polizei den Einsatz der Sicherheitsbeauftragten jeweils im Einvernehmen mit den betreffenden schweizerischen Unternehmen bestimmt und dem BAZL lediglich davon Kenntnis gibt.

6 LFG – Bundesgesetz über die Luftfahrt vom 21. Dezember 1948 (AS **1950** 471, SR 748.0).

7 LFV – Verordnung über die Luftfahrt vom 14. November 1973 (AS **1973** 1856, SR 748.01).

8 MG – Bundesgesetz über die Armee und die Militärverwaltung vom 3. Februar 1995 (AS **1995** 4093, SR 510.10).

Danach werden auf den schweizerischen Flugplätzen mit internationalem gewerbsmäßigem Luftverkehr zur Verhütung von Angriffen auf die Sicherheit der zivilen Luftfahrt je nach Bedrohungslage besondere Sicherheitsmaßnahmen getroffen, zu denen auch die Sicherheitskontrolle der Fluggäste zu zählen ist. Zu diesem Zweck werden Sicherheitsbeauftragte eingesetzt, die die Sicherheitskontrolle der Fluggäste vornehmen und strafbare Handlungen an Bord schweizerischer Luftfahrzeuge im internationalen gewerbsmäßigen Luftverkehr verhindern und unterbinden sollen.

Im Verhältnis der Rechte von Flugsicherheitsbegleitern zu den Rechten des Luftfahrzeugkommandanten ist der Kommandant zwar in Notfällen rechtlich dazu befugt, „alle zum Schutze des Lebens, des Luftfahrzeuges und der Ladung unmittelbar erforderlichen Maßnahmen zu treffen“[9], der Einsatz von Waffengewalt ist aber den Sicherheitsbegleitern vorbehalten. Der Luftfahrzeugkommandant ist daher – ähnlich den deutschen Regelungen in § 12 Abs. 3 LuftSiG und § 4a BPolG – regulär nur für die Maßnahmen zuständig, die unterhalb der Schwelle eines generalstabsmäßig geplanten Angriffs liegen, da ihm die Abwehr eines solchen Angriffs – schon allein wegen der fehlenden Waffen – faktisch gar nicht möglich sein wird.

4.2.4 Deutschland und die hiesige nationale Rechtslage

Die Konferenz der deutschen Innenminister beschloss am 2. Februar 1979, dass eine sicherheitspolitische Strategie zur wirksamen Bekämpfung des Terrorismus „die Planung präventiver polizeilicher Maßnahmen“ einschließen sollte[10]. In Bezug auf die bereits bestehenden gesetzlichen Ermächtigungen, die allein in den USA und der Schweiz zu dieser Zeit bereits bestanden, und angesichts entsprechender Ereignisse wie der Entführung der „Landshut“ nach Mogadischu hätte es nicht überrascht, wenn auch hierzulande über einen Einsatz von Flugsicherheitsbegleitern bereits vor dem „11. September“ nachgedacht worden wäre. Indes wurde der Beschluss im Sinne der Luftsicherheit durch die Vorschriften des § 4a BPolG und des § 12 Abs. 3 LuftSiG erst nach dem 11. September 2001 umgesetzt.

Die Bundespolizei (damals noch Bundesgrenzschutz) setzt nunmehr seit dem 24. September 2001 Flugsicherheitsbegleiter an Bord deutscher Luftfahrzeuge ein. Bemerkenswert ist in diesem Zusammenhang, dass ein solcher Einsatz erst mit dem Gesetz zur Bekämpfung des internationalen Terrorismus vom 9. Januar 2002 (Terrorismusbekämpfungsgesetz)[11] ab dem 1. Januar 2002 – und damit mehr als drei Monate später – legitimiert wurde. Ein Umstand, der sicherlich den Befürchtungen vor einem Anschlag unter Nutzung eines deutschen Luftfahrzeuges geschuldet und im Vorgriff auf die zukünftige Regelung keinerlei Bedenken begeg-

---

9 Art. 6 Satz 1 der Verordnung über die Rechte und Pflichten des Kommandanten eines Luftfahrzeugs vom 22. Januar 1960 (AS **1960** 81, SR 748.225.1).

10 BT-Drs. 8/2889, S. 25.

11 Gesetz zur Bekämpfung des internationalen Terrorismus (Terrorismusbekämpfungsgesetz) vom 9. Januar 2002, BGBl. I S. 361.

net ist. Als Begründung für die Gesetzgebung wurde es von der deutschen Bundesregierung nach den Anschlägen des 11. September für erforderlich erachtet, „neben umfassenden Kontrollmaßnahmen am Boden auch an Bord von Luftfahrzeugen verstärkte Sicherheitsvorkehrungen zu treffen, um Gefahren durch die Entführung von Luftfahrzeugen, terroristische Anschläge und Geiselnahmen entgegentreten zu können"[12].

Nach § 4a des Bundespolizeigesetzes[13] können an Bord deutscher Luftfahrzeuge und innerhalb der Grenzen der Bundesrepublik Deutschland bewaffnete[14] Beamte der Bundespolizei als Flugsicherheitsbegleiter eingesetzt werden.

Der verantwortliche Luftfahrzeugführer kann hingegen nach § 12 LuftSiG Maßnahmen treffen, die gegen Aktionen unterhalb der Schwelle des generalstabsmäßig geplanten Angriffs gerichtet sind. Wenn eine Verletzung von Personen oder Sachen nicht ausgeschlossen werden kann und damit die Sicherheit oder Ordnung an Bord des Luftfahrzeugs in einem erheblichen Maße beeinträchtigt sind, kann der Luftfahrzeugführer ohnehin nicht mehr allein reagieren. In einem solchen Fall ist es daher nicht nur sachlich gerechtfertigt, sondern auch dringend geboten, dass diese Befugnis auf „besonders geeignete und für diesen Zweck fortgebildete Polizeivollzugsbeamte"[15] der Bundespolizei übertragen wird.[16]

Leider fehlt es im deutschen Recht bisher an einer klaren Aufgabentrennung und Zuständigkeitszuweisung an die verantwortlichen Luftfahrzeugführer und die Flugsicherheitsbegleiter. Hier wäre noch Bedarf für Verbesserungen gegeben, um Rechtsunsicherheiten für die Betroffenen zu vermeiden.[17]

Schon die Formulierung in § 12 Abs. 3 Satz 3 LuftSiG, der Gebrauch von Schusswaffen sei „Polizeivollzugsbeamten, insbesondere denjenigen der Bundespolizei" vorbehalten, legt nahe, dass in begründeten Einzelfällen auch Beamte anderer Sicherheitsbehörden als der Bundespolizei an Bord deutscher Luftfahrzeuge Schusswaffen gebrauchen dürfen. Von Interesse ist die Formulierung besonders bei der Betrachtung der Regelungen des Vertrags von Prüm.

---

[12] BT-Drucks. 14/7386 (neu), S. 45; die vorher im Luftverkehrsgesetz vorgesehenen Maßnahmen zum Schutz vor Angriffen auf die Sicherheit des Luftverkehrs (§§ 29c, 29d LuftVG a. F., § 4 Bundesgrenzschutzgesetz) waren räumlich auf den Bereich des Flugplatzgeländes beschränkt. Maßnahmen an Bord von Luftfahrzeugen waren daher gesetzlich nicht vorgesehen.

[13] Durch Art. 6 des Gesetzes zur Bekämpfung des internationalen Terrorismus (Terrorismusbekämpfungsgesetz) vom 9. Januar 2002 in das damalige Bundesgrenzschutzgesetz eingefügt, BGBl. I S. 361.

[14] Eine Anwendung von Waffengewalt untersteht den Voraussetzungen der §§ 14 ff. BPolG und den Vorschriften des UZwG (Gesetz über den unmittelbaren Zwang bei Ausübung öffentlicher Gewalt durch Vollzugsbeamte des Bundes vom 10. März 1961, BGBl. I S. 165); vgl. zum unmittelbaren Zwang Müller-Uri, in: Giemulla/Jaworsky/Müller-Uri, Verwaltungsrecht, 7. Aufl., 2004, Rn. 549 ff.

[15] BT-Drs. 14/7386 (neu), S. 45.

[16] Vgl. auch Schwenk/Giemulla, Handbuch des Luftverkehrsrechts, S. 141 f.

[17] Vgl. van Schyndel/Rothe, in: Giemulla/van Schyndel, LuftSiG, § 12 Rdnrn. 70 ff..

4.2.5 Prümer Vertrag und die Europäische Rechtslage

Sieben europäische Staaten haben am 27. Mai 2005 den „Prümer Vertrag“[18] unterzeichnet[19], eine völkerrechtliche Vereinbarung in Form eines multilateralen Vertrages, der – neben der Einrichtung von nationalen DNA-Analyse-Dateien, dem automatisierten Abruf und Abgleich von DNA-Profilen unter den Vertragsparteien sowie dem Abruf von Daten aus den nationalen Fahrzeugregistern – „Maßnahmen zur Verhinderung terroristischer Straftaten“ vorsieht. Damit gemeint ist der – zwischen den Vertragsstaaten beschlossene und abgestimmte – Einsatz von bewaffneten Flugsicherheitsbegleitern innerhalb und zwischen den einzelnen Vertragsstaaten[20].

Es ist ausdrücklich zu betonen, dass keine der Parteien durch den Vertrag verpflichtet wird, Flugsicherheitsbegleiter einzusetzen und „dass durch diesen Vertrag keine eigene völkerrechtliche Grundlage zum Einsatz von Flugsicherheitsbegleitern geschaffen wird, sondern dass der Einsatz auf der Grundlage und im Rahmen des bestehenden internationalen Rechts erfolgt“[21], ohne dass es dazu einer gesonderten Ermächtigung oder weiteren Regelung bedarf.

Größtes Problem im Vergleich zu den nationalen Regelungen aus den §§ 4a BPolG und 12 Abs. 3 LuftSiG stellt die Frage der Einsatzschwelle und –schranken für die Flugsicherheitsbegleiter dar. Der Prümer Vertrag überträgt den Flugsicherheitsbegleitern die Aufgabe, „die Sicherheit an Bord von Luftfahrzeugen aufrechtzuerhalten“[22]. Demgegenüber können Flugsicherheitsbegleiter der Bundespolizei

---

18 Vertrag zwischen dem Königreich Belgien, der Bundesrepublik Deutschland, dem Königreich Spanien, der Französischen Republik, dem Großherzogtum Luxemburg, dem Königreich der Niederlande und der Republik Österreich über die Vertiefung der grenzüberschreitenden Zusammenarbeit, insbesondere zur Bekämpfung des Terrorismus, der grenzüberschreitenden Kriminalität und der illegalen Migration, BT-Drs. 16/1108, BR-Drs. 176/06, BR-Drs. 177/06; vgl. Heute im Bundestag Nr. 140 vom 10. Mai 2006; Gesetz vom 10. Juli 2006, BGBl. 2006 II S. 626; Wortlaut im Anhang abgedruckt.

19 Zum Stand des Ratifizierungsprozesses siehe http://www.bundestag.de sowie Kietz/ Maurer, Von Schengen nach Prüm; Deutschland und Österreich haben bereits am 5. Dezember 2006 eine Durchführungsvereinbarung geschlossen, Pressemitteilung des BMI vom 5. Dezember 2006, http://www.bmi.bund.de/cln_012/nn-662928/Internet/Content/Nachrichten/Pressemitteilungen/2006/12/DurchfuehrungsvereinbarungVertragvPruem.html, 17. Januar 2007; Ungarn hat den Prümer Vertrag durch das Gesetz 2007:CXII vom 3.10.2007 ratifiziert, Nationale Kontakt- und Koordinierungsstelle in Bezug auf die Flugsicherheitsbegleiter ist der Landesoberbefehlshaber des Grenzschutzes, WiRO 2008, 94.

20 Staaten, die den Wunsch geäußert haben, dem Vertrag von Prüm beizutreten, sind: Slowenien, Italien, Finnland, Portugal, Bulgarien, Rumänien, Griechenland, Schweden und Estland, vgl. Beschluss des Rates der Justiz- und Innenminister vom 12.-13.6.2007 zur Vertiefung der grenzüberschreitenden Zusammenarbeit, insbesondere zur Bekämpfung des Terrorismus und der grenzüberschreitenden Kriminalität, vgl. Mitteilung an die Presse 10267/07 (Presse 125), S. 13.

21 Vgl. BT-Drucks. 16/1108, S. 38.

22 Art. 17 Abs. 2 Prümer Vertrag.

nach § 4a BPolG „zur Aufrechterhaltung oder Wiederherstellung der Sicherheit oder Ordnung an Bord deutscher Luftfahrzeuge“ eingesetzt werden. Der Prümer Vertrag berechtigt damit, die Sicherheit an Bord von Luftfahrzeugen aufrechtzuerhalten, während der § 4a BPolG dazu berechtigt, die Sicherheit oder Ordnung an Bord aufrechtzuerhalten oder wiederherzustellen. Die nationale Eingriffsermächtigung für die Bundespolizei aus § 4 a BPolG ist also weiter gefasst, als die des Art. 17 Abs. 2 des Prümer Vertrages, weil § 4a BPolG die Wiederherstellung der Sicherheit mit umfasst.

Damit haben deutsche Flugsicherheitsbegleiter der Bundespolizei neben der Aufgabe der Aufrechterhaltung der Sicherheit und Ordnung – also dem polizeirechtlichen Begriff der Gefahrenabwehr – auch die Möglichkeit, Sachlagen zu bekämpfen, die bei ungehindertem Ablauf zu Beeinträchtigungen der öffentlichen Sicherheit und Ordnung führen würden, und können daher auch eingreifen, um eine bereits eingetretene Rechtverletzung wieder rückgängig zu machen. Damit würde im Umkehrschluss die fast absurde rechtliche Situation entstehen, dass nach dem Prümer Vertrag eine bereits verwirklichte Beeinträchtigung der Sicherheit oder Ordnung an Bord eines Luftfahrzeuges durch anwesende Flugsicherheitsbegleiter nicht mehr rückgängig gemacht werden könnte, da Artikel 17 Abs. 2 des Prümer Vertrages nur einen Einsatz zur Aufrechterhaltung der Sicherheit an Bord ermöglicht.

Unabhängig von der Tatsache, welche Auswirkungen ein solches Verständnis der Vorschrift für die Beurteilung einer eventuellen strafrechtlichen Verfolgung der dennoch eingreifenden Flugsicherheitsbegleiter haben könnte, sollte der Wortlaut der Vorschrift jedenfalls im Interesse der Klarstellung zu der Formulierung „die Sicherheit oder Ordnung an Bord von Luftfahrzeugen aufrechtzuerhalten oder wiederherzustellen“ ergänzt werden. Andernfalls ist die Rechtslage so zu beurteilen, dass Flugsicherheitsbegleiter an Bord eines „fremd beherrschten Luftfahrzeuges“ keinerlei Eingriffsbefugnisse auf der Grundlage des Prümer Vertrages haben und ihre hoheitlichen Befugnisse aus nationalen Ermächtigungen grundsätzlich an den Staatsgrenzen enden.

Die neben diesen gravierenden Einschränkungen bei der Verfassung des Prümer Vertragswerkes aufgetretenen Ungenauigkeiten[23] können im Rahmen der gemeinsamen Durchführungsvereinbarungen ausgeräumt werden, weshalb hier von einer weiteren Erörterung abgesehen werden soll.

Von Seiten der Europäischen Kommission wurde der Versuch unternommen, mit einem Vorschlag zur Änderung der Verordnung (EG) 2320/2002, „Begleitende Sicherheitsbeamte“ im gesamten EU-Raum zu ermöglichen[24]. Der Vorschlag lautete: „Begleitende Sicherheitsbeamte dürfen an Bord eines Luftfahrzeugs nur eingesetzt werden, wenn die geltenden Sicherheitsbedingungen erfüllt sind und eine entsprechende Ausbildung stattgefunden hat. Die Mitgliedstaaten können die Genehmigung für den Einsatz von Sicherheitsbeamten auf Flügen von Luftfahrt-

[23] Vgl. dazu van Schyndel/Rothe, in: Giemulla/van Schyndel, LuftSiG, § 12 Rn. 110 ff.

[24] Vorschlag der Kommission für eine Verordnung des Europäischen Parlaments und des Rates über gemeinsame Vorschriften für die Sicherheit in der Zivilluftfahrt vom 22. September 2005, KOM (2005) 429 endg.

unternehmen, denen sie eine Zulassung erteilt haben, verweigern."[25] Leider war dem Wortlaut nicht zu entnehmen, welche konkreten Ermächtigungen den Flugsicherheitsbegleitern durch diese neue Verordnung mit an die Hand gegeben werden sollen. Allein den Einsatz von Flugsicherheitsbegleitern dem Grunde nach zu ermöglichen, kann nicht dem Anspruch an eine rechtlich einwandfreie Ausgestaltung der angesprochenen Aspekte genügen. Hier war allen Beteiligten noch dringender Handlungsbedarf anzuraten, besonders hinsichtlich der Absicht, den Regelungsgehalt des Prümer Vertrages in europäisches Gemeinschaftsrecht zu überführen[26]. Da der Beschluss[27] den Einsatz von bewaffneten Flugsicherheitsbegleitern nicht beinhaltet, bleibt allerdings fraglich, ob die Überführung im Rahmen der Novellierung der Verordnung (EG) Nr. 2320/2002[28] erfolgen soll, mit den damit bereits beschriebenen verbundenen Problemen und vor allem offen gebliebenen Fragen. Zudem lässt der Beschluss „bilaterale oder multilaterale Übereinkünfte und Vereinbarungen zwischen Mitgliedstaaten und Drittstaaten unberührt"[29], damit also auch grundsätzlich den Prümer Vertrag. Es würde damit die wiederum absurde Situation eintreten, dass der DNA-Abgleich, der Austausch von Kraftfahrzeugdaten sowie gemeinsame Einsatzformen an Land bei Großveranstaltungen oder Katastrophenfällen von einer neuen Verordnung geregelt werden, während der Einsatz bewaffneter Flugsicherheitsbegleiter noch im Vertragswerk des Prümer Vertrages verbliebe. Da die Regelungen des Prümer Vertrages zwar verbesserungsbedürftig sind, bei weitem aber qualitativ hochwertiger als die Vorschläge im Rahmen der Novellierung der Verordnung (EG) Nr. 2320/2002, war zu diesem Zeitpunkt zu wünschen, dass bei einer Überführung von Einsatzformen bewaffneter Flugsicherheitsbegleiter entweder ein neuer multilateraler Vertrag geschlossen oder man sich auf die Regelungsdichte der Normen im Prümer Vertrag besinnen würde.

Die Verordnung (EG) Nr. 300/2008[30] ersetzt seit dem 29. April 2008[31] die „alte" Luftsicherheitsverordnung Nr. 2320/2002[32]. Sie soll erstmals auch Sicher-

---

25 KOM (2005) 429 endg, S. 27.

26 Beschluss des Rates der Justiz- und Innenminister vom 12.-13.6.2007 zur Vertiefung der grenzüberschreitenden Zusammenarbeit, insbesondere zur Bekämpfung des Terrorismus und der grenzüberschreitenden Kriminalität, vgl. Mitteilung an die Presse Dok. 10267/07 (Presse 125), S. 11 ff.

27 Entwurf eines Beschlusses des Rates zur Vertiefung der grenzüberschreitenden Zusammenarbeit, insbesondere zur Bekämpfung des Terrorismus und der grenzüberschreitenden Kriminalität vom 5. Juni 2007, Dok. 10232/07.

28 Vorschlag der Kommission für eine Verordnung des Europäischen Parlaments und des Rates über gemeinsame Vorschriften für die Sicherheit in der Zivilluftfahrt vom 22. September 2005, KOM (2005) 429 endg.

29 Entwurf eines Beschlusses des Rates zur Vertiefung der grenzüberschreitenden Zusammenarbeit, insbesondere zur Bekämpfung des Terrorismus und der grenzüberschreitenden Kriminalität vom 5. Juni 2007, Dok. 10232/07, S. 33.

30 Verordnung (EG) Nr. 300/2008 des Europäischen Parlaments und des Rates vom 11. März 2008 über gemeinsame Vorschriften für die Sicherheit in der Zivilluftfahrt und zur Aufhebung der Verordnung (EG) Nr. 2320/2002, ABl. (EU) Nr. L 97 vom 9.4.2008, S. 72.

heitsmaßnahmen erfassen, die an Bord von Luftfahrzeugen oder während des Fluges von gemeinschaftlichen Luftfahrtunternehmen gelten[33] und damit (in nationaler Zuständigkeit) den Einsatz von begleitenden Sicherheitsbeamten an Bord ermöglichen[34]. Insofern wurden die Bestimmungen des ursprünglichen Kommissionsentwurfes[35] im Laufe des gesetzgeberischen Verfahrens durch eine Einigung des Vermittlungsausschusses am 18. Dezember 2007 „insoweit verbessert, als die Ausbildung (Erwägung 8) und die vorgesehenen Sicherheitsauflagen (Kapitel 10.3 des Anhangs) erwähnt werden“[36].

Die Einsatzmöglichkeiten von Flugsicherheitsbegleitern bzw. von nach dem Verordnungswortlaut „begleitenden Sicherheitsbeamten“ wird indes nicht nur erwähnt, sondern vielmehr so hinreichend konkret gefasst, dass auch die Regelungen des Prümer Vertrages dahingehend ausgelegt werden müssen bzw. die Möglichkeiten, die der Prümer Vertrag bietet, durch die Verordnung ausgedehnt bzw. eingeschränkt werden. So bezeichnet die Verordnung (EG) Nr. 300/2008 einen begleitenden Sicherheitsbeamten als „eine Person, die von einem Staat dazu beschäftigt ist, in einem Luftfahrzeug eines Luftfahrtunternehmens, dem der Staat eine Genehmigung erteilt hat, mit zu fliegen, um das Luftfahrzeug und die an Bord befindlichen Fluggäste vor unrechtmäßigen Eingriffen, die die Sicherheit des Fluges gefährden, zu schützen“.[37] Diese Bezeichnung manifestiert sich an einer Person aus einem Staat, die in einem Luftfahrzeug, das von demselben Staat zugelassen wurde, als Sicherheitsbeamter eingesetzt wird. Die nach dem Prümer Vertrag zugelassenen gemeinsamen Streifen[38] verstießen somit ggf. gegen den Wortlaut der neuen Luftsicherheitsverordnung, der die Begleitung von Sicherheitsbeamten nur den staatlich Bediensteten auf solchen Luftfahrzeugen gestattet, deren Luftfahrtunternehmen von dem Staat eine Genehmigung erhalten hat.

Es bleibt damit auch nach dem Inkrafttreten der Verordnung (EG) Nr. 300/2008 festzustellen, dass die Regelungen in Bezug auf den Einsatz von Flugsicherheitsbegleitern nicht eindeutiger formuliert wurden und der Prümer Vertrag im innereuropäischen Verkehr weiterhin die bestimmende Rolle als Ermächtigungsgrundlage für deren Einsatz einnimmt.

---

31 Art. 24 Abs. 1 der Verordnung (EG) Nr. 300/2008.

32 Art. 23 der Verordnung (EG) Nr. 300/2008.

33 Erwägungsgrund Nr. 7 der Verordnung (EG) Nr. 300/2008.

34 Erwägungsgrund Nr. 8 der Verordnung (EG) Nr. 300/2008

35 KOM (2005) 429 endg.

36 Bericht über den vom Vermittlungsausschuss gebilligten gemeinsamen Entwurf einer Verordnung des Europäischen Parlaments und des Rates über gemeinsame Vorschriften für die Sicherheit in der Zivilluftfahrt, Europäisches Parlament, Plenarsitzungsdokument A6-0049/2008 vom 29.2.2008, S. 8.

37 Art. 3 Abs 31 der Verordnung (EG) Nr. 300/2008.

38 Artikel 24 Prümer Vertrag; vgl. dazu van Schyndel/Rothe, in: Giemulla/van Schyndel, LuftSiG, Rdnrn. 122 ff.

4.2.6 Internationale Rechtslage

Die dargestellten nationalen Regelungen sind allesamt auf das Hoheitsgebiet der jeweiligen Nationalstaaten oder des Vertragsgebietes des Prümer Vertrages begrenzt[39]. Effektive Lösungen im Luftverkehr können – vor allem wenn es sich um Maßnahmen der Luftsicherheit handelt – überhaupt nur dann Wirkungen entfalten und den Zielen eines effizienten und im umfassenden Sinne – safe und secure – sicheren Luftverkehrs dienen, wenn völkerrechtliche Normen diesen nationalen, bi- oder multilateralen Regelungen nicht entgegenstehen bzw. konkrete internationale Vereinbarungen bestehen, die den Sachverhalt abschließend regeln.

Bis heute ist nicht nur das ICAO-Abkommen in diesem Punkt unvollständig. Auch die übrigen bisher bestehenden völkerrechtlichen Vereinbarungen, die sich mit der Sicherheit und Ordnung an Bord von Luftfahrzeugen befassen – namentlich das „Abkommen über strafbare und bestimmte andere an Bord von Luftfahrzeugen begangene Handlungen“[40], das „Übereinkommen zur Bekämpfung der widerrechtlichen Inbesitznahme von Luftfahrzeugen“[41] sowie das „Übereinkommen zur Bekämpfung widerrechtlicher Handlungen gegen die Sicherheit der Zivilluftfahrt“[42] – ermächtigen weder zu einem Einsatz von vor allem bewaffneten Flugsicherheitsbegleitern[43] noch schreiben sie bestimmte Einsatzregeln oder sehen Sanktionsmöglichkeiten bei Zuwiderhandlungen vor[44], obwohl bereits mehrere Anläufe dazu unternommen wurden[45].

---

39 Vgl. Schwenk/Giemulla, Handbuch des Luftverkehrsrecht, S. 211 ff.

40 Tokioter Abkommen 1963 – in Kraft getreten für die Bundesrepublik Deutschland durch das Gesetz zu dem Abkommen vom 14. September 1963 über strafbare und bestimmte andere an Bord von Luftfahrzeugen begangenen Handlungen vom 4. Februar 1969, BGBl. II S. 121; vgl. zu weiteren Fragen der Geltung des Tokioter Abkommens, seiner Ausnahmen sowie seiner „Ausnahmen von der Ausnahme“ ausführlich Giemulla, Zwangsmaßnahmen an Bord von Luftfahrzeugen, ZLW 2002, 528.

41 Haager Übereinkommen 1970 – in Kraft getreten für die Bundesrepublik Deutschland durch das Gesetz zu dem Übereinkommen vom 16. Dezember 1970 zur Bekämpfung der widerrechtlichen Inbesitznahme von Luftfahrzeugen vom 6. November 1972, BGBl. II S. 1505.

42 Montrealer Übereinkommen 1971 – in Kraft getreten für die Bundesrepublik Deutschland durch das Gesetz zu dem Übereinkommen vom 23. September 1971 zur Bekämpfung widerrechtlicher Handlungen gegen die Sicherheit der Zivilluftfahrt vom 8. Dezember 1977, BGBl. II S. 1229.

43 So auch Richter, Luftsicherheit, S. 144 f.; a.A. dagegen Hofmann/Grabherr, LuftVG, Anh. 6.1 Rn. 11 ff., der den Einsatz von bewaffneten Flugsicherheitsbegleitern durch das Tokioter Abkommen legitimiert sieht und bewaffnete Flugsicherheitsbegleiter fälschlicherweise der Flugbesatzung nach § 41 Abs. 4 LuftBO zuordnet.

44 Van Schyndel/Rothe in: Giemulla/van Schyndel, LuftSiG, § 12 Rdnrn. 100 ff.

45 Vgl. nur Aktionsplan des G8-Weltwirtschaftsgipfels in Sea Island vom 10. Juni 2004 „Beschleunigung von Bemühungen um die Entwicklung von bewährten Praktiken und Verfahren für Gegenmaßnahmen in der Luft und am Boden, einschließlich der Ausbildung, Qualifizierung und des Einsatzes von Wachpersonal und Flugsicherheitsbegleitern (‚Sky marshals'), soweit angebracht; Prüfung von Möglichkeiten der Zusammenarbeit innerhalb ICAO und CTAG“.

Bastian R. Rothe

4.2.7 Resümee

Im Hinblick auf die dargestellten Regelungen im nationalen, europäischen und internationalen Recht muss die Feststellung getroffen werden, dass Flugsicherheitsbegleiter eine von mehreren Säulen eines effektiven Sicherheitssystems darstellen, derer sich Staaten bedienen können, um die Sicherheit vor Angriffen auf den Luftverkehr effektiv[46] eindämmen zu können. Die Regelungen mögen noch nicht vollständig harmonisiert sein; jedoch lassen sich durchaus gewisse Gemeinsamkeiten feststellen, die darauf schließen lassen, dass die jeweiligen Staaten in Bezug auf die Rechtssetzung und Rechtsumsetzung in diesem Bereich voneinander lernen (wollen). Die aktuelle Diskussion der ICAO über den Einsatz von In Flight Security Officers[47] zeigt, dass auch auf internationaler Ebene weitere Weichen zu mehr Sicherheit gestellt wurden.

Es ist der ICAO zu wünschen, dass sie mit ihrem begonnenen Prozess zur Regelung des Einsatzes von In Flight Security Officers Erfolg beschieden ist, damit dem derzeitigen Schwebezustand im Recht der Flugsicherheitsbegleiter möglichst bald ein Ende gesetzt wird.

---

[46] Zu den Argumenten für und gegen einen Einsatz von Flugsicherheitsbegleitern in Deutschland vgl. Richter, Luftsicherheit, S. 139 f.

[47] Vgl. dazu vorerst nur Weber, in diesem Buch.

4.3 Das Urteil des Bundesverfassungsgerichts vom 15.2.2006 zur Verfassungswidrigkeit des Abschusses von Zivilflugzeugen nach § 14 Abs. 3 LuftSiG

4.3.1 Vorgeschichte und parlamentarisches Verfahren

Die Vorgeschichte beginnt nicht mit dem 11. September 2001. Ihr Anfang liegt viel weiter zurück.

Ausgangspunkt der völkerrechtlichen Bewertung von Flugzeugentführungen ist das Tokioter Abkommen vom 14. September 1963[48], nach dem auch terroristische Flugzeugentführungen keine militärischen oder kriegerischen Handlungen sind, sondern nach nationalem Recht zu Verbrechen erklärt werden müssen. Die Bundesrepublik ratifizierte das Abkommen und erfüllte diese Verpflichtung durch die Einführung des § 316c StGB. Terroristische Flugzeugentführer sind keine Völkerrechtssubjekte, nicht Krieger, Freiheitskämpfer oder Kombattanten, sondern Verbrecher. Ihre Taten lösen keinen Krieg aus, sondern unterliegen dem Strafrecht.

Erhebliche politische Bedeutung bekam auch der mutmaßliche Irrflug einer koreanischen Boeing 747 – Flug KAL 007 – am 1. September 1983 über russisches militärisches Sperrgebiet, der mit dem Abschuss dieser Maschine durch russische Kampfflugzeuge und dem Tod von 269 Passagieren und Besatzungsmitgliedern endete. Dieser Vorgang führte zu einer Sondersitzung des UN-Sicherheitsrates und dem ICAO-Beschluss des Art. 3 bis des Chicagoer Abkommens. Darin haben sich die Vertragsstaaten verpflichtetet, unbeschadet ihrer Rechte aus der UN-Charta auf Selbstverteidigung[49] keinerlei Waffengewalt gegen ein in der Luft befindliches Zivilflugzeug anzuwenden und die Sicherheit der Maschine und der Passagiere nicht zu gefährden.[50] Die Regelung erlaubt zwar, ein Flugzeug bei Vorliegen vernünftiger Gründe zur Landung zu zwingen, verbietet aber definitiv den unmittelbaren Einsatz von Waffengewalt. Die Regelung ist am 1. Oktober 1998 in Kraft getreten, nachdem der UN-Sicherheitsrat in seiner Resolution 1067 vom 26. Juli 1996 ausdrücklich festgestellt hatte, dass die Anwendung von Waffengewalt gegen Zivilflugzeuge gegen elementare Grundregeln der Menschlichkeit verstößt.

Trotz der Ereignisse vom 11. September 2001 hat die Generalversammlung der ICAO vom 5. Oktober 2001 an dieser Grundentscheidung festgehalten. Sie hat die Vertragsstaaten mit der Resolution A 33-1 dringend aufgefordert, den Missbrauch von Linienflugzeugen zu verhüten und Straftäter hart zu bestrafen. Es ist aber we-

---

[48] Vgl. BGBl. 69 II, S. 121.

[49] Dazu hat Kutscha zutreffend daraufhingewiesen, daß das Selbstverteidigungsrecht aus Art. 51 UN-Charta und die dazu ergangenen Resolutionen des Sicherheitsrates keinesfalls zu einer Kriegsftihrung gegen den Terrorismus unter Befreiung von den Regeln der eigenen Verfassung legitimieren, vgl. Kutscha, a.a.O., S. 202 ff. Selbst die Ausrufung des Verteidigungsfalles nach Art. 115a ff GG setzt die Grundrechte nicht etwa allgemein außer Kraft, vgl. BVerfG v. 21. 6. 05 (2 WD 12.04) und Ipsen a.a.O. S. 1213 ff, 1250 ff.

[50] Vgl. BGBl. 96 II, S. 210.

der dort noch in einem nationalen Parlament der Vertragsstaaten gefordert worden, die verbindliche Regelung des Art. 3 bis des Abkommens aufzuheben, die Bestandteil des deutschen Rechts geworden ist.[51]

Eine Änderung dieser völkerrechtlichen Lage im Sinne einer übereinstimmenden Meinung oder Staatspraxis, die den dargestellten Verträgen widerspricht, ist nicht ersichtlich.

Die terroristischen Anschläge vom 11. September 2001 auf das World Trade Center in New York und das Pentagon in Washington, der Einsturz der Twin Towers mit über 3000 Toten haben zwar die Vereinigten Staaten nicht vernichtet. Sie haben aber die Politik veranlasst, in schneller Folge elementare Freiheitsrechte durch den „USA Patriot Act“[52] abzuschaffen oder in Frage zu stellen.

Niemand zog in Zweifel, dass man die von den Attentätern entführten Flugzeuge besser abgeschossen hätte. In dem offiziellen sog. „9/11 Commission Final Report der US-National Commission on Terrorist Attacks“ wird detailliert dargestellt, wie die US-amerikanische Luftwaffe alarmiert wurde und warum sie die Passagierflugzeuge nicht fand, die sie abschießen sollte. Es werden die bewegenden Telefongespräche der Passagiere und die mutigen Versuche geschildert, die Entführer zu überwältigen. Ihrer wird mit Hochachtung gedacht. Es wird weder erörtert noch bewertet, dass die Piloten der Kampfflugzeuge den Befehl hatten, sie mitsamt den Entführern zu töten.[53]

Die europäischen Industriestaaten und die Bundesrepublik ahmten in weiten Teilen die amerikanische Gesetzgebung überwiegend im parlamentarischen Blindflug nach. Der hessische Innenminister fühlte sich veranlasst, zur Abwehr eines verwirrten Motorseglers über der Frankfurter Innenstadt Tornados der Bundeswehr ohne Rechtsgrundlage anzufordern. Er bekam sie, obwohl die bereits eingesetzten Polizeihubschrauber die Situation unter Kontrolle hatten. Der Vorfall wurde damit erledigt, dass der offenbar geistig gestörte Pilot vom Tower des Frankfurter Flughafens zur Landung bewegt werden konnte.

Dieser Vorfall war die letzte Veranlassung zu dem denkwürdigen LuftSiG, das den präventiven Abschuss eines Passagierflugzeuges durch „unmittelbare Einwirkung mit Waffengewalt auf das Luftfahrzeug“ nach dem Ermessen des Verteidigungsministers legitimieren wollte, „wenn den Umständen nach davon auszugehen“ sei, dass „das Luftfahrzeug gegen das Leben von Menschen eingesetzt werden soll“ – eine ungemein kunstvolle Umschreibung des Sachverhaltes. Dabei blieb offen, nach welchem Maßstab der Verteidigungsminister – und die ihn beratenden Soldaten und Dienststellen – entscheiden sollte. Sollte die Zahl, die politi-

---

[51] Vgl. dazu eingehend Ipsen, Völkerrecht, 5. Aufl., S. 920 ff, 922, 924.

[52] Eine Abkürzung der zu diesem Zweck erfundenen offiziellen Bezeichnung des Gesetzes: "**U**niting and **S**trengthening **A**merica by **P**roviding **A**ppropriate **T**ools **R**equired to **I**ntercept and **O**bstruct **T**errorism".

[53] Der Bericht verliert kein Wort darüber - und die deutsche Öffentlichkeit natürlich auch nicht – wie viele Menschen ihr Leben verloren hätten, wenn die vollbesetzten Maschinen abgeschossen worden und auf das Stadtgebiet von New York oder Washington gestürzt wären, ohne dass man die Tötung der dabei umkommenden Menschen mit irgendeiner Zahl dadurch Geretteter hätte begründen können.

sche, soziale oder sonstige Bedeutung der möglichen Opfer oder der symbolische Wert des Zielortes, an dem sie sich befinden, den Ausschlag geben? Wer trägt die Verantwortung für die zusätzlichen „Kollateralschäden" am Boden, also dafür, wohin das abgeschossene Flugzeug stürzt und für das Leben der dort getöteten Menschen?

Schon vor Inkrafttreten des neuen Gesetzes richteten Bund und Länder ein Alarmsystem ein, durch das für den Fall von Flügen, die als irregulär erscheinen – sog. „renegade flights" –, Alarmrotten strahlgetriebener Kampfflugzeuge alarmiert und an das Zivilflugzeug herangeführt werden. Die Flugsicherung meldet vorsorglich jede Abweichung eines Flugzeugs von der angemeldeten Flugroute oder den Abbruch des Funkkontakts einer Kontrollstelle, der sog. „NLFZSiLuRa", will heißen: „Nationales Lage- und Führungszentrum Sicherheit im Luftraum" in Kalkar.

Die sog. NLFZSiLuRa ist eine Einrichtung der Bundesregierung, und zwar gemeinsam des Bundesinnen-, des Verteidigungs- und des Bundesverkehrsministeriums.

Es erhält seine Informationen über Flugbewegungen von Luftsicherungsstellen der NATO wie von den Niederlassungen der Deutschen Flugsicherung DFS in Bremen, Berlin, Karlsruhe, Maastricht, München und Langen. Ihr stehen jeweils vier Jagdflugzeuge in 15-Minuten-Bereitschaft der Jagdgeschwader in Wittmund und Neuburg zur Verfügung.

Die NATO hat zur Klassifizierung eines Flugzeugs als „renegade" vier Kriterien aufgestellt, von denen mindestens zwei erfüllt sein müssen:

- Verlust des Funkkontakts,
- Abweichen vom genehmigten Flugplan,
- Nichtbefolgung der Anweisung der Flugsicherung,
- keine eingeschaltete Sekundärkennung.

Ein Renegade-Fall gilt als gegeben, wenn zwei dieser Kriterien erfüllt sind.

Relativ häufig sind anscheinend Störungen im Funkverkehr, wenn eine Maschine den von einem Fluglotsen betreuten Sektor verlässt und den nächsten Sektor kontaktieren muss. Es kommt vor, dass dann sogar über die internationale Notfrequenz versucht wird, einen Kontakt zum Flugzeug herzustellen. Aber selbst wenn es in einem tatsächlichen Entführungsfall der Besatzung noch gelingt, den Transponder auf den dafür vorgesehenen internationalen Code 7500 einzustellen, lässt das noch keinen Schluss darauf zu, welche Absichten und Ziele der oder die Entführer haben und ob sie sogar beabsichtigen, das Flugzeug als Waffe zu benutzen.

Sind die Renegade-Kriterien erfüllt, dann wird der Alarmfall „Alpha Scramble" ausgelöst, und zwar vom NATO-Commander, dem die Luftstreitkräfte zunächst unterstehen. Soweit es sich um kriegerische Angriffe durch Militärflugzeuge handelt, haben die Mitglieder der NATO – wie die Bundesregierung dem Verfassungsgericht vorgetragen hat – ihre Hoheitsrechte kollektiv auf NATO-Dienststellen gem. Art. 5 des Vertrages übertragen.[54] Die Bündnistruppen unterstehen dem NATO-Kommando, bis ein Bündnisfall ausgeschlossen werden kann. Dementsprechend befindet sich in Kalkar neben dem NLFZSiLuRa auch das Combined Air Operation Center 2 (CAOC 2), eine NATO-Dienststelle zur Luftraumüberwachung der Air Policing Area 2 (APA 2). Wenn ein Luftzwischenfall vorliegt, also z. B. ein Verlust der Funkverbindung zum Flugzeug, dann wird zunächst festgestellt, ob es sich um ein Militär- oder ein Zivilflugzeug handelt. Wenn es ein Zivilflugzeug ist, muss die NLFZ an die NATO einen „Request of Authority“ stellen, der durch ein „Transfer of Authority“ bestätigt wird. Ab diesem Zeitpunkt liegt dann die ausschließliche Verantwortung und Befehlsgewalt über die Alarmrotten bei den deutschen Behörden.

Es ist bemerkenswert, dass der Verteidigungsminister sich in den gegenwärtigen Debatten trotz dieser Rechtslage immer wieder darauf berufen will, dass die Fälle des § 14 Abs. 3 LuftSiG eine Art „Quasi-Kriegsfall“ darstellen, da die NATO nach dem 11. September 2001 den Beistandsfall erklärt habe. Abgesehen davon, dass dieses Argument auch nach deutschem Verfassungsrecht unhaltbar ist, würde es allenfalls zu einer generellen Unzuständigkeit der deutschen Behörden – einschließlich des Verteidigungsministers – führen.

Sobald eine Unregelmäßigkeit des Flugverkehrs gemeldet wird, versucht die Zentrale, das Cockpit über die Flugfunkfrequenzen oder die Frequenz der Fluglinie zu erreichen. Gleichzeitig wird das Lagezentrum des BMI verständigt, das seinerseits die Lagezentren der Länder informieren soll. Die NLFZ informiert den Inspekteur der Luftwaffe, den sog. „German Air Defense Commander“ (GE ADCOM), der seinerseits den Bundesminister der Verteidigung informiert. Eigene Ermittlungen können sie nicht anstellen. Vielmehr müssen sich der Inspekteur und der Verteidigungsminister auf die telefonischen Äußerungen des Einsatzoffiziers im sog. „Gefechtsstand“ der NLFZ verlassen, der einen Entscheidungsvorschlag macht. Eine wirkliche zeitgerechte Information oder gar Konsultation ist nicht mehr möglich, wenn der befürchtete Unglücksfall innerhalb eines Zeitraums von weniger als zehn Minuten angenommen wird.

Die Alarmierung und der Einsatz der Bundeswehr erfolgen also zu einem Zeitpunkt, in dem die Frage, ob ein erheblicher Luftzwischenfall i. S. des § 13 Abs. 1 LuftSiG vorliegt und ein besonders schwerer Unglücksfall droht, noch nicht einmal ansatzweise beurteilt werden kann. In den letzten 50 Jahren vor dem 11. September 2001 sind mehr als 500 Flugzeuge aus den unterschiedlichsten Motiven entführt worden. In etwa 300 Fällen konnte der Versuch einer Entführung abgewehrt werden.[55] Der Fall des 11. September 2001 ist der einzige bekannte Vorgang einer mit einem entführten Flugzeug bewusst herbeigeführten Massenkatastrophe. Man kann also bei der Erfüllung von zwei NATO Kriterien nicht davon ausgehen, dass die Voraussetzungen erfüllt sind, die das LuftSiG für den Einsatz der Bundeswehr voraussetzte.

---

54 Dabei ist völkerrechtlich unstreitig, dass selbst der bloße rechtswidrige Einflug eines Militärflugzeuges in den Luftraum eines anderen Staates keinen Verteidigungsfall auslöst, vgl. Ipsen, Völkerrecht, 5. Aufl., S. 804 ff.

55 Vgl. Wilkesmann, NVwZ 02, 1316.

Die Zahl der als „Alpha Scramble“ bezeichneten Fälle von Alarmstarts der Bundeswehr ist erstaunlich hoch. Das Bundesministerium der Verteidigung hat auf Anfrage bestätigt, dass Abfangjäger schon vor Inkrafttreten des Gesetzes bis zu dreimal pro Monat an ein Zivilflugzeug herangeführt wurden, „um den Luftraum zu sichern“[56]. Im Jahr 2004 ist es zu insgesamt 444 einfachen Luftzwischenfällen gekommen, wobei in 31 Fällen die Alarmrotten der Bundeswehr in erhöhte Einsatzbereitschaft gesetzt wurden und in weiteren 39 Fällen ein Alarmstart mit dem Auftrag zur Aufklärung und ggfls. Intervention gegeben wurde. Im Jahr 2005 gab es bis zum 1. September 2005 insgesamt 254 Fälle einfacher Luftzwischenfälle. Neuere Zahlen liegen mir nicht vor. Man muss aber nach den bisher gesicherten Angaben davon ausgehen, dass es in der Bundesrepublik drei bis vier Alarmstarts pro Monat gibt.

Einzelne dieser Vorgänge sind durch die Medien bekannt geworden, weil die Kampfflugzeuge der Bundeswehr von den überraschten Passagieren beobachtet und fotografiert wurden - so bei dem LTU Charter Flug 139 der spanischen Fluglinie Futura am 19. Oktober 2004 nach Düsseldorf. Dabei handelte es sich möglicherweise um einen Fehler des Piloten, der die Maschine nicht rechtzeitig gemeldet haben soll.[57]

In einem anderen Fall wurde am 1. Juli 2004 die Entführung einer vom Täter nach München umgeleiteten Maschine ohne den Einsatz der bereits kreisenden bewaffneten Kampfflugzeuge auf andere Weise spektakulär beendet. Dort hat ein türkischer Passagier den mit einer Attrappe ausgerüsteten Entführer mit einem Fußtritt aus der geöffneten Tür des Flugzeugs auf das Rollfeld befördert. Der hatte sein Handy als Bombe ausgegeben.[58]

Der letzte öffentlich bekannt gewordene Fall ereignete sich am 5. Januar 2005 mit einer Boeing 737, FlugNr. 330 X der dänischen Gesellschaft Maersk auf dem Flug von Lissabon nach Kopenhagen. Diese Maschine wurde von zwei Phantom-Jägern der Bundeswehr abgefangen und längere Zeit begleitet, weil der Funkkontakt abgerissen war. Bei den Militärpiloten soll höchste Unruhe geherrscht haben, weil sie zu den Piloten des Zivilflugzeugs weder Funk- noch – wegen der Lichtverhältnisse – Blickkontakt herstellen konnten[59]. Erst später stellte sich heraus, dass die Unterbrechung des Funkkontakts von über 45 Minuten technische Gründe hatte. Die Zivilpiloten hatten sich vollkommen einwandfrei verhalten. Bei Abbruch des Funkkontaktes müssen sie nach den internationalen Vorschriften entsprechend der zuvor erteilten Freigabe zum Zielflughafen weiterfliegen.

Der bekannteste Fall stammt aus der Frühzeit terroristischer Erfahrungen der Bundesrepublik. Während der Olympiade von 1972 erhielt der damalige Verteidigungsminister Julius Leber die unzutreffende Information, ein entführtes Flugzeug befinde sich mit einer Bombe an Bord im Anflug auf das Münchener Olympia-Stadion. Er solle es abschießen lassen. Kurz vor seiner Entscheidung meldete sich die absolut friedliche finnische Passagiermaschine mit 170 Menschen an Bord und

[56] Vgl. Financial Times Deutschland vom 14. Januar 2005.
[57] Vgl. Bild vom 20. Oktober 2004, S. 6.
[58] Vgl. Süddeutsche Zeitung vom. 1. Juli 2004, S. 36.
[59] Vgl. Bild vom 18. Januar 2005.

landete auf dem Münchener Flughafen. Seine Funkanlagen waren zeitweise ausgefallen. Es ist mir unerfindlich, wieso dieser Fall in politischen Debatten immer wieder als Rechtfertigung für die Ansichten des gegenwärtigen Verteidigungsministers angeführt wird, während er in Wirklichkeit zeigt, wie leicht auf Grund äußerer Umstände eine katastrophale Fehlentscheidung getroffen werden kann.

Die dargestellte gesetzliche Regelung und ihre bisherige Handhabung im Luftraum der Bundesrepublik haben auch unter den Piloten der Bundeswehr zur Beunruhigung geführt. Das ergibt sich nicht nur aus der Befürchtung, eines Tages den Befehl zu erhalten, ein vollbesetztes entführtes Linienflugzeug abschießen zu sollen. Auch für die Piloten der Bundeswehr stellen sich existentielle Fragen angesichts der ethisch-moralischen Zumutung, wegen der anhaltenden politischen Diskussion über die vom Bundesverfassungsgericht für nichtig erklärte gesetzliche Regelung und wegen der drastischen technischen Mängel der bisherigen Ausrüstung der Kampfflugzeuge für die unverändert geforderte Warnung des „Renegade" - Flugzeugs. Auch der Bundeswehrverband hat in diesen Tagen bestätigt, dass die Berufung auf den „übergesetzlichen Notstand" an der persönlichen Verantwortlichkeit des Ministers und des Piloten der Bundeswehr nichts ändern würde. Der Abschussbefehl wäre auf die Begehung des Verbrechens eines vielfachen rechtswidrigen Totschlags gerichtet und darum rechtswidrig und unverbindlich.

Dabei hatten z. B. Piloten des Jagdgeschwaders 71 in einem Interview des Hamburger Abendblattes anfangs erklärt, dass sie auf Befehl auch 200 bis 300 Passagiere abschießen würden. Man müsse professionell darauf vertrauen, dass das System funktioniere. „Das System hat Anspruch auf Gehorsam." Dabei meinen sie, dass sie „wohl straffrei" ausgehen, offen seien aber zivilrechtliche Ansprüche und ob ihre Familien darunter leiden könnten?

Die damalige Bundesregierung hatte mit dem LuftSiG den Einsatz der Bundeswehr im Inland auf die Abwehr eines terroristischen Angriffs mit einem Flugzeug beschränken wollen. Demgegenüber griff die CDU/CSU bei dieser ihr günstig erscheinenden Gelegenheit auf ihre alte Forderung zurück, die Bundeswehr im Inland „zur Aufrechterhaltung oder Wiederherstellung der öffentlichen Sicherheit und Ordnung" gegen terroristische Aktionen, sozusagen als Fortsetzung der Polizei mit militärischen Mitteln, vielfältig einsetzen zu können, etwa zum Schutz ziviler Objekte, aber auch zur Unterstützung der Polizei mit militärischen Mitteln, insbesondere zur allgemeinen Gefahrenabwehr bei irgendwelchen Angriffen aus der Luft oder von See.

Diese Zielsetzung wäre übrigens bei ganz anderer Gelegenheit - nach bewährtem Vorbild - fast durch die Ratifizierung des Europäischen Verfassungsvertrages erreicht worden. Dessen Solidaritätsklausel Art. I – 45 EUVV sieht in Verbindung mit Art. III – 329 den Einsatz militärischer Mittel zur Terrorismusbekämpfung im Inland vor, wobei die Regelung der Einzelheiten durch Europäischen Beschluss des Rates ohne Beteiligung der Parlamente vorgesehen war. Diese „Solidaritätsklausel" wurde bei der Ratifizierungsdebatte im Bundestag mit keinem Wort erwähnt, obwohl sie elementare Verfassungsgrundlagen berührt.

Demgegenüber legt Art. 87a GG unverändert als Aufgabe der Streitkräfte ausdrücklich die Verteidigung fest und bestimmt darüber hinaus eindeutig, dass sie nur eingesetzt werden dürfen, wenn das Grundgesetz es ausdrücklich zulässt. Damit sollte nicht nur die im Parlament und in der Öffentlichkeit verbreitete Sorge berücksichtigt werden, dass die Fähigkeiten der Bundeswehr zur Durchsetzung innenpolitischer Probleme missbraucht werden könnten. Man war sich auch bewusst, dass die Bundeswehr eine Wehrpflichtarmee ist, deren militärischer Einsatz im Inland zu besonderen emotionalen und politischen Konflikten führen muss. Es gehörte zum politischen Grundkonsens bei der sog. „Wiederaufrüstung", dass diese Armee eben nur in völliger Übereinstimmung mit einer verfassungsändernden Mehrheit, also auf der Grundlage eines ausdrücklichen Verfassungsbeschlusses eingesetzt werden sollte.

Ein solcher politischer Grundkonsens wurde bei der Beratung des Luftsicherheitsgesetzes nicht erzielt. Weil keine verfassungsändernde Mehrheit zu erkennen war, setzte die damalige Bundesregierung ihre Vorstellung streitig durch, indem sie den von ihr gewünschten Einsatz der Bundeswehr als Amtshilfe bei einer polizeilichen Aufgabe darstellte und das dem entsprechende Gesetz zur Neuregelung von Luftsicherheitsaufgaben am 7. November 2003 über den Bundesrat in die Gesetzgebung einbrachte.

Der Bundesrat erklärte in seiner Sitzung vom 19. Dezember 2003, dass mit der umfangreichen Neuregelung der Luftsicherheitsaufgaben in Wirklichkeit keinerlei sicherheitlicher Gewinn verbunden sei. Sie führe vielmehr zu einer Verwirrung der Zuständigkeiten, sowie zu erheblichen Belastungen der mit der Luftsicherung befassten Einrichtungen und Personen, ohne effizientere Verfahren einzuführen[60]. Gegen die Regelung des Einsatzes der Bundeswehr wurden auch erhebliche verfassungsrechtliche Bedenken dahin geltend gemacht, dass sie die verfassungsrechtlichen Vorgaben über die Amtshilfe sprenge[61].

Die Bundesländer Bayern, Hessen, Sachsen und Thüringen stellten am 5. März 2004 einen weitgehenden, verfassungsändernden Gesetzesantrag[62], der von der Bundestagsfraktion der CDU/CSU als Gesetzentwurf zur Änderung der Art. 35 und 87a GG vom 9. März 2004 übernommen, im Bundestag eingebracht und dort am 18. Juni 2004 von der Koalitionsmehrheit abgelehnt wurde.

Um den Widerstand des Bundesrates umgehen zu können, wurden aus dem Gesetzentwurf alle Teile entfernt, die nach Meinung der Koalition eine Zustimmungspflicht des Bundesrates hätten begründen können. Nachdem der Bundestag den Gesetzentwurf der Bundesregierung nach einer Anhörung am 26. April 2004 im Wesentlichen unverändert beschlossen hatte, wiederholte der Bundesrat in seiner Sitzung vom 9. Juli 2004[63] seine verfassungsrechtlichen und sachlichen Einwendungen. Nach erfolglosem Vermittlungsverfahren wies der Bundestag am 24. September 2004 den Einspruch des Bundesrates vom selben Tag zurück.

Der Bundespräsident hat das Gesetz trotz seiner verfassungsrechtlichen Bedenken gegen den Einsatz der Bundeswehr im Inland und gegen die mit dem Abschuss von Passagiermaschinen verbundene Tötung unschuldiger Menschen unterzeichnet und in seiner Presseerklärung Nr. 15/05 vom 12. Januar 2005 eine ver-

---

60 Vgl. dazu auch eingehend Meyer, ZRP 2004, S. 203 ff.
61 Vgl. BR-Drs. 827/I/03.
62 Vgl. BR-Drs. 181/04; BT-Drs. 15/2649; PlPrBt. 15/115.
63 Vgl. BR-Drs. 509/I /04.

fassungsgerichtliche Prüfung angeregt. Das Gesetz ist am 15. Januar 2005 in Kraft getreten.

4.3.2 Die mündliche Verhandlung

Die Verhandlung vor dem Bundesverfassungsgericht[64] gab mehrfach Anlass, an der Ernsthaftigkeit der Gesetzgebung zweifeln.

Die Bundesregierung ließ ausdrücklich erklären, dass kein Fall denkbar sei, in dem das Gesetz wirklich zum Abschuss eines mit Passagieren entführten Flugzeugs führen könne.[65] Angesichts der Enge des Luftraums und der dichten Besiedlung der Bundesrepublik könne die für einen Abschuss erforderliche Sicherheit einer Prognose über den zu erwartenden Schaden kaum erreicht werden. Die Frage, warum das Gesetz dann eigentlich gemacht worden sei, blieb unbeantwortet.

Streitig blieb auch der beabsichtigte Inhalt des Gesetzes. Während der Abgeordnete Wiefelspütz (SPD) mehrfach betonte, seine Fraktion habe die Tötung der Passagiere in Kauf genommen und er halte das auch für notwendig, erklärte der Abgeordnete Ströbele (Die Grünen), seine Fraktion habe gerade diese Folgerung stets abgelehnt. Das sei der Grund für die merkwürdige Formulierung des § 14 Abs. 3 LuftSiG gewesen, in dem nur von der unmittelbaren Einwirkung mit Waffengewalt auf ein Luftfahrzeug gesprochen werde, nicht aber von einer Tötung der darin befindlichen Menschen. Die parlamentarische Mehrheit hatte in einer Frage auf Leben und Tod eine dilatorische Kompromissformel erfunden, um einen offenen Dissens gegenüber Opposition und Öffentlichkeit zu vertuschen – ein in der Parlamentsgeschichte einmaliger und unerhörter Vorgang.

Unbeantwortet blieb auch die Frage, wer denn die rechtliche und tatsächliche Verantwortung dafür trage, wohin eine abgeschossene Maschine stürzt und welcher Schaden oder wie viele Opfer dabei verursacht werden. Der Minister kann das im Zeitpunkt des Abschussbefehls nicht beurteilen und es ist mehr als ungewiss, ob der Pilot das kann. Der Inspekteur der Luftwaffe lehnte jede Verantwortung ab: „Befehl ist Befehl. Wenn der Befehl zum Abschuss kommt, dann wird abgeschossen. Wer den Befehl verweigert, kommt vors Wehrstrafgericht."

Es wurde auch eingehend erörtert, dass sich das LuftSiG nicht nur auf terroristisch motivierte Entführungen, sondern auf irreguläre Flugbewegungen schlechthin bezieht, mögen sie von Geistesgestörten, von ‚normalen' Kriminellen oder von politisch motivierten Tätern verursacht werden. Es war unstreitig, dass das Gesetz auch unabhängig davon gelten sollte, ob das Flugzeug in der Bundesrepublik gestartet oder von woher auch immer in ihren Luftraum eingeflogen ist.

Es wurde – auch mit beteiligten Piloten – eingehend darüber verhandelt, dass weder das NLFZSiLuRa – das Nationale Lage- und Führungszentrum Sicherheit

---

[64] Mit der Verfassungsbeschwerde u.a. des Verfassers wurde auch die Beschwerde der Länder Bayern und Hessen verbunden, die sich darauf beriefen, dass das Gesetz zustimmungspflichtig gewesen sei. Über diese Beschwerde ist bis jetzt nicht entschieden worden.

[65] Vgl. Schriftsatz der BReg. vom 3. Oktober 2005, S. 2.

im Luftraum – noch die mit ihm verbundenen Stellen oder die an das Flugzeug herangeführten Piloten der Bundeswehr hinreichend sicher erkennen können, ob das Flugzeug nur technische Probleme hat oder entführt wird, warum und mit welcher Absicht. Das gilt um so mehr, als man nicht mehr davon ausgehen kann, dass ein Pilot den für Entführungen vorgesehenen Transponder 7500 aktiviert, wenn er damit rechnen muss, von einem Militärflugzeug daraufhin abgeschossen zu werden.

4.3.3 Das Urteil und seine Folgen

Die Entscheidung des Bundesverfassungsgerichts war eindeutig. Sie beruht auf zwei jeweils durchgreifenden Gründen, auf der fehlenden Kompetenz zur Gesetzgebung und auf dem Verstoß gegen Art. 1 Abs. 1 GG.

Die Amtshilfe der Bundeswehr im Rahmen des Art. 35 GG erlaubt keinen Einsatz militärischer Waffen, sondern folgt dem Polizeirecht des Landes, dem die Bundeswehr Hilfe leistet. Das Bundesverfassungsgericht hat in diesem Zusammenhang ausführlich dargestellt, dass dem Bundesgesetzgeber die Gesetzgebungskompetenz zur Anordnung eines militärischen Einsatzes gegen ein in welcher Absicht auch immer entführtes Passagierflugzeug schon deswegen fehlt, weil es sich nicht um einen Fall der Verteidigung, sondern der Katastrophenabwehr und -hilfe handele. Die Regelung müsse sich daher in diesem Rahmen halten und dürfe zu den zwingenden wehrrechtlichen Vorschriften, insbesondere zu Art. 87a Abs. 2 GG nicht in Widerspruch stehen. Das gilt auch bei einer Flugzeugentführung unabhängig von den Motiven, den Zielen und den Absichten der Entführer. Die Entführung ist ein Verbrechen und die Katastrophenhilfe ist kein Krieg.

Der für die Wehrverfassung grundlegende Art. 87a Abs. 2 GG ist unstreitig nach dem „Gebot der strikten Texttreue" auszulegen. Militärische Einsätze im Inland müssen den Voraussetzungen des Art. 87a Abs. 4 GO entsprechen.[66] Der Verfassungsgesetzgeber zielte darauf ab, den Einsatz der Bundeswehr im Inland so weit wie möglich zu begrenzen. Eine erweiternde Auslegung „aus der Natur der Sache" sollte nicht möglich sein. Ein darüber hinausgehender Einsatz der Bundeswehr im Innern ist an eine ausdrückliche Entscheidung des Verfassungsgesetzgebers gebunden, also an das Wissen und Wollen, an die eindeutige Zustimmung einer verfassungsändernden Mehrheit.[67]

Die Verfassungswidrigkeit des § 14 Abs. 3 LuftSiG hat das Bundesverfassungsgericht auch darauf gestützt, dass der Abschuss eines entführten Flugzeugs unter Tötung der entführten Passagiere gegen das Gebot der Menschenwürde des Art. 1 GG verstößt. Es hat dafür den eindrucksvollen Satz formuliert:

„Es ist unter der Geltung des Art. 1 GG schlechterdings unvorstellbar, auf der Grundlage einer gesetzlichen Ermächtigung unschuldige Menschen, die sich wie

[66] Vgl. Hömig /Seifert, GG, 6. Aufl., Art. 87a RdNr. 6; Schmidt - Jortzig, DÖV 2002, 773 (775); Epping, NZWehrr 93, 103 (110); Lutze, NZWehrr 03, 101 ff (106).

[67] Vgl. dazu Kutscha a.a.O.

die Besatzung und die Passagiere eines entführten Luftfahrzeugs in einer für sie hoffnungslosen Lage befinden, ... vorsätzlich zu töten."[68]

Ein solcher Vorgang könnte also durch keine Verfassungsänderung legitimiert werden. In einem Rechtsstaat kann man niemanden durch Gesetz dazu ermächtigen, das Leben der einen gegen das Leben der anderen Menschen abzuwägen, weder nach ihrer Zahl, noch nach der mutmaßlichen verbleibenden Lebensdauer. Das Leben der Bürger eines Rechtsstaates steht nicht zur Disposition der Regierung.

Würde das Gericht von diesem elementaren Rechtssatz abgehen, dann ist ganz offensichtlich, dass das außerordentliche Konsequenzen auf anderen Gebieten haben würde, so z. B. für die gesetzliche Regelung der Euthanasie, der geriatrischen Krankenversorgung oder der Transplantationsmedizin. Die ausdrückliche Berufung des Gerichts auf Art. 1 GG ist wegen der sog. Ewigkeitsklausel des Art. 79 Abs. 3 GG eine unüberhörbare Mahnung an den Gesetzgeber, diese Grenze bei keiner zukünftigen Gesetzgebung zu überschreiten.

Zu dieser Mahnung besteht angesichts der Erklärungen des Innen- und des Verteidigungsministers aller Anlass.

In der politischen Diskussion zu diesem LuftSiG wird unverändert das schlichte Bild bemüht, es handele sich eigentlich um kriegsähnliche Vorgänge. In diesem „asymmetrischen Krieg" müssten andere Regeln gelten. Da müsse der Staat handeln können und das Leben der bedauernswerten Opfer abwägen gegen das Leben der Menschen, die es zu retten gelte. Und wenn es kein Krieg sei, dann gelte eben das „Recht des übergesetzlichen Notstands" für den dann notwendigen Rettungstotschlag.

Insbesondere Wiefelspütz[69] behauptet unverdrossen, das Bundesverfassungsgericht habe sich in seinem Urteil zum LuftSiG[70] nur zu einer Flugzeugentführung in Friedenszeiten, nicht aber ausdrücklich zu einem „kriegerischen Luftzwischenfall" geäußert, den er zu definieren versucht. Es müsse sich um einen Angriff von außen handeln, der „ein militärisches oder militärähnliches Gepräge oder kriegsähnliche Ausmaße" hat. Und wenn er nicht von außen komme, dann müsse „die im Ausland lokalisierbare Tatherrschaft von ‚Hintermännern' es aber zulassen, von einem Angriff von außen zu reden."[71]

Es mag hier dahingestellt bleiben, wie und wer in wenigen Minuten anhand dieser nicht gerade messerscharfen Kriterien entscheiden soll, ob ein Passagierflugzeug nur technische Probleme hat oder entführt wurde, und zwar von wem, warum und mit welchem Ziel. Denn jenseits aller Bemühungen um eine juristische Argumentation sollte doch zuerst die Frage stehen, ob das Recht der Bundesrepu-

---

68 Vgl. BVerfG Urteil S. 61 f.

69 Vgl. Wiefelspütz, „Der kriegerische terroristische Luftzwischenfall und die Landesverteidigung", RuP 2006, 71 ff.; Kutscha, „Terrorbekämpfung jenseits der Grundrechte ?", RuP 2006, 202 ff.; und erneut Wiefelspütz, „Der kriegerische Luftzwischenfall und der Einsatz der Streitkräfte zur Verteidigung", RuP, 2007, 73 ff. mit bewunderungswürdigem Zitatenreichtum.

70 Vgl. BVerfG v. 15.2.2006, NJW 06, 751 ff.

71 Vgl. Wiefelspütz, „Der kriegerische Luftzwischenfall", RuP 2007, 73 ff, 77 unter Berufung auf Wiefelspütz, Schäuble u.a.

blik den Rettungstotschlag erlauben, also das Leben unschuldiger Bürger in das Ermessen, die Nervenstärke und Einsichtsfähigkeit der Regierung oder gar eines einzelnen Ministers legen sollte.

Der Staat des Grundgesetzes kennt kein Menschenopfer von Gesetzes wegen – und das sollte auch so bleiben. Der Staat hat die Pflicht, den Bürger mit den Mitteln zu schützen, die die Verfassung ihm dazu erlaubt, nicht mit denen, die die Regierung darüber hinaus gerne hätte. Der Staat hat weder ein geschriebenes Recht noch eine moralische Legitimation, dabei nach seinem Ermessen Menschen vorsätzlich zu töten, die an dem zu bekämpfenden Verbrechen nicht beteiligt sind. Es gibt keine Rechtspflicht eines jeden Bürgers, sich töten zu lassen, um einen anderen Bürger zu retten. Man schuldet seinem Nächsten die Respektierung seiner Rechte. Aber man schuldet ihm nicht das eigene Leben zur Erhöhung seiner Sicherheit. Weder Terroristen noch die Angst vor ihnen sollten verfassungsgebende Kräfte werden. Wer die Verfassung ändern will, der sollte nicht ihre Belastbarkeit mit teleologischen Auslegungskünsten erproben, sondern vor das öffentliche Forum des Verfassungsgesetzgebers treten.

Es ist äußerste Aufmerksamkeit geboten, wenn unablässig versucht wird, die Grenzen zwischen Krieg und Frieden zu verwischen und den Einsatz der Bundeswehr mit militärischen Mitteln im Inland zu erlauben. Die inflationäre Übernahme des amerikanischen Sprachgebrauchs vom „Krieg“ gegen Drogen, organisierte Kriminalität und nun des „Kriegs gegen den Terrorismus“ verführt dazu, fundamentale Grundsätze unseres Rechts niederzureißen und es für Formalismus zu halten, nach den exakten verfassungsrechtlichen Grundlagen eines kriegsmäßigen Einsatzes der Bundeswehr im Inland zu fragen. Es geht in Wirklichkeit nicht nur um den „Einsatz militärischer Mittel“, sondern um die damit beabsichtigte Loslösung von mühsam erkämpften polizeirechtlichen Kategorien, nämlich um die Anwendung von Kriegsrecht bei der Bekämpfung und Verfolgung terroristischer Straftaten.[72]

Die Behauptung eines in der Verfassung nicht vorgesehenen Quasi-Krieges soll das aus dem Gebot der Menschenwürde zwingend folgende Verbot aushebeln, die vorsätzliche Tötung Unschuldiger gesetzlich zu erlauben. Das Leben der Passagiere soll als „Kollateralschaden“ in der opportunen Entscheidung des Ministers liegen und damit genau das Ergebnis erzielt werden, das das Bundesverfassungsgericht als in einem Rechtsstaat undenkbar verurteilt hat.

Die Behauptung, das Bundesverfassungsgericht habe sich nicht mit der Frage befasst, ob eine unter § 14 LuftSiG fallende Flugzeugentführung ein Verteidigungsfall sein könne, ist schlicht falsch.

Das Gericht hat zwar offen gelassen, ob es den in der Literatur gelegentlich behaupteten allgemeinen Aufopferungsanspruch gegenüber einem Angriff gebe, der auf die Zerstörung des Gemeinwesens abziele. Diese Frage brauche nicht entschieden zu werden: „Denn in dem Anwendungsbereich des § 14 Abs. 3 LuftSiG geht es nicht um die Abwehr von Angriffen, die auf die Beseitigung des Gemein-

[72] Noch nach 1975 galten Maschinengewehre und Handgranaten für bestimmte Polizeieinheiten als polizeiliche Waffen. Natürlich durften sie nur nach Polizeirecht eingesetzt werden, also nicht zur vorsätzlichen Tötung Unschuldiger.

wesens und die Vernichtung der staatlichen Rechts- und Freiheitsordnung gerichtet sind." Das gelte auch da, wo die Gefahr nicht von Kriminellen ohne politische Absichten oder vom geistig verwirrten Einzeltäter ausgeht, sondern wo es sich um politische Motive handelt.[73]

Es ist also keineswegs so, wie Bundesinnenminister Schäuble ständig behauptet, dass das Bundesverfassungsgericht den Fall eines „kriegerischen Luftzwischenfalles" übergangen habe. Er hat vielmehr in seinen tragenden Urteilsgründen entschieden, dass auch eine politisch motivierte terroristische Flugzeugentführungen kein Verteidigungsfall im Sinne des Grundgesetzes ist.

Es würde zweifellos die weitere Diskussion erleichtern, wenn diese Zusammenhänge und das Urteil des Bundesverfassungsgerichtes endlich zur Kenntnis genommen werden würden.

Die Vorstellung des Bundesinnenministers Schäuble, einen Quasi-Verteidigungsfall in die Verfassung einzuführen, ist ein katastrophales Missverständnis über die Bedeutung der Menschenwürde als Kern unserer Verfassung und der durchsichtige Versuch, sich um das Urteil des Bundesverfassungsgerichts herumzumogeln. Was sind „überragende Grundlagen des Gemeinwesens", deren vermutete Gefährdung den Quasi-Kriegsfall auslösen soll? Wer soll – und auf welcher Grundlage – darüber entscheiden, was für das Gemeinwesen so wichtig ist, dass man dafür zehn, hundert oder dreihundert unschuldige Bürger vorsätzlich umbringen kann, wenn man zwar nicht wissen kann, aber doch glaubt, es würde sonst noch schlimmer kommen? Gilt das, wenn man dem Gedanken folgen wollte, nur für entführte Passagierflugzeuge oder in gleicher Weise für Schiffe, U-Bahnen und Omnibusse? Und soll etwas anderes gelten, wenn es sich nicht um den „war on terror", sondern um „normale" oder geisteskranke Straftäter handeln würde, die ihre erpresserischen Kapazitäten austesten? Wenn das Leben der Bürger unter Verstoß gegen den unverbrüchlichen Art. 1 GG zur Disposition und in das Ermessen der Regierung gestellt werden soll, kann sie dann nicht mit derselben Begründung auch alle anderen in der Verfassung garantierten Grundrechte aufheben, wenn ihr das als verhältnismäßig erscheint?

Wer das akzeptiert, macht aus den Grundrechten Gnadenakte des Staates, die er auch wieder einkassieren kann. Eine Regierung, die nach ihrem Ermessen das Kriegsrecht ausrufen kann, erhebt sich über die Verfassung und macht aus den Bürgern Untertanen. Es geht dem Bundesinnenminister nicht nur um den Einsatz der Bundeswehr im Inland, sondern darum, sie bei dieser Gelegenheit von den lästigen Fesseln der Verfassung zu befreien. Wer will, dass gehobelt wird, der soll auch die Späne in Kauf nehmen. Aus Bürgern werden mögliche Quasi-Kollateralschäden.

Im 19. Jahrhundert konnte der Kaiser im Deutschen Reich – natürlich nur außerhalb Bayerns – nach Art. 68 RVerf. von 1871, „wenn die öffentliche Sicherheit in dem Bundesgebiete bedroht ist, einen jeden Teil desselben in Kriegszustand erklären." Der Artikel gilt aber nicht mehr. Nach Art. 115a GG erfolgt die Feststellung des Verteidigungsfalles durch den Bundestag und den Bundesrat mit verfas-

[73] Vgl. BVerfG-Urteil, S. 65. Auch bei politisch motivierten Vorgängen dieser Art werde nicht darauf abgezielt, den Staat selbst und seinen Fortbestand in Frage zu stellen.

sungsändernder Mehrheit, im äußersten Notfall durch Erklärung des Bundespräsidenten. Der Verteidigungsfall kann „festgestellt" werden, liegt also nicht im Ermessen der Bundesregierung. Er setzt eine bestimmte Sachlage voraus, nämlich einen von außen kommenden militärischen Angriff auf das Bundesgebiet, einen so genannten Krieg, nicht quasi oder sonst wie, sondern richtig.

Das Bundesverfassungsgericht hat ausdrücklich erklärt, dass für den Begriff „Verteidigung" nach Art. 87a GG das „Gebot der strikten Texttreue" gilt. Verteidigung ist die Abwehr eines Aggressors im Sinne der UN-Definition vom 14. Dezember 1974, also der Schutz des Staates gegen eine militärische Bedrohung oder den Angriff eines anderen Staates. Terrorismus ist schwerste Kriminalität und kein Krieg, der für beide Seiten die Regeln des Kriegsvölkerrechts auslösen und die Terroristen zu Völkerrechtssubjekten machen würde. Schon die RAF wollte als Kriegspartei anerkannt werden und forderte für sich die Behandlung als Kriegsgefangene unter der Aufsicht des Roten Kreuzes. Niemand ist dieser Forderung gefolgt. Terroristen sind keine Freiheitskrieger, sondern Verbrecher. Dem entsprechen die schon dargestellten völkervertragsrechtlichen Bindungen, die die Bundesrepublik eingegangen ist.

Auch das Selbstverteidigungsrecht nach Art. 51 der UN Charta und ein von der NATO ausgerufener Bündnisfall ändern nichts daran, dass Kriege sich gegen Staaten richten, auch dann, wenn es sich um einen Staat handelt, der auf seinem Gebiet eine Terrororganisation duldet, unterstützt oder nicht in der Lage ist, sie an ihrer einen anderen Staat bedrohenden Tätigkeit zu hindern. Kriegsvölkerrecht gilt zwischen Staaten und allenfalls im Verhältnis zu einer ein Territorium beherrschenden militärischen Gruppe, aber nicht zwischen der Regierung und den Bürgern ein und desselben Staates.

Wiefelspütz hat vorgeschlagen, durch Änderungen des Art. 35 GG dem Verteidigungsminister eine Eilkompetenz zu geben, die Bundeswehr zu ermächtigen, zur Gefahrenabwehr auch militärische Mittel einzusetzen und dafür dem Bund die Gesetzgebungskompetenz zu geben.[74] Dabei bestätigt Wiefelspütz ausdrücklich, dass „der Einsatz der Streitkräfte mit militärischen Mitteln jedoch nur insoweit zulässig (sei), als davon tatunbeteiligte Personen, z. B. an Bord von Luftfahrzeugen oder Schiffen, nicht betroffen sind."[75]

Obwohl er hier die Anwendung militärischer Mittel auf polizeirechtliche Einsätze begrenzt, hält er an anderer Stelle an der Möglichkeit eines „kriegerischen Luftzwischenfalles" fest, für den er entgegen den ausdrücklichen, tragenden Urteilsgründen des Bundesverfassungsgerichtes das Vorliegen eines Verteidigungsfalles im Sinne des Art. 87a Abs. 2 GG behauptet. Darum sei dann die Anwendung des „humanitären (Kriegs-)Völkerrechts" und damit die Tötung der entführten Passagiere zulässig.[76]

Mit anderen Worten: Da eine gesetzliche Ermächtigung zur vorsätzlichen Tötung Unschuldiger schlechthin undenkbar und mit dem unabänderlichen Art. 1 GG unvereinbar ist, hält Wiefelspütz die vorsätzliche Tötung Unschuldiger als völker-

[74] Vgl. Wiefelspütz, „Vorschlag zur Neufassung des Art. 35 GG", ZRP 2007, S. 17 ff.
[75] Vgl. Wiefelspütz a.a.O., S. 19.
[76] Vgl. Wiefelspütz „Der kriegerische Luftzwischenfall", RuP 07, S. 73 ff., 81 f.

rechtliche Kollateralschäden auch ohne gesetzliche Regelung für zulässig – ein bemerkenswertes Ergebnis.

Auch Wiefelspütz übergeht, dass der Begriff der „Verteidigung“ nach dem Gebot der strikten Texttreue auszulegen ist. Wer der Bundeswehr neue Aufgaben geben will, muss den Wortlaut der Verfassung ändern.[77] Für die Ermessensentscheidung eines Mitglieds der Bundesregierung, wann er ein Verbrechen für Krieg und seine Täter für dem Völkerrecht unterliegende Kombattanten hält, ist verfassungsrechtlich kein Raum. Der Bestand der Grundrechte hängt nicht davon ab, ob die Bundesregierung sie für hinderlich hält. Wer unser Land im „Krieg gegen den Terror“ in einen ständigen potentiellen Kriegszustand ohne definierten Gegner und ohne absehbares Ende versetzen und die Bundeswehr ermächtigen will, im Inland Krieg zu führen, mag von edlen Motiven, von kleinmütigen Ängsten oder populistischen Interessen getrieben sein. Egal: Er müsste dann schon versuchen, seinen Willen gesetzgeberisch durchzusetzen, und sich dabei an den Grundwerten unserer Verfassung messen lassen.

Verteidigungsminister Jung hat ungerührt erklärt, er wolle auch weiterhin im Notfall den Abschuss eines Verkehrsflugzeugs befehlen. Er muss begreifen, dass er nach der Entscheidung des Bundesverfassungsgerichts dabei nichts mehr zu befehlen hat. Wäre es ein Krieg, dann ginge die Befehlsgewalt auf die Bundeskanzlerin über. Ist es keiner, dann wäre sein Befehl nach §§ 8 ff. Soldatengesetz ungültig, weil er einen Totschlag, also ein Verbrechen anordnen will. Die Bundesregierung täte gut daran, nicht länger darüber nachzudenken, wie man die Verfassung aushebeln könnte, sondern stattdessen den Piloten der Bundeswehr klipp und klar zu sagen, dass sie einem solchen Befehl weder folgen dürfen und noch sich auf ihn berufen können. Wer ihn befolgt, handelt auf eigene Rechnung und auf eigene Verantwortung.

Die Mitglieder der Bundesregierung sind an die Verfassung gebunden und ebenso wie die Soldaten dem Strafgesetz unterworfen. Niemand, Minister, Pilot oder wer sonst auch immer, kann das Recht haben, Unschuldige umzubringen, weil er meint, es sei zwar bedauerlich, aber leider für alle besser so. Tötet er sie doch, dann wird in einem Rechtsstaat nicht die Regierung, sondern ein Gericht darüber urteilen, ob der Minister und der Soldat sich damit entschuldigen können, sie hätten es doch eigentlich gut gemeint.

Es gibt kein „Recht des übergesetzlichen Notstands“, wie der Bundesverteidigungsminister mehrfach öffentlich behauptet hat. Das Bundesverfassungsgericht hat zwar die strafrechtliche Seite eines „Rettungstotschlags“ nicht entschieden. Es hat dabei aber keineswegs seine Straflosigkeit festgestellt, sondern zutreffend erklärt, dass die strafrechtliche Frage für die verfassungsrechtliche Prüfung ohne Bedeutung ist.[78]

Soweit die – auch vom BVerfG a.a.O. – zitierte Literatur für den Staat die Berufung auf einen übergesetzlichen Notstand im Sinne des § 35 StGB überhaupt für

---

[77] Vgl. dazu auch Kutscha, „Verteidigung – Vom Wandel eines Verfassungsbegriffs“, KJ 04, 228 ff, der zutreffend das hier besprochene LuftSiG als ein „Musterbeispiel legislativer Irreführung“ bezeichnet.

[78] Vgl. BVerfG-Urteil, S. 62.

möglich hält, so ist jedenfalls völlig unstreitig, dass es sich dabei allenfalls um einen Entschuldigungs- oder persönlichen Strafausschließungsgrund handeln könne, der an der Tatbestandsmäßigkeit und Rechtswidrigkeit des Verbrechens nichts ändert. Der übergesetzliche Notstand ist keine Handlungsermächtigung, sonder ermöglicht einem Gericht allenfalls eine gnädige Entscheidung für einen – in diesem Fall – vielfachen Totschläger, wenn der überzeugend darstellen kann, dass er vor Gott und seinem Gewissen glaubte, nicht anders handeln zu können und zu dürfen. Das gilt für den Minister in gleicher Weise wie für den Kampfpiloten der Bundeswehr und es wird unter der Geltung des Art. 1 GG keine Verfassungsänderung geben können, die daran etwas ändert.

Der Staat wird nicht dadurch wehrlos, dass er sich an die Verfassung hält. Warum sollten wir ihn achten und für ihn eintreten, wenn er das nicht mehr täte? Er hat das Leben der Bürger mit den Mitteln zu schützen, die ihm die Verfassung erlaubt. Und die verbietet unveränderbar die opportunistische, Schaden oder Nutzen abwägende Tötung unschuldiger Menschen als Verletzung ihrer Menschenwürde. Terror bekämpft man nicht erst in der Luft, wenn es zu spät ist, sondern am Boden durch technische Einrichtungen an den Maschinen, durch greifende Kontrollen an den Flughäfen und auch durch bewaffnete Flugbegleiter. Die offizielle Untersuchungskommission der USA hat in ihrem „9/11 Report" bestätigt, dass die berühmten Anschläge am 11. September 2001 nicht passiert wären, wenn man das beherzigt hätte.

Burkhard Hirsch

4.4 Der Abschuss von Zivilluftfahrzeugen – (k)ein deutsches Problem

Mit der Verabschiedung des Luftsicherheitsgesetzes im Deutschen Bundestag begann eine Debatte darüber, ob der Staat – wie es § 14 Abs. 3 ursprünglich vorsah – vorsätzlich unbeteiligte Menschen töten darf, um andere zu retten. Die Diskussion gab es in abgewandelter Form bereits in den Jahren des Deutschen Herbstes, nachdem am 13. Oktober 1977 die Lufthansa-Maschine Landshut entführt wurde und die 91 Insassen zu Geiseln palästinensischer und deutscher Terroristen wurden. In den Tagen des 15. und 16. Oktober 1977 kämpfte Hanns-Eberhard Schleyer vor dem Bundesverfassungsgericht für seinen in der Geiselhaft der RAF befindlichen Vater Hanns-Martin Schleyer darum, der Staat müsse den Forderungen der Geiselnehmer nachgeben und sich so schützend vor das Leben Hanns-Martin Schleyers stellen[79]. Das Bundesverfassungsgericht ließ der Bundesregierung damals einen großen Spielraum bei der Frage, „wie die staatlichen Organe ihre Verpflichtung zu einem effektiven Schutz des Lebens erfüllen“[80], und sah die Entscheidung, welche Maßnahmen zur Erfüllung der dem Staat obliegenden Schutzpflichten ergriffen werden müssen allein in der Verantwortung des Staates.[81] Es ging damals faktisch um die Frage, ob der Staat zumindest mittelbar Menschen opfern darf, um andere Menschen retten zu können.

Trotz äußerlicher Parallelen weist die Diskussion in Bezug auf das Luftsicherheitsgesetz entscheidende Unterschiede auf. Während es 1977 darum ging, ob dem Staat ein bestimmtes Mittel zum Schutz seiner Bürger abverlangt werden könne, stellte sich angesichts des „Abschussparagrafen“ § 14 Abs. 3 LuftSiG die Frage, ob der Staat letztlich zu einem bestimmten Mittel – wenn auch als ultima ratio – greifen dürfe, um einen bestimmten Zweck, nämlich den des vermeintlichen Schutzes der Menschen am Boden, zu erreichen. Man hätte angesichts der Härte des Eingriffs durchaus den Eindruck gewinnen können, die Maxime „der Zweck heiligt die Mittel“ habe bei der Erarbeitung des Gesetzestextes im Vordergrund gestanden. Schon im Vorfeld der Verabschiedung des Luftsicherheitsgesetzes wurde verschiedentlich angemerkt, Deutschland stünde angesichts des Fehlens einer entsprechenden europäischen Regelung weitgehend hilflos da, sollten sich Vorfälle wie die des 11. September 2001 hier ereignen. Da ein solcher Eingriff in der Regel den Tod der Passagiere eines abgeschossenen Flugzeuges zur Folge hat und damit grundsätzliche Elemente rechtsstaatlichen Verfassungsverständnisses berührt, scheint eine Betrachtung der Rechtslage anderer, vergleichbarer Staaten zu solch einem Szenario durchaus angebracht.

Bei genauerer Betrachtung stellt man dabei schnell fest, dass sich eine Vielzahl anderer Staaten – wenn sie einen Abschuss im Einzelfall für berechtigt erachten – auf keine eindeutigen Rechtgrundlagen stützen und zuweilen ihre Ermächtigung aus Naturrecht, höherrangigem Vorrecht oder aus allgemeinen Einsatzbefugnissen

79 BVerfGE 46, 160.
80 BVerfGE 46, 160, 164.
81 BVerfGE 46, 160, 165.

für die Streitkräfte ableiten. Deutschland steht mit seinen Bedenken also nicht allein, auch in anderen Staaten kann oder will man sich einer intensiven Auseinandersetzung in Parlament und Öffentlichkeit nicht stellen und verweist auf derlei allgemeine Regelungen. Gleichwohl gibt es auch Staaten, die eine seit langem bestehende Ermächtigung zu ihrem Recht zählen können, die bisher auch nie ernsthaft in Zweifel gezogen oder debattiert wurde.

4.4.1 USA

In den USA gibt es keine ausdrückliche gesetzliche Grundlage, die der des § 14 Abs. 3 LuftSiG vergleichbar wäre. Im Falle einer terroristischen oder kriminellen Bedrohung kann der Präsident in seiner aus Artikel 2, 2. Abschnitt, Absatz 1 der Verfassung der Vereinigten Staaten von Amerika[82] begründeten Funktion als Oberbefehlshaber über die Armee einen Befehl zum Abschuss eines Zivilluftfahrzeuges erteilen. Offensichtlich hat der Präsident die Entscheidungsbefugnis über den Abschuss auf den Verteidigungsminister übertragen[83].

Ein Befehl zum Abschuss ziviler Luftfahrzeuge wurde durch US-Präsidenten bereits zweimal in der Geschichte erteilt, einmal während der Kubakrise 1963 und einmal nach dem 11. September 2001[84]. Welche Maschinen dabei betroffen waren und wie viele Menschen dabei in den Luftfahrzeugen und am Boden zu Tode kamen, ist nicht bekannt.

4.4.2 Kanada

Ebenfalls wie in den USA ist eine eindeutige und abschließende Ermächtigungsgrundlage zum Abschuss ziviler Luftfahrzeuge nicht gegeben. Es scheint eine dem übergesetzlichen Notstand vergleichbare Regelung der „crown prerogative" – also ein Entscheidungsprärogativ[85] des Vertreters der Krone – zu geben, das es diesem, dem Generalgouverneur, erlauben könnte, in einem solchen Fall zu handeln[86].

Da sich auch hier – wie im Fall des übergesetzlichen Notstands – eigentlich nicht die Frage der Ermächtigung, sondern nur einer strafrechtlichen Entschuldigung oder Rechtfertigung stellt, ist eindeutig festzustellen, dass keine eindeutige Ermächtigungsgrundlage für einen Abschuss gegeben wäre. Ob und gegebenenfalls wer (Premier- oder Verteidigungsminister) in einem Fall terroristischer Bedrohung wie der des 11. September 2001 eine Entscheidung für oder gegen einen Abschuss treffen würde, bleibt demnach unbeantwortet.

---

82 „The President shall be commander-in-chief of the army and navy of the United States", Article II, Section 2, 1., Constitution of the United States, The debates and Proceedings in the Congress of the United States, page XI.

83 Robbers, Stellungnahme, S. 39.

84 Robbers, Stellungnahme, S. 40.

85 Ausschließliches Vorrecht grundsätzlich ohne Mitwirkung einer Volksvertretung.

86 Robbers, Stellungnahme, S. 40.

4.4.3 Australien

In Australien existiert neben Regeln über den innerstaatlichen Einsatz der Streitkräfte und allgemeinen Bestimmungen über Notwehr und Nothilfe keine ausdrückliche Ermächtigungsgrundlage, der den Abschuss eines von Terroristen entführten und missbrauchten Luftfahrzeuges legitimieren würde. Da die Regelungen über den innerstaatlichen Einsatz der Streitkräfte eng mit dem Schutz der Verfassung und der Interessen des Commonwealth verknüpft sind – also eine ähnlich hohe Einsatzschwelle wie beim Einsatz der Bundeswehr im Innern der Bundesrepublik Deutschland ausweisen – ist es entgegen der Auffassung der Bundesregierung[87] nicht vorstellbar, dass sich ein Abschussbefehl aus den allgemeinen Regelungen rechtlich begründen lässt.

4.4.4 Frankreich

Im Gegensatz zu den vorgenannten Staaten hat Frankreich bereits 1975 eine rechtliche Ermächtigung geschaffen, die es erlauben würde, einer durch eine Flugzeugentführung hervorgerufene Bedrohung notfalls mit einem Abschuss des betroffenen Luftfahrzeuges zu begegnen. Das Dekret 75-930[88] erlaubt dem Kommandeur der Luftverteidigung, die notwendigen Maßnahmen – von der Aufforderung zum Kurswechsel oder zur Landung, von der Eskortierung über die Abdrängung bis hin zum Abschuss – zur Luftverteidigung auszuführen. Es besteht kein Zweifel daran, dass ein Abschuss angeordnet werden würde, wenn zu erwarten wäre, dass dadurch eine Katastrophe zu verhindern sei.

4.4.5 Niederlande

In den Niederlanden besteht eine Konstruktion, wie sie der deutschen Regierung als wünschenswert vorschwebt. Dort können die Streitkräfte nach Art. 59 Abs. 1 des Polizeigesetzes[89] zur Aufrechterhaltung der öffentlichen Ordnung und der Rechtsordnung eingesetzt werden, wenn der Einsatz der Polizei und des Grenzschutzes zur Abwehr einer Gefahr nicht ausreicht. Die Einzelheiten des Einsatzes sind auf Grund des Art. 59 Abs. 2 des Polizeigesetzes durch den Justizminister in Abstimmung mit dem Verteidigungsminister in einer Rechtsverordnung geregelt worden. Diese Rechtsverordnung über militärischen Beistand bei terroristischen Bedrohungen aus der Luft vom 20. April 2005 ermächtigt den Justizminister im Falle einer terroristischen Bedrohung aus der Luft verschiedene Maßnahmen zu

87 Robbers, Stellungnahme, S. 41.

88 Journal Officiel/JO/: Décret n° 75-930 du 10 octobre 1975 relatif à la défense aérienne, zuletzt geändert am 18. März 1994 und am 27. Juni 1996.

89 Politiewet 1993.

treffen – von der Erzwingung eines Kurswechsels oder einer Landung bis hin zu einem Warnschuss und schließlich dem gezielten Feuer als ultima ratio.[90]

4.4.6 Österreich

Nach der österreichischen Verfassung[91] obliegen dem österreichischen Bundesheer neben der Aufgabe der militärischen Landesverteidigung[92] auch Aufgaben zum Schutz der verfassungsmäßigen Einrichtungen und ihrer Handlungsfähigkeit sowie der demokratischen Freiheiten der Einwohner[93] sowie zur Aufrechterhaltung der Ordnung und Sicherheit im Innern[94]. Für einen Einsatz zur Aufrechterhaltung der Ordnung und Sicherheit im Innern muss die gesetzmäßige Gewalt die Mitwirkung des Bundesheeres in Anspruch nehmen.

Nach dem Militärbefugnisgesetz[95] ist dem Bundesheer dabei eine Anwendung von lebensgefährdender Waffengewalt nur zulässig, wenn er der notwendigen Verteidigung gegen einen unmittelbar drohenden oder gegenwärtigen schwerwiegenden rechtswidrigen Angriff auf Leben, Gesundheit, körperliche Unversehrtheit oder der Freiheit einer Person dient.[96] Bevor das Militär zu solch einer Maßnahme greift, muss es den Einsatz von Waffengewalt androhen[97] und weitestgehend sicherstellen, dass durch den Einsatz von Waffengewalt Unbeteiligte voraussichtlich nicht gefährdet werden.[98]

Damit wäre ein Abschuss eines mit unschuldigen Passagieren besetzten Zivilluftfahrzeuges – selbst wenn es sich in der Hand von Terroristen befände – rechtlich nicht zulässig. Ein Einsatz von Waffengewalt auch unter Inkaufnahme von zivilen und unschuldigen Opfern ist nur dann möglich, wenn eine schwerwiegende Gefahr für Leben oder Gesundheit oder die körperliche Unversehrtheit oder Freiheit einer Person nur durch sofortigen Waffengebrauch abgewendet werden kann, und dieser nach den Umständen verhältnismäßig ist.[99]

Es ist dem österreichischen Bundesheer unter Wahrung der Verhältnismäßigkeit bei schwerwiegenden Gefahren möglich, Zivilluftfahrzeuge mit Waffengewalt am Weiterflug zu hindern – sprich abzuschießen. Die Ermächtigungen sind zwar nicht ausdrücklich danach formuliert, ließen sich aber bei Verneinung verfas-

90 Vgl. Robbers, Stellungnahme, S. 38 f.
91 Bundes-Verfassungsgesetz – BVG – BGBl. I Nr. 1/1930, zuletzt geändert durch BGBl. I Nr. 81/2005.
92 Art. 79 Abs. 1 BVG.
93 Art. 79 Abs. 2 lit. A BVG.
94 Art. 79 Abs. 2 lit. B BVG.
95 Bundesgesetz über Aufgaben und Befugnisse im Rahmen der militärischen Landesverteidigung – MBG –, BGBl. I Nr. 86/2000 i.d.F. der Bundesgesetze BGBl. I Nr. 103/2002, 137/2003 und 133/2004 sowie der Kundmachung BGBl. I Nr. 16/2004 und 119/2004.
96 § 19 Abs. 1 MBG.
97 § 19 Abs. 2 MBG.
98 § 19 Abs. 3 Satz 1 MBG.
99 § 19 Abs. 4 MBG.

sungsrechtlicher Bedenken realisieren. In diesem Sinne hat auch der Nationale Sicherheitsrat Österreichs am 20. Juli 2007 entschieden, dass Piloten des Bundesheers entführte Passagierflugzeuge bei terroristischen oder militärischen Angriffen abschießen dürfen. Ein Gesetz zu diesem Zweck soll es nach Auffassung der österreichischen Bundesregierung wohl nicht geben. Da es sich im Übrigen nicht um einen „Schießbefehl" sondern nur um eine „Freigabe des Waffengebrauchs" handeln würde und es letzten Endes in der Verantwortung jedes einzelnen Piloten liege, ob er von dieser Freigabe Gebrauch mache und ein voll besetztes Passagierflugzeug abschieße oder nicht.[100]

Diese Auffassung, die der Argumentation des deutschen Innen- und Verteidigungsministers sehr ähnlich ist, kann aufgrund der Tragweite der damit verbundenen Konsequenzen nicht geteilt werden und dürfte sich schwerlich verfassungsrechtlich legitimieren lassen. Dass sich Regierungen und Parlamente zunehmend aus ihrem Verantwortungsbereich entziehen und Entscheidungen von solchem Ausmaß und damit die ganze Last der Verantwortung den ausführenden Personen überlassen, ist stark zu kritisieren, beweist aber – auch wenn dies nicht trösten kann – dass einer solchen Regelung im politischen Raum die Vereinbarkeit mit Verfassungsnormen nicht zugetraut wird und sich man daher vor einer parlamentarischen Auseinandersetzung scheut.

4.4.7 Schweiz

Eine ähnlich weiche Formulierung wählt das Luftrecht der Schweiz, die es der Luftwaffe bei nicht eingeschränktem Luftverkehr nach Art. 7 Abs. 2 VWL ermöglicht, gegen Luftfahrzeuge zu intervenieren, „welche die Lufthoheit verletzen oder die Luftverkehrsregeln in schwer wiegender Weise verletzen"[101]. Intervention bedeutet demnach insbesondere das Abfangen zur Identifikation und das Zwingen zum Verlassen des Luftraums oder zur Landung auf einem geeigneten Flugplatz. Damit ist auch der Einsatz von Waffen legitimiert, die aber nur bei Notwehr und Notstand eingesetzt werden dürfen[102].

Wenn der Luftverkehr eingeschränkt ist, beschränkt sich der Einsatz von Waffengewalt nicht nur auf die Fälle von Notwehr und Notstand, sondern kann dann angeordnet werden, wenn alle milderen Mittel ausgeschöpft sind. Notwehr- und Notstandsrechte bilden dagegen hier die Ausnahme[103].

Die Entscheidung, ob eingeschränkter oder nicht eingeschränkter Luftverkehr herrscht, trifft nach Art. 7 LFG[104] der Bundesrat, der „mit Rücksicht auf die öffentliche Ordnung und Sicherheit oder aus militärischen Gründen die Benützung

[100] Schaer, ZLW 2007, 551 f.

[101] Verordnung über die Wahrung der Lufthoheit (VWL) vom 23. März 2005, AS 2005, 1757, Stand: 19. April 2005.

[102] Art. 9 Satz 3 VWL.

[103] Art. 14 Abs. 1 VWL.

[104] (Schweizer) Bundesgesetz über die Luftfahrt (LFG) vom 21. Dezember 1948, AS 1950, 471, Stand: 24. August 2004.

des schweizerischen Luftraums oder das Überfliegen bestimmter Gebiete dauernd oder zeitweise verbieten oder einschränken" kann.

Nach den neuesten Auseinandersetzungen über diese Regelungen ist deren Vereinbarkeit mit Verfassungsrecht überwiegend abgelehnt worden[105], wobei fraglich bleibt, ob die materielle Unvereinbarkeit wegen verfahrensrechtlicher Fragen überhaupt noch festgestellt werden kann oder damit eine formell nicht zu beanstandende Ermächtigungsgrundlage in der Schweiz vorhanden ist.

4.4.8 Großbritannien

In Großbritannien mangelt es bisher an spezifischen Regelungen weshalb sich die Anwendung von Gewalt gegen ein von Straftätern als Waffe missbrauchtes Luftfahrzeug Regelung auf den 3. Abschnitt des Criminal Law Act von 1967 stützen würde[106]. Dieser lautet: „A person may use such force as is reasonable in the circumstances in the prevention of crime, or in effecting or assisting in the lawful arrest of offenders or suspected offenders or of persons unlawfully at large" (nicht amtliche Übersetzung: „Eine Person kann Gewalt anwenden wie es unter den gegebenen Umständen der Verhinderung eines Verbrechens oder im Bewirken oder der Unterstützung bei der rechtmäßigen Verhaftung von Straftätern oder einer Straftat verdächtigten Person oder von flüchtigen Personen als vernünftig erscheint").

Danach könnte der Premierminister als ultima ratio einen Abschussbefehl erteilen. Darüber hinaus stünden noch die Rechtsinstitute der Notwehr und Nothilfe zur Verfügung. Fraglich ist, ob diese Regelung hinreichend konkret ist, um die Schwere des Eingriffs zu rechtfertigen. Auch wenn in Großbritannien grundsätzlich Gesetze nicht an die Verfassungsnormen gebunden sein müssen und sie – entgegen dem deutschen Verfassungsrecht – einer Verfassungsnorm durchaus auch zuwider laufen können, ist zweifelhaft, ob überdies hinaus die Tötung von Unschuldigen mit einer polizeirechtlichen Generalklausel gerechtfertigt werden kann. Diese Auffassung muss größten Zweifeln begegnen. Auch und gerade in Großbritannien wird man sich seiner langen Rechtstradition bewusst sein und die Subsumtion eines Abschusses unter diese Generalnorm verneinen.

4.4.9 Norwegen

Die Öffentlichkeit in Norwegen wurde darüber informiert, dass es geheime Verwaltungsvorschriften erlauben würden, im Rahmen der Notwehr bzw. Nothilfe ein zu terroristischen Zwecken missbrauchten zivilen Luftfahrzeugs als letzte Möglichkeit abschießen zu können. Darüber hinaus bestehen keine weiteren gesetzlichen Grundlagen.[107]

---

105 Schaer, ZLW 2007, 555 ff.

106 Robbers, Stellungnahme, S. 36.

107 Robbers, Stellungnahme, S. 38.

4.4.10 Polen

Im Polen trat am 13. Januar 2005 ein Luftsicherheitsgesetz in Kraft, das den Abschuss eines für terroristische Zwecke entführten zivilen oder militärischen Luftfahrzeuges legitimiert, wenn dieses den Anweisungen der Fluglotsen nicht mehr folgt und nicht zur Landung gezwungen werden kann. Die Entscheidung über den Abschuss trifft der Verteidigungsminister oder der Oberkommandierende der polnischen Luftstreitkräfte.[108]

4.4.11 Slowakei

Nach einer Gesetzesänderung vom 14. Dezember 2005 kann auch der slowakische Verteidigungsminister einen Abschussbefehl gegen ein entführtes Luftfahrzeug anordnen, wenn alle Vorfeldmaßnahmen wie das Zwingen zur Landung, das Abdrängen oder die Abgabe von Warnschüssen die Gefahr terroristischer Anschläge nicht beseitigen konnten.[109]

4.4.12 Russland

Am 6. März 2006 trat das wenige Tage zuvor von Präsident Wladimir Putin unterzeichnete Gesetz „Über die Bekämpfung des Terrorismus" in Kraft, das in seinem Artikel 7 „Unterbindung eines Terroraktes in der Luft"[110] dem Präsidenten[111] die Möglichkeit eröffnet, die Luftwaffe gezielt gegen einen Terrorakt in der Luft oder ein entführtes Luftfahrzeug einzusetzen, das den Anweisungen der Fluglotsen oder den Aufforderungen der Abfangjäger zur Landung nicht folgt. Dabei sollen Waffen und Kampftechnik mit dem Ziel angewendet werden, „den Flug des Luftfahrzeuges durch dessen Vernichtung zu unterbinden"[112].

---

108 http://polskaweb.eu/content/view/297/, 12.02.2008; Froehlich, ZLW 2007, 342.

109 Froehlich, ZLW 2007, 342.

110 Der Wortlaut des Artikels ist abgedruckt bei van Schyndel, ZLW 2007, 547 f.

111 Giemulla, LuftSiG, Abschnitt 3, Rn. 21.

112 Art. 7 Nr. 2, 3 des Gesetzes über die Bekämpfung des Terrorismus, zitiert nach: van Schyndel, ZLW 2007, 547 f.

4.5 Air Policing und Bundeswehreinsatz im Innern

4.5.1 Vorbemerkungen

Bis zum Urteil des Bundesverfassungsgerichts zu § 14 Abs. 3 des Luftsicherheitsgesetzes[113] wurde die Aufgabe des Air Policing von den Luftwaffenverbänden der deutschen Bundeswehr in Amtshilfe für die Länderpolizeien (Art. 35 GG) wahrgenommen. Mit dem Urteil war die Grundlage entzogen, auf dieser Basis die Bundeswehr im Luftraum mit spezifisch militärischen Waffen einzusetzen[114]. Seitdem arbeitet die Bundesregierung an einer Neufassung des Luftsicherheitsgesetzes und sucht nach Möglichkeiten, die Luftwaffe auf Basis einer verfassungsfesten Rechtsgrundlage im Luftraum einsetzen zu können. Der vorliegende Beitrag beleuchtet den Aspekt der von der Luftwaffe im Rahmen der Integrierten NATO-Luftraumüberwachung und –verteidigung erbrachten Dienste und rechtlichen Handlungsmöglichkeiten.

4.5.2 Air Policing als Aufgabe der Luftsicherheitsbehörde

Die nach § 1 LuftVG proklamierte und jedem Mitgliedstaat nach Art. 1 des Chicagoer Abkommens zuerkannte ausschließliche Lufthoheit über dessen Staatsgebiet muss im Rahmen der rechtlichen Möglichkeiten des betroffenen Staates auch faktisch wahrnehmbar sein. Maßnahmen im Luftraum, die rechtswidrige Eingriffe in das Verkehrssystem Luftfahrt verhindern und bekämpfen sollen, werden daher auch als luftpolizeiliche Aufgaben bezeichnet. Diejenige Stelle, die mit der Ausführung dieser Aufgaben betraut ist, kann demzufolge auch als Luftpolizei bezeichnet werden. Ein solches Verständnis ist es, der dem – dem angelsächsischen Sprachgebrauch entnommene – Begriff des Air Policing zu Grunde liegt, da es sich um die konkrete Ausübung von Polizeigewalt im Luftraum handelt. Er ist – obwohl rein äußerlich gleich – von entsprechenden Maßnahmen im Rahmen der militärischen Verteidigung zu unterscheiden.

War die Wahrnehmung solcher luftpolizeilicher Aufgaben nach der Konstruktion des ersten LuftVG von 1922 wegen des dem Deutschen Reich fehlenden Verwaltungsunterbaus noch den Ländern zugewiesen und dort von den allgemeinen Landespolizeien wahrgenommen worden[115], so ergibt sich heute rechtlich und tatsächlich im Luftraum über Deutschland und den übrigen Staaten des Nordatlantikpakts eine gänzlich andere Situation. Im LuftVG von 1922[116] war die Aufgabe der Luftsicherheit nicht explizit geregelt; daher nahmen die Länder den Auftrag

[113] Luftsicherheitsgesetz vom 11. Januar 2005, BGBl. I, S. 78, geändert durch Art. 49 des Gesetzes zur Umbenennung des Bundesgrenzschutzes in Bundespolizei vom 21. Juni 2005, BGBl. I, S. 1818.

[114] BVerfG – 1 BvR 357/05 – Rdnr. 105.

[115] Schleicher/Reymann, Recht der Luftfahrt, S. 2.

[116] RGBl. I S. 681, abgedruckt bei Bethkenhagen, Die Entwicklung des Luftrechts bis zum Luftverkehrsgesetz von 1922.

der Luftpolizei aus ihrer allgemeinen Stellung als Ordnungspolizei wahr. Erst im Jahre 1933 wurde die Zuständigkeit für die Luftpolizei dem Reich übertragen. Durch die Einfügung eines neuen Absatz 1 in § 17 des LuftVG mit dem Wortlaut „Die Durchführung dieses Gesetzes einschließlich der Überwachung der Luftfahrt (Luftpolizei) ist Aufgabe des Reichs."[117] ging die Luftpolizeihoheit auf das Reich über und bildete die Grundlage für den Aufbau der Reichsluftfahrtverwaltung[118], namentlich das Reichsluftfahrtministerium sowie 14 Luftämter samt Außenstellen. Diese Behörden konnten nach der in § 17 Abs. 1 LuftVG niedergelegten Ermächtigungsgrundlage die notwendigen Maßnahmen zur Abwendung von Gefahren treffen, die der öffentlichen Sicherheit oder Ordnung der Luftfahrt oder dem Einzelnen durch die Luftfahrt drohten. Die LuftVO setzte dementsprechend auch die Luftpolizeihoheit des Reichsministers der Luftfahrt in dem gesetzlich normierten Umfang voraus und ließ den Luftämtern weiteren Raum, polizeiliche Maßnahmen zu treffen.[119] Gleichwohl bedeutete dies nicht, dass – wenn man diese Behörden als Luftsicherheitsbehörde hätte bezeichnen wollen – ihnen Zwangsmittel wie Abfangjäger oder bewaffnete Kampfhubschrauber zur Verfügung gestanden hätten, um die Sicherheit oder Ordnung im Luftraum auch mit Zwangsmaßnahmen durchsetzen zu können.

Seitdem hat sich die Rechtslage im Luftrecht grundlegend gewandelt: Die aus § 17 Abs. 1 LuftVG 1933 bekannte Regelung wurde zunächst von § 29 LuftVG abgelöst, der nach ursprünglichem Verständnis – ebenso wie bereits § 17 a. F. – sowohl den Bereich der betriebsbedingten Gefahren als auch den der äußeren Gefahren erfassen sollte. Mit der Einfügung eines neuen § 29c LuftVG[120] (der Vorgängervorschrift des § 5 LuftSiG) und der Einfügung des Adjektivs „betrieblich" in den § 29 wurde die letztere Vorschrift auf die Abwehr betriebsbedingter Gefahren reduziert und hierfür die Zuständigkeit der Luftaufsichtsbehörden geschaffen[121], während die Aufgabe der Luftsicherheit (gegenüber Angriffen auf die Luftfahrt) heute von § 5 LuftSiG abgedeckt wird und der Bundespolizei sowie den Ländern obliegt. Zudem sehen die §§ 13 bis 15 LuftSiG bestimmte luftpolizeiliche Aufgabenwahrnehmung sogar durch die Streitkräfte vor. Interessant in diesem Zusammenhang sind zwei Umstände: zum einen ist die Aufgabe des Air Policing über dem Hoheitsgebiet der Bundesrepublik Deutschland schon seit Jahrzehnten Aufgabe und Zuständigkeit der NATO[122] und zum anderen ist die zentrale Vorschrift des § 14 Abs. 3 LuftSiG, der als ultima ratio des deutschen Air Policing den Abschuss von entführten und zu Waffen umfunktionierten Zivilluftfahrzeugen

[117] Gesetz über die Reichsluftfahrtverwaltung vom 15. Dezember 1933, RGBl. I S. 1077, abgedruckt bei Schleicher/Reymann, Recht der Luftfahrt, S. 9 ff.
[118] Schleicher/Reymann, Recht der Luftfahrt, S. 112.
[119] Schleicher/Reymann, Recht der Luftfahrt, S. 112.
[120] Durch das 9. ÄndG zumLuftVG vom 18.9.1980, BGBl. I, S. 1729.
[121] Vgl. Giemulla, LuftVG, § 29.
[122] Vgl. dazu die Abschnitte 5.3.3. ff.

vorsah, am 15. Februar 2005 vom Bundesverfassungsgericht für mit dem Grundgesetz nicht vereinbar und damit nichtig erklärt worden[123].

4.5.3 Deutsche Luftpolizei

Der Nordatlantikvertrag bildet zwar historisch die Basis für die NATO[124], stellt aber jedenfalls aus juristischer Sicht keine unmittelbare Grundlage für eine rein nationale Wahrnehmung von Sicherheitsaufgaben im Luftraum der Bundesrepublik Deutschland dar. Daher muss zunächst erörtert werden, welche sonstigen – und zwar nationalen - Möglichkeiten bestehen, die Sicherheit des Luftverkehrs und der Allgemeinheit vor Angriffen durch den Luftverkehr effektiv gewährleisten und „verteidigen" zu können. Eine solche Betrachtung setzt allerdings voraus, dass weder ein Bündnisfall nach Art. 5 des Nordatlantikvertrages, noch eine diesem vorgelagerte Einsatzbefugnis einen solchen Einsatz rechtfertigen würden und dafür deshalb nationale Rechtsgrundlagen heranzuziehen wären. Dabei ist denjenigen Regelungen besondere Aufmerksamkeit zu schenken, die vor dem Erlass des LuftSiG zu einem Einsatz einer „Luftpolizei" im Luftraum ermächtigt hätten.

Dass es in Deutschland vor dem 11. September 2001 Einsätze bewaffneter Kampfflugzeuge gegeben hat, die gezielt an Zivilluftfahrzeuge herangeführt wurden, um diese im Extremfall abschießen zu können, ist zumindest in einem Fall belegt. Am 11. September 1972 – und damit auf den Tag genau 29 Jahre vor den schrecklichen Ereignissen des 11. September 2001 – ereignete sich zum Zeitpunkt der Abschlussfeiern der Olympischen Spiele in München „ein besonderes Vorkommnis", an das sich der damalige Bundesminister für Verteidigung, Georg Leber (SPD), in seinen späteren Aufzeichnungen wie folgt erinnerte[125]:

„Ich hatte geplant, an der Abschlussfeier teilzunehmen und bei dieser Gelegenheit auch den vielen tausend Soldaten zu danken, die mit ihrer Arbeit wesentlich zum Gelingen der Spiele beigetragen hatten. Wegen des Überfalls auf die Israelis wurden die Spiele um einen Tag verlängert. Wegen anderer Verpflichtungen, die ich schon eingegangen war, wurde meine Anwesenheit am Tage der Schlussfeier in München unmöglich.

Wie ich später erfuhr, war am Nachmittag dieses letzten Tages, es war der 11. September, in München eine Lagebesprechung der Sicherheitsbehörden abgehalten. In der Besprechung war damit gerechnet worden, dass versucht werden könnte, die Schlussfeier zu stören.

Ich saß am Abend dieses Tages in meinem Büro in Bonn. Vor mir lag ein Stapel Akten, die in den hektischen letzten Tagen liegen geblieben waren. Hinter dem Tisch stand ein kleines Fernsehgerät, in dem ich bei meiner Arbeit den Beginn der Schlussfeier der Spiele mitverfolgen konnte.

123 BVerfG, – 1 BvR 357/05 – Urteil vom 15.2.2006 – BVerfGE 115, 118, abgedruckt im Anhang.

124 Schwengler, Der doppelte Anspruch: Souveränität und Sicherheit. Zur Entwicklung des völkerrechtlichen Status der Bundesrepublik Deutschland (1949-1955), in: Anfänge westdeutscher Sicherheitspolitik, Bd. 4, S. 245.

125 Leber, Vom Frieden, S. 227 ff.

Fünf Minuten nach zwanzig Uhr trat mein Adjutant ins Zimmer und meldete mir, vom Chef des polizeilichen Leitungsstabes bei den Olympischen Spielen sei soeben mitgeteilt worden, dass vor wenigen Minuten in Stuttgart von Terroristen ein einmotoriges Flugzeug gestohlen worden sei. Man habe Erkenntnisse darüber, dass versucht werden sollte, aus dem gestohlenen Flugzeug über dem Olympiastadion in die Schlussfeier hinein Bomben zu werfen. Das Flugzeug befinde sich auf dem Weg nach München. Von der Polizei in München werde gebeten, die Luftwaffe zur Abwehr eines solchen Vorhabens einzusetzen. ... Man habe auch den dort anwesenden Bundeskanzler informiert, der eine Abwehr des befürchteten Verbrechens durch die Luftwaffe für notwendig halte, die Herren aber an den Verteidigungsminister verwiesen habe.

In der Atmosphäre, die durch den Überfall auf die Israelis geschaffen worden war, passte die Meldung über eine solche Absicht fraglos hinein. Unter den Augen von wahrscheinlich einer Milliarde Menschen, die in aller Welt an den Fernsehschirmen saßen, eine solche Tat vollführen, eine größere Aufmerksamkeit kann man kaum mehr erhalten. ... Es war keine Zeit zu verlieren. Der Vorgang war ungewöhnlich, und gleichzeitig schaffte er einen zeitlichen Zwang, der langes Nachdenken ausschloss. Dass jede Entscheidung, die zu treffen war, eine Fülle staatsrechtlicher und politischer Probleme in sich barg, war mir sofort völlig klar. Ich durfte auch keinem Kommandeur einen Auftrag erteilen und die Sache damit auf eine andere Ebene verlagern, sondern musste die Fäden in der Hand behalten, weil ich auf jeden Fall politisch dafür geradezustehen haben würde.

Ich gab den Befehl, unverzüglich eine Überprüfung des gesamten Meldeweges bis zu seinem Ursprung in Stuttgart vorzunehmen. Es war klar, dass das mit den Möglichkeiten, die uns zur Verfügung standen, Zeit brauchte, aber es musste versucht werden. Gleichzeitig wurde eine direkte Verbindung zu dem regional zuständigen Führungsgefechtsstand der Luftwaffe hergestellt. Von dort kam ohne Verzug die Meldung, dass seit 20.03 Uhr ein nicht identifiziertes Flugobjekt erkannt sei. Es befände sich gegenwärtig etwa elf Meilen nordwestlich von Ulm in 2000 Meter Höhe, langsam fliegend, mit Kurs nach Osten.

Das passt zu der Meldung, die wir aus München erhalten hatten, und schien sie zu bestätigen. Wir warteten noch drei Minuten ab, bis die nächste Meldung von der Radarkontrolle eintraf. Als feststand, dass das Flugzeug den angegebenen Kurs in Richtung München fortsetzte, gab ich den Befehl zum Start einer Alarmrotte des nächstgelegenen JG 74 mit scharfen Waffen, den erfolgten Start zu melden, in 2000 Meter Höhe über dem Flugplatz Neuburg/Donau zu kreisen und weitere Befehle abzuwarten.

Die Organisation der Luftwaffe klappte vorzüglich. Ich begann aber zu spüren, dass ich mit jeder Minute, die verging, immer dringender vor eine ungeheuer schwierige Entscheidung gestellt wurde. Es war für mich in diesem Augenblick sehr fraglich, in welchem Maße ich auf dem Weg war, gegen die Verfassung, gegen andere Gesetze und gegen eingegangene Verpflichtungen dem Bündnis gegenüber zu verstoßen.

Gleichzeitig war es mir unvorstellbar, dass der deutsche Verteidigungsminister es zulassen durfte, dass über dem Olympiastadion in München vor den Augen der halben Welt von Terroristen eine Bombe abgeworfen werden konnte. ... Zwei Minuten nach dem Startbefehl kam von der eigenen Luftraumüberwachung die Meldung, das unbekannte Flugzeug sei außer Kontrolle. Die inzwischen in meinem Büro anwesenden Luftwaffenoffiziere vertraten die Auffassung, das Flugzeug sei wahrscheinlich zum Tiefflug übergegangen, um der Radarüberwachung, die es vermuten müsste, zu entgehen. Es konnte ja nicht verschwunden sein.

Die Alarmrotte erhielt den Befehl, den Luftraum über München aufzusuchen, 2000 Meter über dem Olympiastadion zu kreisen, eigene Luftraumbeobachtung vorzunehmen und weitere Befehle abzuwarten. Ich gab Anweisung, den gesamten Luftraum im Umkreis von München von allen Luftfahrzeugen freizumachen. Alle, auch die zivilen Stellen der Flugsicherung, reagierten prompt darauf.

Als das geschehen war, kam die Meldung der Radarkontrolle über ein unbekanntes Flugobjekt in Höhe Augsburg, das sich in 2000 Meter Höhe nach Osten bewege. Unsere Schlussfolgerung lautete: Das Flugzeug hatte seinen Gleitflug aufgegeben, hatte wieder mehr an Höhe genommen und setzte nun bald zum Anflug auf München an.

Der Augenblick, der nun gekommen war, war im Ablauf des ganzen Ereignisses der schwierigste. Wenn ich zu diesem Zeitpunkt den Einsatzbefehl an die beiden Abfangjäger gegeben hätte und das unbekannte Flugzeug hätte sich nicht einfach von seinem Ziel abdrängen lassen, dann hätte es an dieser Stelle zum Waffeneinsatz kommen müssen. Das Flugzeug war um diese Zeit noch in einiger Entfernung vom Olympiastadion. Der Vorgang hätte somit von den Olympiagästen und den vielen Fernsehkameras nicht wahrgenommen werden können.

Ich hatte aber Glück, ich wartete noch einen Augenblick mit dem Befehl. Es waren zwei, drei sehr lange Minuten. Es drängte mich auch niemand von meinen anwesenden militärischen Beratern. Ich kann aber auch nicht ausschließen, dass der eine oder andere unter ihnen mich in diesem Augenblick für einen Zauderer gehalten hat.

Kurz vor dem Punkt, an dem ich nach meiner Einschätzung nicht mehr warten durfte, wenn der Waffeneinsatz nicht in der Nähe des Olympiastadions erfolgen sollte, kam die Meldung, das unbekannte Flugzeug habe sich als ein finnisches Zivilflugzeug zu erkennen gegeben. Seine Radaranlage an Bord sei eine Zeit lang ausgefallen gewesen. Es habe sich deshalb verirrt und bitte um die Erlaubnis zur Landung in München-Riem. Höchstens zwei Minuten später hätte dieser Vorgang, der sich jetzt wie eine Episode anhört, einen anderen Verlauf genommen.

Das finnische Passagierflugzeug war reichlich besetzt. Auch meine eigene Welt hätte drei Minuten später ganz anders ausgesehen. Ich habe in meinem Leben nicht immer so viel Glück gehabt wie an diesem Abend des 11. September 1972. ... Seit diesem Tage sind Jahre vergangen. Von dem Vorfall blieb vieles im Dunkeln.

Es wäre aber gut, wenn er einmal juristisch und politisch aufgearbeitet würde. Niemand kann ausschließen, dass er sich in ähnlicher Form wieder einmal ereignet. Wieder wäre derjenige, der dann – ohne sich in der Kürze der Zeit mit Krisenstäben beraten zu können – zu entscheiden hätte, neben der Last der direkten Verantwortung in der Sache auch noch mit der außerordentlich komplizierten Rechtslage konfrontiert."

Herrn Leber ist in diesem Punkt uneingeschränkt Recht zu geben. Mit diesem Beispiel ist damit auch unmissverständlich klargestellt, was unter dem Begriff der Luftpolizei zu verstehen ist: Maßnahmen, die dazu dienen, den Luftraum zu sichern und im Falle einer Bedrohung von außen oder durch den Luftverkehr selbst diese Bedrohung abzuschwächen oder zu bekämpfen. Georg Leber hat die Möglichkeiten, die der Luftwaffe in einem solchen Fall zur Verfügung stehen, auf den möglichen Abschuss verkürzt, was in diesem Fall die gesamte Bandbreite an Vorfeldmaßnahmen wie Sichtidentifizierung, Sichtkommunikation, Aufforderung zum Beidrehen oder das Abdrängen ausblendet. Diese Maßnahmen sind aber – gerade unter dem Gesichtspunkt, alle Tatsachen in diesem Zusammenhang so umfangreich und objektiv wie nur irgend möglich aufklären zu müssen, bevor ein Abschussbefehl erteilt wird – unabdingbar. Ob aber die Luftwaffe derlei Aufgaben, die Polizeiaufgaben sind, auch schon vor Erlass des LuftSiG wahrnehmen durfte, ist fraglich.

Schon nach dem LuftVG von 1922 gab es eine Trennung von Hoheitsaufgaben in Fragen des Luftverkehrs zwischen dem Reich und den Ländern. Da das Reich in polizeilichen Angelegenheiten keinen Verwaltungsunterbau besaß, oblag die

Durchführung des LuftVG vor allem im Bereich der unmittelbaren Überwachung der Luftfahrt durch die Luftpolizei als Gefahrenabwehr den Ländern, wo diese Aufgaben durch die allgemeinen Sicherheitspolizeien wahrgenommen wurden[126]. So hieß es in § 17 LuftVG von 1922[127]:

„Die Reichsregierung erlässt mit Zustimmung des Reichsrats und eines Ausschusses des Reichtags:
1. Vorschriften zur Ausführung der §§ 2 bis 15 und des § 29,
2. Vorschriften für das Überfliegen der Reichsgrenze oder Zollgrenzen,
3. die sonstigen zur Wahrung der öffentlichen Ordnung und Sicherheit erforderlichen Vorschriften über Verkehr und Betrieb von Luftfahrzeugen,
4. Vorschriften über die Bildung eines zur Mitwirkung in Angelegenheiten des Luftfahrtwesens berufenen Beirats.

Der Beirat ist vor Erlassung der in Nr. 1 bis 3 erwähnten Vorschriften zu hören. Auch die Landesregierungen können sich durch Vermittlung der Reichsregierung des Beirats bedienen."

Später schaffte die Einfügung eines neuen Absatz 1 in § 17 LuftVG dem Reich eine neue Zuständigkeit auf dem Gebiet der Luftpolizei. § 17 Abs. 1 LuftVG von 1933[128]:

„Die Durchführung dieses Gesetzes einschließlich der Überwachung der Luftfahrt (Luftpolizei) ist Aufgabe des Reichs."

Hierdurch wurde die Grundlage für eine Reichsluftfahrtverwaltung geschaffen, die aus dem Reichsluftfahrtministerium an der Spitze sowie 14 Luftämtern bestand und über Außenstellen verfügte. Luftpolizeiliche Maßnahmen erschöpften sich nach den damals geltenden Regelungen in Anordnungen, welche die LuftVO ausdrücklich vorsahen, d.h. im Regelfall beschränkten sich die Aufgaben der Luftämter auf die Überwachung der Einhaltung der vorhandenen gesetzlichen Vorschriften. Das Luftamt konnte allerdings auf Grundlage des § 17 Abs. 1 LuftVG im Einzelfall bei Vorliegen einer konkreten Gefahr die erforderlichen Maßnahmen treffen, wie z.B. ein Startverbot aussprechen, den Luftfahrer zur Unterbrechung seines Fluges durch Landeaufforderung veranlassen oder einen Flughafen vorläufig sperren.[129] Eine Landeaufforderung hätte indes nicht tatsächlich durchgesetzt werden können, da – neben der fehlenden technischen Ausrüstung mit Fluggeräten – eine gesetzliche Ermächtigung fehlte.

Die vielfältigen Änderungen des LuftVG in den Jahren 1933 ff. konnten den Kern des LuftVG als Luftpolizei- und Lufthaftpflichtgesetz[130] ebenfalls nicht än-

---

[126] Schleicher/Reymann, Recht der Luftfahrt, S. 2.

[127] RGBl. I S. 681; abgedruckt bei Bethkenhagen, Die Entwicklung des Luftrechts bis zum Luftverkehrsgesetz von 1922, S. 422 ff.

[128] Eingefügt durch das Gesetz über die Reichsluftfahrtverwaltung vom 15. Dezember 1933, RGBl. I, S. 1077.

[129] Vgl. Schleicher/Reymann, Recht der Luftfahrt, S. 112 f.

[130] Schleicher/Reymann/Abraham, Das Recht der Luftfahrt, Bd. 2, LuftVG, Vorbemerkungen, Anm. 7.

dern, weshalb es letztlich bei dieser Zuständigkeitsverteilung blieb. Das LuftVG in seiner nach dem Zweiten Weltkrieg 1959 geänderten und 1965 neu gefassten Form enthielt in § 29 Abs. 1 LuftVG eine Zuständigkeitsbestimmung für die Frage der luftpolizeilichen Überwachung der Luftfahrt. § 29 Abs. 1 LuftVG von 1965 lautete[131]:

> „Die Abwehr von Gefahren für die Sicherheit des Luftverkehrs sowie für die öffentliche Sicherheit oder Ordnung durch die Luftfahrt (Luftaufsicht) ist Aufgabe der Luftfahrtbehörden. Sie können in Ausübung der Luftaufsicht Verfügungen erlassen."

Unter dem Begriff Luftaufsicht waren fortan alle Maßnahmen zu verstehen, die der Abwehr von Gefahren einerseits für die Sicherheit des Luftverkehrs sowie andererseits für die öffentliche Sicherheit oder Ordnung durch die Luftfahrt dienen sollten.[132] § 29 LuftVG a.F. schuf damit die Grundlage im LuftVG, luftpolizeiliche Aufgaben im Rahmen der Luftaufsicht auszuüben. Wichtig dabei ist vor allem die bereits damals verfolgte Zielrichtung des Schutzes der Allgemeinheit oder des Einzelnen vor rechtswidrigen, von der Luftfahrt ausgehenden Eingriffen.[133]

Die Luftaufsicht selbst wird seit 1961 aufgrund der Neufassung des § 31 LuftVG[134] von den Ländern ausgeübt, soweit nicht eine Bundeszuständigkeit gegeben ist. Den ausführenden Behörden standen dazu Befugnisse zum Erlass von Verfügungen zu, die – im Hinblick auf die LuftVO – wie schon im LuftVG von 1933 nicht über die abschließenden Regelungen in der LuftVO oder der LuftVZO hinausgehen durften[135], aber immerhin durch Vollzugsbeamte der Bundesanstalt für Flugsicherung (BFS) unmittelbaren Zwang ausüben durften.[136]

Da sich aufgrund dieser Ermächtigung zwar rechtlich anordnen, aber faktisch nicht durchsetzen ließ, dass ein Luftfahrzeugführer sofort landen solle und auch nicht verhindert werden konnte, dass sich Kriminelle wie z.B. Terroristen unter Gewaltanwendung eines Luftfahrzeugs bemächtigen konnten – da sie vielleicht gar nicht im Vorfeld des Fluges als Kriminelle identifiziert werden konnten –, bedurfte es einiger Änderungen des LuftVG und des Erlasses des LuftSiG, um den zuerst angesprochenen Fall der Undurchsetzbarkeit der Anordnung auch tatsächlich lösen und damit diese Lücken schließen zu können. Die damit einhergegangene Trennung von Aufgaben der Luftverkehrssicherheit im LuftVG von der Luftsicherheit im LuftSiG hat u. a. dazu geführt, dass die Vorschrift des § 29 Abs. 1 LuftVG um das Wort „betriebsbedingt" ergänzt wurde, um klarzustellen, dass in § 29 Abs. 1 LuftVG allein die Aufgabe der Luftverkehrssicherheit begründet ist

[131] BGBl. I, S. 1729.

[132] Schleicher/Reymann/Abraham, Das Recht der Luftfahrt, Bd. 2, LuftVG, § 29 LuftVG, Anm. 2.

[133] Schleicher/Reymann/Abraham, Das Recht der Luftfahrt, Bd. 2, LuftVG, § 29 LuftVG, Anm. 2.

[134] Vgl. Gesetz über Zuständigkeiten in der Luftverkehrsverwaltung vom 8.2.1961, BGBl. I, S. 69.

[135] Schleicher/Reymann, Recht der Luftfahrt, S. 112 f.

[136] Vgl. dazu Schleicher/Reymann/Abraham, Das Recht der Luftfahrt, Bd. 2, LuftVG, § 29 LuftVG, Anm. 5; aber vor allem Giemulla, LuftVG, § 29 Rn. 1 ff.

und keinerlei Bezug zu den Aufgaben der Luftsicherheit hat, die seit 2005 im LuftSiG abschließend geregelt sind.

Diese Ansicht mag die Befürworter einer klaren Trennung zwischen Aufgabenbereichen der safety und security in ihrer Auffassung bestätigen; sie verkennt aber einen grundlegenden und nicht zu vernachlässigenden Umstand: Die bei der Luftsicherheit in Rede stehenden Maßnahmen der Luftpolizei, wie sie die §§ 13 bis 15 LuftSiG regeln, d.h. Aufgaben der Sicherstellung der Einhaltung von Verkehrsvorschriften im Luftraum, sind grundsätzlich auch oder - besser gesagt - mehr der safety (Luftverkehrssicherheit) als der security zuzuordnen. Denn in aller Regel richten sich die Maßnahmen in erster Linie gegen jeden Verkehrsteilnehmer im Luftraum, der einschlägige Verkehrsregeln gebrochen hat. Unter dem Gesichtspunkt der „Luftpolizei" geht es dabei in erster Linie um Prävention und Repression und nicht primär um die Abwehr dem Luftverkehr von außen drohender Gefahren, es geht um den Schutz der Allgemeinheit vor einer Luftfahrt, die sie durch gezielt zum Absturz gebrachte Luftfahrzeuge bedroht, wie sie § 17 Abs. 1 LuftVG a.F. und § 29 Abs. 1 LuftVG a.F. im Auge hatten.

Dennoch sind die Aufgaben des Air Policing heute dem LuftSiG und damit – aber nicht dadurch allein – auch der Luftsicherheit zugeordnet. Zum einen wurde durch das Gesetz zur Neuregelung von Luftsicherheitsaufgaben vom 11. Januar 2005[137] in § 29 Abs. 1 LuftVG der Begriff „betriebsbedingt" eingefügt, zum anderen ist die Verankerung im LuftSiG durchaus auch durch den Sachzusammenhang geboten. Damit ist endgültig klargestellt, dass § 29 LuftVG nicht mehr als Ermächtigungsgrundlage für luftpolizeiliche Maßnahmen heranzuziehen ist. Diese Thematik erhielt im 3. Abschnitt des LuftSiG mit seinen §§ 13 bis 15 einen eigenen Schwerpunkt innerhalb der Luftsicherheitsarchitektur.

Aus den Überlegungen, dass die Aufgabe der Luftpolizei spätestens seit dem In-Kraft-Treten des LuftSiG dem Regelwerk des LuftVG entzogen war, sich aber wohl schon mit der Neufassung von § 17 LuftVG a.F. in § 29 LuftVG a.F. von 1958[138] mit dem Begriff der Luftaufsicht anstatt der Luftpolizei[139] nicht mehr unter das LuftVG subsumieren ließ, muss geschlussfolgert werden, dass eine belastbare Ermächtigungsgrundlage für den Einsatz von Alarmrotten der Bundeswehr im deutschen Luftraum zur Wahrnehmung von luftpolizeilichen Aufgaben und Bekämpfung – eines rein auf das Bundesgebiet bezogenen und unter Ausblendung von Bündnisverpflichtungen – aufgetretenen Luftzwischenfalls spätestens nach 1959 nicht mehr gegeben war. Der Einsatz der JG 74-Alarmrotten am 11. September 1972 war damit ebenfalls gesetzlich nicht legitimiert.

Erst mit In-Kraft-Treten des LuftSiG konnten demnach auf Grundlage der nationalen Vorschriften in den §§ 13 bis 15 LuftSiG Alarmrotten der Luftwaffe der

---

[137] BGBl. I. S. 78.

[138] Art. 1 Nr. 21 Gesetz zur Änderung des Luftverkehrsgesetzes vom 5. Dezember 1958, BGBl. I., S. 899.

[139] Die Gesetzesbegründung weist keinen Hinweis dazu auf, warum – wenn sich ohnehin, auch durch das Luftaufsichtsgesetz begründet, der Regelungsgehalt des § 17 Abs. 1 LuftVG a.F. in der Luftaufsicht abgespielt hat – über mehr als 35 Jahre lang der Begriff der Luftpolizei verwendet und auch so kommentiert wurde, vgl. BT-Drs. 100.

Bundeswehr eingesetzt werden, um luftpolizeiliche Aufgaben wahrzunehmen, allerdings nur in dem Umfang, der unter Art. 35 GG fällt und der von landesrechtlichen Ermächtigungen gedeckt ist.

Auszug aus dem Luftsicherheitsgesetz (LuftSiG)[140]**:**

„Abschnitt 3
Unterstützung und Amtshilfe durch die Streitkräfte

§ 13
Entscheidung der Bundesregierung

(1) Liegen auf Grund eines erheblichen Luftzwischenfalls Tatsachen vor, die im Rahmen der Gefahrenabwehr die Annahme begründen, dass ein besonders schwerer Unglücksfall nach Artikel 35 Abs. 2 Satz 2 oder Abs. 3 des Grundgesetzes bevorsteht, können die Streitkräfte, soweit es zur wirksamen Bekämpfung erforderlich ist, zur Unterstützung der Polizeikräfte der Länder im Luftraum zur Verhinderung dieses Unglücksfalles eingesetzt werden.

(2) Die Entscheidung über einen Einsatz nach Artikel 35 Abs. 2 Satz 2 des Grundgesetzes trifft auf Anforderung des betroffenen Landes der Bundesminister der Verteidigung oder im Vertretungsfall das zu seiner Vertretung berechtigte Mitglied der Bundesregierung im Benehmen mit dem Bundesminister des Innern. Ist sofortiges Handeln geboten, ist das Bundesministerium des Innern unverzüglich zu unterrichten.

(3) Die Entscheidung über einen Einsatz nach Artikel 35 Abs. 3 des Grundgesetzes trifft die Bundesregierung im Benehmen mit den betroffenen Ländern. Ist eine rechtzeitige Entscheidung der Bundesregierung nicht möglich, so entscheidet der Bundesminister der Verteidigung oder im Vertretungsfall das zu seiner Vertretung berechtigte Mitglied der Bundesregierung im Benehmen mit dem Bundesminister des Innern. Die Entscheidung der Bundesregierung ist unverzüglich herbeizuführen. Ist sofortiges Handeln geboten, sind die betroffenen Länder und das Bundesministerium des Innern unverzüglich zu unterrichten.

(4) Das Nähere wird zwischen Bund und Ländern geregelt. Die Unterstützung durch die Streitkräfte richtet sich nach den Vorschriften dieses Gesetzes.

§ 14
Einsatzmaßnahmen, Anordnungsbefugnis

(1) Zur Verhinderung des Eintritts eines besonders schweren Unglücksfalles dürfen die Streitkräfte im Luftraum Luftfahrzeuge abdrängen, zur Landung zwingen, den Einsatz von Waffengewalt androhen oder Warnschüsse abgeben.

(2) Von mehreren möglichen Maßnahmen ist diejenige auszuwählen, die den Einzelnen und die Allgemeinheit voraussichtlich am wenigsten beeinträchtigt. Die Maßnahme

---

[140] Vom 11. Januar 2005, BGBl. I S. 78, geändert durch Art. 49 des Gesetzes zur Umbenennung des Bundesgrenzschutzes in Bundespolizei vom 21. Juni 2005, BGBl. I., S. 1818.

darf nur so lange und so weit durchgeführt werden, wie ihr Zweck es erfordert. Sie darf nicht zu einem Nachteil führen, der zu dem erstrebten Erfolg erkennbar außer Verhältnis steht.

(3) Die unmittelbare Einwirkung mit Waffengewalt ist nur zulässig, wenn nach den Umständen davon auszugehen ist, dass das Luftfahrzeug gegen das Leben von Menschen eingesetzt werden soll, und sie das einzige Mittel zur Abwehr dieser gegenwärtigen Gefahr ist.[141]

(4) Die Maßnahme nach Absatz 3 kann nur der Bundesminister der Verteidigung oder im Vertretungsfall das zu seiner Vertretung berechtigte Mitglied der Bundesregierung anordnen. Im Übrigen kann der Bundesminister der Verteidigung den Inspekteur der Luftwaffe generell ermächtigen, Maßnahmen nach Absatz 1 anzuordnen.

§ 15
Sonstige Maßnahmen

(1) Die Maßnahmen nach § 14 Abs. 1 und 3 dürfen erst nach Überprüfung sowie erfolglosen Versuchen zur Warnung und Umleitung getroffen werden. Zu diesem Zweck können die Streitkräfte auf Ersuchen der für die Flugsicherung zuständigen Stelle im Luftraum Luftfahrzeuge überprüfen, umleiten oder warnen. Ein generelles Ersuchen ist zulässig. Die Voraussetzungen für ein Tätigwerden werden in diesem Fall durch vorherige Vereinbarung festgelegt.

(2) Der Bundesminister der Verteidigung kann den Inspekteur der Luftwaffe generell ermächtigen, Maßnahmen nach Absatz 1 anzuordnen. Der Inspekteur der Luftwaffe hat den Bundesminister der Verteidigung unverzüglich über Situationen zu informieren, die zu Maßnahmen nach § 14 Abs. 1 und 3 führen könnten.

(3) Die sonstigen Vorschriften und Grundsätze der Amtshilfe bleiben unberührt."

Das BVerfG hat in seinem Urteil vom 15 Februar 2005 „nur" § 14 Abs. 3 LuftSiG für nichtig erklärt. Die übrigen Regelungen der §§ 13 bis 15 LuftSiG sind weiterhin in Kraft und können als Ermächtigungsgrundlage für einen Einsatz der Luftwaffe dienen, soweit dabei keine militärtypische Bewaffnung verwendet wird[142]. Im Lichte der grundsätzlichen Überlegungen zum Air Policing, vor allem weil dieses – soweit ersichtlich, von keiner Seite bestritten[143] – im Rahmen der NATO wahrgenommen wird, muss die Frage gestellt werden dürfen, ob ein Einsatz der Bundeswehr im Innern zu Zwecken des Air Policing ausschließlich auf den Nordatlantikvertrag oder zusätzlich auf die §§ 13 bis 15 LuftSiG gestützt ist.

Wenn und soweit man die F-4 Phantom II- oder Eurofighter-Flugzeugen als „spezifisch militärische Waffen" betrachtet, dann wäre ein Einsatz der Luftwaffe in Deutschland zur Luftraumüberwachung und –verteidigung nach dem Urteil des

[141] Das Bundesverfassungsgericht hat § 14 Abs. 3 LuftSiG mit Urteil vom 15. Februar 2006 für nichtig erklärt (1 BvR 357/05).

[142] BVerfG, Urteil vom 15. Februar 2006 – 1 BvR 357/05 – Rdnr. 105.

[143] Vgl. dazu nur Robbers, Stellungnahme, S. 7, 29 ff.

BVerfG zu § 14 Abs. 3 LuftSiG ausgeschlossen. Denn über den Eurofighter kann man lesen[144]:

„Waffensystem – Das Konzept des Waffensystems beruht auf einem ausgewogenen Zusammenwirken von Eigenschaften wie hoher Agilität aufgrund der aerodynamischen Auslegung sowie Leistungsfähigkeit der Triebwerke, Bewaffnung, Sensorik und geringe Signatur."

Da damit zumindest der Eurofighter als Waffensystem, d.h. als komplexes technisches Wehrmaterial bezeichnet wird, ist sein Einsatz jedenfalls unter nationalem Recht und damit unter ausschließlichem Kommando der Bundeswehr ausgeschlossen.

4.5.4 Aufgabenwahrnehmung im Rahmen des NATO-Bündnisses

Die in Deutschland stationierten Abfangjäger oder Alarmrotten der Bundesluftwaffe in Wittmund/Ostfriesland und Neuburg an der Donau unterstehen nicht ohne weiteres dem Oberbefehl des Verteidigungsministers oder des Bundeskanzlers, sondern sind zunächst einmal zu jedem Zeitpunkt alleinigem NATO-Kommando unterstellt[145]. Dies folgt unter anderem aus der historischen Entwicklung nach dem Ende des Zweiten Weltkrieges, nach der die Alliierten Westmächte – auf Grund der als immer bedrohlicher wahrgenommenen Gefahr einer unvorhersehbaren Ausdehnung des sowjetischen Machtblocks – Deutschland auf Druck von Bundeskanzler Konrad Adenauer zwar die Bildung einer Verteidigungsarmee zugebilligt hatten, diese Armee allerdings – anfangs ausschließlich, später zumindest vorrangig[146] – ihren Verteidigungsbeitrag innerhalb des NATO-Bündnisses[147] leisten und damit nur nachrangig eine eigenständige Armee sein sollte[148]. Wegen dieser konsequenten Integration in die Militärstruktur der NATO fehlte es der Bundeswehr von Anfang an – im Gegensatz zu der Mehrheit der übrigen Armeen – an einem eigenen Generalstab[149].

---

144 http://www.eads.com/1024/de/businet/defence/mas/combat_aircraft/eurofighter/weapons.html, 8.2.2008.

145 Vgl. auch Lang, ZRP 2000, 270; Hirsch, in diesem Buch.

146 Vgl. Hellmann/Wolf/Schmidt, Deutsche Außenpolitik in historischer und systematischer Perspektive, in: Schmidt/Hellmann/Wolf, Handbuch zur deutschen Außenpolitik, S. 31.

147 Nordatlantikvertrag vom 4. April 1949, UNTS Bd. 34, S. 243; Bd. 126, S. 350; Bd. 243, S. 308; gemäß Bekanntmachung vom 9. Mai 1955, BGBl. II S. 630; Gesetz über den Beitritt zum Nordatlantikvertrag vom 24. März 1955, BGBl. II S. 256.

148 Vgl. Nr. 6 des Final Communiqu of the Meeting of the North Atlantic Council attended by Foreign and Defence Ministers (including decisions relating to the Association and future Membership of the Federal Republic of Germany), Paris 22 Octobre 1954, http://www.nato.int/docu/basictxt/b541022e.htm, 07.02.2008.

149 Hellmann/Wolf/Schmidt, Deutsche Außenpolitik in historischer und systematischer Perspektive, in: Schmidt/Hellmann/Wolf, Handbuch zur deutschen Außenpolitik, S. 32.

Die Koordinierung des zivilen und militärischen Luftraums unterlag durch den Deutschlandvertrag dem Vorbehalt der drei westlichen Siegermächte USA, Großbritannien und Frankreich[150] und wurde bis 1990[151] und auch noch danach vom Ausschuss Europäische Luftraumkoordinierung der NATO wahrgenommen[152]. Somit wurde ein Einsatz der deutschen Luftwaffe vom Zeitpunkt des Bestehens der Bundeswehr an bis heute unter NATO-Kommando[153] geführt, die Bundesrepublik musste lediglich ihr Einverständnis zu einer Verwendung der Alarmrotten unter NATO-Befehl erklären[154], was naturgemäß eine reine Formalie darstellte.

Nach einheitlicher Auffassung wurde bisher immer vertreten, dass die Einsatz- und Befehlsgewalt von der NATO auf die Bundesrepublik Deutschland übergeht, wenn bei einem Einsatz gegenüber einem Luftfahrzeug festgestellt wurde oder wird, es handele sich hierbei um ein ziviles.[155] Eine solche Feststellung kann, muss aber nicht zutreffend sein, wie die Bundesregierung auch vor dem Bundesverfassungsgericht erklärt hat. Neben dem besagten „RENEGADE"-Konzept, bei dem die weitere Begleitung des Luftzwischenfalls ab Einordnung als ziviles Luftfahrzeug ausschließlich unter nationalem Kommando – und damit auch nationalem Recht – erfolgt, besteht ein militärisches Konzept für den Einsatz der integrierten Luftverteidigungsmittel unter NATO-Kommando[156], das ein Luftfahrzeug von einem NATO-Befehlshaber als feindlich erklären lassen kann und eine Bekämpfung – d.h. auch und besonders einen Abschuss – in kollektiver Wahrnehmung des Selbstverteidigungsrechts aus Art. 51 SVN völkerrechtlich legitimieren würde[157].

4.5.5 Integrierte Luftverteidigung der NATO

Rechtsgrundlage für einen Einsatz von in Deutschland stationierten Einsatzkräften der Bundeswehr bildet grundsätzlich das nationale Recht der Wehrverfassung und weitere einfachgesetzliche Regelungen. Die in Deutschland stationierten Alarmrotten können hingegen auf Grundlage des Nordatlantikvertrages vom 4. April 1949[158] eingesetzt werden. In den Ergebnissen der Beratungen zum Grundgesetz waren nach dem Ende des Zweiten Weltkriegs die Notwendigkeiten zu erkennen,

---

150 Art. 2 des Vertrages über die Beziehungen zwischen der Bundesrepublik Deutschland und den Drei Mächten vom 26. Mai 1952, BGBl. 1955 II S. 305.

151 Vgl. Vertrag über die abschließende Regelung in Bezug auf Deutschland, BT-Drs. 11/8024; dazu auch Blumenwitz, NJW 1990, 3041 ff.

152 Vgl. NATO-Handbuch 2001, S. 208 ff.

153 Zu der Frage der Rechte der Alliierten auf Mitwirkung bei der deutschen Einigung, v.a. in Bezug die Frage der Bündniszugehörigkeit des vereinten Deutschlands, vgl. v. Goetze, NJW 1990, 2166.

154 Art. 7 Abs. 4 des Vertrages über die Beziehungen zwischen der Bundesrepublik Deutschland und den Drei Mächten vom 26. Mai 1952, BGBl. 1955 II S. 305.

155 Sog. „Request of Authority"; vgl. Giemulla, in: Giemulla/van Schyndel, LuftSiG, Abschnitt 3, Rdnr. 27; Hirsch, in diesem Buch.

156 MC 54/1, gebilligt vom NATO-Rat am 6. Februar 2002.

157 Robbers, Stellungnahme, S. 31.

158 UNTS Bd. 34, S. 243; Bd. 126, S. 350; Bd. 243, S. 308.

Deutschland zu keinem Zeitpunkt in der Zukunft mehr zu einer Militärmacht werden zu lassen, die den Weltfrieden beeinträchtigen kann, und zum anderen der sowjetischen Bedrohung in Mitteleuropa auf deutschem Boden entschieden und mit aller Deutlichkeit entgegentreten zu müssen. In Art. 24 Abs. 2 GG findet sich daher die verfassungsmäßige Grundlage, dass Deutschland – zum Selbstschutz und zum Schutz der übrigen europäischen Staaten – einem kollektiven Sicherheitsbündnis beitreten kann. Gedacht war damals vor allen Dingen an die NATO[159] und die Europäische Verteidigungsgemeinschaft (EVG).

Art. 24 Abs. 2 GG: „Der Bund kann sich zur Wahrung des Friedens einem System gegenseitiger kollektiver Sicherheit einordnen; er wird hierbei in die Beschränkungen seiner Hoheitsrechte einwilligen, die eine friedliche und dauerhafte Ordnung in Europa und zwischen den Völkern der Welt herbeiführen und sichern."

Deutschland ist bekanntlich im Zuge der sich verschärfenden Auseinandersetzungen zwischen den Machtblöcken im Westen und Osten im Jahr 1955 der NATO beigetreten[160]. Nach Art. 1 des Nordatlantikvertrages ist jeder internationale Streitfall so zu regeln, dass der internationale Friede sowie die Sicherheit und Gerechtigkeit nicht gefährdet ist. Art. 3 konkretisiert die Aufgaben der Bündnisstaaten in Bezug auf eine „ständige und wirksame Selbsthilfe" sowie die „gegenseitige Unterstützung, die eigene und die gemeinsame Widerstandskraft gegen bewaffnete Angriffe erhalten und fortentwickeln" zu können. Art. 5 schließlich formuliert den Bündnisfall bei einem bewaffneten Angriff auf das Bündnis nach Art. 6. Dabei ist grundsätzlich unerheblich, ob der Angriff durch einen Staat, dessen Kombattanten oder reine Kriminelle wie z.B. Terroristen erfolgt.

Ausfluss dieser doch sehr losen juristischen Konstellation ist die faktische Kommandogewalt der NATO über die Armeen ihrer Bündnismitglieder. Im Grundsatz unterstehen die Armeen von NATO-Mitgliedstaaten innerhalb Europas vollständigem NATO-Kommando. Erst im Fall eines festgestellten „non-Article-5"-Sachverhalts – also der Tatsache, dass es sich nicht um eine den Bündnisfall hervorrufende Bedrohung handelt – geht diese Kommandogewalt auf die nationalen Befehlshaber über. Verfassungsrechtlich wird diese Aufgabenübertragung durch Art. 24 Abs. 2 GG legitimiert, der es dem Bund erlaubt, sich in ein kollektives Sicherheitsbündnis einzuordnen. Da im Bereich der Luftraumüberwachung – wie noch dargelegt wird – eine ausschließliche Zuständigkeit und Aufgabenwahrnehmung bei der NATO gesehen wird[161], erfolgt auch deren Einsatz im Rahmen der Ermächtigung nach Art. 24 Abs. 2 GG nach den Regeln der NATO[162].

---

159 Obwohl bis zur Entscheidung des BVerfG im Jahre 1994 (BVerfGE 90, 286) z.T. die Auffassung vertreten wurde, es handele sich bei der NATO nicht um ein Sicherheitsbündnis nach Art. 24 Abs. 2 GG wie die UNO, vgl. Hellmann, Sicherheitspolitik, in: Dittgen/Schmidt, Handbuch zur deutschen Außenpolitik, S. 611.

160 Gesetz über den Beitritt der Bundesrepublik Deutschland zur NATO vom 24. März 1955, BGBl. II S. 256; der Nordatlantikvertrag trat am 6. Mai 1955 für Deutschland in Kraft, vgl. Bekanntmachung vom 9. Mai 1955, BGBl. II S. 630.

161 Vgl. NATO, Tatsachen und Dokumente, S. 193.

162 Vgl. BVerfGE 90, 286.

Wie weit diese Befugnisse reichen, ob also durch einen multilateralen Vertrag zur Gründung einer den Sicherheitsinteressen mehrerer Staaten dienenden Regionalorganisation[163] verfassungsmäßige Grundprinzipien ausgeblendet werden dürfen, muss bezweifelt werden. Eine Erweiterung von Zuständigkeiten der NATO auf Fälle der inneren Sicherheit eines Mitgliedstaates ohne direkte Betroffenheit des Bündnisses würde demnach die Möglichkeit eröffnen können, unabhängig vom Vorliegen einer grundgesetzlichen Ermächtigung die unter NATO-Kommando geführte Bundeswehr im Innern der Bundesrepublik einzusetzen. Gleichwohl darf nicht verkannt werden, dass sich Deutschland dem Sicherheitsbündnis auf Basis einer verfassungsrechtlichen Ermächtigung angeschlossen hat. Es muss daher die Frage gestellt werden, welche Rechte des Bündnisses, und welche Einschränkungen der bisher vertretenen Auffassungen zu einem Bundeswehreinsatz im Innern – besonders im Hinblick auf die Luftwaffenverbände zur Luftraumüberwachung und -verteidigung – aus diesem Umstand heraus entstanden sind bzw. noch entstehen könnten.

Auch wurden und werden gerade heute noch luftpolizeiliche Aufgaben im Luftraum der Bundesrepublik Deutschland – wie auch in allen anderen europäischen NATO-Staaten – nach Darstellung der Bundesregierung[164] im Rahmen des Systems der Integrierten NATO-Luftverteidigung (NATINADS – NATO Integrated Air Defence System) wahrgenommen. Alle dafür erforderlichen militärischen Kräfte der Bundeswehr sind daher – auch bereits im Frieden – der NATO unterstellt. Diese „Erstzuständigkeit" ergibt sich aus einem objektiven wie aus einem subjektiven Beweggrund. Aus objektiver Sicht kann ein militärisches Sicherheitsbündnis wie die NATO auf eine plötzliche Bedrohung nur dann effektiv reagieren und ihren vertraglich fixierten Verteidigungsauftrag erfüllen, wenn ihm zu jeder Zeit Truppenkontingente und Kommunikations- und Befehlswege zum direkten Zugriff auf diese Truppen zur Verfügung stehen. Die NATO nimmt zudem subjektiv für sich in Anspruch, die „Verantwortung für die Luftverteidigung"[165] des gesamten Bündnisses zu tragen. Auch wenn dieser Einschätzung aus sachlich militärischer Sicht zugestimmt werden kann, muss die rechtliche Beurteilung dem Maßstab des Art. 24 Abs. 2 GG im Besonderen und der übrigen Vorschriften des Grundgesetzes – vor allem der Grundrechte – im Allgemeinen Stand halten. Inwieweit diese grundgesetzlichen Hürden einen Einsatz der Bundeswehr unter ausschließlichem NATO-Kommando einschränken können, bedarf einer gesonderten Betrachtung.

Auch ein Alarmstart sei bei noch ungeklärter Sachlage des vermuteten Luftzwischenfalls – also bei der Frage, ob es sich um ein ziviles oder ein militärisches Luftfahrzeug handelt – im Rahmen der Integrierten NATO-Luftverteidigung möglich[166]. Die Unterscheidung zwischen militärischen und zivilen Luftfahrzeugen ist angesichts der Behauptung, bei einer zivilen Maschine würde die Befehls- und

---

[163] Zu diesem Begriff vgl. Hobe/Kimminich, Einführung in das Völkerrecht, 8. Aufl., S. 138.

[164] Robbers, Stellungnahme, S. 7.

[165] NATO, Tatsachen und Dokumente, S. 193.

[166] Robbers, Stellungnahme, S. 10.

Kommandogewalt über die Luftwaffe im Wege des „transfer of authority" an Deutschland „rückübertragen", mehr als fragwürdig. Denn gerade die Ereignisse des 11. September 2001 haben gezeigt, dass eine klare Trennung nicht immer möglich ist und – selbst wenn es sich eindeutig um ein Zivilluftfahrzeug handelt – der Vorfall das Selbstverteidigungsrecht nach Art. 51 SVN[167] und den Bündnisfall nach Art. 5 Nordatlantikvertrag auslösen kann. Somit wäre wiederum die Zuständigkeit der NATO gegeben. Wann allerdings ein solcher Fall, wie der des 11. September 2001 anzunehmen ist, hat selbst die derzeitige Bundesregierung in einer kürzlich ergangenen Antwort auf eine parlamentarische Anfrage[168] offen gelassen. Sie hält aber fest, dass ein „von innerhalb oder außerhalb der deutschen Staatsgrenze in den Luftraum der Bundesrepublik Deutschland" einfliegendes „Renegade Aircraft" als „Abwehr durch die Streitkräfte als Verteidigung im Sinne von Artikel 87a Abs. 2 GG zu werten" sei, „wenn es sich dabei um einen Angriff eines anderen Staates oder eines de-facto Regimes auf die Bundesrepublik Deutschland handelt oder wenn und soweit internationale terroristische Aggressionen ein Ausmaß erreicht, das das Selbstverteidigungsrecht nach Art. 51 UN-Charta auslöst"[169]. Kritisch an dieser Aussage ist vor allem die damit verbundene Konsequenz zu werten, dass es bei der Frage, ob ein Fall des Art. 87a Abs. 2 GG vorliegen soll, auf das Ausmaß der terroristischen Aggression ankommen soll. Damit würde der Argumentation Vorschub geleistet, es komme auf die Intensität und damit mittelbar auf die Anzahl der von einer terroristischen Aggression Betroffenen an und nicht mehr unmittelbar auf die Zugehörigkeit oder Zurechenbarkeit zu einem fremden Staat. Die Frage also an dem Ausmaß der Bedrohung auszurichten würde dem verfassungsrechtlichen Grundsatz, Menschenleben nicht gegeneinander ab- (für die Qualität) und aufwiegen (für die Quantität) zu können, zuwiderlaufen. Leider hat das Bundesverfassungsgericht diese Frage in Bezug auf die Entscheidung zum Luftsicherheitsgesetz ausgespart und nur auf die Abwägung beider Rechtspositionen, der der Insassen im Flugzeug, denen ein Schutzanspruch zugute kommt, und der der Menschen am Boden, denen ein Abwehranspruch zuteil wird, abgestellt. Letztlich aber fehlt diese Klarstellung und eröffnet damit Interpretationen, ob das von der Bundesregierung formulierte Ausmaß in Form einer Quantifizierung doch vielleicht eine verfassungsrechtliche Relevanz in sich trägt.

Schon vor dem In-Kraft-Treten des LuftSiG wurde die Luftraumüberwachung zumindest immer so praktiziert, dass das Aufsteigen der Alarmrotten sowie die Sichtidentifizierung (noch) im Rahmen des NATO-Air Policing stattfanden[170]. Die Rechtsgrundlage für die von der NATO-Luftverteidigung geführten Alarmrotten bildet nach Auffassung der derzeitigen Bundesregierung der Nordatlantikvertrag, dem Deutschland „zur kollektiven Wahrnehmung des Selbstverteidigungsrechts nach Maßgabe des Art. 51 der Satzung der Vereinten Nationen (SVN)" beigetreten ist[171]. Teile der nationalen Luftverteidigungsstreitkräfte seien auf Grundlage

[167] Vgl. UN-Resolutionen 1368 und 1373 (2001) des UNO-Sicherheitsrates.
[168] BT-Drs. 16/7738.
[169] BT-Drs. 16/7738, S. 5.
[170] Robbers, Stellungnahme, S. 28.
[171] Robbers, Stellungnahme, S. 29.

dieses Vertrages und der Beschlüsse des Nordatlantikrates zur Errichtung und zum Betrieb eines Integrierten Erweiterten NATO-Luftverteidigungssystems – dem NATINADS[172] – bereits im Frieden unterstellt worden[173]. Weiter heißt es[174]:

„Das militärische Konzept MC 54/1 zu NATINADS, das vom NATO-Rat in angepasster Form am 6. Februar 2002 gebilligt wurde, regelt Einzelheiten dieses Systems und den Einsatz der integrierten Luftverteidigungsmittel unter NATO-Kommando in Friedenszeiten und im Krisen- und Kriegsfall.

Mit Unterstellung unter NATINADS durch „Transfer of Authority" (ToA) üben NATO-Befehlshaber die operative Kommando- und Kontrollgewalt über die regionalen Luftverteidigungsgefechtsstände und Alarmrotten aus.

...

Nach MC 54/1 stehen die nationalen Luftverteidigungsgefechtsstände und Alarmrotten der NATO zur Verfügung, um im Frieden militärische „Air-Policing"-Maßnahmen durchzuführen. Diese Maßnahmen erfolgen bei Verletzung des Luftraums und bei Abweichung vom vorgeschriebenen Flugweg. ... Dabei sind unter Anwendung der internationalen ICAO- sowohl zivile Luftfahrzeuge und militärische Nicht-Kampfflugzeuge wie auch Kampfflugzeuge und Kampfhubschrauber ohne Anwendung von Gewalt zur Rückkehr auf den vorgeschriebenen Flugweg bzw. zum Verlassen des Luftraums, in den sie unrechtmäßig eingedrungen sind, zu bewegen. Sind feindliche Absichten oder feindliche Handlungen zweifelsfrei erkannt, kann der zuständige NATO-Befehlshaber Kampfflugzeuge und Kampfhubschrauber zu feindlichen Luftfahrzeugen erklären. Danach ist eine Bekämpfung in kollektiver Wahrnehmung des Selbstverteidigungsrechts gemäß Art. 51 SVN völkerrechtlich zulässig."

Grundsätzlich würde nach Auffassung der Bundesregierung nur ein zu einem feindlichen Luftfahrzeug erklärtes Kampfflugzeug oder ein Kampfhubschrauber einen Abschuss nach dem Nordatlantikvertrag legitimieren. Die Vermutung ist allerdings nicht abwegig, dass nach Möglichkeiten gesucht wird, ein „zur Waffe umfunktioniertes Luftfahrzeug" bzw. „ein Flugzeug mit unbeteiligten Passagieren an Bord, das als Waffe benutzt wird"[175] in diesem Sinne auch als „Kampfflugzeug" zu qualifizieren.

In einem bisher unschlüssigen Zusammenhang wurden die „NATO-Regelungen für den sogenannten RENEGADE-Fall" dargestellt. Während MC 54/1 als militärisches Konzept des integrierten NATO Luftverteidigungssystems NATINADS[176] „bei Verletzung des Luftraums und bei Abweichung vom vorgeschriebenen Flugweg"[177] zur Anwendung kommt, wurde am 10. Juli 2002 auch ein „Konzept zur Erhöhung der Luftverteidigungsbereitschaft gegen mögliche terroristische Anschläge" vom NATO-Rat gebilligt, das „auf die bewährten Instrumentarien und Verfahren des NATINADS" zurückgreifen und sie ergänzten soll[178]. So existiert in

172 NATINADS – NATO Integrated Air Defence System.

173 Robbers, Stellungnahme, S. 29.

174 Robbers, Stellungnahme, S. 30 f.

175 Robbers, Stellungnahme, S. 2.

176 NATINADS – NATO Integrated Air Defence System.

177 Robbers, Stellungnahme, S. 30.

178 Robbers, Stellungnahme, S. 32.

beiden Regelungen ein Annex C, der zwischen dem RENEGADE-Konzept und MC 54/1 eine Verbindung herstellt[179]. Das RENEGADE-Konzept ist nach folgendem Muster ausgestaltet[180]:

„Im Falle eines „RENEGADE"-Verdachts sollen erste zeitkritische taktische Maßnahmen, d. h. der ALPHA SCRAMBLE (Anordnung von Alarmstart), ggf. noch im Rahmen des NATINADS durch den zuständigen NATO-Befehlshaber erfolgen. Diese Regelung berücksichtigt, dass eine Unterscheidung zwischen nicht krimineller Verletzung des Luftraums oder Abweichung vom vorgeschriebenen Flugweg und einem „RENEGADE"-Fall in diesem Stadium möglicherweise noch nicht getroffen werden kann. Das NATO-Konzept sieht vor, dass auch die Anordnung von Alarmstarts bereits durch nationale Stellen anstelle der NATO erfolgen kann. Dies ermöglicht, dass NATO-Mitgliedstaaten aufgrund eigener Erkenntnisse über einen „RENEGADE"-Verdacht außerhalb der NATO-Luftüberwachung bei Bedarf national handeln können. Spätestens mit Feststellung des „RENEGADE"-Falls durch das CAOC endet die Unterstellung der nationalen Luftverteidigungskräfte unter den NATO-Befehl. Ab diesem Zeitpunkt ist – unabhängig vom Alarmstart – von Seiten der NATO die Unterstellung an die betroffene Nation zurückzugeben. Alle Folgemaßnahmen gegen ein Zivilflugzeug im Anschluss an einen Alarmstart müssen dann in nationaler Verantwortung erfolgen: d.h. INTERROGATION (Abfangen, Sichtidentifizierung), INTERVENTION (Abdrängen, zur Landung zwingen), WARNING BURST (Warnfeuerstoß), ENGAGEMENT (Bekämpfung). Der Waffeneinsatz nationaler Luftstreitkräfte im „RENEGADE"-Fall ist ausdrücklich nur unter nationaler Führung möglich. Im „RENEGADE"-Fall erfolgen somit lediglich die ersten Maßnahmen (Alarmstart, Sichtidentifizierung) unter NATO-Regime. Alle weiteren Maßnahmen der Luftwaffe können nunmehr auf Basis des Luftsicherheitsgesetzes getroffen werden".

Unschlüssig sind die Regelungen daher, weil MC 54/1 „bei Verletzung des Luftraums und bei Abweichung vom vorgeschriebenen Flugweg"[181] zur Anwendung kommen soll. Das RENEGADE-Konzept zielt von seinem Namen her aber erst auf Fälle ab, die einem festgestellten RENEGADE zugrunde liegen. Die Begründung, das RENEGADE-Konzept berücksichtige, „dass eine Unterscheidung zwischen nicht krimineller Verletzung des Luftraums oder Abweichung vom vorgeschriebenen Flugweg und einem RENEGADE-Fall" noch nicht möglich sei[182], vermag nicht zu überzeugen, da sowohl MC 54/1 als auch das RENEGADE-Konzept zur Anwendung kommen können und zwar in dieser gestuften Reihenfolge, wenn eine Verletzung des Luftraums oder eine Abweichung vom Flugweg vorliegt. Denn die Voraussetzungen für MC 54/1 sind immer schon dann gegeben, wenn eine Luftraumverletzung oder eine Abweichung vom vorgeschriebenen Flugweg vorliegt, ein RENEGADE aber immer erst dann, wenn mindestens zwei der folgenden Kriterien erfüllt sind[183]:

---

[179] Robbers, Stellungnahme, S. 32 Fn. 31.
[180] Robbers, Stellungnahme, S. 32 f.
[181] Robbers, Stellungnahme, S. 30.
[182] Robbers, Stellungnahme, S. 32.
[183] Vgl. Robbers, Stellungnahme, S. 8.

„Erhebliche Abweichung vom Flugweg, Luftfahrzeug folgt nicht den zuletzt gegebenen Anweisungen der Flugsicherung, Unterbrochener oder verlorener Funkkontakt (LOSSCOMM), Transponder (Sekundärradar) nicht gem. Anweisung in Betrieb".

Dass es letztlich doch in der Entscheidungsgewalt der NATO liegt, welches Konzept sie im Einzelfall anwendet, führt folglich nicht zu der Beurteilung, die operative Befehlsbefugnis der Luftverteidigung der NATO liege bei der deutschen Bundesregierung. Das Gegenteil ist der Fall; im Zweifel hat die NATO die Erst- und die Letztbefehlsbefugnis, hergeleitet aus dem seit Jahrzehnten betriebenen Luftverteidigungskonzept im Rahmen der NATO. Allein daher folgt aus beiden Konzepten die NATO-Befehlsgewalt. Zum anderen ist es auch unerklärlich, warum eine Unterscheidung zwischen einer „nicht kriminellen Verletzung des Luftraums oder Abweichung vom vorgeschriebenen Flugweg und einem RENEGADE-Fall"[184] getroffen wird. Wenn bei einer Luftraumverletzung oder einer Abweichung vom vorgeschriebenen Flugweg noch nicht von einem RENEGADE gesprochen werden kann, erfolgt die Aufklärung nach MC 54/1, wenn sich ein RENEGADE einstellt, soll die Aufklärung unter nationaler Verantwortlichkeit vollzogen werden. Dies ist deshalb nicht begreiflich, weil eine bloße Luftraumverletzung eine geringere kriminelle Energie aufweist und im Ergebnis nie zum Eintritt des Bündnisfalls führen kann, ein RENEGADE hingegen schon. Daher ist unerklärlich, warum bis zu einem festgestellten RENEGADE die Aufklärung (begründeterweise) unter NATO-Kommando erfolgen soll, die weitere Begleitung wie Abdrängen oder zur Landung zwingend unter rein nationaler Zuständigkeit erfolgt und der Fall eines „CONFIRMED RENEGADE" – d.h. wenn mit an Sicherheit grenzender Wahrscheinlichkeit davon ausgegangen werden kann, dass das Luftfahrzeug aus terroristischen oder anderen Gründen als Waffe gebraucht und zum gezielten Absturz gebracht werden soll[185] – eigentlich wieder die Bündniszuständigkeit hervorrufen müsste, da die Verwirklichung der Tat den Bündnisfall nach Art. 5 Nordatlantikvertrag auslösen könnte.

Insofern verwundert es, dass die NATO – auf sofortige und effektive Verteidigung des Bündnisgebietes ausgerichtet – die Zuständigkeiten während eines Sachverhaltes an die nationalen Stellen abgeben soll, um sie danach wieder an sich zu ziehen. Aus diesem Grund kann den Argumenten nicht gefolgt werden, zumal die Möglichkeiten, auf nationaler Rechtsgrundlage eine Alarmrotte an ein Luftfahrzeug heranzuführen, seit dem 15. Februar 2006 nicht mehr gegeben ist. Für andere NATO-Mitgliedstaaten kann dies noch im Rahmen ihrer gesetzlichen Möglichkeiten der Fall sein. Dass eine Abgabe der Zuständigkeit nicht dem Regelfall entspricht, kommt auch in der Argumentation der Bundesregierung zum Ausdruck, in der eingeräumt werden muss, dass das RENEGADE-Konzept dazu dient, „dass NATO-Mitgliedstaaten aufgrund eigener Erkenntnisse über einen RENEGADE-Verdacht außerhalb der NATO-Luftüberwachung bei Bedarf national handeln können"[186]. Hierbei steht das einzelfallbezogene KÖNNEN viel mehr im Vorder-

[184] Robbers, Stellungnahme, S. 32.
[185] Robbers, Stellungnahme, S. 8.
[186] Robbers, Stellungnahme, S. 32.

grund als das regelmäßige MÜSSEN. Die NATO wird demnach auch weiterhin in allen Fälle ihre NATO-Zuständigkeit ausüben, wo ihr selbst Informationen vorliegen, die – entweder als einfache Luftraumverletzung oder als RENEGADE – den Bündnisfall auslösen könnten und nur solche Fälle den nationalen Stellen überlassen, in denen ihnen vermeintlich mehr oder stichhaltigere Beweise vorliegen als der NATO.

Das bedeutet wegen der bereits angesprochenen fehlenden Rechtsgrundlage – für den unterstellten Fall, bei Vorliegen eines RENEGADE würde die (ausschließliche) Befehlsgewalt an die nationalen Kommandobehörden zurück übertragen werden müssen – , dass in Deutschland seit dem 15. Februar 2006 die Alarmrotten nach Art. 24 Abs. 2 GG i. V. m. Art. 5 Nordatlantikvertrag und seinen Ausführungsbestimmungen des RENEGADE-Konzeptes unter NATO-Kommando an das betreffende Luftfahrzeug herangeführt werden und erst im Falle eines Sichtkontakts mit dem Luftfahrzeug, bei dem die zivile Zugehörigkeit festgestellt wird, die Alarmrotten unverzüglich zu ihrem Fliegerhorst umkehren müssten, da ihnen ein Einsatz nach deutschen Recht nicht (mehr) möglich ist.

Anders hingegen ist die Rechtslage nach dem Konzept MC 54/1 vom 6. Februar 2002 zu beurteilen, bei dem das NATO-Kommando auch nach Sichtidentifizierung des Luftzwischenfalls als ziviles Luftfahrzeug bestehen bleibt und Maßnahmen zunächst ohne Anwendung von Waffengewalt wie z.B. das Begleiten oder Abdrängen auf Basis der grundgesetzlichen Ermächtigung aus Art. 24 Abs. 2 GG i. V. m. Art. 5 Nordatlantikvertrag und MC 54/1 vom 6. Februar 2002 in seiner jeweils aktuell gültigen Fassung möglich sind. Zudem beinhaltet das Konzept die Möglichkeit, bei zweifelsfrei identifizierten terroristischen Absichten das betreffende Luftfahrzeug zu einem feindlichen Luftfahrzeug zu erklären und in kollektiver Wahrnehmung des Selbstverteidigungsrechts aus Art. 51 SVN dieses bekämpfen zu können.

Damit würde eine – die Betrachtung der verfassungsrechtlichen Möglichkeiten zunächst außer Acht lassend – einfachgesetzliche Grundlage im deutschen Recht, wie sie § 14 Abs. 3 LuftSiG im Blick hatte, nicht notwendigerweise vorliegen müssen, um ein Zivilluftfahrzeug im deutschen Luftraum abschießen zu können, wenn dieses durch Terroristen als Waffe missbraucht und gezielt zum Absturz gebracht werden soll. Die Fälle des 11. September 1972 oder 2001 in die Zukunft projiziert, wäre es mithin in Deutschland auch möglich (gewesen), ein Luftfahrzeug im Rahmen der Integrierten NATO-Luftverteidigung und unter ausschließlichem NATO-Kommando ohne Beteiligung der deutschen Bundesregierung mit Waffengewalt zu bekämpfen, also abzuschießen.

Da diese Erkenntnis allein auf der Grundlage von Art. 5 Nordatlantikvertrag und den dazu ergangenen Ausführungsbestimmungen fußt, die vom NATO-Rat, einem Gremium ohne Gesetzgebungsbefugnisse, gebilligt werden mussten, ist die konkrete und tiefergehende Untersuchung der mit den Beitrittsverträgen zur NATO verbundenen Rechte und Pflichten des Bündnisses, seiner Organe und der Mitglieder zwingend notwendig und deren Ergebnisse kritisch zu werten. Fraglich ist dabei insbesondere, welche konkreten faktischen Auswirkungen der Beitritt und die Mitgliedschaft in der NATO für die Wahrnehmung der Luftpolizei im deutschen Luftraum haben und welche Konsequenzen sich für die zukünftige Beurteilung des Air Policing und des Bundeswehreinsatzes im Innern der Bundesrepublik Deutschland daraus ergeben. Denn es ist – zumindest auf den ersten Blick – schlechterdings unvorstellbar, dass ein Abschuss zwar nach deutschem Recht ausgeschlossen[187], bei gleichem Tatverlauf aber nach den Regeln der NATO möglich und gegebenenfalls völkerrechtlich sogar zulässig wäre. Dann nämlich wäre eine Neufassung des § 14 Abs. 3 LuftSiG sowie eine Änderung des Grundgesetzes nicht zwingend notwendig, um die Voraussetzungen für derlei Maßnahmen zu schaffen.

4.5.6 Unterwerfung unter ein System kollektiver Sicherheit

Deutschland ist bereits 1955 der NATO beigetreten[188]. Die Hintergründe für den Beitritt sind in der Absicht des damaligen Bundeskanzlers Konrad Adenauer zu suchen, der eine Grundlage für die (Wieder-)Aufstellung einer deutschen Armee schaffen wollte. So wurde die Bundeswehr anfangs auch als reine Unterstützungsarmee zu den NATO- (und EVG-)Truppen konzipiert, die über keinerlei eigene Kommandogewalt verfügen und ausschließlich dem Bündnis verpflichtet sein sollte. Später wurden diese restriktiven Vorstellungen aus verschiedenen Gründen wieder verworfen. Im Grundsatz aber blieb das vorrangige Ziel, mit der Aufstellung der Bundeswehr die NATO und die Europäische Verteidigungsgemeinschaft (EVG) zu stärken und zu unterstützen[189].

In diesem Zusammenhang sind auch die Planungen der Dienststelle Blank – dem späteren Bundesverteidigungsministerium – und des NATO-Kommandos für die unter nationalem Kommando stehenden Streitkräfte der Jahre 1954/55 zu werten, die die deutschen Streitkräfte noch in zwei Säulen gegliedert wissen wollten. Zum einen die „Deutschen NATO-Streitkräfte" und zum anderen die „territorialen und bodenständigen Organisationen der Streitkräfte", zu denen hauptsächlich Verwaltungs- und Unterstützungseinrichtungen zählten und die für gemeinsame Aufgaben errichtet werden und daher in nationaler Verantwortung bleiben sollten. Im Bereich der Luftwaffe bestand die unter nationalem Kommando stehende „bodenständige Organisation" nach dem Planungsstand von 1955 nur noch aus einem Kommando der Luftwaffen-Bodenorganisation, den Stäben, Verbindungs- und

[187] Vgl. BVerfG, Urteil vom 15.2.2006 – 1 BvR 357/05 –.

[188] Gesetz über den Beitritt der Bundesrepublik Deutschland zur NATO vom 24. März 1955, BGBl. II, S. 256; der Nordatlantikvertrag trat am 6. Mai 1955 für Deutschland in Kraft, vgl. Bekanntmachung vom 9. Mai 1955, BGBl. II, S. 630.

[189] Vgl. Schwengler, Der doppelte Anspruch: Souveränität und Sicherheit. Zur Entwicklung des völkerrechtlichen Status der Bundesrepublik Deutschland (1949-1955), in: Anfänge westdeutscher Sicherheitspolitik, Bd. 4, S. 245; zur Ausrichtung und Zusammensetzung der deutschen Luftwaffe mit offensivem Auftrag, Greiner, Die militärische Eingliederung der Bundesrepublik Deutschland in die WEU und die NATO 1954 bis 1957, in: Anfänge westdeutscher Sicherheitspolitik, Bd. 3, S. 638.

Fernmeldeverbänden, sowie 36 Fliegerhorstgruppen und einem Material- und Ausbildungskommando.[190]

Wieder einmal lässt sich daraus ableiten, dass der Integration einer zu errichtenden Bundeswehr in die NATO von Beginn an größere Aufmerksamkeit gewidmet wurde als dem Aufbau einer unter ausschließlichem Kommando der deutschen Regierung stehenden Bundeswehr, weil sich Maßnahmen unter anderem der Integrierten Luftverteidigung letztlich auf die NATO beschränken sollten. Ebenso stellt das Bundesverfassungsgericht schon 1984 bei der Frage der Integration der deutschen Bundeswehr in die NATO-Kommandostrukturen fest[191]:

„Das Programm der militärischen Integration stand dem Gesetzgeber bei der Verabschiedung des Gesetzes über den Beitritt der Bundesrepublik Deutschland zum Brüsseler Vertrag und zum Nordatlantikvertrag hinreichend deutlich vor Augen. Auf der Londoner Neun-Mächte-Konferenz vom 28. September bis 3. Oktober 1954 hatten die an der Konferenz teilnehmenden Mächte, die Mitglieder der NATO waren, unter Abschnitt IV der Schlussakte vereinbart, der NATO zu empfehlen, die Organisation dadurch zu stärken, dass grundsätzlich alle auf dem Kontinent stationierten Streitkräfte der NATO-Staaten der Befehlsgewalt des Alliierten Oberbefehlshabers des Bündnisses in Europa unterstellt würden („shall be placed under the authority"). Der Wortlaut dieser Übereinkunft lag dem Bundestag bei seiner Beschlussfassung ebenso vor (vgl. BTDrucks. II/ 1000, S. 50) wie die Entschließung des NATO-Rates zur Durchführung dieses Abschnitts der Schlussakte der Londoner Konferenz (vgl. BTDrucks. II/1061, S. 61 ff.). Dementsprechend ist in der Begründung der Bundesregierung zum Entwurf des Gesetzes betreffend den Beitritt der Bundesrepublik Deutschland zum Brüsseler Vertrag und zum Nordatlantikvertrag von einer „integrierten Streitmacht" (BTDrucks. II/1061, S. 47) und in dem Besonderen Bericht des Ausschusses für Fragen der europäischen Sicherheit zu diesem Gesetzentwurf von einer „einheitlichen Organisation" durch Integration und gemeinsame Kommandostellen die Rede (BTDrucks. II/1200, S. 50; vgl. auch die Äußerung des Abgeordneten Brandt [Berlin] in der 69. Sitzung des 2. Deutschen Bundestages am 24. Februar 1955, Sten. Ber., S. 3526).

Der Bundestag hat bei der Verabschiedung dieses Gesetzes auch nicht einen ausdrücklichen oder stillschweigenden Vorbehalt hinsichtlich der Art und des Umfanges der maßgeblichen Bewaffnung von Streitkräften oder der möglichen Befugnisse der NATO in der Frage des Einsatzes bestimmter Arten von Waffen, insbesondere von Atomwaffen, von deutschem Boden aus gemacht. ... Es gibt keine Anzeichen dafür, dass der Bundestag mit dem Zustimmungsgesetz eine Betrauung von NATO-Organen mit Befugnissen zum Einsatz atomarer Waffen, die auf dem Gebiet der Bundesrepublik Deutschland stationiert sind, ausgeschlossen oder einem gesonderten Gesetz vorbehalten wissen wollte."

Diese 1984 getroffene Feststellung ist 1994 noch einmal vom Bundesverfassungsgericht bestätigt worden[192]:

---

[190] Greiner, Die militärische Eingliederung der Bundesrepublik Deutschland in die WEU und die NATO 1954 bis 1957, in: Anfänge westdeutscher Sicherheitspolitik, Bd. 3, S. 640.

[191] BVerfGE 68, 1, 100 ff.

[192] BVerfGE 90, 286, 355.

„Der Eingliederung deutscher Streitkräfte in integrierte Verbände der NATO hat der deutsche Gesetzgeber durch den Beitritt zum Nordatlantikvertrag zugestimmt (vgl. BVerfGE 68, 1 [99 ff.]). Diese Zustimmung umfasst auch den Fall, dass integrierte Verbände im Rahmen einer Aktion der Vereinten Nationen, deren Mitglied die Bundesrepublik Deutschland ist, eingesetzt werden."

Fraglich bleibt bei all diesen Erkenntnissen noch, ob sich ein Einsatz der Bundeswehr im Innern – bezogen auf die Luftwaffe und die dargestellte Problematik der Luftverteidigung bzw. Luftpolizei – auf den Nordatlantikvertrag berufen kann und damit zumindest vorerst einem Entscheidungsvorbehalt des Bundestages entzogen wäre.

Nach Art. 24 Abs. 2 GG kann sich der Bund zur Wahrung des Friedens einem System gegenseitiger kollektiver Sicherheit einordnen und dabei in die Beschränkungen seiner Hoheitsrechte einwilligen. Die NATO ist solch ein System gegenseitiger kollektiver Sicherheit nach Art. 24 Abs. 2 GG[193]. Die Bundesregierung hat durch Regierungsvereinbarungen im Rahmen der Organisation des Nordatlantikpakts einen gemeinsamen Oberbefehl über einen wesentlichen Teil der deutschen Streitkräfte anerkannt[194]. Dass die Bundeswehr nicht nur bei einem unmittelbaren Angriff auf einen Bündnispartner eingesetzt werden kann, folgt unmittelbar aus Art. 24 Abs. 2 GG, unabhängig von der Zielrichtung des Art. 87a Abs. 2 GG, der Einsätze einschränkt, die sich nur auf das Bundesgebiet beziehen[195], nicht aber darüber hinaus.[196] Ein Einsatz der Bundeswehr im Innern im Bündnisfall bzw. überhaupt auf Basis des Art. 24 Abs. 2 GG i. V. m. den Verpflichtungen aus dem Nordatlantikvertrag ist daher folglich in diese Ermächtigungsnorm grundsätzlich eingeschlossen[197]. Nach den Leitsätzen des Urteils des Bundesverfassungsgerichts

---

[193] BVerfGE 90, 286, 351; vgl. auch Brockmeyer, in Schmidt/Bleibtreu/Klein, GG, Art. 24 Rn. 4a, selbst wenn die NATO kein Fall des Art. 24 Abs. 2 GG wäre, dann zumindest einer des Art. 24 Abs. 1 GG, nach dem die Hoheitsrechte an die NATO übertragen wurden; a.A. Randelshofer, in: Maunz/Dürig, GG, Art. 24 Abs. 1, Rn. 187, aber selbst danach sei die NATO kein Anwendungsfall des Art. 24 Abs. 1 GG, da Durchgriffsrechte der NATO im Nordatlantikvertrag gegenüber den Mitgliedstaaten nicht festgelegt seien und sonstiges NATO-Sekundärrecht, wie ein Beschluss des NATO-Rates, dass im militärischen Konfliktfall das sog. Operational command auf alliierte Kommandobehörden übergeht, rechtlich nur eine Empfehlung darstellt; Franzke, NJW 1992, 3076.

[194] Brockmeyer, in Schmidt/Bleibtreu/Klein, GG, Art. 24 Rn. 4a.

[195] Vgl. BVerfGE 90, 286, 357: „Maßgeblich war demnach das Ziel, die Möglichkeiten für einen Einsatz der Bundeswehr im Innern durch das Gebot strikter Texttreue zu begrenzen. Die schon im ursprünglichen Text des Grundgesetzes zugelassene Mitgliedschaft in einem System gegenseitiger kollektiver Sicherheit und die damit mögliche Teilnahme deutscher Streitkräfte an Einsätzen im Rahmen eines solchen Systems sollten nicht eingeschränkt werden."

[196] Brockmeyer, in: Schmidt/Bleibtreu/Klein, GG, Art. 24 Rn. 4c.

[197] BVerfGE 90, 286, 355 f.: „jedenfalls wird durch Art. 87a GG der Einsatz bewaffneter deutscher Streitkräfte im Rahmen eines Systems gegenseitiger kollektiver Sicherheit, dem die Bundesrepublik Deutschland gemäß Art. 24 Abs. 2 GG beigetreten ist, nicht ausgeschlossen. ... Art. 24 Abs. 2 GG gehört zu denjenigen Vorschriften, die von Beginn an Bestandteil des Grundgesetzes waren. Wie dargelegt (oben I.), bietet die Be-

aus dem Jahre 1994 sind deshalb mit den Beitritt der Bundesrepublik Deutschland zur NATO mehrere Folgen verbunden[198]:

„1. Die Ermächtigung des Art. 24 Abs. 2 GG berechtigt den Bund nicht nur zum Eintritt in ein System gegenseitiger kollektiver Sicherheit und zur Einwilligung in damit verbundene Beschränkungen seiner Hoheitsrechte. Sie bietet vielmehr auch die verfassungsrechtliche Grundlage für die Übernahme der mit der Zugehörigkeit zu einem solchen System typischerweise verbundenen Aufgaben und damit auch für eine Verwendung der Bundeswehr zu Einsätzen, die im Rahmen und nach den Regeln dieses Systems stattfinden.

2. Art. 87a GG steht der Anwendung des Art. 24 Abs. 2 GG als verfassungsrechtliche Grundlage für den Einsatz bewaffneter Streitkräfte im Rahmen eines Systems gegenseitiger kollektiver Sicherheit nicht entgegen.

3.a) Das Grundgesetz verpflichtet die Bundesregierung, für einen Einsatz bewaffneter Streitkräfte die grundsätzlich vorherige konstitutive Zustimmung des Deutschen Bundestages einzuholen."

Mit anderen Worten formuliert und auf den Einzelfall bezogen bedeutet dies:

1. Die Bundeswehr darf von der NATO im Innern der Bundesrepublik Deutschland eingesetzt werden[199].
2. Art. 24 Abs. 2 GG ist die verfassungsrechtliche Grundlage, die Sperrwirkung von Art. 87a Abs. 2 GG aufzuheben, wenn die NATO einen Einsatz vorsieht bzw. befehligt[200].
3. Gleichwohl muss der Bundestag einem Einsatz bewaffneter Streitkräfte im Vorhinein zugestimmt haben, was generell mit den Zustimmungsgesetzen zum Beitritt der NATO gegeben ist[201], den Einsatz für jeden einzelnen Fall aber nicht abschließend umfasst.

In der Begründung des Urteils von 1994 wird ausgeführt:

---

stimmung auch die Grundlage für eine Verwendung der Bundeswehr zu Einsätzen, die im Rahmen und nach den Regeln eines Systems gegenseitiger kollektiver Sicherheit stattfinden. Daß der verfassungsändernde Gesetzgeber daran, insbesondere bei Gelegenheit der Ergänzungen des Grundgesetzes durch die Gesetze vom 26. März 1954 (BGBl. I, S. 45), vom 19. März 1956 (BGBl. I, S. 111) und vom 24. Juni 1968 (BGBl. I, S. 709), etwas geändert hätte, ist nicht ersichtlich.".

198 BVerfGE 90, 286, 286.

199 Nicht ausdrücklich, aber von der Argumentation ebenso Brenner/Hahn, JuS 2001, 732 f.

200 Vgl. dazu BVerfG – 2 BvE 1/03 – Rn. 62 (AWACS II); so auch Franzke, NJW 1992, 3075, 3076, der in Art. 24 Abs. 2 GG die Ermächtigung zum Einsatz der Streitkräfte des Bundes im Rahmen der NATO sieht.

201 Vgl. BVerfGE 90, 286, 351, 353; unter den Einschränkungen, die der Bundesregierung durch die Zustimmungsgesetze zum Nordatlantikvertrag gesetzt sind, vgl. Urteil BVerfG vom 22.11.2001, NJW 2002, 1560 und BVerfG – 2 BvE 1/03 – Rn. 64 f. (AWACS II).

„Die von der Bundesregierung beschlossenen Einsätze deutscher Streitkräfte, denen jeweils ein vom Sicherheitsrat der Vereinten Nationen erteiltes Mandat zugrunde liegt, finden ihre verfassungsrechtliche Grundlage in Art. 24 Abs. 2 GG, der den Bund ermächtigt, sich einem System gegenseitiger kollektiver Sicherheit einzuordnen (I.). Die Vorschrift des Art. 87a GG steht dieser Auslegung des Art. 24 Abs. 2 GG nicht entgegen“[202]

„Art. 24 Abs. 2 GG ermächtigt den Bund, sich zur Wahrung des Friedens einem System gegenseitiger kollektiver Sicherheit einzuordnen. Diese Ermächtigung berechtigt den Bund nicht nur zum Eintritt in ein solches System und zur Einwilligung in damit verbundene Beschränkungen seiner Hoheitsrechte. Sie bietet vielmehr auch die verfassungsrechtliche Grundlage für die Übernahme der mit der Zugehörigkeit zu einem solchen System typischerweise verbundenen Aufgaben und damit auch für eine Verwendung der Bundeswehr zu Einsätzen, die im Rahmen und nach den Regeln dieses Systems stattfinden.

Ein System gegenseitiger kollektiver Sicherheit stützt sich regelmäßig auch auf Streitkräfte, die dazu beitragen, den Auftrag des Systems zu erfüllen, und als ultima ratio gegen einen Friedensstörer eingesetzt werden können.“[203]

Weiter wird aus einem Bericht über den Verfassungskonvent auf Herrenchiemsee vom 10. bis 23. August 1948 berichtet: „Nach der einmütigen Auffassung des Konvents muss der Bund bereit sein, im Interesse des Friedens und einer dauerhaften Ordnung der europäischen Verhältnisse in die sich aus einem solchen System ergebenden Beschränkungen seiner Hoheitsrechte einzuwilligen. Zwar wird damit dem deutschen Volk eine Vorleistung zugemutet. Nach dem, was im Namen des deutschen Volkes geschehen ist, ist aber eine solche Vorleistung, die entsprechende Leistungen der anderen beteiligten Staaten im Gefolge hat, angebracht.“[204]

Aus all diesen Umständen heraus schlussfolgert das Bundesverfassungsgericht: „Art. 24 Abs. 2 GG sollte einen Beitritt der Bundesrepublik Deutschland zu einem System kollektiver Sicherheit - einschließlich seiner Möglichkeiten zu militärischen Sanktionen - verfassungsrechtlich eröffnen.“[205]

Inwieweit diese Möglichkeiten durch einen etwaigen Parlamentsvorbehalt zusätzlich eingeschränkt werden, kann mit dem zweiten Leitsatz der Entscheidung des Bundesverfassungsgerichts zum § 14 Abs. 3 LuftSiG beantwortet werden[206]:

„Art. 35 Abs. 2 Satz 2 und Abs. 3 Satz 1 GG erlaubt es dem Bund nicht, die Streitkräfte bei der Bekämpfung von Naturkatastrophen und besonders schweren Unglücksfällen mit spezifisch militärischen Waffen einzusetzen.“[207]

Das Bundesverfassungsgericht hat in seinem Urteil zum Luftsicherheitsgesetz auch ausdrücklich bestätigt, dass es Regelungen des Grundgesetzes gibt, die den Einsatz der Streitkräfte außerhalb der Verteidigung ausdrücklich zulassen und in diesem Zusammenhang auf sein Urteil von 1994 Bezug genommen[208]. In dem bezeichneten Urteil wurde festgestellt, dass das Grundgesetz „dem Parlament hin-

[202] BVerfGE 90, 286, 344.
[203] BVerfGE 90, 286, 345.
[204] BVerfGE 90, 286, 345 f.
[205] BVerfGE 90, 286, 346.
[206] BVerfGE 115, 118, 118.
[207] So auch in der Begründung, BVerfGE 115, 118, 150.
[208] Der Bezug lautet auf BVerfGE 90, 286, 386 f.

sichtlich der Streitkräfte jedoch nicht nur die Kontrolle und eine grundsätzliche Steuerung von Planung und Entwicklung vor(behält), sondern auch konkrete Entscheidungen über deren Verwendung".[209] Ein Streitkräfteeinsatz in alleiniger Kompetenz der Exekutive obliegt „auf dem Hintergrund der deutschen Verfassungstradition seit 1918 zum Ausdruck kommende(n) Entscheidung für eine umfassende Parlamentarische Kontrolle der Streitkräfte … der konstitutiven, grundsätzlich vorherigen Zustimmung des Bundestages".[210]

Auch im Rahmen eines Bündnisfalls hat der Bundestag zwar einem Einsatz bereits dem Grunde nach zugestimmt, welcher konkrete Einsatzablauf und welche Bündnisverpflichtung daraus aber resultieren, obliegt wiederum der „regelmäßig vorhergehenden" parlamentarischen Entscheidung.[211] Die Grundsatzentscheidung wird also eingeschränkt durch die notwendige Entscheidung im konkreten Einzelfall:

> „Die verfassungsrechtlich gebotene Mitwirkung des Bundestages bei konkreten Entscheidungen über den Einsatz bewaffneter Streitkräfte darf die militärische Wehrfähigkeit und die Bündnisfähigkeit der Bundesrepublik Deutschland nicht beeinträchtigen. Deshalb ist die Bundesregierung bei Gefahr im Verzug berechtigt, vorläufig den Einsatz von Streitkräften zu beschließen und an entsprechenden Beschlüssen in den Bündnissen oder internationalen Organisationen ohne vorherige Einzelermächtigung durch das Parlament mitzuwirken und diese vorläufig zu vollziehen. Die Bundesregierung muss jedoch in jedem Fall das Parlament umgehend mit dem so beschlossenen Einsatz befassen. Die Streitkräfte sind zurückzurufen, wenn es der Bundestag verlangt. Dem Gesetzgeber bleibt es unbenommen, die Voraussetzungen eines solchen Notfalls und das dabei zu beobachtende Verfahren näher zu regeln."[212]

4.5.7 Zusammenfassung

Aus dem Urteil und den vorangegangenen Überlegungen lassen sich wesentliche Grundsätze ableiten, die für die Luftraumüberwachung in Deutschland durch die Bundeswehr im Verbund der NATO von besonderer Bedeutung sind. So stellt Art. 24 Abs. 2 GG die Grundlage für den Beitritt der Bundesrepublik Deutschland zur NATO dar und bietet dadurch die verfassungsrechtliche Grundlage für eine Verwendung der Luftwaffe der Bundeswehr im Rahmen der Integrierten NATO-Luftverteidigung innerhalb des deutschen Luftraums nach den Regeln des Nordatlantikpakts[213]. Der Bundestag hat mit seiner Zustimmung zum Beitritt der Bundesrepublik Deutschland zum NATO-Vertrag sein grundlegendes Einverständnis erklärt, deutsche Kampfverbände für einen Krisen- oder Bündnisfall im Rahmen der Strukturen der NATO und unter dessen Kommando bereitzustellen. Allerdings ist die einzelne tatsächliche Bereitstellung der Bundeswehr für einen NATO-Einsatz

[209] BVerfGE 90, 286, 384.
[210] BVerfGE 90, 286, 387.
[211] BVerfGE 90, 286, 387.
[212] BVerfGE 90, 286, 388.
[213] BVerfGE 90, 286, 286.

letztlich von einer abermaligen Zustimmung des Bundestages abhängig, sofern keine Gefahr im Verzug ist. Dies ist realistischerweise bei der Mehrzahl der dem Bündnis gegenüberstehenden Gefahren der Fall, weshalb man auch rechtlich davon ausgehen können wird, dass zunächst die Bundesregierung eine Entscheidung treffen wird. Aus den Erfahrungen des Urteils zum § 14 Abs. 3 LuftSiG ist dabei von Belang, dass diese Eilfallentscheidung nur von der Bundesregierung als Kollegialorgan getroffen werden kann.[214] Die Entscheidung des Bundestages wäre schnellstmöglich nachzuholen. Dies würde im Umkehrschluss bedeuten, dass auch die Bekämpfung eines – von einem NATO-Kommandeur – als feindlich eingestuften Luftfahrzeugs – also insbesondere der Abschuss eines zur Waffe umfunktionierten Passagierflugzeuges – möglich wäre, wenn der Bündnisfall festgestellt wird.[215] Für die heutige Rechtslage hieße das konkret: da der Bündnisfall der NATO nach Art. 5 des Nordatlantikvertrages in Folge der Ereignisse des 11. September 2001 am 2. Oktober 2001 festgestellt und bisher nicht aufgehoben[216] sowie in den Resolutionen 1368 und 1373 (2001) des UNO-Sicherheitsrats das naturgegebene Recht auf Selbstverteidigung im Sinne des Art. 51 SVN für einen solchen Fall terroristischer Aggression anerkannt wurde, ist im Fall einer konkreten terroristischen Bedrohung durch von Terroristen entführten und zu Waffen umfunktionierten Luftfahrzeugen ähnlichen Ausmaßes wie der des 11. September 2001 ein Abschuss dieses Luftfahrzeuges völkerrechtlich wie auch verfassungsrechtlich möglich[217]. Dies gilt in jedem Fall, wenn dabei tatunbeteiligte Passagiere verschont bleiben, d.h. sich in dem Luftfahrzeug nur Terroristen befinden. Diese Möglichkeit hat auch das Bundesverfassungsgericht für eine Regelung im Luftsicherheitsgesetz ausdrücklich gesehen[218].

Für den Fall, dass sich außer den Terroristen auch tatunbeteiligte Unschuldige (Passagiere und Besatzung) an Bord befinden, stellt sich die Frage, ob die verfassungsrechtliche Ermächtigung aus Art. 24 Abs. 2 GG und das Zustimmungsgesetz zum Nordatlantikvertrag das Grundrecht auf Leben aus Art. 2 Abs. 2 GG wirksam einschränken können. Diese Frage war ebenfalls Gegenstand der verfassungsgerichtlichen Klage gegen § 14 Abs. 3 LuftSiG. Unter Berücksichtigung der Gründe, die zu diesem Urteil geführt haben[219], wäre eine Ermächtigungsgrundlage zum Abschuss nicht mit dem Grundgesetz vereinbar. Zweierlei Tatsachen sind daher festgeschrieben:

1. Ein Bündnisfall der NATO nach Art. 5 des Nordatlantikvertrages ist nicht gleichzusetzen mit einem Verteidigungsfall nach Art. 115a GG[220], bei dem unter

[214] Vgl. BVerfGE 115, 118, 149.

[215] Andernfalls ist eine Zuständigkeit der NATO nicht gegeben und ein Verfahren nach ausschließlich deutschem Recht möglich, d.h. nach geltender Rechtlage des LuftSiG also unmöglich.

[216] Vgl. Verlage, VR 2008, 11.

[217] Zur Zulässigkeit von Selbstverteidigungsmaßnahmen nach Art. 51 SVN vgl. Häußler, ZRP 2001, 540; Ruffert, ZRP 2002, 247 ff.

[218] BVerfGE 115, 118, 165.

[219] BVerfG, Urteil – 1 BvR 357/05 –, Rn. 84 ff.

[220] Vgl. auch BVerfGE 90, 286, 295 ff.; Häußler, ZRP 2001, 539.

Umständen das Recht auf Leben aus Art. 2 Abs. 2 GG durch bloße militärische Abwägung eingeschränkt werden kann.

2. Gleichwohl kann die Bundeswehr nach Art. 24 Abs. 2 GG neben Art. 115a GG in solchen Fällen eingesetzt werden, in denen eine aus Art. 24 Abs. 2 GG abgeleitete Ermächtigung zu einem Einsatz besteht. Diese Ermächtigung ergibt sich aus Art. 5 des Nordatlantikvertrages. Diese Einsatzermächtigung greift weiter als die des Art. 115a GG, da sie nicht nur dann den Einsatz der Bundeswehr (auch im Innern) erlaubt, wenn das Bundesgebiet mit Waffengewalt (von außen), sondern schon dann, wenn ein Bündnispartner (und dann nicht unbedingt mit Waffengewalt) angegriffen wird. Diese Norm ermächtigt damit zum einen, die Bundeswehr im NATO-Ausland einzusetzen[221], wenn dieses Ausland im Sinne des Art. 5 des Nordatlantikvertrages angegriffen wird oder aber NATO-Truppen in der Bundesrepublik Deutschland und damit die Bundeswehr im Innern einzusetzen, wenn das Bundesgebiet von innen oder außen bedroht wird und dadurch der Bündnisfall vorliegt und festgestellt wird. In diesem Fall stellt sich die Frage, ob die Grundrechte aus Art. 1 Abs. 1 GG und Art. 2 Abs. 2 GG durch die Feststellung des Bündnisfalls eingeschränkt werden können.Diese Möglichkeit begegnet mehreren Bedenken. Der Verteidigungsfall, bei dem Kriegsrecht zur Anwendung käme, kann nur vom Bundestag festgestellt werden. Den Bündnisfall stellt hingegen der NATO-Rat fest, der als nicht demokratisch legitimiertes Organ keinesfalls mit dem Recht zur Aufhebung der im Grundgesetz normierten Grundrechte und schon gar nicht des vom Bundesverfassungsgericht in seinem Urteil zum LuftSiG in den Vordergrund gestellten und zur sog. Ewigkeitsgarantie gehörenden Artikel 1 (Menschenwürde) ausgestattet ist. Die Einschränkung der in Rede stehenden Grundrechte allein auf das vom Bundestag verabschiedete Zustimmungsgesetz zum Nordatlantikvertrag zu stützen, würde die Beurteilung stark verfälschen, da dann die Verfassung über Art. 24 Abs. 1 und Abs. 2 GG durch die Bildung kollektiver Sicherheitsbündnisse und die Übertragung von weich formulierten Hoheitsrechten mit jederzeit einfacher gesetzesbeschließender Mehrheit umgangen werden könnte und im konkreten Fall dauerhaft Kriegsrecht etabliert worden wäre. Angesichts der Notwendigkeit einer Zweidrittelmehrheit bei verfassungsändernden Gesetzesvorhaben und der Schranke aus Art. 79 Abs. 3 GG würde eine solche Beurteilung dem grundsätzlichsten Verfassungsverständnis diametral zuwiderlaufen. Allerdings muss konstatiert werden, dass Art. 24 Abs. 2 GG von Anfang an im Grundgesetz verankert war, während die Wehrverfassung im X. Abschnitt erst 1968 mit dem Siebzehnten Gesetz zur Änderung des Grundgesetzes[222] eingefügt wurde, mithin ein Grundrechtseingriff des Militärs auf Basis des Art. 24 Abs. 2 GG eine andere Qualität haben kann als Eingriffe nach Art. 115a GG. Die Geltung der Grundrechte oder gar der Menschenwürde kann aber auch Art. 24 Abs. 2 GG nicht außer Kraft setzen.

3. Es spricht also Vieles dafür, dass der Einsatz der in Deutschland stationierten und unter NATO-Kommando stehenden bewaffneten Alarmrotten nach den Vereinbarungen des Nordatlantikvertrags und des NATO-Sekundärrechts jederzeit auf

---

221 Brenner/Hahn, JuS 2001, 733.
222 BGBl. I, S. 709.

Basis des Art. 24 Abs. 2 GG möglich ist[223], ohne dass es dazu einer weiteren nationalen gesetzlichen Ermächtigungsgrundlage bedarf. Hierzu zählen auch Maßnahmen wie das Begleiten oder Abdrängen eines Luftfahrzeuges im deutschen Luftraum. In jedem Fall – und das hat das Bundesverfassungsgericht in seiner AWACS II-Entscheidung klar bestätigt – aber ist die Zustimmung des Bundestages zu solch einem Einsatz einzuholen[224]. Dieses parlamentarische Zustimmungserfordernis kann bei Gefahr im Verzug zwar durch eine zustimmende Entscheidung der Bundesregierung vorläufig aufgeschoben werden, „damit die Wehr- und Bündnisfähigkeit der Bundesrepublik Deutschland durch den Parlamentsvorbehalt nicht in Frage" gestellt wird[225], sie kann sie aber in keinem Fall ersetzen. D.h. der Bundestag muss mit dem Einsatz befasst werden, auf seine Entscheidung hin ist der Einsatz ggf. zu beenden.

4. Der Abschuss eines nur mit Straftätern besetzten Luftfahrzeuges, die gemeinschaftlich das Flugzeug als Waffe gegen das Leben von Menschen einsetzen wollen, ist nach Maßgabe des Urteils des Bundesverfassungsgerichts[226] wegen dessen Übertragbarkeit auch auf Art. 24 Abs. 2 GG sowie der Regelungen der NATO ebenfalls möglich, ohne dass eine nationale gesetzliche Ermächtigungsgrundlage geschaffen oder das Grundgesetz geändert wird. Auch in diesem Fall gilt allerdings das Zustimmungserfordernis durch den Bundestag.

5. Der Einsatz der (dann unter NATO-Kommando stehenden) Bundeswehr im Innern der Bundesrepublik Deutschland verstößt wegen der verfassungsrechtlich begründeten Norm des Art. 24 Abs. 2 GG auch nicht gegen Art. 87a Abs. 2 GG.

6. Allein der Abschuss eines mit Unschuldigen besetzten Passagierflugzeuges ist unter Beachtung des Art. 1 und des Art. 2 GG auch im Bündnisfall schlechterdings unvorstellbar. Er ist rechtlich nicht durch die Norm des Art. 24 Abs. 2 GG begründbar, selbst wenn der Bundestag einem solchen Einsatz zugestimmt hätte.

7. Liegt im Zeitpunkt der terroristischen Aggression allerdings ein Fall des Art. 51 SVN sowie des Art. 5 Nordatlantikvertrag vor, ist fraglich, ob aus diesen durch das Völkerrecht eröffneten Rechten eine Abwägung von Individualinteressen nach militärischem Kalkül rechtlich möglich ist. Es spricht vieles dafür, dass bei Vorliegen der völkerrechtlichen Ermächtigung aus Art. 51 SVN den Selbstverteidigungsrechten der Geltungsvorrang gegenüber dem Grundgesetz eingeräumt werden kann und ein Abschuss eines (auch mit unschuldigen Passagieren besetzten) Luftfahrzeuges legitimieren würde. Insofern würden die Grundrechte des Grundgesetzes durch die staatlichen Selbstverteidigungsrechte aus der UN-Charta überlagert und „Kollateralschäden" zulassen. In einem solchen Fall ist abermals die verfassungsphilosophische Frage zu stellen, ob dem Einzelnen im Sinne des Staatsganzen eine Pflicht zur Aufopferung auferlegt werden kann oder ob auch Art. 51 SVN absolut unter dem Verdikt des Tötungsverbots Unbeteiligter steht.

---

[223] A. A. Häußler, ZRP 2001, 539, der unter Bezugnahme auf BVerfGE 90, 286 eine Zustimmungspflicht des Bundestages für jeden nicht der Landesverteidigung dienenden Einsatz der Streitkräfte ableitet.

[224] BVerfG – 2 BvE 1/03 – Rn. 57 (AWACS II).

[225] BVerfG – 2 BvE 1/03 – Rn. 58 (AWACS II).

[226] BVerfG – 1 BvR 357/05 – Rn. 140 ff.

4.5.8 Thesen für die zukünftige Ausgestaltung des Air Policing

Wie aus den dargestellten Erwägungen ersichtlich wird, bestehen für die meisten der aus Sicht der Bundesregierung notwendigen Regelungssachverhalte bereits Rechtsgrundlagen, die den Einsatz bei „Luftzwischenfällen" theoretisch erlauben würden. Dies insoweit selbstverständlich nur, wie das Leben von unschuldigen Menschen nicht gefährdet wird. Es würden sich demnach nationale Regelungen erübrigen, die im Kern keine anderen Befugnisse schaffen können, als die bereits bestehenden, vor allem im Hinblick auf die Luftraumüberwachung innerhalb der NATO, da die vorliegenden Konzepte ähnliche Verfahren vorsehen wie sie LuftSiG im Blick hatte. Ein Einsatz wäre, selbst wenn er bisher durch die Bestimmungen der NATO nicht gedeckt wäre, jederzeit möglich, wenn das Bündnis dies beschließen und die Bundesregierung dem zustimmen würde[227]. So hat das Bundesverfassungsgericht dazu bereits in der AWACS I-Entscheidung ausgeführt:

„Soll der Bündniszweck erreicht werden, müssen rasche und anpassungsfähige Maßnahmen möglich sein, deren Inhalt und Rechtsformen sich im Voraus nicht vollständig bestimmen lassen. Nur vergleichsweise offene Bestimmungen, wie sie der Nordatlantikvertrag enthält, sind hierfür angemessen. Im Lichte dessen erscheint der Nordatlantikpakt als ein Vertragswerk, dessen Vorschriften das in ihm als möglich angelegten Integrationsprogramm im Sinne des Art. 24 Abs. 1 GG hinreichend bestimmt umschreiben. Bündnispolitische Maßnahmen innerhalb dieses Rahmens bedürfen nicht jeweils gesonderter Zustimmung in Gesetzesform zufolge des Art. 24 Abs. 1 GG, auch nicht im Sinne einer „Nachbesserung" der gesetzlichen Ermächtigung."[228]

Und weiter:

„Eine wesentliche Änderung des Bündnisprogramms, dem der Gesetzgeber beim Beitritt der Bundesrepublik Deutschland zu dem Bündnisgefüge zugestimmt hat, würde auch dann nicht vorliegen, wenn man die von der Antragstellerin angenommene qualitativ neue strategische Dimension der in Rede stehenden Waffensysteme bei ihrer Aufstellung auf dem Gebiet der Bundesrepublik Deutschland als zutreffend unterstellte. Die grundsätzliche Zielrichtung des Bündnissystems als eines Verteidigungsbündnisses, wie es in den genannten vertraglichen Rechtsgrundlagen festgelegt ist, bleibt davon unberührt. Dass im zeitlichen Verlauf eines derartigen, langfristig angelegten Verteidigungsbündnisses (vgl. Art. 13 NATO-Vertrag, Art. XII Abs. 3 WEU-Vertrag) zufolge der oben angesprochenen Dynamik der politischen Lagen und technologischen Entwicklungen Risiken und strategische Lagen sich - mitunter sehr rasch - ändern können, verteidigungspolitische und militärische Doktrinen und Strategien anpassungsfähig bleiben müssen, soll der Zweck des Bündnisses erreicht werden, war dem Gesetzgeber nicht verborgen geblieben; weder dem Grundgesetz noch den Zustimmungsgesetzen zu den genannten Verträgen lässt sich entnehmen, dass Akte der Bundesregierung im Rahmen des Bündnissystems, wie die Antragstellerin sie hier angreift, aus diesem Grunde einer besonderen gesetzlichen Ermächtigung bedürften."[229]

---

[227] Vgl. auch BVerfGE 90, 286, 370 f.
[228] BVerfGE 68, 1, 100.
[229] BVerfGE 68, 1, 102.

Die einzige Einschränkung besteht darin, dass nach dem Urteil des Bundesverfassungsgerichts aus dem Jahr 2001 die Zustimmung der Bundesregierung zur Fortentwicklung des Systems gegenseitiger kollektiver Sicherheit „nicht die durch das Zustimmungsgesetz bestehende Ermächtigung und deren verfassungsrechtlichen Rahmen gemäß Art. 24 Abs. 2 GG überschreiten“ darf[230].

Oberste Prämisse für die Inanspruchnahme der daraus abgeleiteten Möglichkeit ist das Erfordernis der Beteiligung und Zustimmung durch den Bundestag. Nur im Eilfall kann die Bundesregierung eine zustimmende Entscheidung vorwegnehmen, an die der Bundestag allerdings nicht gebunden ist, denn er kann den Einsatz jederzeit beenden lassen. Die Bundesregierung wird im Regelfall ebenso langsam entscheiden können wie der Bundestag, weil auch das Kabinett nicht zu jedem beliebigen Zeitpunkt zusammentreten kann. Insofern ist die Herbeiführung einer Entscheidung des Kollegialorgans nur unter Rückgriff auf die Möglichkeiten eines Umlaufbeschlusses denkbar.

Den Abschuss und die damit verbundene Tötung Unschuldiger wird dessen unverändert ein Einsatz über die Inanspruchnahme der rechtlichen Möglichkeiten der NATO oder eine Grundgesetzänderung wegen Art. 1 und 2 in Verbindung mit Art. 79 Abs. 3 GG nicht rechtfertigen können.

Dennoch erscheint eine Änderung des Grundgesetzes und des Luftsicherheitsgesetzes weiterhin notwendig und angemessen. Allein zwei besonders maßgebliche Gründe seien hierfür genannt:

1. Transparenzgründe: Den betroffenen Piloten im Luftverkehr – sowohl in den Passagiermaschinen als auch den Abfangjägern der Alarmrotten – sollten die Ermächtigungen, die der Luftwaffe bereits aus der Zugehörigkeit zu den NATO-Truppen entstanden sind, vor Augen geführt werden, um Rechtsunsicherheit und unterschiedliche Interpretationsmöglichkeiten zu vermeiden. Dieser Auffassung ist Bundesinnenminister Schäuble, wenn er sagt: „In der Verfassung muss schon geregelt sein, wer in einer Notsituation wie einem Angriff nach Muster des 11. September rechtlich handeln darf“[231]. Ihm ist zuzustimmen, dass es keine Grauzonen mehr geben darf. Aber seine Forderung nach einer rechtlich einwandfreien Lösung des Problems, die klarstellen müsse, dass die alte Unterscheidung zwischen Angriffen von außen und von innen heute obsolet sei, muss dann auch immer im Lichte der Verfassungsschranken betrachtet werden. Denn diese können Kriegsrecht nicht auslösen und Menschen zu bloßen Objekten staatlichen (Verteidigungs-)handelns degradieren. Damit ist auch der Bundeswehreinsatz im Innern in den Fällen gemeint, in denen bereits heute auf Grundlage des Art. 24 Abs. 2 GG

230 BVerfG, Urteil vom 22.11.2001, NJW 2002, 1559.

231 Der Tagesspiegel vom 21. Januar 2008, S. 4 „Schäuble attackiert Verfassungsrichter Papier“; Wolfgang Schäuble hatte den Präsidenten des Bundesverfassungsgerichts Hans-Jürgen Papier dafür in aller Deutlichkeit kritisiert, dass dieser betont hatte, eine Neuauflage des Luftsicherheitsgesetzes, das unter anderem den Abschuss von Terroristen entführten Passagierflugzeuge regelt, würde erneut an den Verfassungsrichtern scheitern – Schäuble verbat sich derlei Ratschläge mit dem Hinweis, Verfassungsrichter seien dazu demokratisch nicht legitimiert.

und des Nordatlantikvertrages Kampfflugzeuge der Luftwaffe zu Einsätzen im Luftraum herangezogen werden können.

2. Unabhängigkeitsgründe: Sollte sich das Aufgabenfeld der NATO – was nicht zu erwarten steht – in den nächsten Jahren derart ändern, dass solche Einsätze nicht mehr möglich wären, weil die nationalen Kontingente nicht mehr der NATO unterstellt wären oder die NATO keine Integrierte NATO-Luftraumüberwachung mehr wahrnehmen würde, dann wäre eine nationale Regelung zwingend notwendig, um nicht abermals ohne gültige Rechtsgrundlage Luftraumüberwachung betreiben zu müssen. Es ist zudem – unter Fortgeltung der bisher bekannten Rechtsgrundlagen – nicht ausgeschlossen, dass sich alle dem NATO-Kommando unterstellten Luftaufklärungseinheiten in einem anderen Einsatz befinden und ein Luftzwischenfall auftritt, der dann nicht bedient werden könnte. Unter ausschließlich deutschem Kommando stehende Aufklärer könnten nicht eingesetzt werden, weil wie bisher eine nationale Ermächtigung zu deren Einsatz fehlen würde. Zwar bietet auch heute schon die notwendige Unterstellung der dann zusätzlich benötigten Kräfte unter NATO-Kommando eine Möglichkeit zur Abhilfe, die aber den schnellen Abläufen im Luftraum nur minder gerecht werden kann und deshalb als Ersatz nicht in Betracht kommen kann.

4.5.9 Vorschlag zur Änderung des Grundgesetzes und des Luftsicherheitsgesetzes

Da bereits die Luftraumüberwachung im Rahmen der NATO wahrgenommen werden kann, fehlt es letztlich nur an einer Rechtsgrundlage, die Einsätze von Alarmrotten in ausschließlich nationaler Zuständigkeit ermöglicht und dabei die Anforderungen aus dem Urteil des Bundesverfassungsgerichts vom 15. Februar 2006 berücksichtigt.

Nachfolgend wird der Versuch unternommen, eine verfassungsrechtlich nicht zu beanstandende Rechtsgrundlage für den Abschnitt 3 des LuftSiG zu formulieren. Die folgenden Ausführungen erheben naturgemäß keinen Anspruch auf Vollständigkeit. Die Darstellungen gehen von den dargelegten Untersuchungsergebnissen aus und beleuchten zunächst die verfassungsrechtlich zu schaffenden Voraussetzungen, um danach die einfachgesetzlichen Handlungsräume für einen Einsatz der Alarmrotten zu schaffen.

Unstreitig dürfte bei der Beurteilung der verfassungsrechtlichen Normen im Lichte der Möglichkeiten der NATO sein, dass es rechtspolitisch keinen Sinn macht, den Bundeswehreinsatz im Inland – bezogen auf den Fall der Luftraumüberwachung – weiterhin abzulehnen, während er ganz selbstverständlich im Rahmen des NATO-Bündnisses jederzeit stattfinden kann. Insofern müssten zunächst bestimmte Bereiche des Grundgesetzes, überarbeitet werden, da sich nach der Abschussentscheidung des Bundesverfassungsgerichts ein Einsatz der Streitkräfte bei der Bekämpfung von Naturkatastrophen und besonders schweren Unglücksfällen mit spezifisch militärischen Waffen nicht aus den Art. 35 Abs. 2 Satz

2 und Abs. 3 GG legitimieren lässt[232]. Danach müssten die Vorschriften im 3. Abschnitt des LuftSiG entsprechend den Verschränkungen von Bundeswehr und NATO angepasst werden, um eine nationale Luftraumüberwachung gewährleisten zu können.

In erster Linie müsste Art. 73 GG um eine ausschließliche Gesetzgebungskompetenz des Bundes erweitert werden, um eine eventuelle neue Ermächtigung des Gesetzgebers aus dem Grundgesetz auch nutzen zu können. Danach müssten die bekannten Regelungen des Art. 35 GG inhaltlich auf die neuen Situationen angepasst werden. Schließlich könnte im LuftSiG alles Weitere abschließend behandelt werden.

Art. 35 Abs. 3 GG sollte um einen Satz 3 ergänzt werden, um den Einsatz der Streitkräfte mit spezifisch militärischen Waffen auch zu legitimieren:

(3) Gefährdet die Naturkatastrophe oder der Unglücksfall das Gebiet mehr als eines Landes, so kann die Bundesregierung, soweit es zur wirksamen Bekämpfung erforderlich ist, den Landesregierungen die Weisung erteilen, Polizeikräfte anderen Ländern zur Verfügung zu stellen, sowie Einheiten der Bundespolizei und der Streitkräfte zur Unterstützung der Polizeikräfte einsetzen. Maßnahmen der Bundesregierung nach Satz 1 sind jederzeit auf Verlangen des Bundesrates, im Übrigen unverzüglich nach Beseitigung der Gefahr aufzuheben. Der Einsatz der Bundespolizei und der Streitkräfte nach Satz 1 richtet sich nach den Vorschriften des Bundes.

Art. 73 GG sollte eine neue Nr. 1a erhalten:

Der Bund hat die ausschließliche Gesetzgebungskompetenz über:
1. die auswärtigen Angelegenheiten sowie die Verteidigung einschließlich des Schutzes der Zivilbevölkerung;
1a. den Einsatz der Streitkräfte im Inneren nach Maßgabe des Art. 87 a Abs. 5 GG;
...

Art. 87a Abs. 5 GG sollte einen neuen Absatz 5 erhalten:

(5) Besteht innerhalb der Bundesrepublik Deutschland eine Gefährdungssituation, welche durch ein Land oder die betroffenen Länder im Rahmen der allgemeinen Gefahrenabwehr nicht bewältigt werden kann, so ist der Einsatz der Streitkräfte zur Gefahrenabwehr im Innern der Bundesrepublik Deutschland zulässig, soweit ein Gesetz nach Art. 73 Nr. 1a GG dazu ermächtigt oder im Eilfall der Bundestag und der Bundesrat darüber entscheiden. Der Einsatz von Streitkräften ist einzustellen, wenn der Bundestag oder der Bundesrat es verlangen, im Übrigen sofort nach Beendigung der Gefährdungssituation. Im Eilfall nach Satz 1 endet der Einsatz nach der Zeit, für die er gewährt wird, spätestens jedoch nach Ablauf von drei Monaten.

232 BVerfG, 1 BvR 357/05 vom 15.2.2006, Leitsatz-Nr. 2.

§ 13 LuftSiG sollte folgenden Wortlaut erhalten:

§ 13 Einsatz der Streitkräfte zur Gefahrenabwehr
(1) Liegen auf Grund eines Luftzwischenfalls Tatsachen vor, die die Annahme begründen, dass ein Zivilluftfahrzeug als Angriffswaffe benutzt werden könnte, können die Streitkräfte, soweit es zur wirksamen Abwendung dieser Gefahr erforderlich ist, nach Art. 87a Abs. 5 GG eingesetzt werden.
(2) Der Einsatz nach Absatz 1 richtet sich ausschließlich nach den §§ 13 bis 15 dieses Gesetzes.
(3) Die Streitkräfte dürfen zum Zweck der Gefahrenabwehr nach Absatz 1 Luftfahrzeuge im Luftraum
1. überprüfen,
2. warnen,
3. umleiten,
4. abdrängen,
5. zur Landung zwingen,
6. Warnschüsse abgeben,
7. Werkstoffe zur Hinderung am Weiterflug einsetzen und
8. unter Einwirkung mit Waffengewalt am Weiterflug hindern.

Die Maßnahme nach Satz 1 Nr. 1 muss stets die erste zu treffende Maßnahme sein. Jede weitere darf erst erfolgen, wenn die vorherige Maßnahme die Gefährdungslage nicht beseitigen konnte.

§ 14 LuftSiG sollte folgenden Wortlaut erhalten:

§ 14 Einsatzmaßnahmen
(1) Die Streitkräfte dürfen bei einem Luftzwischenfall Luftfahrzeuge im Luftraum überprüfen.
(2) Die Streitkräfte dürfen Luftfahrzeuge im Luftraum durch Verständigung mit von der ICAO anerkannten Regeln warnen.
(3) Die Streitkräfte dürfen Luftfahrzeuge, die eine Gefährdung des Luftverkehrs darstellen, umleiten.
(4) Die Streitkräfte dürfen Luftfahrzeuge, die eine Gefährdung des Luftverkehrs darstellen und einer Umleitungsanordnung nach Absatz 3 nicht Folge leisten, abdrängen.
(5) Die Streitkräfte dürfen Luftfahrzeuge, die eine Gefährdung des Luftverkehrs darstellen und ein Abdrängen nach Absatz 4 zu verhindern suchen, zur Landung zwingen.
(6) Die Streitkräfte dürfen auf Luftfahrzeuge, die eine Gefährdung des Luftverkehrs darstellen und den Anordnungen zur Landung nach Absatz 5 nicht Folge leisten, Warnschüsse abgeben.
(7) Die Streitkräfte dürfen Luftfahrzeuge, die eine Gefährdung des Luftverkehrs darstellen und Anordnungen zur Landung nach Absatz 5 auch nach Abgabe eines Warnschusses nach Absatz 6 nicht Folge leisten, mittels Werkstoffen am Weiterflug hindern. Dabei sind die Werkstoffe so einzusetzen, dass das Luftfahrzeug noch die Möglichkeit zu einer Notlandung hat.
(8) Die unmittelbare Einwirkung mit Waffengewalt ist nur zulässig, wenn nach den Umständen davon auszugehen ist, dass das Luftfahrzeug gegen das Leben von Menschen eingesetzt werden soll, und sie das einzige Mittel zur Abwehr dieser gegenwärtigen Gefahr ist. Die unmittelbare Einwirkung mit Waffengewalt ist nicht zulässig, wenn sich in dem Luftfahrzeug Menschen befinden, die am Einsatz des Luftfahrzeugs gegen das Leben von Men-

schen nicht beteiligt sind. Ebenso ist die Einwirkung mit Waffengewalt unzulässig, wenn dadurch das Leben von Menschen am Boden gefährdet ist.

§ 15 LuftSiG sollte folgenden Wortlaut erhalten:

§ 15 Einsatz der Streitkräfte im Rahmen des NATO-Bündnisses
Ein Einsatz der Streitkräfte im Rahmen der Verpflichtungen aus dem Nordatlantikvertrag kann als vorgelagerter Einsatz nach § 14 Absatz 1 anerkannt werden, sofern er gleichartig ist.

4.5.10 Konsequenzen für Deutschland

In Deutschland unterschied man bisher zwischen einem zivilen Einsatz (Air Policing) und einer militärischen (Verteidigungs-)Handlung. D.h. wenn „normale" Kriminelle ein ziviles Luftfahrzeug entführen, ist die Zuständigkeit der NATO bisher nicht gesehen worden und Deutschland wäre nach einem „Transfer of Authority" von der NATO auf Deutschland allein zuständig für die weitere Aufklärung und Behandlung des Falls gewesen. Der „Angriff" eines normalen Kriminellen wurde bisher also nicht als kriegerischer Akt angesehen und damit die entsprechenden Gegenmaßnahmen nicht als Verteidigungsmaßnahmen. Diese Abgrenzung dürfte naturgemäß in einer Situation, in der die Sachverhaltsaufklärung noch nicht abgeschlossen ist, schwierig bis unmöglich sein. Nun hat die Bundesregierung kürzlich in einer Antwort auf eine parlamentarische Anfrage deutlich gemacht, dass es für sie hierfür auf das Ausmaß der konkreten kriminellen Gefährdung ankommt. Nach Auffassung der NATO handelt es sich sogar bei einer terroristischen Bedrohung stets um eine Aggression, die den Bündnisfall auslöst bzw. da er immer noch besteht, nur die entsprechenden Reaktionen des Bündnisses hervorruft.

Dies hat weit reichende Folgen:

Die NATO könnte deutsche Abfangjäger zur Aufklärung eines Luftfahrzeuges einsetzen, solange noch nicht sicher geklärt ist, ob es sich um eine (terroristische) Bedrohung des Bündnisses handelt.

Die Zustimmung des Bundestages muss zwar von der Bundesregierung eingeholt werden, wegen Gefahr im Verzug kann diesem Erfordernis aber keine aufschiebende Wirkung zukommen, sodass der Einsatz in aller Regel beendet sein wird, noch bevor der Bundestag zu einer Beratung oder Beschlussfassung zusammentreten konnte.

Dies hat die praktische Konsequenz, dass im Rahmen eines solchen Einsatzes ein mit Unschuldigen besetztes Passagierflugzeug unter NATO-Kommando abgeschossen werden könnte, ohne dass die deutsche Bundesregierung – geschweige denn der Bundestag – dem hätten zustimmen können. Die Forderungen des Bundesverfassungsgerichts, den Bundestag zu beteiligen, würden in solchen Fällen also praktisch ins Leere gehen.

Welche Alternativen gibt es?

Im Parlamentsbeteiligungsgesetz[233] muss dessen Anwendungsbereich klargestellt und auf Einsätze innerhalb der Bundesrepublik Deutschland ausgedehnt werden, d. h. welche kriminellen Akte als kriegerische Angriffe zu verstehen sind. Es kann nicht hingenommen werden, dass eine derart wichtige Weichenstellung von der Regierung und noch dazu nach dem dehnbaren Kriterium des „Ausmaßes der Gefährdung“ vorgenommen wird. Nur wenn klar ist, was vom NATO-Vertrag gedeckt ist, können die eingrenzenden Forderungen des Bundesverfassungsgerichts mit der notwendigen Eindeutigkeit auch praktisch umgesetzt werden. Ansonsten besteht die Gefahr, dass Eilsituationen eine Grauzone eröffnen, in der die Grenze zwischen Krieg und Frieden verschwimmt und damit faktisch Bundesverfassungsgericht und Grundgesetz umgangen werden.

[233] Gesetz über die parlamentarische Beteiligung bei der Entscheidung über den Einsatz bewaffneter Streitkräfte im Ausland (Parlamentsbeteiligungsgesetz – ParlBG) vom 18. März 2005, BGBl. I, S. 775.

Anhang

1 Chicagoer Abkommen – Annex 17

International Standards and Recommended Practices

Annex 17 to the Convention on International Civil Aviation Security

Safeguarding International Civil Aviation Against Acts of Unlawful Interference

This edition incorporates all amendments adopted by the Council prior to 1 December 2005 and supersedes, on 1 July 2006, all previous editions of Annex 17.

For information regarding the applicability of the Standards and Recommended Practices, see Foreword.

Eighth Edition
April 2006

International Civil Aviation Organization

Table of Contents

FOREWORD

Historical background

The material included in this Annex was developed by the Council pursuant to the following two resolutions of the Assembly:

Resolution A17-10: Implemetation by States of Security Specifications and Practices adopted by this Assembly and further work by ICAO related to such Specifications and Practices

. . . . . .

THE ASSEMBLY:

. . . . . .

(3) REQUESTS the Council, with the assistance of the other constituent bodies of the Organization, to develop and incorporate, as appropriate, the material in the Appendices to this Resolution as Standards, Recommended Practices and Procedures in existing or new Annexes or other regulatory documents or guidance material of the Organization.

Resolution A18-10: Additional Technical Measures for the Protection of the Security of International Civil Air Transport

. . . . . .

THE ASSEMBLY:

(1) REQUESTS the Council to ensure, with respect to the technical Aspects of air transportation security, that:

(a) the subject of air transportation security continues to be givel1 adequate attention by the Secretary General, with a priority commensurnte with the current threat to the sccurity of air transportation;

. . . . . .

Following the work of the Air Navigation Commission, the Air Transport Committee and the Committee on Unlawful Interference, and as a result of the comments received from Contracting States and interested International Organizations, to whom draft material had been circulated, Standards and Recommended Practices on Security were adopted by the Council on 22 March 1974, pursuant to the provisions of Article 37 of thc Convention on International Civil Aviation, and designated as Annex 17 to the Convention with the title „Standards and Recommended Practices — *Security* — Safeguarding International Civil Aviation against Acts of Unlawful Interference".

Table A shows the origin of subsequent amendments together with a list of the principal subjects involved and the dates on which the Annex and the amendments were adopted by the Council, when they became effective and when they became applicable.

Introduction

In order that a cornprehensive document may be available to States for implementation of the security measures prescribed by this Annex, an Attachrnent hereto reproduces extracts from other Annexes, Technical Instructions for the Safe Transport of Dangerous Goods by Air (Doc 9284), PANS-ATM and PANS-OPS bearing on the subject of action to be taken by States to prevent unlawful interference with civil aviation, or when such interference has been committed.

Guidance material

The *Security Manual for Safeguarding Civil Aviation Against Acts of Unlawful Interference* (Doc 8973 — Restricted) provides detailed procedures and guidance on aspects of aviation security and is intended to assist States in the implementation of their respective national civil aviation security programmes required by the specifications in the Annexes to the Convention on International Civil Aviation.

Action by Contracting States

Applicability. The provisions of the Standards and Recommended Practices in this document are to be applied by Contracting States.

Notification of differences. The attention of Contracting States is drawn to the obligation imposed by Article 38 of the Convention, by which Contracting States are required to notify the Organization of any differences between their national regulations and practices and the International Standards contained in this Annex and any amendments thereto. Contracting States are invited to keep the Organization currently informed of any differences which may subsequently occur, or of the withdrawal of any difference previously notified. A specific request for notification of differences will be sent to Contracting States immediately after the adoption of each amendment to this Annex.

Contracting States are also invited to extend such notification to any differences from the Recommended Practices contained in this Annex, and any amendment thereto, when the notification of such differences is important for the safety of air navigation.

Attention of States is also drawn to the provisions of Annex 15 related to the publication of differences between their national regulations and practices and the related ICAO Standards and Recommended Practices through the Aeronautical Information Service, in addition to the obligation of States under Article 38 of the Convention.

Promulgation of information. Information relating to the establishment and withdrawal of and changes to facilities, services and procedures affecting aircraft operations provided according to the Standards and Recommended Practices specified in this Annex should be notified and take effect in accordance with Annex 15.

Use of the text of the Annex in national regulations. The Council, on 13 April 1948, adopted a resolution inviting the attention of Contracting States to the desirability of using in their own national regulations, as far as practicable, the precise language of those ICAO Standards that are of a regulatory character and also of indicating departures from the Standards, including any additional national regulations that were important for the safety or regularity of air navigation. Wherever possible, the provisions of this Annex have been written in such a way as would facilitate incorporation, without major textual changes, into national legislation.

General information

An Annex is made up of the following component parts, not all of which, however, are necessarily found in every Annex; they have the status indicated:

1.— *Material comprising the Annex proper:*

a) Standards and Recommended Practices adopted by the Council under the provisions of the Convention. They are defined as follows:

Standard: Any specification for physical characteristics, configuration, matériel, performance, personnel or procedure, the uniform application of which is recognized as necessary for the safety or regularity of international air navigation and to which Contracting States will conform in accordance with the Convention; in the event of impossibility of compliance, notification to the Council is compulsory under Article 38 of the Convention.

Recommended Practice: Any specification for physical characteristics, configuration, matériel, performance, personnel or procedure, the uniform application of which is recognized as desirable in the interests of safety, regularity or efficiency of internalional air navigation, and to which Contracting States will endcavour to conform in accordance with the Convention.

b) Appendices comprising material grouped separately for convenience but forming part of the Standards and Reeommended Practices adopted by the Council.

c) Definitions of terms used in the Standards and Recommended Practices which are not self-explanatory in that they do not have accepted dictionary meanings. A definition does not have an independent status but is an essential part of each Standard and Recommended Practice in which the term is used, since a change in the meaning of the term would affect the specification.

2.— *Material approved by the Council for publication in association with the Standards and Recommended Practices:*

a) *Forewords* comprising historical and explanatory material based on the action of the Council and including an explanation of the obligations of States with regard to the application of the Standards and Recommended Practices ensuing from the Convention and the Resolution of Adoption.

b) *Introductions* comprising explanatorymaterial introduced at the beginning of parts, chapters or sections of the Annex to assist in the understanding of the application of the text.

c) *Notes* included in the text, where appropriate, to give factual information or references bearing on the Standards or Recommended Practices in question, but not constituting part of the Standards or Recommcnded Practices.

d) *Attachments* comprising material supplementary to the Standards and Recommended Practices, or included as a guide to their application.

This Annex has been adopted in six languages — English, Arabic, Chinese, French, Russian and Spanish. Each Contracting State is requested to select one of those texts for the purpose of national implementation and for other effects provided for in the Convention, either through direct use or through translation into its own national language, and to notify the Organization accordingly.

The following practice has been adhered to in order to indicate at a glance the status of each statement: *Standards* have been printed in light face roman; *Recommended Practices* have been printed in light face italies, the status being indicated by the prefix **Recommendation**; *Notes* have been printed in light face italics, the status being indicated by the prefix *Note.*

Any reference to a portion of this document which is identified by a number includes all subdivisions of that portion.

(Table A. Amendments to Annex 17)

CHAPTER 1. DEFINITIONS

Acts of unlawful interference. These are acts or attempted acts such as to jeopardize the safety of civil aviation and air transport, i.e.:

- unlawful seizure of aircraft in flight,
- unlawful seizure of aircraft on the ground,
- hostage-taking on board aircraft or on aerodromes,
- forcible intrusion on board an aircraft, at an airport or on the premises of an aeronautical facility,
- introduction on board an aircraft or at an airport of a weapon or hazardous device or material intended for criminal purposes,
- communication of false information such as to jeopardize the safety of an aircraft in flight or on the ground, of passengers, crew, ground personnel or the general public, at an airport or on the premises of a civil aviation facility.

Aerial work. An aircraft operation in which an aircraft is used for specialized services such as agriculture, construction, photography, surveying observation and patrol, search and rescue, aerial advertisement, etc.

Aircraft security check. An inspection of the interior of an aircraft to which passengers may have had access and an inspection of the hold for the purposes of discovering suspicious objects, weapons, explosives or other dangerous devices, articles and substances.

Aircraft security search. A thorough inspection of the interior and exterior of the aircraft for the purpose of discovering suspicious objects, weapons, explosives or other dangerous devices, articles or substances.

Airside. The movement area of an airport, adjacent terrain and buildings or portions thereof, access to which is controlled.

Background check. A check of a person's identity and previous experience, including where legally permissible, any criminal history, as part of the assessment of an individual's suitability to implement a security control and/or for unescorted access to a security restricted area.

Cargo. Any property carried on an aircraft other than mail, stores and accompanied or mishandled baggage.

Certification. A formal evaluation and confirmation by or on behalf of the appropriate authority for aviation security that a person possesses the necessary competencies to perform assigned functions to an acceptable level as defined by the appropriate authority.

Commercial air transport operation. An aircraft operation involving the transport of passengers, cargo or mail for remuneration or hire.

Corporate aviation. The non-commercial operation or use of aircraft by a company for the carriage of passengers or goods as an aid to the conduct of company business, flown by a professional pilot employed to fly the aircraft. (Note that corporate aviation is a subset of general aviation.)

Disruptive passenger. A passenger who fails to respect the rules of conduct at an airport or on board an aircraft or to follow the instructions of the airport staff or crew members and thereby disturbs the good order and discipline at an airport or on board the aircraft.

General aviation operation. An aircraft operation other than a commercial air transport operation or an aerial work operation.

Human Factors principles. Principles which apply to design, certification, training, operations and maintenance and which seek safe interface between the human and other system components by proper consideration to human performance.

Human performance. Human capabilities and limitations which have an impact on the safety, security and efficiency of aeronautical operations.

Regulated agent. An agent, freight forwarder or any other entity who conducts business with an operator and provides security controls that are accepted or required by the appropriate authority in respect of cargo or mail.

Screening. The application of technical or other means which are intended to identify and/or detect weapons, explosives or other dangerous devices, articles or substances which may be used to commit an act of unlawful interference.

Note.— Certain dangerous artic/es or substances are classified as dangerous goods by Annex 18 und the associated Technical lnstructions for the Safe Transport of Dangerous Goods by Air *(Doc 9284) und must be transported in accordance with those instructions. In addition, the* Security Manual für Safeguarding Civil Aviation Against Acts of Unlawful Interference *(Doc 8973 — Restricted) provides a List of prohibited items that must never be carried in the cabin of an aircraft.*

Security. Safeguarding civil aviation against acts of unlawful interference. This objective is achieved by a combination of measures and human and material resources.

Security audit. An in-depth compliance examination of all aspects of the implementation of the national civil aviation security programme.

Security control. A means by which the introduction of weapons, explosives or other dangerous devices, articles or substances which may be used to commit an act of unlawful interference can be prevented.

Security inspection. An examination of the implementation of relevant national civil aviation security programme requirements by an airline, airport, or other entity involved in security.

Security restricted area. Those areas of the airside of an airport which are identified as priority risk areas where in addition to access control, other security controls are applied. Such areas will normally include, *inter alia*, all commercial aviation passenger departure areas between the screening checkpoint and the aircraft, the ramp, baggage make-up areas, including those where aircraft are being brought into service and screened baggage and cargo are present, cargo sheds, mail centres, airside catering and aircraft cleaning premises.

Security survey. An evaluation of security needs including the identification of vulnerabilities which could be exploited to carry out an act of unlawful interference, and the recommendation of corrective actions.

Security test. A covert or overt trial of an aviation security measure which simulates an attempt to commit an unlawful act.

Unidentified baggage. Baggage at an airport, with or without a baggage tag, which is not picked up by or identified with a passenger.

CHAPTER 2. GENERAL PRINCIPLES

2.1 Objectives

2.1.1 Each Contracting State shall have as its primary objective the safety of passengers, crew, ground personnel and the general public in all matters related to safeguarding against acts of unlawful interference with civil aviation.

2.1.2 Each Contracting State shall establish an organization and develop and implement regulations, practices and procedures to safeguard civil aviation against acts of unlawful interference taking into account the safety, regularity and efficiency of flights.

2.1.3 Each Contracting State shall ensure that such an organization and such regulations, practices and procedures:

a) protect the safety of passengers, crew, ground personnel and the general public in all matters related to safeguarding against acts of unlawful interference with civil aviation; and
b) are capable of responding rapidly to meet any increased security threat.

2.1.4 **Recommendation.—** *Each Contracting State should ensure appropriate protection of aviation security information.*

Note 1.— Guidance material on achieving civil aviation security objectives through application of the Standards and Recommended Practices in the following chapters is to be found in the Security Manual for Safeguarding Civil Aviation Against Acts of Unlawful Interference *(Doc 8973 — Restricted).*

Note 2.— The comprehensive aviation security training material to assist States in achieving civil aviation security objectives is contained in the ICAO Training Programme for Aviation Security comprising a series of Aviation Security Training Packages (ASTPs).

2.2 Applicability

2.2.1 Each Contracting State shall apply the Standards and shall endeavour to apply the Recommended Practices contained in Annex 17 to international civil aviation operations.

2.2.2 Each Contracting State shall ensure that measures designed to safeguard against acts of unlawful interference are applied to domestic operations to the extent practicable, based upon a security risk assessment carried out by the relevant national authorities.

2.3 Security and facilitation

Recommendation.— *Each Contracting State should whenever possible arrange for the security controls and procedures to cause a minimum of interference with, or delay to the activities of, civil aviation provided the effectiveness of these controls and procedures is not compromised.*

2.4 International cooperation

2.4.1 Each Contracting State shall ensure that requests from other Contracting States for additional security measures in respect of a specific flight(s) by operators of such other States are met, as far as may be practicable. The requesting State shall give consideration to alternative measures of the other State that are equivalent to those requested.

2.4.2 Each Contracting State shall cooperate with other States in the development and exchange of information concerning national civil aviation security programmes, training programmes and quality control programmes, as necessary.

2.4.3 Each Contracting State shall establish and implement procedures to share with other Contracting States threat information that applies to the aviation security interests of those States, to the extent practicable.

2.4.4 Each Contracting State shall establish and implement suitable protection and handling procedures for security information shared by other Contracting States, or security information that affects the security interests of other Contracting States, in order to ensure that inappropriate use or disclosure of such information is avoided.

2.4.5 **Recommendation.**— *Each Contracting State should share, as appropriate, and consistent with its sovereignty, the results of the audit carried out by ICAO and the corrective actions taken by the audited State if requested by another State.*

2.4.6 **Recommendation.**— *Each Contracting State should include in each of its bilateral agreements on air transport a clause related to aviation security, taking into account the model clause developed by ICAO.*

2.4.7 **Recommendation.**— *Each Contraeting State should make available to other Contracting States on request a written version of the appropriate parts of its national civil aviatioll security programme.*

2.4.8 **Recommendation.**— *Each Contracting State should notify ICAO where it has shared information under 2.4.5.*

2.5 Equipment, research and developmcnt

2.5.1 **Recommendation.**— *Each Contracting State should promote research and development of new security equipment, processes and procedures which will better achieve civil aviation security objectives and should cooperate with other Contracting States in this matter.*

2.5.2 **Recommendation.**— *Each Contracting State should ensure that the development of new security equipment takes into consideration Human Factors principles.*

Note.— Guidance material regarding Human Factors principles ean be found in the manual on Human Factors in Civil Aviation Security Operations (Doc 9808) and in Part I, Chapter 4, of the Human Factors Training Manual (Doc 9683).

CHAPTER 3. ORGANIZATION

3.1 National organization and appropriate authority

3.1.1 Each Contracting State shall establish and implement a written national civil aviation security programme to safeguard civil aviation operations against acts of unlawful interference, through regulations, practices and procedures which take into account the safety, regularity and efficiency of flights.

3.1.2 Each Contracting State shall designate and specify to ICAO an appropriate authority within its administration to be responsible for the development, implementation and maintenance of the national civil aviation security programme.

3.1.3 Each Contracting State shall keep under constant review the level of threat to civil aviation within its territory, and establish and implement policies and procedures to adjust relevant elements of its national civil aviation security programme accordingly, based upon a security risk assessment carried out by the relevant national authorities.

Note.— Guidanee material regarding threat assessment and risk management methodologies can be found in the Security Manual for Safeguarding Civil Aviation Against Acts of Unlawful Interference *(Doc 8973 — Restricted).*

3.1.4 Each Contracting State shall require the appropriate authority to define and allocate tasks and coordinate activities between the departments, agencies and other organizations of the State, airport and aircraft operators and other entities concerned with or responsible for the implementation of various aspects of the national civil aviation security programme.

3.1.5 Each Contracting State shall establish a national aviation security committee or similar arrangements for the purpose of coordinating security activities between the departments, agencies and other organizations of the State, airport and aircraft operators and other entities concerned with or responsible for the implementation of various aspects of the national civil aviation security programme.

3.1.6 Each Contracting State shall require the appropriate authority to ensure the development and implementation of a national training programme for personnel of all entities involved with or responsible for the implementation of various aspects of the national civil aviation security programme. This training programme shall be designed to ensure the effectiveness of the national civil aviation security programme.

3.1.7 **Recommendation.—** *Each Contracting should ensure that trainers and training programmes standards defined by the appropriate authority.*

3.1.8 Each Contracting State shall ensure that the appropriate authority arranges for the supporting resources and facilities required by the aviation security services to be available at each airport serving civil aviation.

3.1.9 Each Contracting State shall make available to its airport and aircraft operators operating in its territory and other entities concerned, a written version of the appropriate parts of its national civil aviation security programme and/or relevant information or guidelines enabling them to meet the requirements of the national civil aviation security programme.

3.2 Airport operations

3.2.1 Each Contracting State shall require each airport serving civil aviation to establish, implement and maintain a written airport security programme appropriate to meet the requirements of the national civil aviation security programme.

3.2.2 Each Contracting State shall ensure that an authority at each airport serving civil aviation is responsible for coordinating the implemcntation of security controls.

3.2.3 Each Contracting State shall ensure that an airport security committee at each airport serving civil aviation is established to assist the authority mentioned under 3.2.2 in its role of coordinating the implementation of sccurity contmls and procedures as specified in the airpol1 security programme.

3.2.4 Each Contracting State shall ensure that airport design requirements, including architectural and infrastructurerelated requirements necessary for the implementation of the security measures in the national civil aviation security programme, are integrated into the design and construction of new facilities and alterations to existing facilities at airpol1s.

3.3 Aircraft operators

3.3.1 Each Contracting State shall ensure that Commercial air transport operators providing service from that State have established, implemented and maintained a written operator security programme that meets the requirements of the national civil aviation security programme of that State.

3.3.2 **Recommendation.**— *Each Contracting State should ensure that each entity conducting general aviation operations, including corporate aviation operations, using aircraft with a maximum take-off mass greater than 5 700 kg, has established, implemented and maintained a written operator security programme that meets the requirements of the national civil aviation security programme of that State.*

3.3.3 **Recommendation.**— *Each Contracting State should ensure that each entity conducting aerial work operations has established, implemented and maintained a written operator security programme that meets the requirements of the national civil aviation security programme of that State. The programme shall contain operations features specific to the type of operations conducted.*

3.3.4 **Recommendation.**— *Each Contracting State should take into account the ICAO model as a basis for operators' or entities' security programmes under 3.3.1. 3.3.2 and 3.3.3.*

3.3.5 **Recommendation.**— Each Contracting State should require operators providing service from that State and participating in code-sharing or other collaborative arrangements with other operators to notify the appropriate authority of the nature of these arrangements, including the identity of the other operators.

3.4 Quality control

3.4.1 Each Contracting State shall ensure that the persons implementing security controls are subject to background checks and selection procedures.

3.4.2 Each Contracting State shall ensure that the persons implementing security controls possess all competencies required to perform their duties and are appropriately trained according to the requirements of the national civil aviation security programme and that appropriate records are maintained up to date. Relevant standards of performance shall bc established and initial and periodic assessments shall be introduced to maintain those standards.

3.4.3 Each Contracting State shall ensure that the persons carrying out screening operations are certified according to the requirements of the national civil aviation security programme to ensure that performance standards are consistently and reliably achieved.

3.4.4 Each Contracting State shall require the appropriate authority to develop, implement and maintain a national civil aviation security quality control programme to determine compliance with and validate the effectiveness of its national civil aviation security programme.

3.4.5 Each Contracting State shall ensure that the implementation of security measures is regularly subjected to verification of compliancc with the national civil aviation security programme. The priorities and frequency of monitoring shall be determined on the basis of risk assessment carried out by the relevant authorities.

3.4.6 Each Contracting State shall arrangc for security audits, tests, surveys and inspections to be conducted on a regular basis, to verify compliance with the national civil aviation security programme and to provide for the rapid and effective rectification of any deficiencies.

3.4.7 Each Contracting State shall ensure that the management, setting of priorities and organization of the national civil aviation security quality control programme shall be undertaken independently from the entities and persons responsible for the implementation of the measures taken under the national civil aviation security programme. Each Contracting State shall also:

a) ensure that the personnell carrying out security audits, tests, surveys and inspections are trained to appropriate standards for these tasks in accordance with the national civil aviation security programme;
b) ensure that the personnel carrying out security audits, tests, surveys and inspections are afforded the necessary authority to obtain information to carry out these tasks and to enforce corrective actions;
c) supplement the national civil aviation security quality control programme by establishing a confidential reporting system for analysing security information provided by sources such as passengers, crew and ground personnel; and
d) establish a process to record and analyse the results of the national civil aviation security quality control programme, to contribute to the effective development and implementation of the national civil aviation security programme, including identifying the causes and patterns of non-compliance and verifying that corrective actions have been implemented and sustained.

3.4.8 Each Contracting State concerned with an act of unlawful interference shall require its appropriate authority to re-evaluate security controls and procedures and in a timely fashion take action necessary to remedy weaknesses so as to prevent recurrence. These actions shall bc shared with ICAO.

CHAPTER 4. PREVENTIVE SECURITY MEASURES

4.1 Objective

Each Contracting State shall establish measures to prevent weapons, explosives or any other dangerous devices, articles or substances, which may be used to commit an act uf unlawful interference, the carriage or bearing of which is not authorized, from being introduced, by any means whatsoever, on board an aircraft engaged in civil aviation.

4.2 Measures relating to access control

4.2.1 Each Contracting State shall ensure that the access to airside areas at airports serving civil aviation is controlled in order to prevent unauthorized entry.

4.2.2 Each Contracting State shall ensure that security restricted areas are established at each airport serving civil aviation designated by the State based upon a security risk assessment carried out by the relevant national authorities.

4.2.3 Each Contracting State shall ensure that identification systems are established in respect of persons and vehicles in order to prevent unauthorized access to airside arcas and security restricted areas. Identity shall be verified at designated checkpoints before access is allowed to airside areas and security restricted areas.

4.2.4 Each Contracting State shall ensure that background checks are conducted on persons other than passengers granted unescorted access to security restricted areas of the airport prior to granting access to security restricted areas.

4.2.5 Each Contracting State shall ensure that the movement of persons and vehicles to and from the aircraft is supervised in security restricted areas in order to prevent unauthorized access to aircraft.

4.2.6 Each Contracting State shall ensure that, at a minimum, a proportion of persons other than passengers being granted access to security restricted areas, together with items carried, are screened. The proportion shall be determined in accordance with risk assessment carried out by the relevant national authorities.

4.2.7 **Recommendation.—** *Each Contracting State should ensure that identity documents issued to aircraft crew members provide a harmonized and reliable international basis for recognition and validation of documentation to permit authorized access to airside and seeurity restricted areas by conforming to the relevant specifications set forth in Doc 9303,* Machine Readable Travel Documents.

4.2.8 **Recommendation.—** *Each Contracting State should ensure that checks specified in 4.2.4 be reapplied on a regular basis to all persons granted unescorted access to security restricted areas.*

4.3 Measures rclating to aircraft

4.3.1 Each Contracting State shall ensure that aircraft security checks of originating aircraft engaged in commercial air transport movements are performed or an aircraft security search is carried out. The determination of whether it is an aircraft security check or a search that is appropriate shall be based upon a security risk assessment carried out by the relevant national authorities.

4.3.2 Each Contracting State shall ensure that measures are taken to ensure that passengers of commercial flights disembarking from the aircraft at any time do not leave items on board the aircraft.

4.3.3 Each Contracting State shall require its commercial air transport operators to take measures as appropriate to ensure that during flight unauthorized persons are prevented from entering the flight crew compartment.

Note.— Provisions for security of the flight crew compartment of aircraft engaged in commercial air transportation are contained in Annex 6, Part I, Chapter 13, Section 13.2.

4.3.4 Each Contracting State shall ensure that an aircraft subject to 4.3.1 is protected from unauthorized interference from the time the aircraft search or check has commenced until the aircraft departs.

4.3.5 **Recommendation.—** *Each Contracting State should ensure that security controls are established to prevent acts of unlawful interference with aircraft when they are not in security restricted areas.*

4.4 Measures relating to passengers and their cabin baggage

4.4.1 Each Contracting State shall establish measures to ensure that originating passengers of commercial air transport operations and their cabin baggage are screened prior to boarding an aircraft departing from a security restricted area.

4.4.2 Each Contracting State shall ensure that transfer passengers of commercial air transport operations and their cabin baggage are screened prior to boarding an aircraft, unless it has established a validation process and continuously implements procedures, in collaboration with the other Contracting State where appropriate, to ensure that such passengers and their cabin baggage have been screened to an appropriate level at the point of origin and subsequently protected from unauthorized interference from the point of screening at the originating airport to the departing aircraft at the transfer airport.

Note.— See guidance material on this issue in the Security Manual for Safeguarding Civil Aviation Against Acts of Unlawful Interference (Doc 8973 - Restricted).

4.4.3 Each Contracting State shall ensure that passengers and their cabin baggage which have been screened are protected from unauthorized interference from the point of screening until they board their aircraft. If mixing or contact does take place, the passengers concerned and their cabin baggage shall be re-screened before boarding an aircraft.

4.4.4 Each Contracting State shall establish at an airport measures for transit operations to protect transit passengers' cabin baggage from unauthorized interference and protect the integrity of the security of the airport of transit.

4.5 Measures relating to hold baggage

4.5.1 Each Contracting State shall establish measures to ensure that originating hold baggage is screened prior to being loaded onto an aircraft engaged in commercial air transport operations departing from a security restricted area.

4.5.2 Each Contracting State shall ensure that all hold baggage to be carried on a commercial aircraft is protected from unauthorized interference from the point it is screened or accepted into the care of the carrier, whichever is earlier, until departure of the aircraft on which it is to be carried. If the integrity of hold baggage is jeopardized, the hold baggage shall be re-screened be fore being placed on board an aircraft.

4.5.3 Each Contracting State shall ensure that commercial air transport operators do not transport the baggage of passengers who are not on board the aircraft unless that baggage is identified as unaccompanied and subjected to additional screening.

4.5.4 Each Contracting State shall ensure that transfer hold baggage is screened prior to being loaded onto an aircraft engaged in commercial air transport operations, unless it has established a validation process and continuously implements procedures, in collaboration with the other Contracting State where appropriate, to ensure that such hold baggage has been screened at the point of origin and subsequently protected from unauthorized interference from the originating airport to the departing aircraft at the transfer airport.

Note.— See guidance material on this issue in the Security Manual for Safeguarding Civil Aviation Against Acts of Unlawful Interference (Doc 8973 - Restricted).

4.5.5 Each Contracting State shall ensure that aircraft commercial air transport operators transport only items of hold baggage which have been individually identified as accompanied or unaccompanied, screened to the appropriate standard and accepted for carriage on that flight by the air carrier. All such baggage should be recorded as meeting these criteria and authorized for carriage on that flight.

4.5.6 **Recommendation.—** *Each Contracting State should establish procedures to dealwith unidentified baggage in accordance with a security risk assessment carried out by the relevant national authorities.*

4.6 Measures relating to cargo, mail and other goods

4.6.1 Each Contracting State shall ensure that security controls are applied to cargo and mail, prior to their being loaded onto an aircraft engaged in passenger commercial air transport operations.

4.6.2 Each Contracting State shall ensure that cargo and mail to be carried on a passenger commercial aircraft are protected from unauthorized interference from the point security controls are applied until departure of the aircraft.

4.6.3 Each Contracting State shall establish a process for approval of regulated agents, if such agents are involved in implementing security controls.

4.6.4 Each Contracting State shall ensure that operators do not accept cargo or mail for carriage on an aircraft engaged in passenger commercial air transport operations unless the application of security controls is confirmed and accounted for by a regulated agent, or such consignments are subjected to appropriate security controls.

4.6.5 Each Contracting State shall ensure that catering, stores and supplies intended for carriage on passen ger commercial flights are subjected to appropriate security controls and thereafter protected until loaded onto the aircraft.

4.6.6 **Recommendation.—** *Each Contracting State should ensure that security controls to be applied to cargo and mail for transportation on all-cargo aircraft are determined on the basis of a security risk assessment carried out by the relevant national authorities.*

4.7 Measures relating to special categories of passen gers

4.7.1 Each Contracting State shall develop requirements for air carriers for the carriage of potentially disruptive passengers who are obliged to travel because they have been the subject of judicial or administrative proceedings.

Note.— See guidance material on this issue found in the Security Manual for Safeguarding Civil Aviation Against Acts of Unlawful Interference (Doc 8973 - Restricted).

4.7.2 Each Contracting State shall ensure that operators providing service from that State include in their security programmes, measures and procedures to ensure safety on board their aircraft when passengers are to be carried who are obliged to travel because they have been the subject of judicial or administrative proceedings.

4.7.3 Each Contracting State shall ensure that the aircraft operator and the pilot-in-command are informed when passengers are obliged to travel because they have been the subject of judicial or administrative proceedings, in order that appropriate security controls can be applied.

4.7.4 Each Contracting State shall ensure that the carriage of weapons on board aircraft, by law enforcement officers and other authorized persons, acting in the performance of their duties, requires special authorization in accordance with the laws of the States involved.

4.7.5 Each Contracting State shall consider requests by any other State to allow the travel of armed personnel, including in-flight security officers, on board aircraft of operators of the requesting State. Only after agreement by all States involved shall such travel be allowed.

4.7.6 Each Contracting State shall ensure that the carriage of weapons in other cases is allowed only when an authorized and duty qualified person has determined that they are not loaded, if applicable, and then only if stowed in a place inaccessible to any person during flight time.

4.7.7 Each Contracting State that decides to deploy inflight security officers shall ensure that they are government personnel who are specially selected and trained, taking into account the safety and security aspects on board an aircraft and deployed according to the threat assessment of the competent authority. The deployment of such officers shall be coordinated with concerned States and kept strictly confidential.

4.7.8 Each Contracting State shall ensure that the pilot-in-command is notified as to the number of armed persons and their seat location.

CHAPTER 5. MANAGEMENT OF RESPONSE TO ACTS OF UNLAWFUL INTERFERENCE

5.1 Prevention

5.1.1 Each Contracting State shall establish measures. when reliable information exists that an aircraft may be subjected to an act of unlawful interference, to safeguard the aircraft if it is still on the ground and to provide as much prior notification as possible of the arrival of such aircraft to relevant airport authorities and air traffic services of the States concerned if the aircraft has already departed.

5.1.2 Each Contracting State shall ensure. when reliable information exists that an aircraft may be subjected to an act of unlawful interference, that the aircraft is searched for concealed weapons, explosives or other dangerous devices, articles or substances. Prior notification of the search shall be provided to the operator concerned.

5.1.3 Each Contracting State shall ensure that arrangements are made to investigate, render safe and/or dispose of, if necessary, suspected dangerous devices or other potential hazards at airports.

5.1.4 Each Contracting State shall ensure that contingency plans are developed and resources made available to safeguard civil aviation against acts of unlawful interference. The contingency plans shall be tested on a regular basis.

5.1.5 Each Contracting State shall ensure that authorized and suitably trained personnel are readily available for deployment at its airports serving civil aviation to assist in dealing with suspected, or actual, cases of unlawful interference with civil aviation.

5.2 Response

5.2.1 Each Contracting State shall take appropriate measures for the safety of passengers and crew of an aircraft, which is subjected to an act of unlawful interference, while on the ground in the territory of the Contracting State, until their journey can be continued.

5.2.2 Each Contracting State responsible for providing air traffic services for an aircraft. which is the subject of an act of unlawful interference, shall collect all pertinent information on the flight of that aircraft and transmit that information to all other States responsible for the air traffic services units concerned, including those at the airport of known or presumed destination, so that timely and appropriate safeguarding action may be taken en route and at the aircraft's known, likely or possible destination.

5.2.3 Each Contracting State shall provide assistance to an aircraft subjected to an act of unlawful seizure, including the provision of navigation aids, air traffic services and permission to land as may be necessitated by the circumstances.

5.2.4 Each Contracting State shall take measures, as it may find practicable, to ensure that an aircraft subjected to an act of unlawful seizure which has landed in its territory is detained on the ground unless its departure is necessitated by the overriding duty to protect human life. However. these measures need to recognize the grave hazard attending further flight. States shall also recognize the importance of consultations, wherever practicable, between the State where that aircraft has landed and the State of the Operator of the aircraft, and notification by the State where the aircraft has landed to the States of assumed or stated destination.

5.2.5 Each Contracting State in which an aircraft subjected to an act of unlawful interference has landed shall notify by the most expeditious means the State of Registry of the aircraft and the State of the Operator of the landing and shall similarly transmit by the most expeditious means all other relevant information to:
a) the two above-mentioned States;
b) each State whose citizens suffered fatalities or injuries;
c) each State whose citizens were detained as hostages;
d) each State whose citizens are known to be on board the aircraft; and
e) the International Civil Aviation Organization.

5.2.6. **Recommendation.—** *Each Contracting State should ensure that information received as a consequence of action taken in accordance with 5.2.2 is distributed locally to the air traffic services units concerned, the appropriate airport administrations, the operator and others concerned as soon as practicable.*

5.2.7 **Recommendation.**— *Each Contracting State should cooperate with other States for the purpose of providing a joint response in connection with an act of unlawful interference. When taking measures in their territory to free passengers and crew members of an aircraft subjected to an act of unlawful interference, each Contracting State should use, as necessary. the experience and capability of the State of the Operator, the State of manufacture and the State of Registry of that aircraft.*

5.3 Exchange of information and reporting

5.3.1 Each Contracting State concemed with an act of unlawful interference shall provide ICAO with all pertinent information concerning the security aspects of the act of unlawful interference as soon as practicable after the act is resolved.

5.3.2 **Recommendation.**— Each Contracting State should exchange information with other Contracting States as considered appropriate on the management of response to an act of unlawful interference, at the same time supplying such information to ICAO.

2 Europäische Vorschriften im Bereich Luftsicherheit

2.1 Verordnung (EG) Nr. 300/2008

Verordnung (EG) Nr. 300/2008 des Europäischen Parlaments und des Rates vom 11. März 2008 über gemeinsame Vorschriften für die Sicherheit in der Zivilluftfahrt und zur Aufhebung der Verordnung (EG) Nr. 2320/2002 (Text von Bedeutung für den EWR)[1]

DAS EUROPÄISCHE PARLAMENT UND DER RAT DER EUROPÄISCHEN UNION —

gestützt auf den Vertrag zur Gründung der Europäischen Gemeinschaft, insbesondere auf Artikel 80 Absatz 2,

auf Vorschlag der Kommission,

nach Stellungnahme des Europäischen Wirtschafts- und Sozialausschusses [1][2],

nach Anhörung des Ausschusses der Regionen,

gemäß dem Verfahren des Artikels 251 des Vertrags [2][3], aufgrund des vom Vermittlungsausschuss am 16. Januar 2008 gebilligten gemeinsamen Entwurfs,

in Erwägung nachstehender Gründe:

(1) Zum Schutz von Personen und Gütern in der Europäischen Union sollten unrechtmäßige Eingriffe im Zusammenhang mit Zivilluftfahrzeugen, die die Sicherheit der Zivilluftfahrt gefährden, durch die Festlegung gemeinsamer Vorschriften für die Gefahrenabwehr in der Zivilluftfahrt verhindert werden. Dieses Ziel sollte durch die Festlegung gemeinsamer Vorschriften und Grundstandards für die Luftsicherheit sowie Mechanismen für die Überwachung der Einhaltung der Vorschriften und Grundstandards erreicht werden.

---

1 ABl. (EU) Nr. L 97 vom 9.4.2008, S. 72.

2 ABl. C 185 vom 8.8.2006, S. 17.

3 Stellungnahme des Europäischen Parlaments vom 15. Juni 2006 (ABl. C 300 E vom 9.12.2006, S. 463), Gemeinsamer Standpunkt des Rates vom 11. Dezember 2006 (ABl. C 70 E vom 27.3.2007, S. 21) und Standpunkt des Europäischen Parlaments vom 25. April 2007 (noch nicht im Amtsblatt veröffentlicht). Legislative Entschließung des Europäischen Parlaments vom 11. März 2008 (noch nicht im Amtsblatt veröffentlicht) und Beschluss des Rates vom 4. März 2008.

(2) Im Interesse der allgemeinen Sicherheit in der Zivilluftfahrt ist es wünschenswert, die Grundlage für eine gemeinsame Auslegung des Anhangs 17 des Abkommens von Chicago vom 7. Dezember 1944 über die internationale Zivilluftfahrt zu schaffen.

(3) Die Verordnung (EG) Nr. 2320/2002 des Europäischen Parlaments und des Rates vom 16. Dezember 2002 zur Festlegung gemeinsamer Vorschriften für die Sicherheit in der Zivilluftfahrt [3][4] wurde in der Folge der Ereignisse des 11. Septembers 2001 in den Vereinigten Staaten verabschiedet. Im Bereich der Sicherheit der Zivilluftfahrt ist ein gemeinsamer Ansatz erforderlich, und es sollte geprüft werden, wie nach verheerenden Terroranschlägen im Verkehrssektor am wirksamsten Unterstützung geboten werden kann.

(4) Der Inhalt der Verordnung (EG) Nr. 2320/2002 sollte aufgrund der Erfahrungen, die gemacht wurden, überprüft werden, und die Verordnung selbst sollte aufgehoben und durch die vorliegende Verordnung, deren Ziel die Vereinfachung, Harmonisierung und klarere Fassung der bestehenden Vorschriften sowie die Verbesserung des Sicherheitsniveaus ist, ersetzt werden.

(5) Da bei der Verabschiedung von Sicherheitsmaßnahmen und -verfahren mehr Flexibilität erforderlich ist, damit den sich verändernden Risikobewertungen Rechnung getragen wird und neue Technologien eingeführt werden können, sollte diese Verordnung die Grundprinzipien für Maßnahmen zum Schutz der Zivilluftfahrt vor unrechtmäßigen Eingriffen festlegen, ohne dabei die technischen oder verfahrenstechnischen Details ihrer Durchführung auszuformulieren.

(6) Diese Verordnung sollte für Flughäfen im Hoheitsgebiet eines Mitgliedstaats gelten, die der Zivilluftfahrt dienen, für Betreiber, die Dienstleistungen auf solchen Flughäfen erbringen, und für Stellen, die für oder über diese Flughäfen Güter liefern und/oder Dienstleistungen erbringen, gelten.

(7) Unbeschadet des Übereinkommens über strafbare und bestimmte andere an Bord von Luftfahrzeugen begangene Handlungen (Tokio 1963), des Übereinkommens zur Bekämpfung der widerrechtlichen Inbesitznahme von Luftfahrzeugen (Den Haag 1970) und des Übereinkommens zur Bekämpfung widerrechtlicher Handlungen gegen die Sicherheit der Zivilluftfahrt (Montreal 1971) sollte diese Verordnung auch Sicherheitsmaßnahmen erfassen, die an Bord von Luftfahrzeugen oder während des Fluges von gemeinschaftlichen Luftfahrtunternehmen gelten.

(8) Jeder Mitgliedstaat behält die Zuständigkeit, über den Einsatz von begleitenden Sicherheitsbeamten an Bord von bei ihm eingetragenen Luftfahrzeugen und auf Flügen von Luftfahrtunternehmen, denen er eine Genehmigung erteilt hat, zu entscheiden sowie nach Anhang 17 Nummer 4.7.7 des Abkommens von Chicago über die internationale Zivilluftfahrt und gemäß diesem Abkommen sicherzustellen, dass es sich bei diesen Begleitern um staatliche Bedienstete handelt, die speziell ausgewählt und ausgebildet sind, wobei die geltenden Sicherheitsbedingungen an Bord von Luftfahrzeugen berücksichtigt werden.

(9) Der Grad der Bedrohung ist in den verschiedenen Bereichen der Zivilluftfahrt nicht unbedingt gleich hoch. Bei der Festlegung gemeinsamer Grundstandards für die Luftsicherheit sollten die Größe des Luftfahrzeugs, die Art des Fluges und/oder die Häufigkeit von Flügen auf den Flughäfen berücksichtigt werden, um die Gewährung von Ausnahmen zu ermöglichen.

---

[4] ABl. L 355 vom 30.12.2002, S. 1. Geändert durch die Verordnung (EG) Nr. 849/2004 (ABl. L 158 vom 30.4.2004, S. 1. Berichtigte Fassung im ABl. L 229 vom 29.6.2004, S. 3).

(10) Die Mitgliedstaaten sollten außerdem die Möglichkeit haben, aufgrund von Risikobewertungen strengere Maßnahmen als die in dieser Verordnung festgelegten zu ergreifen.

(11) Drittländer können für Flüge von einem Flughafen in einem Mitgliedstaat in oder über dieses Drittland die Anwendung von Maßnahmen verlangen, die von den in dieser Verordnung festgelegten abweichen. Die Kommission sollte jedoch unbeschadet etwaiger bilateraler Abkommen, bei denen die Gemeinschaft Vertragspartei ist, die Möglichkeit haben, die von dem Drittland verlangten Maßnahmen zu prüfen.

(12) Auch wenn innerhalb eines Mitgliedstaats zwei oder mehr Einrichtungen für die Luftsicherheit zuständig sein können, sollte jeder Mitgliedstaat eine einzige Behörde benennen, die für die Koordinierung und Überwachung der Durchführung der Sicherheitsstandards zuständig ist.

(13) Um die Zuständigkeiten für die Durchführung der gemeinsamen Grundstandards für die Luftsicherheit festzulegen und zu beschreiben, welche Maßnahmen zu diesem Zweck von Betreibern und anderen Stellen verlangt werden, sollte jeder Mitgliedstaat ein nationales Sicherheitsprogramm für die Zivilluftfahrt aufstellen. Zudem sollten alle Flughafenbetreiber, Luftfahrtunternehmen und Stellen, die Luftsicherheitsstandards anwenden, ein Sicherheitsprogramm aufstellen, anwenden und fortentwickeln, um dieser Verordnung nachzukommen und die Anforderungen des jeweils geltenden nationalen Sicherheitsprogramms für die Zivilluftfahrt zu erfüllen.

(14) Um die Einhaltung dieser Verordnung und des nationalen Sicherheitsprogramms für die Zivilluftfahrt zu überwachen, sollte jeder Mitgliedstaat ein nationales Programm zur Sicherung des Niveaus und der Qualität der Sicherheit der Zivilluftfahrt aufstellen und für dessen Durchführung sorgen.

(15) Um die Anwendung dieser Verordnung durch die Mitgliedstaaten zu überwachen und um Empfehlungen zur Verbesserung der Luftsicherheit aussprechen zu können, sollte die Kommission Inspektionen, einschließlich unangekündigter Inspektionen, durchführen.

(16) In der Regel sollte die Kommission die Maßnahmen veröffentlichen, die unmittelbare Auswirkungen auf die Fluggäste haben. Durchführungsbestimmungen, in denen gemeinsame Maßnahmen und Verfahren für die Durchführung der gemeinsamen Grundstandards für die Luftsicherheit festgelegt werden und die sensible Sicherheitsinformationen enthalten, sowie Inspektionsberichte der Kommission und die Antworten der zuständigen Behörden sollten als EU-Verschlusssachen im Sinne des Beschlusses 2001/844/EG, EGKS, Euratom der Kommission vom 29. November 2001 zur Änderung ihrer Geschäftsordnung [4][5] betrachtet werden. Sie sollten nicht veröffentlicht werden und nur Betreibern und Stellen mit einem legitimen Interesse zugänglich gemacht werden.

(17) Die zur Durchführung dieser Verordnung erforderlichen Maßnahmen sollten gemäß dem Beschluss 1999/468/EG des Rates vom 28. Juni 1999 zur Festlegung der Modalitäten für die Ausübung der der Kommission übertragenen Durchführungsbefugnisse [5][6] erlassen werden.

---

[5] ABl. L 317 vom 3.12.2001, S. 1. Zuletzt geändert durch den Beschluss 2006/548/EG (ABl. L 215 vom 5.8.2006, S. 38).

[6] ABl. L 184 vom 17.7.1999, S. 23. Geändert durch den Beschluss 2006/512/EG (ABl. L 200 vom 22.7.2006, S. 11).

(18) Insbesondere sollte die Kommission die Befugnis erhalten, allgemeine Maßnahmen zur Änderung nicht wesentlicher Bestimmungen der gemeinsamen Grundstandards durch Ergänzung zu erlassen, Kriterien festzulegen, unter denen die Mitgliedstaaten von den gemeinsamen Grundstandards abweichen und alternative Sicherheitsmaßnahmen treffen können, sowie Spezifikationen für nationale Qualitätskontrollprogramme anzunehmen. Da es sich hierbei um Maßnahmen von allgemeiner Tragweite handelt, die eine Änderung nicht wesentlicher Bestimmungen dieser Verordnung bewirken, sind sie nach dem Regelungsverfahren mit Kontrolle des Artikels 5a des Beschlusses 1999/468/EG zu erlassen.

(19) Können aus Gründen äußerster Dringlichkeit die Fristen, die normalerweise im Rahmen des Regelungsverfahrens mit Kontrolle Anwendung finden, nicht eingehalten werden, so sollte die Kommission beim Erlass gemeinsamer Vorschriften für die Gefahrenabwehr in der Zivilluftfahrt die Möglichkeit haben, das Dringlichkeitsverfahren des Artikels 5a Absatz 6 des Beschlusses 1999/468/EG anzuwenden.

(20) Es sollte angestrebt werden, dass bei allen Flügen innerhalb der Europäischen Union nur eine einmalige Sicherheitskontrolle stattfindet.

(21) Darüber hinaus sollte eine erneute Kontrolle von Fluggästen oder ihrem Gepäck bei Ankunft mit Flügen aus Drittländern, deren Luftsicherheitsstandards denen dieser Verordnung gleichwertig sind, nicht erforderlich sein. Daher sollten — unbeschadet des Rechts jedes Mitgliedstaats, strengere Maßnahmen anzuwenden, oder der jeweiligen Zuständigkeiten der Kommission und der Mitgliedstaaten — Beschlüsse der Kommission und erforderlichenfalls Abkommen zwischen der Gemeinschaft und Drittländern, in denen bestätigt wird, dass die in dem betreffenden Drittland angewendeten Sicherheitsstandards denen der Gemeinschaft gleichwertig sind, gefördert werden, weil sie der einmaligen Sicherheitskontrolle förderlich sind.

(22) Diese Verordnung lässt die Anwendung der Vorschriften für die Luftsicherheit, einschließlich der Vorschriften für die Gefahrgutbeförderung, unberührt.

(23) Für Verstöße gegen die Bestimmungen dieser Verordnung sollten Sanktionen festgelegt werden. Diese Sanktionen, die sowohl zivilrechtlicher als auch verwaltungsrechtlicher Art sein können, sollten wirksam, verhältnismäßig und abschreckend sein.

(24) Die Ministererklärung zum Flughafen von Gibraltar, die am 18. September 2006 in Córdoba auf dem ersten Ministertreffen des Dialogforums zu Gibraltar vereinbart wurde, tritt an die Stelle der gemeinsamen Erklärung zum Flughafen von Gibraltar, die am 2. Dezember 1987 in London abgegeben wurde, und die vollständige Einhaltung der Erklärung von 2006 gilt als Einhaltung der Erklärung von 1987.

(25) Da die Ziele dieser Verordnung, nämlich der Schutz der Zivilluftfahrt vor unrechtmäßigen Eingriffen und die Schaffung der Grundlage für eine gemeinsame Auslegung des Anhangs 17 des Abkommens von Chicago über die internationale Zivilluftfahrt, auf Ebene der Mitgliedstaaten nicht ausreichend verwirklicht werden können und daher wegen des Umfangs und der Wirkungen der Verordnung besser auf Gemeinschaftsebene zu verwirklichen sind, kann die Gemeinschaft im Einklang mit dem in Artikel 5 des Vertrags niedergelegten Subsidiaritätsprinzip tätig werden. Entsprechend dem in demselben Artikel genannten Grundsatz der Verhältnismäßigkeit geht diese Verordnung nicht über das zur Erreichung dieser Ziele erforderliche Maß hinaus —

HABEN FOLGENDE VERORDNUNG ERLASSEN:

Artikel 1
Ziele

(1) Diese Verordnung legt gemeinsame Vorschriften für den Schutz der Zivilluftfahrt vor unrechtmäßigen Eingriffen fest, die die Sicherheit der Zivilluftfahrt gefährden.
Sie bildet außerdem die Grundlage für eine gemeinsame Auslegung des Anhangs 17 des Abkommens von Chicago über die internationale Zivilluftfahrt.

(2) Die in Absatz 1 genannten Ziele sollen erreicht werden durch
a) die Festlegung gemeinsamer Vorschriften und Grundstandards für die Luftsicherheit;
b) Mechanismen für die Überwachung der Einhaltung der Vorschriften und Grundstandards.

Artikel 2
Geltungsbereich

(1) Diese Verordnung gilt für
a) alle nicht ausschließlich für militärische Zwecke genutzten Flughäfen oder Teile von Flughäfen im Hoheitsgebiet eines Mitgliedstaats;
b) alle Betreiber, einschließlich Luftfahrtunternehmen, die Dienstleistungen an den unter Buchstabe a genannten Flughäfen erbringen;
c) alle Stellen, die Luftsicherheitsstandards anwenden und an Standorten innerhalb oder außerhalb des Flughafengeländes tätig sind und für oder über die unter Buchstabe a genannten Flughäfen Güter liefern und/oder Dienstleistungen erbringen.

(2) Die Anwendung dieser Verordnung auf den Flughafen von Gibraltar erfolgt unbeschadet der Rechtsstandpunkte des Königreichs Spanien und des Vereinigten Königreichs in der strittigen Frage der Souveränität über das Gebiet, in dem der Flughafen liegt.

Artikel 3
Begriffsbestimmungen

Im Sinne dieser Verordnung bezeichnet der Ausdruck

(1) „Zivilluftfahrt" Flüge von Zivilluftfahrzeugen, ausgenommen Flüge von Staatsluftfahrzeugen im Sinne des Artikels 3 des Abkommens von Chicago über die internationale Zivilluftfahrt;

(2) „Luftsicherheit" die Kombination von Maßnahmen und personellen und materiellen Ressourcen, die dazu dienen, die Zivilluftfahrt vor unrechtmäßigen Eingriffen zu schützen, die die Sicherheit der Zivilluftfahrt gefährden;

(3) „Betreiber" eine Person, eine Organisation oder ein Unternehmen, die bzw. das Luftverkehrsaktivitäten durchführt oder anbietet;

(4) „Luftfahrtunternehmen" ein Lufttransportunternehmen mit einer gültigen Betriebsgenehmigung oder einer gleichwertigen Genehmigung;

(5) „gemeinschaftliches Luftfahrtunternehmen" ein Luftfahrtunternehmen, das über eine gültige Betriebsgenehmigung verfügt, die von einem Mitgliedstaat gemäß der Verordnung (EWG) Nr. 2407/92 des Rates vom 23. Juli 1992 über die Erteilung von Betriebsgenehmigungen an Luftfahrtunternehmen [6][7] erteilt wurde;

---

[7] ABl. L 240 vom 24.8.1992, S. 1.

(6) „Stelle“ eine Person, eine Organisation oder ein Unternehmen, die bzw. das kein Betreiber ist;

(7) „verbotene Gegenstände“ Waffen, Sprengstoffe oder andere gefährliche Geräte, Gegenstände oder Stoffe, die für unrechtmäßige Eingriffe verwendet werden können, die die Sicherheit der Zivilluftfahrt gefährden;

(8) „Kontrolle“ den Einsatz technischer oder sonstiger Mittel, die dazu dienen, verbotene Gegenstände zu identifizieren und/oder aufzuspüren;

(9) „Sicherheitskontrolle“ die Anwendung von Mitteln, mit denen die Einschleusung verbotener Gegenstände verhindert werden kann;

(10) „Zugangskontrolle“ die Anwendung von Mitteln, mit denen das Eindringen unbefugter Personen und/oder unbefugter Fahrzeuge verhindert werden kann;

(11) „Luftseite“ die Bewegungsflächen eines Flughafens, angrenzendes Gelände und angrenzende Gebäude bzw. Teile davon, zu denen der Zugang beschränkt ist;

(12) „Landseite“ den Bereich eines Flughafens, angrenzendes Gelände und angrenzende Gebäude bzw. Teile davon, bei denen es sich nicht um die Luftseite handelt;

(13) „Sicherheitsbereich“ den Teil der Luftseite, für den nicht nur eine Zugangsbeschränkung besteht, sondern weitere Luftsicherheitsstandards gelten;

(14) „abgegrenzter Bereich“ den Bereich, der entweder von den Sicherheitsbereichen oder, wenn der abgegrenzte Bereich selbst ein Sicherheitsbereich ist, von anderen Sicherheitsbereichen eines Flughafens durch eine Zugangskontrolle abgetrennt ist;

(15) „Zuverlässigkeitsüberprüfung“ die dokumentierte Überprüfung der Identität einer Person, einschließlich etwaiger Vorstrafen, als Teil der Beurteilung der persönlichen Eignung für den unbegleiteten Zugang zu Sicherheitsbereichen;

(16) „umsteigende Fluggäste, umgeladenes Gepäck, umgeladene Fracht oder umgeladene Post“ Fluggäste, Gepäck, Frachtstücke oder Post, die mit einem anderen Luftfahrzeug abfliegen als dem, mit dem sie angekommen sind;

(17) „weiterfliegende Fluggäste, weiterfliegendes Gepäck und weiterfliegende Fracht oder weiterfliegende Post“ Fluggäste, Gepäck, Frachtstücke oder Post, die mit demselben Luftfahrzeug abfliegen, mit dem sie angekommen sind;

(18) „potenziell gefährlicher Fluggast“ einen Fluggast, bei dem es sich um eine abgeschobene Person, eine Person, der die Einreise verweigert wurde, oder um eine in Gewahrsam befindliche Person handelt;

(19) „Handgepäck“ Gepäck, das in der Kabine eines Luftfahrzeugs befördert werden soll;

(20) „aufgegebenes Gepäck“ Gepäck, das im Frachtraum eines Luftfahrzeugs befördert werden soll;

(21) „begleitetes aufgegebenes Gepäck“ Gepäck, das im Frachtraum eines Luftfahrzeugs befördert wird und von einem Fluggast aufgegeben worden ist, der an Bord desselben Luftfahrzeugs mitfliegt;

(22) „Post von Luftfahrtunternehmen“ Postsendungen, deren Absender und Empfänger Luftfahrtunternehmen sind;

(23) „Material von Luftfahrtunternehmen" Material, dessen Versender und Empfänger Luftfahrtunternehmen sind oder das von einem Luftfahrtunternehmen verwendet wird;

(24) „Post" Briefsendungen und andere Gegenstände, die nicht Post von Luftfahrtunternehmen sind, und die entsprechend den Regeln des Weltpostvereins einem Postdienst übergeben wurden und an einen solchen geliefert werden sollen;

(25) „Fracht" Gegenstände, die in einem Luftfahrzeug befördert werden sollen und bei denen es sich nicht um Gepäck, Post, Material von Luftfahrtunternehmen, Post von Luftfahrtunternehmen oder Bordvorräte handelt;

(26) „reglementierter Beauftragter" Luftfahrtunternehmen, Agenturen, Spediteure oder sonstige Stellen, die die Sicherheitskontrollen für Fracht oder Post gewährleisten;

(27) „bekannter Versender" einen Versender von Fracht oder Post zur Versendung auf eigene Rechnung, dessen Verfahren gemeinsamen Sicherheitsvorschriften und -standards entsprechen, die es gestatten, die betreffende Fracht oder Post auf dem Luftweg zu befördern;

(28) „geschäftlicher Versender" einen Versender von Fracht oder Post zur Versendung auf eigene Rechnung, dessen Verfahren gemeinsamen Sicherheitsvorschriften und -standards entsprechen, die es gestatten, die betreffende Fracht oder Post mit Nurfracht- bzw. Nurpost-Luftfahrzeugen zu befördern;

(29) „Luftfahrzeug-Sicherheitskontrolle" die Untersuchung der Innenbereiche des Luftfahrzeugs, zu denen Fluggäste Zugang gehabt haben können, sowie die Untersuchung des Frachtraums des Luftfahrzeugs mit dem Ziel, verbotene Gegenstände aufzuspüren und unrechtmäßige Eingriffe im Zusammenhang mit dem Luftfahrzeug festzustellen;

(30) „Luftfahrzeug-Sicherheitsdurchsuchung" die Untersuchung des Innenraums und der zugänglichen Außenteile des Luftfahrzeugs mit dem Ziel, verbotene Gegenstände aufzuspüren und unrechtmäßige Eingriffe, die die Sicherheit des Luftfahrzeugs gefährden, festzustellen;

(31) „begleitender Sicherheitsbeamter" eine Person, die von einem Staat dazu beschäftigt ist, in einem Luftfahrzeug eines Luftfahrtunternehmens, dem der Staat eine Genehmigung erteilt hat, mitzufliegen, um das Luftfahrzeug und die an Bord befindlichen Fluggäste vor unrechtmäßigen Eingriffen, die die Sicherheit des Fluges gefährden, zu schützen.

Artikel 4
Gemeinsame Grundstandards

(1) Die gemeinsamen Grundstandards für den Schutz der Zivilluftfahrt vor unrechtmäßigen Eingriffen, die die Sicherheit der Zivilluftfahrt gefährden, sind im Anhang festgelegt.
Zusätzliche gemeinsame Grundstandards, die bei Inkrafttreten dieser Verordnung nicht vorgesehen waren, sind nach dem Verfahren des Artikels 251 des Vertrags in den Anhang aufzunehmen.

(2) Die allgemeinen Maßnahmen zur Änderung nicht wesentlicher Bestimmungen der in Absatz 1 genannten gemeinsamen Grundstandards durch Ergänzung werden nach dem in Artikel 19 Absatz 3 genannten Regelungsverfahren mit Kontrolle erlassen.
Diese allgemeinen Maßnahmen betreffen

a) die zulässigen Verfahren für die Kontrolle;
b) die Kategorien von Gegenständen, die verboten werden können;

c) bei Zugangskontrollen die Gründe für die Gewährung des Zugangs zur Luftseite und zu Sicherheitsbereichen;
d) zulässige Verfahren für die Überprüfung von Fahrzeugen, Luftfahrzeug-Sicherheitskontrollen und Luftfahrzeug-Sicherheitsdurchsuchungen;
e) Kriterien für die Anerkennung der Gleichwertigkeit der Sicherheitsstandards von Drittländern;
f) Bedingungen, unter denen Fracht und Post kontrolliert oder anderen Sicherheitskontrollen unterzogen werden müssen, sowie die Prozedur für die Zulassung oder Benennung von reglementierten Beauftragten, bekannten Versendern und geschäftlichen Versendern;
g) Bedingungen, unter denen Post oder Material von Luftfahrtunternehmen geprüft oder anderen Sicherheitskontrollen unterzogen werden müssen;
h) Bedingungen, unter denen Bordvorräte und Flughafenlieferungen geprüft oder anderen Sicherheitskontrollen unterzogen werden müssen, sowie das Verfahren für die Zulassung oder Benennung von reglementierten Lieferanten und bekannten Lieferanten;
i) Kriterien zur Festlegung sensibler Teile der Sicherheitsbereiche;
j) Kriterien für die Einstellung von Personal und Schulungsmethoden;
k) Bedingungen, unter denen besondere Sicherheitsverfahren angewendet werden können oder unter denen keine Sicherheitskontrollen erforderlich sind; und
l) alle allgemeinen Maßnahmen zur Änderung nicht wesentlicher Bestimmungen der in Absatz 1 genannten gemeinsamen Grundstandards durch Ergänzung, die zum Zeitpunkt des Inkrafttretens der Verordnung nicht vorgesehen waren.

In Fällen äußerster Dringlichkeit kann die Kommission auf das in Artikel 19 Absatz 4 genannte Dringlichkeitsverfahren zurückgreifen.

(3) Detaillierte Maßnahmen für die Durchführung der gemeinsamen Grundstandards nach Absatz 1 und der allgemeinen Maßnahmen nach Absatz 2 werden nach dem in Artikel 19 Absatz 2 genannten Regelungsverfahren festgelegt.
Diese Maßnahmen betreffen insbesondere
a) Vorschriften und Verfahren für die Kontrolle;
b) eine Liste der verbotenen Gegenstände;
c) Vorschriften und Verfahren für die Zugangskontrolle;
d) Vorschriften und Verfahren für die Überprüfung von Fahrzeugen, Luftfahrzeug-Sicherheitskontrollen und Luftfahrzeug-Sicherheitsdurchsuchungen;
e) Beschlüsse über die Anerkennung der Gleichwertigkeit der in einem Drittland geltenden Sicherheitsstandards;
f) bei Fracht und Post Verfahren für die Zulassung oder Benennung von reglementierten Beauftragten, bekannten Versendern und geschäftlichen Versendern sowie deren Pflichten;
g) Vorschriften und Verfahren für die Sicherheitskontrollen bei Post oder Material von Luftfahrtunternehmen;
h) bei Bordvorräten und Flughafenlieferungen Verfahren für die Zulassung oder Benennung von reglementierten Lieferanten und bekannten Lieferanten;
i) die Festlegung sensibler Teile der Sicherheitsbereiche;
j) die Einstellung und Schulung von Personal;
k) besondere Sicherheitsverfahren oder die Freistellung von Sicherheitskontrollen;
l) technische Spezifikationen und Zulassungsverfahren sowie den Einsatz von Sicherheitsausrüstung;
m) Vorschriften und Verfahren betreffend potenziell gefährliche Fluggäste.

(4) Die Kommission legt durch Änderung dieser Verordnung mittels eines Beschlusses, der nach dem in Artikel 19 Absatz 3 genannten Regelungsverfahren mit Kontrolle erlassen wird, die Kriterien für die Bedingungen fest, unter denen die Mitgliedstaaten von den gemeinsamen Grundstandards nach Absatz 1 abweichen und auf der Grundlage einer örtlichen Risikobewertung alternative Sicherheitsmaßnahmen treffen können, die einen angemessenen Schutz gewährleisten. Solche alternativen Maßnahmen sind durch die Luftfahrzeuggröße oder die Art, den Umfang oder die Häufigkeit der Flüge oder anderer einschlägiger Tätigkeiten zu begründen.
In Fällen äußerster Dringlichkeit kann die Kommission auf das in Artikel 19 Absatz 4 genannte Dringlichkeitsverfahren zurückgreifen.
Die Mitgliedstaaten unterrichten die Kommission von diesen Maßnahmen.

(5) Die Mitgliedstaaten gewährleisten die Anwendung der gemeinsamen Grundstandards nach Absatz 1 in ihrem Hoheitsgebiet. Hat ein Mitgliedstaat Grund zu der Annahme, dass es durch eine Sicherheitsverletzung zu einer Beeinträchtigung des Sicherheitsniveaus der Luftfahrt gekommen ist, so stellt er sicher, dass rasch geeignete Maßnahmen getroffen werden, damit die Sicherheitsverletzung abgestellt und die Sicherheit der Zivilluftfahrt weiter gewährleistet wird.

Artikel 5
Sicherheitskosten

Vorbehaltlich der einschlägigen Vorschriften des Gemeinschaftsrechts kann jeder Mitgliedstaat bestimmen, unter welchen Umständen und in welchem Umfang die Kosten der nach dieser Verordnung ergriffenen Sicherheitsmaßnahmen von dem Staat, den Flughafeneinrichtungen, den Luftfahrtunternehmen, anderen verantwortlichen Stellen oder Nutzern zu tragen sind. Soweit angemessen können die Mitgliedstaaten und die Nutzer im Einklang mit dem Gemeinschaftsrecht zu den Kosten von nach dieser Verordnung getroffenen strengeren Sicherheitsmaßnahmen beitragen. Abgaben oder Umlagen für Sicherheitskosten beziehen sich so weit wie möglich unmittelbar auf die Kosten für die Erbringung der fraglichen Sicherheitsleistungen und werden so berechnet, dass sie nur die entstandenen Kosten decken.

Artikel 6
Anwendung strengerer Maßnahmen durch die Mitgliedstaaten

(1) Die Mitgliedstaaten können strengere Maßnahmen als die in Artikel 4 genannten gemeinsamen Grundstandards anwenden. Sie handeln dabei auf der Grundlage einer Risikobewertung und in Übereinstimmung mit dem Gemeinschaftsrecht. Diese Maßnahmen müssen relevant, objektiv, nichtdiskriminierend und dem jeweiligen Risiko angemessen sein.

(2) Die Mitgliedstaaten unterrichten die Kommission über derartige Maßnahmen so bald wie möglich nach deren Anwendung. Die Kommission übermittelt diese Informationen den anderen Mitgliedstaaten.

(3) Die Mitgliedstaaten müssen die Kommission nicht unterrichten, wenn die betreffenden Maßnahmen auf einen bestimmten Flug zu einem bestimmten Zeitpunkt begrenzt sind.

Artikel 7
Von Drittländern verlangte Sicherheitsmaßnahmen

(1) Unbeschadet bilateraler Abkommen, bei denen die Gemeinschaft Vertragspartei ist, unterrichten die Mitgliedstaaten die Kommission über die von einem Drittland geforderten Maßnahmen, wenn diese in Bezug auf Flüge von einem Flughafen in einem Mitgliedstaat

nach diesem Drittland oder über dieses Drittland von den in Artikel 4 genannten gemeinsamen Grundstandards abweichen.

(2) Die Kommission prüft auf Ersuchen des betreffenden Mitgliedstaats oder von sich aus die Anwendung der gemäß Absatz 1 mitgeteilten Maßnahmen und kann nach dem in Artikel 19 Absatz 2 genannten Regelungsverfahren eine geeignete Antwort an das betreffende Drittland ausarbeiten.

(3) Die Absätze 1 und 2 gelten nicht, wenn
a) der betreffende Mitgliedstaat die betreffenden Maßnahmen im Einklang mit Artikel 6 anwendet oder
b) die Anforderungen des Drittlands auf einen bestimmten Flug an einem bestimmten Datum begrenzt sind.

Artikel 8
Kooperation mit der Internationalen Zivilluftfahrt-Organisation

Unbeschadet des Artikels 300 des Vertrags kann die Kommission mit der Internationalen Zivilluftfahrt-Organisation (ICAO) Vereinbarungen über Audits treffen, um Überschneidungen bei der Überwachung der Einhaltung von Anhang 17 des Abkommens von Chicago über die internationale Zivilluftfahrt durch die Mitgliedstaaten zu vermeiden.

Artikel 9
Zuständige Behörde

Sind in einem Mitgliedstaat zwei oder mehr Einrichtungen für die Sicherheit der Zivilluftfahrt zuständig, so benennt der Mitgliedstaat eine einzige Behörde (nachstehend „zuständige Behörde“ genannt), die für die Koordinierung und Überwachung der Durchführung der in Artikel 4 genannten gemeinsamen Grundstandards zuständig ist.

Artikel 10
Nationales Sicherheitsprogramm für die Zivilluftfahrt

(1) Jeder Mitgliedstaat stellt ein nationales Sicherheitsprogramm für die Zivilluftfahrt auf, wendet es an und entwickelt es fort.
Dieses Programm legt die Zuständigkeiten für die Durchführung der in Artikel 4 genannten gemeinsamen Grundstandards fest und beschreibt die zu diesem Zweck von den Betreibern und Stellen verlangten Maßnahmen.

(2) Die zuständige Behörde stellt Betreibern und Stellen, die nach Ansicht der Behörde ein legitimes Interesse haben, die betreffenden Teile ihres nationalen Programms für die Sicherheit der Zivilluftfahrt in dem jeweils nötigen Umfang in schriftlicher Form zur Verfügung.

Artikel 11
Nationales Qualitätskontrollprogramm

(1) Jeder Mitgliedstaat stellt ein nationales Qualitätskontrollprogramm auf, wendet es an und entwickelt es fort.
Dieses Programm ermöglicht es den Mitgliedstaaten, die Qualität der Sicherheit der Zivilluftfahrt zu überprüfen und so die Einhaltung dieser Verordnung sowie des nationalen Sicherheitsprogramms für die Zivilluftfahrt zu überwachen.

(2) Die Spezifikationen für das nationale Qualitätskontrollprogramm werden angenommen, indem diese Verordnung durch Hinzufügung eines Anhangs nach dem in Artikel 19 Absatz 3 genannten Regelungsverfahren mit Kontrolle geändert wird.
In Fällen äußerster Dringlichkeit kann die Kommission auf das in Artikel 19 Absatz 4 genannte Dringlichkeitsverfahren zurückgreifen.
Das Programm ermöglicht es, Mängel rasch aufzuspüren und zu beheben. Es sieht außerdem vor, dass alle Flughäfen, Betreiber und für die Durchführung von Sicherheitsstandards zuständigen Stellen im Hoheitsgebiet des betreffenden Mitgliedstaats regelmäßig direkt von der zuständigen Behörde oder unter ihrer Aufsicht überwacht werden.

Artikel 12
Programm für die Flughafensicherheit

(1) Jeder Flughafenbetreiber stellt ein Programm für die Flughafensicherheit auf, wendet es an und entwickelt es fort.
Dieses Programm beschreibt die Methoden und Verfahren, die der Flughafenbetreiber anzuwenden hat, um die Bestimmungen dieser Verordnung sowie die Anforderungen des nationalen Sicherheitsprogramms für die Zivilluftfahrt des Mitgliedstaats, in dem der Flughafen gelegen ist, zu erfüllen.
Das Programm enthält auch Bestimmungen über die interne Qualitätssicherung, die beschreiben, wie die Einhaltung dieser Methoden und Verfahren von dem Flughafenbetreiber zu überwachen ist.

(2) Das Programm für die Flughafensicherheit ist der zuständigen Behörde vorzulegen, die gegebenenfalls weitere Maßnahmen treffen kann.

Artikel 13
Sicherheitsprogramm für Luftfahrtunternehmen

(1) Jedes Luftfahrtunternehmen stellt ein Sicherheitsprogramm für Luftfahrtunternehmen auf, wendet es an und entwickelt es fort.
Dieses Programm beschreibt die Methoden und Verfahren, die das Luftfahrtunternehmen anzuwenden hat, um die Bestimmungen dieser Verordnung sowie die Anforderungen des nationalen Sicherheitsprogramms für die Zivilluftfahrt des Mitgliedstaats, von dem aus es seine Dienstleistungen erbringt, zu erfüllen.
Das Programm enthält auch Bestimmungen über die interne Qualitätssicherung, die beschreiben, wie die Einhaltung dieser Methoden und Verfahren von dem Luftfahrtunternehmen zu überwachen ist.

(2) Auf Ersuchen ist das Sicherheitsprogramm des Luftfahrtunternehmens der zuständigen Behörde vorzulegen, die gegebenenfalls weitere Maßnahmen treffen kann.

(3) Hat die zuständige Behörde des Mitgliedstaats, der die Betriebsgenehmigung erteilt hat, das Sicherheitsprogramm des gemeinschaftlichen Luftfahrtunternehmens gebilligt, so erkennen alle anderen Mitgliedstaaten an, dass dieses Luftfahrtunternehmen die Anforderungen des Absatzes 1 erfüllt. Dies lässt das Recht der Mitgliedstaaten unberührt, von einem Luftfahrtunternehmen nähere Auskünfte zur Durchführung folgender Maßnahmen bzw. Verfahren zu verlangen:
a) Sicherheitsmaßnahmen, die der betreffende Mitgliedstaat gemäß Artikel 6 anwendet, und/oder
b) örtliche Verfahren, die auf den angeflogenen Flughäfen gelten.

Artikel 14
Sicherheitsprogramm für Stellen

(1) Jede Stelle, die nach dem in Artikel 10 genannten nationalen Sicherheitsprogramm für die Zivilluftfahrt Luftsicherheitsstandards anzuwenden hat, stellt ein Sicherheitsprogramm auf, wendet es an und entwickelt es fort.
Dieses Programm beschreibt die Methoden und Verfahren, die die betreffende Stelle anzuwenden hat, um in dem betreffenden Mitgliedstaat die Anforderungen des nationalen Sicherheitsprogramms für die Zivilluftfahrt dieses Mitgliedstaats zu erfüllen.
Das Programm enthält auch Bestimmungen über die interne Qualitätssicherung, die beschreiben, wie die Einhaltung dieser Methoden und Verfahren von der Stelle selbst zu überwachen ist.

(2) Auf Ersuchen ist das Sicherheitsprogramm der Stelle, die Luftsicherheitsstandards anwendet, der zuständigen Behörde vorzulegen, die gegebenenfalls weitere Maßnahmen treffen kann.

Artikel 15
Kommissionsinspektionen

(1) Die Kommission führt in Zusammenarbeit mit der zuständigen Behörde des betreffenden Mitgliedstaats Inspektionen durch, einschließlich Inspektionen von Flughäfen, Betreibern und Stellen, die Luftsicherheitsstandards anwenden, um die Anwendung dieser Verordnung durch die Mitgliedstaaten zu überwachen und gegebenenfalls Empfehlungen zur Verbesserung der Luftsicherheit auszusprechen. Zu diesem Zweck meldet die zuständige Behörde der Kommission schriftlich alle Zivilflughäfen in ihrem Hoheitsgebiet, die nicht unter Artikel 4 Absatz 4 fallen.
Die Verfahren für die Durchführung von Kommissionsinspektionen werden nach dem in Artikel 19 Absatz 2 genannten Regelungsverfahren erlassen.

(2) Kommissionsinspektionen von Flughäfen, Betreibern und Stellen, die Luftsicherheitsstandards anwenden, erfolgen unangekündigt. Die Kommission unterrichtet den betreffenden Mitgliedstaat rechtzeitig vor solchen Inspektionen.

(3) Jeder Inspektionsbericht der Kommission wird der zuständigen Behörde des betreffenden Mitgliedstaats übermittelt, die in ihrer Antwort die Maßnahmen zur Behebung festgestellter Mängel darlegt.
Der Bericht und die Antwort der zuständigen Behörde werden anschließend den zuständigen Behörden aller anderen Mitgliedstaaten übermittelt.

Artikel 16
Jährlicher Bericht

Die Kommission legt dem Europäischen Parlament, dem Rat und den Mitgliedstaaten jährlich einen Bericht vor, der sie von der Anwendung dieser Verordnung und von ihren Auswirkungen auf die Verbesserung der Luftsicherheit in Kenntnis setzt.

Artikel 17
Beratergruppe der Beteiligten

Unbeschadet der Rolle des in Artikel 19 genannten Ausschusses setzt die Kommission eine Beratergruppe der Beteiligten für die Sicherheit in der Luftfahrt ein, die sich aus europäischen Vertretungsorganisationen zusammensetzt, die sich mit der Sicherheit in der Luftfahrt befassen oder unmittelbar davon betroffen sind. Alleinige Aufgabe dieser Gruppe ist es, die Kommission zu beraten. Der in Artikel 19 genannte Ausschuss unterrichtet die Beratergruppe der Beteiligten während des gesamten Regelungsverfahrens.

Artikel 18
Verbreitung von Informationen

Die Kommission veröffentlicht in der Regel Maßnahmen, die sich unmittelbar auf die Fluggäste auswirken. Folgende Dokumente gelten jedoch als „EU-Verschlusssachen"„ im Sinne des Beschlusses 2001/844/EG, EGKS, Euratom:

a) die in Artikel 4 Absätze 3 und 4, Artikel 6 Absatz 1 und Artikel 7 Absatz 1 genannten Maßnahmen und Verfahren, wenn sie sensible Sicherheitsinformationen enthalten;
b) die Inspektionsberichte der Kommission und die Antworten der zuständigen Behörden im Sinne des Artikels 15 Absatz 3.

Artikel 19
Ausschussverfahren

(1) Die Kommission wird von einem Ausschuss unterstützt.

(2) Wird auf diesen Absatz Bezug genommen, so gelten die Artikel 5 und 7 des Beschlusses 1999/468/EG unter Beachtung von dessen Artikel 8.
Der Zeitraum nach Artikel 5 Absatz 6 des Beschlusses 1999/468/EG wird auf einen Monat festgesetzt.

(3) Wird auf diesen Absatz Bezug genommen, so gelten Artikel 5a Absätze 1 bis 4 und Artikel 7 des Beschlusses 1999/468/EG unter Beachtung von dessen Artikel 8.

(4) Wird auf diesen Absatz Bezug genommen, so gelten Artikel 5a Absätze 1, 2, 4 und 6 sowie Artikel 7 des Beschlusses 1999/468/EG unter Beachtung von dessen Artikel 8.

Artikel 20
Abkommen zwischen der Gemeinschaft und Drittländern

Gegebenenfalls könnten im Einklang mit dem Gemeinschaftsrecht im Rahmen von Luftverkehrsabkommen zwischen der Gemeinschaft und einem Drittland gemäß Artikel 300 des Vertrags Abkommen, in denen anerkannt wird, dass die in dem Drittland geltenden Sicherheitsstandards den Gemeinschaftsstandards entsprechen, in Betracht gezogen werden, um dem Ziel näherzukommen, dass bei allen Flügen zwischen der Europäischen Union und Drittländern nur eine einmalige Sicherheitskontrolle stattfindet.

Artikel 21
Sanktionen

Die Mitgliedstaaten legen die Regeln für Sanktionen bei Verstößen gegen die Bestimmungen dieser Verordnung fest und treffen die erforderlichen Maßnahmen für deren Anwendung. Die vorgesehenen Sanktionen müssen wirksam, verhältnismäßig und abschreckend sein.

Artikel 22
Bericht der Kommission über die Finanzierung

Die Kommission legt bis zum 31. Dezember 2008 einen Bericht über die Grundprinzipien für die Finanzierung der Kosten für Sicherheitsmaßnahmen in der Zivilluftfahrt vor. In diesem Bericht wird darauf eingegangen, welche Maßnahmen ergriffen werden müssen, um zu gewährleisten, dass die Sicherheitsabgaben ausschließlich zur Bestreitung der Sicherheitskosten verwendet werden, und um die Transparenz dieser Abgaben zu verbessern. Ferner wird darauf eingegangen, welche Prinzipien notwendig sind, um einen unverzerrten Wettbewerb zwischen Flughäfen und Luftfahrtunternehmen sicherzustellen, sowie auf die verschiedenen Verfahren zur Gewährleistung des Verbraucherschutzes hinsichtlich der Aufteilung der Kosten für die Sicherheitsmaßnahmen zwischen Steuerzahlern und Nutzern. Gegebenenfalls wird dem Bericht der Kommission ein Legislativvorschlag beigefügt.

Artikel 23
Aufhebung

Die Verordnung (EG) Nr. 2320/2002 wird aufgehoben.

Artikel 24
Inkrafttreten

(1) Diese Verordnung tritt am zwanzigsten Tag nach ihrer Veröffentlichung im Amtsblatt der Europäischen Union in Kraft.

(2) Sie gilt ab dem Zeitpunkt, der in den Durchführungsvorschriften angegeben ist, die nach den in Artikel 4 Absätze 2 und 3 genannten Verfahren erlassen werden, spätestens jedoch 24 Monate nach ihrem Inkrafttreten.

(3) Abweichend von Absatz 2 gelten Artikel 4 Absätze 2, 3 und 4, Artikel 8, Artikel 11 Absatz 2, Artikel 15 Absatz 1 Unterabsatz 2, sowie die Artikel 17, 19 und 22 ab dem Tag des Inkrafttretens dieser Verordnung.

Diese Verordnung ist in allen ihren Teilen verbindlich und gilt unmittelbar in jedem Mitgliedstaat.

Geschehen zu Straßburg am 11. März 2008.

Im Namen des Europäischen Parlaments
Der Präsident
H.-G. Pöttering

Im Namen des Rates
Der Präsident
J. Lenarčič

ANHANG

GEMEINSAME GRUNDSTANDARDS FÜR DEN SCHUTZ DER ZIVILLUFTAHRT VOR UNRECHTMÄSSIGEN EINGRIFFEN (ARTIKEL 4)

1. FLUGHAFENSICHERHEIT

1.1. Anforderungen an die Flughafenplanung

1. Bei der Planung und beim Bau neuer Flughafeneinrichtungen oder dem Umbau bestehender Flughafeneinrichtungen sind die Anforderungen für die Anwendung der in diesem Anhang genannten gemeinsamen Grundstandards und ihrer Durchführungsbestimmungen in vollem Umfang zu beachten.

2. An Flughäfen sind folgende Bereiche zu bestimmen:
a) Landseite,
b) Luftseite,
c) Sicherheitsbereiche und
d) sensible Teile von Sicherheitsbereichen.

1.2. Zugangskontrolle

1. Der Zugang zur Luftseite ist zu beschränken, um das Eindringen unbefugter Personen und Fahrzeuge in diese Bereiche zu verhindern.

2. Der Zugang zu Sicherheitsbereichen ist zu kontrollieren, um zu gewährleisten, dass keine unbefugten Personen und Fahrzeuge in diese Bereiche eindringen.

3. Personen und Fahrzeuge dürfen nur Zugang zur Luftseite und zu Sicherheitsbereichen erhalten, wenn sie die erforderlichen Sicherheitsanforderungen erfüllen.

4. Vor Ausstellung eines Flugbesatzungsausweises oder eines Flughafenausweises, der den unbegleiteten Zugang zu Sicherheitsbereichen ermöglicht, müssen die betroffenen Personen, einschließlich der Flugbesatzung, eine Zuverlässigkeitsüberprüfung erfolgreich durchlaufen haben.

1.3. Kontrolle von anderen Personen als Fluggästen und mitgeführten Gegenständen

1. Andere Personen als Fluggäste sowie die von ihnen mitgeführten Gegenstände sind beim Betreten von Sicherheitsbereichen fortlaufenden Stichprobenkontrollen zu unterziehen, um zu verhindern, dass verbotene Gegenstände in diese Bereiche gebracht werden.

2. Andere Personen als Fluggäste sowie die von ihnen mitgeführten Gegenstände sind beim Betreten sensibler Teile von Sicherheitsbereichen zu kontrollieren, um zu verhindern, dass verbotene Gegenstände in diese Bereiche gebracht werden.

1.4. Überprüfung von Fahrzeugen

Fahrzeuge sind bei der Einfahrt in Sicherheitsbereiche zu überprüfen, um zu verhindern, dass verbotene Gegenstände in diese Bereiche gebracht werden.

1.5. Überwachung, Streifen und andere physische Kontrollen

Auf Flughäfen und erforderlichenfalls in angrenzenden öffentlich zugänglichen Bereichen sind Überwachungen, Streifen und andere physische Kontrollen durchzuführen, um verdächtiges Verhalten von Personen festzustellen, Schwachstellen zu erkennen, die für unrechtmäßige Eingriffe ausgenutzt werden könnten, und um Personen von der Begehung solcher Handlungen abzuhalten.

2. ABGEGRENZTE BEREICHE VON FLUGHÄFEN

Luftfahrzeuge, die in abgegrenzten Bereichen von Flughäfen abgestellt wurden und für die die in Artikel 4 Absatz 4 genannten alternativen Maßnahmen gelten, sind von Luftfahrzeugen zu trennen, für die die gemeinsamen Grundstandards in vollem Umfang gelten, um sicherzustellen, dass die auf Luftfahrzeuge, Fluggäste, Gepäck, Fracht und Post in den letztgenannten Bereichen angewandten Sicherheitsstandards nicht beeinträchtigt werden.

3. SICHERHEIT DER LUFTFAHRZEUGE

1. Die Luftfahrzeuge werden vor dem Abflug einer Luftfahrzeug-Sicherheitskontrolle oder -Sicherheitsdurchsuchung unterzogen, um sicherzustellen, dass sich keine verbotenen Gegenstände an Bord befinden. Für Luftfahrzeuge im Transit können andere geeignete Maßnahmen vorgesehen werden.

2. Jedes Luftfahrzeug ist vor unbefugten Eingriffen zu schützen.

4. FLUGGÄSTE UND HANDGEPÄCK

4.1. Kontrolle von Fluggästen und Handgepäck

1. Alle Fluggäste, die ihren Ausgangsflug antreten, umsteigen oder weiterfliegen, sowie ihr Handgepäck sind zu kontrollieren, um zu verhindern, dass verbotene Gegenstände in die Sicherheitsbereiche und an Bord eines Luftfahrzeugs gebracht werden.

2. Umsteigende Fluggäste und ihr Handgepäck können unter folgenden Voraussetzungen von einer Kontrolle ausgenommen werden:
a) Sie kommen aus einem Mitgliedstaat und die Kommission oder der Mitgliedstaat haben keine Informationen vorgelegt, nach denen diese Fluggäste und ihr Handgepäck nicht als nach den gemeinsamen Grundstandards kontrolliert angesehen werden können, oder
b) sie kommen aus einem Drittland, dessen Sicherheitsstandards nach dem in Artikel 19 Absatz 2 genannten Regelungsverfahren als den gemeinsamen Grundstandards gleichwertig anerkannt worden sind.

3. Weiterfliegende Fluggäste und ihr Handgepäck können unter folgenden Voraussetzungen von einer Kontrolle ausgenommen werden:
a) Sie bleiben an Bord des Luftfahrzeugs, oder
b) sie treffen nicht mit anderen kontrollierten abfliegenden Fluggästen zusammen, die dasselbe Luftfahrzeug besteigen, oder
c) sie kommen aus einem Mitgliedstaat und die Kommission oder der Mitgliedstaat haben keine Informationen vorgelegt, nach denen diese Fluggäste und ihr Handgepäck nicht als nach den gemeinsamen Grundstandards kontrolliert angesehen werden können, oder

d) sie kommen aus einem Drittland, dessen Sicherheitsstandards nach dem in Artikel 19 Absatz 2 genannten Regelungsverfahren als den gemeinsamen Grundstandards gleichwertig anerkannt worden sind.

4.2. Schutz von Fluggästen und Handgepäck

1. Fluggäste und ihr Handgepäck sind ab dem Zeitpunkt, zu dem die Kontrolle stattfindet, bis zum Abflug des Luftfahrzeugs, mit dem sie befördert werden, vor unbefugten Eingriffen zu schützen.

2. Kontrollierte abfliegende Fluggäste dürfen nur unter folgenden Voraussetzungen mit ankommenden Fluggästen zusammentreffen:
a) Die Fluggäste kommen aus einem Mitgliedstaat und die Kommission oder der Mitgliedstaat haben keine Informationen vorgelegt, nach denen diese ankommenden Fluggäste und ihr Handgepäck nicht als nach den gemeinsamen Grundstandards kontrolliert angesehen werden können, oder
b) die Fluggäste kommen aus einem Drittland, dessen Sicherheitsstandards nach dem in Artikel 19 Absatz 2 genannten Regelungsverfahren als den gemeinsamen Grundstandards gleichwertig anerkannt worden sind.

4.3. Potenziell gefährliche Fluggäste

Vor dem Abflug sind potenziell gefährliche Fluggäste geeigneten Sicherheitsmaßnahmen zu unterziehen.

5. AUFGEGEBENES GEPÄCK

5.1. Kontrolle des aufgegebenen Gepäcks

1. Alles aufgegebene Gepäck ist vor dem Verladen in ein Luftfahrzeug zu kontrollieren, um zu verhindern, dass verbotene Gegenstände in die Sicherheitsbereiche und an Bord von Luftfahrzeugen gebracht werden.

2. Umgeladenes aufgegebenes Gepäck kann unter folgenden Voraussetzungen von der Kontrolle ausgenommen werden:
a) Es kommt aus einem Mitgliedstaat und die Kommission oder der Mitgliedstaat haben keine Informationen vorgelegt, nach denen dieses aufgegebene Gepäck nicht als nach den gemeinsamen Grundstandards kontrolliert angesehen werden kann, oder
b) es kommt aus einem Drittland, dessen Sicherheitsstandards nach dem in Artikel 19 Absatz 2 genannten Regelungsverfahren als den gemeinsamen Grundstandards gleichwertig anerkannt worden sind.

3. Aufgegebenes Gepäck im Weiterflug kann von der Kontrolle ausgenommen werden, wenn es an Bord des Luftfahrzeugs bleibt.

5.2. Schutz des aufgegebenen Gepäcks

Aufgegebenes Gepäck, das mit einem Luftfahrzeug befördert werden soll, ist ab dem Zeitpunkt, zu dem es kontrolliert oder dem Luftfahrtunternehmen übergeben wurde, je nachdem, welcher Schritt zuerst erfolgt ist, bis zum Abflug des Luftfahrzeugs, mit dem es befördert werden soll, vor unbefugten Eingriffen zu schützen.

5.3. Zuordnung von aufgegebenem Gepäck

1. Jedes aufgegebene Gepäckstück ist als begleitet oder unbegleitet zu kennzeichnen.

2. Unbegleitetes aufgegebenes Gepäck wird nicht befördert, es sei denn, das Gepäckstück wurde vom Fluggast aus Gründen, auf die er keinen Einfluss hat, getrennt oder es wurde geeigneten Sicherheitskontrollen unterzogen.

6. FRACHT UND POST

6.1. Sicherheitskontrollen für Fracht und Post

1. Alle Frachtstücke und Postsendungen sind vor dem Verladen in ein Luftfahrzeug Sicherheitskontrollen zu unterziehen. Ein Luftfahrtunternehmen nimmt Frachtstücke oder Postsendungen zur Beförderung in einem Luftfahrzeug nur dann entgegen, wenn es selbst entsprechende Sicherheitskontrollen durchgeführt hat oder deren Durchführung von einem reglementierten Beauftragten, einem bekannten Versender oder einem geschäftlichen Versender bestätigt und quittiert wurde.

2. Für umgeladene Frachtstücke und umgeladene Postsendungen können alternative Sicherheitskontrollen vorgesehen werden, deren Einzelheiten in Durchführungsvorschriften festzulegen sind.

3. Weiterfliegende Frachtstücke und weiterfliegende Postsendungen können von den Sicherheitskontrollen ausgenommen werden, wenn sie an Bord des Luftfahrzeugs bleiben.

6.2. Schutz der Fracht und der Postsendungen

1. Frachtstücke und Postsendungen, die mit einem Luftfahrzeug befördert werden sollen, sind ab dem Zeitpunkt, zu dem die Sicherheitskontrollen stattfinden, bis zum Abflug des Luftfahrzeugs, mit dem sie befördert werden, vor unbefugten Eingriffen zu schützen.

2. Frachtstücke und Postsendungen, die nach den Sicherheitskontrollen nicht angemessen vor unbefugten Eingriffen geschützt sind, müssen kontrolliert werden.

7. POST UND MATERIAL VON LUFTFAHRTUNTERNEHMEN

Post und Material von Luftfahrtunternehmen sind Sicherheitskontrollen zu unterziehen und danach bis zur Verladung in das Luftfahrzeug zu schützen, um zu verhindern, dass verbotene Gegenstände an Bord des Luftfahrzeugs gebracht werden.

8. BORDVORRÄTE

Bordvorräte, einschließlich Bordverpflegung, die an Bord eines Luftfahrzeugs befördert oder verwendet werden sollen, müssen Sicherheitskontrollen unterzogen und danach bis zum Verladen in das Luftfahrzeug geschützt werden, um zu verhindern, dass verbotene Gegenstände an Bord des Luftfahrzeugs gebracht werden.

9. FLUGHAFENLIEFERUNGEN

Lieferungen, die zum Verkauf oder zur Verwendung in Sicherheitsbereichen von Flughäfen bestimmt sind, einschließlich Lieferungen für den zollfreien Verkauf und für Restaurants, sind Sicherheitskontrollen zu unterziehen, um zu verhindern, dass verbotene Gegenstände in diese Bereiche gebracht werden.

10. SICHERHEITSMASSNAHMEN WÄHREND DES FLUGS

1. Unbeschadet der anwendbaren Flugsicherheitsvorschriften
a) ist unbefugten Personen während des Flugs der Zugang zum Cockpit zu verwehren;
b) sind potenziell gefährliche Fluggäste während des Flugs geeigneten Sicherheitsmaßnahmen zu unterziehen.

2. Es sind geeignete Sicherheitsmaßnahmen wie etwa entsprechende Schulung der Cockpit- und der Kabinenbesatzungen zu treffen, um einen unrechtmäßigen Eingriff während eines Flugs zu verhindern.

3. Das Mitführen von Waffen mit Ausnahme derjenigen, die im Frachtraum befördert werden, ist an Bord eines Luftfahrzeugs nicht gestattet, es sei denn, die nach den nationalen Rechtsvorschriften vorgesehenen Sicherheitsanforderungen wurden erfüllt, und die betreffenden Staaten haben hierfür eine Genehmigung erteilt.

4. Nummer 3 gilt auch für begleitende Sicherheitsbeamte, wenn sie Waffen tragen.

11. EINSTELLUNG UND SCHULUNG VON PERSONAL

1. Personen, die Kontrollen und Zugangskontrollen oder andere Sicherheitskontrollen durchführen oder für die Durchführung dieser Aufgaben verantwortlich sind, müssen so rekrutiert, geschult und gegebenenfalls zertifiziert werden, dass sichergestellt ist, dass sie für eine Einstellung geeignet und für die Durchführung der ihnen zugewiesenen Aufgaben qualifiziert sind.

2. Andere Personen als Fluggäste, die Zugang zu Sicherheitsbereichen benötigen, müssen vor der Ausstellung eines Flughafenausweises oder eines Besatzungsausweises eine Sicherheitsschulung erhalten.

3. Die unter den Nummern 1 und 2 genannte Schulung erfolgt in Form einer Erstunterweisung sowie als Fortbildung.

4. Ausbilder für die unter den Nummern 1 und 2 genannte Schulung von Personal müssen über entsprechende Qualifikationen verfügen.

12. SICHERHEITSAUSRÜSTUNG

Die Ausrüstung für Kontrollen, Zugangskontrollen und andere Sicherheitskontrollen muss den festgelegten Angaben entsprechen und für die Durchführung der betreffenden Sicherheitskontrollen geeignet sein.

2.2 Prümer Vertrag

Vertrag zwischen dem Königreich Belgien, der Bundesrepublik Deutschland, dem Königreich Spanien, der Französischen Republik, dem Großherzogtum Luxemburg, dem Königreich der Niederlande und der Republik Österreich über die Vertiefung der grenzüberschreitenden Zusammenarbeit, insbesondere zur Bekämpfung des Terrorismus, der grenzüberschreitenden Kriminalität und der illegalen Migration

Die hohen Vertragsparteien dieses Vertrags, Mitgliedstaaten der Europäischen Union –

in der Erwägung, dass es in einem Raum des freien Personenverkehrs wichtig ist, dass die Mitgliedstaaten der Europäischen Union ihre Zusammenarbeit verstärken, um Terrorismus, grenzüberschreitende Kriminalität und illegale Migration wirksamer zu bekämpfen,

in dem Bestreben, zur Fortentwicklung der Europäischen Zusammenarbeit unbeschadet des Vertrags über die Europäische Union und des Vertrags zur Gründung der Europäischen Gemeinschaft eine Vorreiterrolle bei der Erreichung eines möglichst hohen Standards in der Zusammenarbeit, vor allem durch einen verbesserten Austausch von Informationen, insbesondere in den Bereichen der Bekämpfung des Terrorismus, der grenzüberschreitenden Kriminalität sowie der illegalen Migration, einzunehmen und allen anderen Mitgliedstaaten der Europäischen Union die Teilnahme an dieser Zusammenarbeit zu eröffnen,

in dem Bestreben, die Regelungen des vorliegenden Vertrags in den Rechtsrahmen der Europäischen Union zu überführen, um eine unionsweite Verbesserung des Austauschs von Informationen, insbesondere in den Bereichen der Bekämpfung des Terrorismus, der grenzüberschreitenden Kriminalität sowie der illegalen Migration, zu erreichen und hierfür die notwendigen rechtlichen und technischen Voraussetzungen zu schaffen,

unter Beachtung der Grundrechte, wie sie sich aus der Charta der Grundrechte der Europäischen Union, der Europäischen Konvention zum Schutz der Menschenrechte und Grundfreiheiten sowie den gemeinsamen Verfassungstraditionen der beteiligten Staaten ergeben, insbesondere in dem Bewusstsein, dass die Übermittlung personenbezogener Daten an eine andere Vertragspartei die Gewährleistung eines angemessenen Datenschutzniveaus durch die empfangende Vertragspartei voraussetzt,

in der Erwägung, dass unbeschadet des derzeit geltenden innerstaatlichen Rechts geeignete gerichtliche Überprüfungen der in diesem Vertrag vorgesehenen Maßnahmen beibehalten und vorgesehen werden müssen,

in der Bereitschaft, diesen Vertrag durch weitere Übereinkünfte zu ergänzen, um den automatisierten Abruf von Daten aus weiteren geeigneten Datenbanken zu ermöglichen, soweit dies zur Vertiefung der grenzüberschreitenden Zusammenarbeit notwendig und verhältnismäßig ist –

sind wie folgt übereingekommen:

Kapitel 1
Allgemeiner Teil

Artikel 1
Grundsätze

(1) Die Vertragsparteien bezwecken mit diesem Vertrag die grenzüberschreitende Zusammenarbeit, insbesondere den Informationsaustausch, untereinander zu vertiefen.

(2) Diese Zusammenarbeit berührt nicht das Recht der Europäischen Union und steht nach Maßgabe dieses Vertrags jedem Mitgliedstaat der Europäischen Union zum Beitritt offen.

(3) Die Zusammenarbeit im Rahmen dieses Vertrags zielt auf die Entwicklung von Initiativen zur Förderung der europäischen Zusammenarbeit in den in diesem Vertrag bezeichneten Bereichen ab.

(4) Spätestens drei Jahre nach Inkrafttreten dieses Vertrags wird auf der Grundlage einer Bewertung der Erfahrungen bei der Durchführung des Vertrags in Abstimmung mit der Europäischen Kommission beziehungsweise auf Vorschlag der Europäischen Kommission unter Berücksichtigung des Vertrags über die Europäische Union und des Vertrags zur Gründung der Europäischen Gemeinschaft eine Initiative für die Überführung der Regelungen dieses Vertrags in den Rechtsrahmen der Europäischen Union unterbreitet.

(5) Die Vertragsparteien berichten regelmäßig gemeinsam dem Rat der Europäischen Union und der Europäischen Kommission über den Fortgang der Zusammenarbeit.

Kapitel 2
DNA-Profile, daktyloskopische Daten und sonstige Daten

Artikel 2
Einrichtung von nationalen DNA-Analyse-Dateien

(1) Die Vertragsparteien verpflichten sich, zum Zweck der Verfolgung von Straftaten nationale DNA-Analyse-Dateien zu errichten und zu führen. Die Verarbeitung der in diesen Dateien gespeicherten Daten aufgrund dieses Vertrags erfolgt vorbehaltlich der sonstigen Bestimmungen des Vertrags nach Maßgabe des für den Verarbeitungsvorgang geltenden innerstaatlichen Rechts.

(2) Für die Zwecke der Durchführung dieses Vertrags gewährleisten die Vertragsparteien, dass Fundstellendatensätze zum Bestand der nationalen DNA-Analyse-Dateien nach Absatz 1 Satz 1 vorhanden sind. Fundstellendatensätze enthalten ausschließlich aus dem nicht codierenden Teil der DNA ermittelte DNA-Profile* und eine Kennung. Fundstellendatensätze dürfen keine den Betroffenen unmittelbar identifizierenden Daten enthalten. Fundstellendatensätze, die keiner Person zugeordnet werden können (offene Spuren), müssen als solche erkennbar sein.

(3) Bei Hinterlegung der Ratifikations-, Annahme-, Genehmigungs- oder Beitrittsurkunde benennt jede Vertragspartei die nationalen DNA-Analyse-Dateien, auf die die Artikel 2 bis 6 Anwendung finden, sowie die Bedingungen für den automatisierten Abruf nach Artikel 3 Absatz 1.

* Für die Bundesrepublik Deutschland sind DNA-Profile im Sinne dieses Vertrags DNA-Identifizierungsmuster.

Artikel 3
Automatisierter Abruf von DNA-Profilen

(1) Die Vertragsparteien gestatten den nationalen Kontaktstellen nach Artikel 6 der anderen Vertragsparteien zum Zweck der Verfolgung von Straftaten den Zugriff auf die Fundstellendatensätze ihrer DNA-Analyse-Dateien mit dem Recht, diese automatisiert mittels eines Vergleichs der DNA-Profile abzurufen. Die Anfrage darf nur im Einzelfall und nach Maßgabe des innerstaatlichen Rechts der abrufenden Vertragspartei erfolgen.

(2) Wird im Zuge eines automatisierten Abrufs eine Übereinstimmung eines übermittelten DNA-Profils mit einem in der Datei der empfangenden Vertragspartei gespeicherten DNA-Profil festgestellt, so erhält die anfragende nationale Kontaktstelle automatisiert die Information über das Vorliegen eines Treffers und die Kennung. Kann keine Übereinstimmung festgestellt werden, so wird dies automatisiert mitgeteilt.

Artikel 4
Automatisierter Abgleich von DNA-Profilen

(1) Die Vertragsparteien gleichen im gegenseitigen Einvernehmen über ihre nationalen Kontaktstellen die DNA-Profile ihrer offenen Spuren zur Verfolgung von Straftaten mit allen DNA-Profilen aus Fundstellendatensätzen der anderen nationalen DNA-Analyse-Dateien ab. Die Übermittlung und der Abgleich erfolgen automatisiert. Die Übermittlung zum Zwecke des Abgleichs der DNA-Profile der offenen Spuren erfolgt nur in solchen Fällen, in denen diese nach dem innerstaatlichen Recht der ersuchenden Vertragspartei vorgesehen ist.

(2) Stellt eine Vertragspartei beim Abgleich nach Absatz 1 fest, dass übermittelte DNA-Profile mit denjenigen in ihrer DNA-Analyse-Datei übereinstimmen, so übermittelt sie der nationalen Kontaktstelle der anderen Vertragspartei unverzüglich die Fundstellendatensätze, hinsichtlich derer eine Übereinstimmung festgestellt worden ist.

Artikel 5
Übermittlung weiterer personenbezogener Daten und sonstiger Informationen

Im Fall der Feststellung einer Übereinstimmung von DNA-Profilen im Verfahren nach den Artikeln 3 und 4 richtet sich die Übermittlung weiterer zu den Fundstellendatensätzen vorhandener personenbezogener Daten und sonstiger Informationen nach dem innerstaatlichen Recht einschließlich der Vorschriften über die Rechtshilfe der ersuchten Vertragspartei.

Artikel 6
Nationale Kontaktstelle und Durchführungsvereinbarung

(1) Zur Durchführung der Datenübermittlungen nach den Artikeln 3 und 4 benennt jede Vertragspartei eine nationale Kontaktstelle. Die Befugnisse der nationalen Kontaktstelle richten sich nach dem für sie geltenden innerstaatlichen Recht.

(2) Die Einzelheiten der technischen Ausgestaltung der in den Artikeln 3 und 4 beschriebenen Verfahren werden in einer Durchführungsvereinbarung nach Artikel 44 geregelt.

Artikel 7
Gewinnung molekulargenetischen Materials und Übermittlung von DNA-Profilen

Liegt im Zuge eines laufenden Ermittlungs- oder Strafverfahrens kein DNA-Profil einer im Hoheitsgebiet einer ersuchten Vertragspartei aufhältigen bestimmten Person vor, so leistet die ersuchte Vertragspartei Rechtshilfe durch die Gewinnung und Untersuchung molekulargenetischen Materials von dieser Person sowie durch die Übermittlung des gewonnenen DNA-Profils, wenn

1. die ersuchende Vertragspartei mitteilt, zu welchem Zweck dies erforderlich ist,
2. die ersuchende Vertragspartei eine nach ihrem Recht erforderliche Untersuchungsanordnung oder -erklärung der zuständigen Stelle vorlegt, aus der hervorgeht, dass die Voraussetzungen für die Gewinnung und Untersuchung molekulargenetischen Materials vorlägen, wenn sich die bestimmte Person im Hoheitsgebiet der ersuchenden Vertragspartei befände, und
3. die Voraussetzungen für die Gewinnung und Untersuchung molekulargenetischen Materials sowie die Voraussetzungen für die Übermittlung des gewonnenen DNA-Profils nach dem Recht der ersuchten Vertragspartei vorliegen.

Artikel 8
Daktyloskopische Daten

Für die Zwecke der Durchführung dieses Vertrags gewährleisten die Vertragsparteien, dass Fundstellendatensätze zum Bestand der zum Zweck der Verhinderung und Verfolgung von Straftaten errichteten nationalen automatisierten daktyloskopischen Identifizierungssysteme vorhanden sind. Fundstellendatensätze enthalten ausschließlich daktyloskopische Daten und eine Kennung. Fundstellendatensätze dürfen keine den Betroffenen unmittelbar identifizierenden Daten enthalten. Fundstellendatensätze, die keiner Person zugeordnet werden können (offene Spuren), müssen als solche erkennbar sein.

Artikel 9
Automatisierter Abruf von daktyloskopischen Daten

(1) Die Vertragsparteien gestatten der nationalen Kontaktstelle nach Artikel 11 der anderen Vertragsparteien zur Verhinderung und Verfolgung von Straftaten den Zugriff auf die Fundstellendatensätze ihrer zu diesen Zwecken eingerichteten automatisierten daktyloskopischen Identifizierungssysteme mit dem Recht, diese automatisiert mittels eines Vergleichs der daktyloskopischen Daten abzurufen. Die Anfrage darf nur im Einzelfall und nach Maßgabe des innerstaatlichen Rechts der abrufenden Vertragspartei erfolgen.

(2) Die endgültige Zuordnung eines daktyloskopischen Datums zu einem Fundstellendatensatz der Datei führenden Vertragspartei erfolgt durch die abrufende nationale Kontaktstelle anhand der automatisiert übermittelten Fundstellendatensätze, die für die eindeutige Zuordnung erforderlich sind.

Artikel 10
Übermittlung weiterer personenbezogener Daten und sonstiger Informationen

Im Fall der Feststellung einer Übereinstimmung von daktyloskopischen Daten im Verfahren nach Artikel 9 richtet sich die Übermittlung weiterer zu den Fundstellendatensätzen vorhandener personenbezogener Daten und sonstiger Informationen nach dem innerstaatlichen Recht einschließlich der Vorschriften über die Rechtshilfe der ersuchten Vertragspartei.

Artikel 11
Nationale Kontaktstelle und Durchführungsvereinbarung

(1) Zur Durchführung der Datenübermittlungen nach Artikel 9 benennt jede Vertragspartei eine nationale Kontaktstelle. Die Befugnisse der nationalen Kontaktstelle richten sich nach dem für sie geltenden innerstaatlichen Recht.

(2) Die Einzelheiten der technischen Ausgestaltung des in Artikel 9 beschriebenen Verfahrens werden in einer Durchführungsvereinbarung nach Artikel 44 geregelt.

Artikel 12
Automatisierter Abruf von Daten aus den Fahrzeugregistern

(1) Die Vertragsparteien gestatten den nationalen Kontaktstellen nach Absatz 2 der anderen Vertragsparteien zum Zweck der Verhinderung und Verfolgung von Straftaten sowie der Verfolgung von solchen Verstößen, die bei der abrufenden Vertragspartei in die Zuständigkeit der Gerichte oder Staatsanwaltschaften fallen, und der Abwehr von Gefahren für die öffentliche Sicherheit den Zugriff auf folgende Daten aus den nationalen Fahrzeugregistern mit dem Recht, diese automatisiert im Einzelfall abzurufen:
1. Eigentümer- beziehungsweise Halterdaten und
2. Fahrzeugdaten.
Die Anfrage darf nur unter Verwendung einer vollständigen Fahrzeugidentifizierungsnummer oder eines vollständigen Kennzeichens erfolgen. Die Anfrage darf nur nach Maßgabe des innerstaatlichen Rechts der abrufenden Vertragspartei erfolgen.

(2) Zur Durchführung der Datenübermittlungen nach Absatz 1 benennt jede Vertragspartei eine nationale Kontaktstelle für eingehende Ersuchen. Die Befugnisse der nationalen Kontaktstelle richten sich nach dem für sie geltenden innerstaatlichen Recht. Die Einzelheiten der technischen Ausgestaltung des Verfahrens werden in einer Durchführungsvereinbarung nach Artikel 44 geregelt.

Artikel 13
Übermittlung nicht-personenbezogener Informationen

Zum Zweck der Verhinderung von Straftaten und zur Abwehr einer Gefahr für die öffentliche Sicherheit und Ordnung im Zusammenhang mit Großveranstaltungen mit grenzüberschreitendem Bezug, insbesondere im Bereich des Sports oder der Tagungen des Europäischen Rates, übermitteln die Vertragsparteien einander sowohl auf Ersuchen als auch aus eigener Initiative nach dem innerstaatlichen Recht der übermittelnden Vertragspartei nicht-personenbezogene Informationen, die hierzu erforderlich sein können.

Artikel 14
Übermittlung personenbezogener Daten

(1) Zum Zweck der Verhinderung von Straftaten und zur Abwehr einer Gefahr für die öffentliche Sicherheit und Ordnung im Zusammenhang mit einer Großveranstaltung mit grenzüberschreitendem Bezug, insbesondere im Bereich des Sports oder der Tagungen des Europäischen Rates, übermitteln die Vertragsparteien einander, sowohl auf Ersuchen als auch aus eigener Initiative, Daten über Personen, wenn rechtskräftige Verurteilungen oder andere Tatsachen die Annahme rechtfertigen, dass diese Personen bei der Veranstaltung Straftaten begehen werden oder von ihnen eine Gefahr für die öffentliche Sicherheit und Ordnung ausgeht, soweit eine Übermittlung dieser Daten nach dem innerstaatlichen Recht der übermittelnden Vertragspartei zulässig ist.

(2) Die personenbezogenen Daten dürfen nur zu den in Absatz 1 festgelegten Zwecken und für das genau umschriebene Ereignis, für das sie mitgeteilt wurden, verarbeitet werden. Die übermittelten Daten sind unverzüglich zu löschen, soweit die Zwecke nach Absatz 1 erreicht worden sind oder nicht mehr erreicht werden können. Spätestens nach einem Jahr sind die übermittelten Daten jedenfalls zu löschen.

Artikel 15
Nationale Kontaktstelle

Zur Durchführung der Informationsübermittlungen nach den Artikeln 13 und 14 benennt jede Vertragspartei eine nationale Kontaktstelle. Die Befugnisse der nationalen Kontaktstelle richten sich nach dem für sie geltenden innerstaatlichen Recht.

Kapitel 3
Maßnahmen zur Verhinderung terroristischer Straftaten

Artikel 16
Übermittlung von Informationen zur Verhinderung terroristischer Straftaten

(1) Die Vertragsparteien können zum Zweck der Verhinderung terroristischer Straftaten den nationalen Kontaktstellen nach Absatz 3 der anderen Vertragsparteien nach Maßgabe des innerstaatlichen Rechts im Einzelfall auch ohne Ersuchen die in Absatz 2 genannten personenbezogenen Daten und Informationen übermitteln, soweit dies erforderlich ist, weil bestimmte Tatsachen die Annahme rechtfertigen, dass die Betroffenen Straftaten nach den Artikeln 1 bis 3 des Rahmenbeschlusses 2002/475/JI des Rates der Europäischen Union vom 13. Juni 2002 zur Terrorismusbekämpfung begehen werden.

(2) Die zu übermittelnden Daten und Informationen umfassen Namen, Vornamen, Geburtsdatum und Geburtsort sowie die Darstellung der Tatsachen, aus denen sich die Annahme nach Absatz 1 ergibt.

(3) Jede Vertragspartei benennt eine nationale Kontaktstelle für den Austausch der Daten mit den nationalen Kontaktstellen der anderen Vertragsparteien. Die Befugnisse der nationalen Kontaktstelle richten sich nach dem für sie geltenden innerstaatlichen Recht.

(4) Die übermittelnde Behörde kann nach Maßgabe des innerstaatlichen Rechts Bedingungen für die Verwendung dieser Daten und Informationen durch die empfangende Behörde festlegen. Die empfangende Behörde ist an diese Bedingungen gebunden.

Artikel 17
Flugsicherheitsbegleiter

(1) Jede Vertragspartei befindet eigenständig gemäß ihrer nationalen Politik der Luftfahrtsicherung über den Einsatz von Flugsicherheitsbegleitern in den Luftfahrzeugen, die bei dieser Vertragspartei registriert sind. Der Einsatz dieser Flugsicherheitsbegleiter erfolgt in Übereinstimmung mit dem Abkommen von Chicago vom 7. Dezember 1944 über die Internationale Zivilluftfahrt und seinen Anlagen, insbesondere Anlage 17, sowie den sonstigen Dokumenten zu dessen Umsetzung und unter Berücksichtigung der Befugnisse des Luftfahrzeugkommandanten nach dem Abkommen von Tokio vom 14. September 1963 über strafbare und bestimmte andere an Bord von Luftfahrzeugen begangene Handlungen sowie in Übereinstimmung mit sonstigen einschlägigen völkerrechtlichen Regelungen, soweit sie für die jeweiligen Vertragsparteien verbindlich sind.

(2) Flugsicherheitsbegleiter im Sinne dieses Vertrags sind Polizeibeamte oder entsprechend ausgebildete staatliche Bedienstete, die die Aufgabe haben, die Sicherheit an Bord von Luftfahrzeugen aufrechtzuerhalten.

(3) Die Vertragsparteien unterstützen sich gegenseitig bei der Aus- und Fortbildung von Flugsicherheitsbegleitern und arbeiten in Fragen der Ausrüstung von Flugsicherheitsbegleitern eng zusammen.

(4) Vor einer Flugsicherheitsbegleitung hat die zuständige nationale Koordinierungsstelle nach Artikel 19 der entsendenden Vertragspartei die Flugsicherheitsbegleitung schriftlich anzumelden. Die Anmeldung erfolgt mindestens drei Tage vor dem betreffenden Flug von oder zu einem Verkehrsflughafen einer anderen Vertragspartei bei der zuständigen nationalen Koordinierungsstelle der anderen Vertragspartei. Bei Gefahr im Verzug ist die Anmeldung unverzüglich, grundsätzlich vor der Landung, nachzuholen.

(5) Die schriftliche Anmeldung, die von den Vertragsparteien vertraulich behandelt wird, umfasst die in der Anlage 1 dieses Vertrags genannten Angaben. Die Vertragsparteien können durch gesonderte Vereinbarung eine Änderung der Anlage 1 vereinbaren.

Artikel 18
Mitführen von Dienstwaffen, Munition und Ausrüstungsgegenständen

(1) Die Vertragsparteien erteilen den eingesetzten Flugsicherheitsbegleitern der anderen Vertragsparteien auf Antrag dieser Vertragsparteien eine allgemeine Genehmigung zum Mitführen von Dienstwaffen, Munition und Ausrüstungsgegenständen für Flüge von oder zu den Verkehrsflughäfen der Vertragsparteien. Diese Genehmigung umfasst sowohl das Mitführen von Dienstwaffen und Munition an Bord von Luftfahrzeugen als auch nach Maßgabe des Absatzes 2 in den nicht allgemein zugänglichen Sicherheitsbereichen eines Verkehrsflughafens der betreffenden Vertragspartei.

(2) Das Mitführen von Dienstwaffen und Munition steht unter folgenden Auflagen:
1. Ein Verlassen des Luftfahrzeugs mit Dienstwaffen und Munition auf Verkehrsflughäfen oder ein Aufenthalt in nicht allgemein zugänglichen Sicherheitsbereichen eines Verkehrsflughafens einer anderen Vertragspartei ist nur in Begleitung eines Vertreters der zuständigen nationalen Behörde der betreffenden anderen Vertragspartei gestattet.
2. Mitgeführte Dienstwaffen und Munition werden unverzüglich nach Verlassen des Luftfahrzeugs unter Begleitung an einem von der zuständigen nationalen Behörde festzulegenden Übergabeort unter Aufsicht sicher gelagert.

Artikel 19
Nationale Kontakt- und Koordinierungsstellen

Zur Durchführung der Aufgaben aus den Artikeln 17 und 18 benennt jede Vertragspartei eine nationale Kontakt- und Koordinierungsstelle.

Kapitel 4
Maßnahmen zur Bekämpfung der illegalen Migration

Artikel 20
Dokumentenberater

(1) Die Vertragsparteien vereinbaren auf der Grundlage gemeinsamer Lagebeurteilungen und unter Berücksichtigung der Verordnung (EG) Nr. 377/2004 des Rates der Europäischen Union vom 19. Februar 2004 zur Schaffung eines Netzes von Verbindungsbeamten für Einwanderungsfragen die Entsendung von Dokumentenberatern in Staaten, die als Ausgangs- oder Transitstaaten illegaler Migration eingestuft werden.

(2) Auf der Grundlage des innerstaatlichen Rechts informieren sich die Vertragsparteien regelmäßig über Erkenntnisse zur illegalen Migration, die aus der Tätigkeit ihrer Dokumentenberater gewonnen wurden.

(3) Bei der Entsendung von Dokumentenberatern können die Vertragsparteien für konkrete Maßnahmen eine Vertragspartei bestimmen, die die Koordinierung übernimmt. Dabei kann die Koordinierung auch zeitlich begrenzt sein.

Artikel 21
Aufgaben der Dokumentenberater

Die von den Vertragsparteien entsandten Dokumentenberater üben insbesondere folgende Aufgaben aus:

1. Beratung und Schulung der Auslandsvertretungen der Vertragsparteien in Pass- und Visaangelegenheiten, insbesondere beim Erkennen von ge- und verfälschten Dokumenten, sowie in Bezug auf den Missbrauch von Dokumenten und die illegale Migration,
2. Beratung und Schulung von Beförderungsunternehmen bezüglich der Verpflichtungen, die sich für diese aus dem Übereinkommen vom 19. Juni 1990 zur Durchführung des Übereinkommens von Schengen vom 14. Juni 1985 betreffend den schrittweisen Abbau der Kontrollen an den gemeinsamen Grenzen und der Anlage 9 des Abkommens von Chicago vom 7. Dezember 1944 über die Internationale Zivilluftfahrt ergeben, und beim Erkennen von ge- und verfälschten Dokumenten sowie den einschlägigen Einreisebestimmungen sowie
3. Beratung und Schulung der für die grenzpolizeilichen Kontrollen zuständigen Behörden und Einrichtungen des Gastlandes.

Die Zuständigkeiten der Auslandsvertretungen und der mit grenzpolizeilichen Aufgaben betrauten Behörden der Vertragsparteien bleiben unberührt.

Artikel 22
Nationale Kontakt- und Koordinierungsstellen

Die Vertragsparteien benennen nationale Kontakt- und Koordinierungsstellen als Ansprechpartner für Abstimmungen zur Entsendung von Dokumentenberatern sowie die Planung, Durchführung, Betreuung und Nachbereitung von Beratungs- und Schulungsmaßnahmen.

Artikel 23
Unterstützung bei Rückführungen

(1) Die Vertragsparteien unterstützen sich bei Rückführungen unter Berücksichtigung der Entscheidung des Rates der Europäischen Union 2004/573/EG vom 29. April 2004 betreffend die Organisation von Sammelflügen zur Rückführung von Drittstaatsangehörigen, die

individuellen Rückführungsmaßnahmen unterliegen, aus dem Hoheitsgebiet von zwei oder mehr Mitgliedstaaten sowie der Richtlinie 2003/110/EG des Rates der Europäischen Union vom 25. November 2003 über die Unterstützung bei der Durchbeförderung im Rahmen von Rückführungsmaßnahmen auf dem Luftweg. Sie unterrichten sich frühzeitig über geplante Rückführungen und bieten, soweit dies möglich ist, den anderen Vertragsparteien an, sich daran zu beteiligen. Bei gemeinsamen Rückführungen verständigen sich die Vertragsparteien über die Begleitung der rückzuführenden Personen und die Sicherheitsmaßnahmen.

(2) Eine Vertragspartei darf rückzuführende Personen, soweit erforderlich, durch das Hoheitsgebiet einer anderen Vertragspartei zurückführen. Die Vertragspartei, durch deren Hoheitsgebiet zurückgeführt werden soll, entscheidet über die Rückführung. Mit der Entscheidung über die Rückführung legt sie die Durchführungsbestimmungen fest und wendet, soweit erforderlich, auch die nach ihrem innerstaatlichen Recht zulässigen Zwangsmittel gegen die rückzuführende Person an.

(3) Zur Planung und Durchführung von Rückführungen benennen die Vertragsparteien nationale Kontaktstellen. In regelmäßigen Abständen treffen sich Sachverständige im Rahmen einer Arbeitsgruppe, um
1. die Ergebnisse aus früheren Aktionen auszuwerten und bei der weiteren Planung und Durchführung zu berücksichtigen,
2. alle eventuellen Probleme mit der in Absatz 2 erwähnten Durchreise zu prüfen und Lösungen für diese Probleme zu erarbeiten.

Kapitel 5
Weitere Formen der Zusammenarbeit

Artikel 24
Gemeinsame Einsatzformen

(1) Zur Intensivierung der polizeilichen Zusammenarbeit können die von den Vertragsparteien zu benennenden Behörden gemeinsame Streifen sowie sonstige gemeinsame Einsatzformen zur Abwehr von Gefahren für die öffentliche Sicherheit und Ordnung sowie zur Verhinderung von Straftaten bilden, in denen von den Vertragsparteien zu benennende Beamte oder sonstige staatliche Bedienstete (im Folgenden: Beamte) bei Einsätzen im Hoheitsgebiet einer anderen Vertragspartei mitwirken.

(2) Jede Vertragspartei kann als Gebietsstaat nach Maßgabe ihres innerstaatlichen Rechts Beamte anderer Vertragsparteien mit der Zustimmung des Entsendestaats im Rahmen gemeinsamer Einsatzformen mit der Wahrnehmung hoheitlicher Befugnisse betrauen oder, soweit es nach dem Recht des Gebietsstaats zulässig ist, Beamten anderer Vertragsparteien die Wahrnehmung ihrer hoheitlichen Befugnisse nach dem Recht ihres Entsendestaats einräumen. Hoheitliche Befugnisse dürfen dabei nur unter der Leitung und in der Regel in Anwesenheit von Beamten des Gebietsstaats wahrgenommen werden. Die Beamten der anderen Vertragspartei sind dabei an das innerstaatliche Recht des Gebietsstaats gebunden. Ihr Handeln ist dem Gebietsstaat zuzurechnen.

(3) An gemeinsamen Einsätzen beteiligte Beamte anderer Vertragsparteien unterliegen den Weisungen der zuständigen Stelle des Gebietsstaats.

(4) Die praktischen Aspekte der Zusammenarbeit werden in einer Durchführungsvereinbarung nach Artikel 44 geregelt.

Artikel 25
Maßnahmen bei gegenwärtiger Gefahr

(1) Beamte einer Vertragspartei dürfen im Fall eines dringenden Bedarfs ohne vorherige Zustimmung der anderen Vertragspartei die gemeinsame Grenze überschreiten, um im grenznahen Bereich im Hoheitsgebiet der anderen Vertragspartei nach Maßgabe des innerstaatlichen Rechts des Gebietsstaats vorläufige Maßnahmen zu treffen, die zur Abwehr einer gegenwärtigen Gefahr für Leib oder Leben erforderlich sind.

(2) Ein dringender Bedarf im Sinne des Absatzes 1 liegt dann vor, wenn bei einem Abwarten auf das Einschreiten von Beamten des Gebietsstaats oder auf die Herstellung eines Unterstellungsverhältnisses im Sinne des Artikels 24 Absatz 2 die Verwirklichung der Gefahr droht.

(3) Die einschreitenden Beamten haben den Gebietsstaat unverzüglich zu unterrichten. Der Gebietsstaat bestätigt diese Unterrichtung und hat unverzüglich die notwendigen Maßnahmen zu treffen, die zur Abwehr der Gefahr und zur Übernahme der Lage erforderlich sind. Die einschreitenden Beamten dürfen im Gebietsstaat nur so lange tätig sein, bis der Gebietsstaat die notwendigen Maßnahmen zur Abwehr der Gefahr ergriffen hat. Die einschreitenden Beamten sind an die Weisungen des Gebietsstaates gebunden.

(4) Die Vertragsparteien treffen eine gesonderte Vereinbarung darüber, welche Stellen nach Absatz 3 unverzüglich zu unterrichten sind. Die einschreitenden Beamten sind an die Bestimmungen dieses Artikels und an das Recht der Vertragspartei, in deren Hoheitsgebiet sie tätig werden, gebunden.

(5) Die Maßnahmen der einschreitenden Beamten werden dem Gebietsstaat zugerechnet.

Artikel 26
Hilfeleistung bei Großereignissen, Katastrophen und schweren Unglücksfällen

Die zuständigen Behörden der Vertragsparteien unterstützen sich nach Maßgabe ihres innerstaatlichen Rechts gegenseitig bei Massenveranstaltungen und ähnlichen Großereignissen, Katastrophen sowie schweren Unglücksfällen, indem sie
1. sich gegenseitig so zeitig wie möglich über entsprechende Ereignisse mit grenzüberschreitenden Auswirkungen und relevante Erkenntnisse unterrichten,
2. bei Lagen mit grenzüberschreitenden Auswirkungen die in ihrem Hoheitsgebiet erforderlichen polizeilichen Maßnahmen vornehmen und koordinieren,
3. auf Ersuchen der Vertragspartei, auf deren Hoheitsgebiet die Lage eintritt, soweit möglich, durch Entsendung von Beamten, Spezialisten und Beratern sowie Gestellung von Ausrüstungsgegenständen Hilfe leisten.

Internationale Übereinkünfte der Vertragsparteien über die gegenseitige Hilfeleistung bei Katastrophen einschließlich schwerer Unglücksfälle bleiben unberührt.

Artikel 27
Zusammenarbeit auf Ersuchen

(1) Die zuständigen Behörden der Vertragsparteien leisten einander im Rahmen ihrer Zuständigkeiten und nach Maßgabe ihres innerstaatlichen Rechts auf Ersuchen Hilfe.

(2) Die zuständigen Behörden der Vertragsparteien leisten einander nach Maßgabe des Artikels 39 Absatz 1 Satz 1 des Übereinkommens vom 19. Juni 1990 zur Durchführung des Übereinkommens von Schengen vom 14. Juni 1985 betreffend den schrittweisen Abbau der Kontrollen an den gemeinsamen Grenzen Hilfe, insbesondere durch

1. Eigentümer- und Halterfeststellungen sowie Fahrer- und Führerermittlungen bei Straßen-, Wasser- und Luftfahrzeugen, soweit nicht bereits von Artikel 12 umfasst,
2. Auskünfte zu Führerscheinen, Schifferpatenten und vergleichbaren Berechtigungen,
3. Aufenthalts- und Wohnsitzfeststellungen,
4. Feststellungen zu Aufenthaltstiteln,
5. Feststellung von Telefonanschlussinhabern und Inhabern sonstiger Telekommunikationseinrichtungen, soweit diese öffentlich zugänglich sind,
6. Identitätsfeststellungen,
7. Ermittlungen zur Herkunft von Sachen, beispielsweise bei Waffen, Kraftfahrzeugen und Wasserfahrzeugen (Verkaufsweganfragen),
8. Erkenntnisse aus polizeilichen Datensammlungen und polizeilichen Unterlagen sowie Auskünfte aus öffentlich zugänglichen behördlichen Datensammlungen,
9. Waffen- und Sprengstoffsofortmeldungen sowie Meldungen von Geld- und Wertzeichenfälschungen,
10. Informationen zur praktischen Durchführung grenzüberschreitender Observationsmaßnahmen, grenzüberschreitender Nacheile und kontrollierter Lieferung und
11. Feststellung der Aussagebereitschaft einer Auskunftsperson.

(3) Ist die ersuchte Behörde für die Erledigung des Ersuchens unzuständig, so leitet sie das Ersuchen an die zuständige Behörde weiter. Die ersuchte Behörde unterrichtet die ersuchende Behörde über die Weiterleitung und die für die Erledigung des Ersuchens zuständige Behörde. Die zuständige Behörde erledigt das Ersuchen und übermittelt das Ergebnis an die ersuchende Behörde zurück.

Kapitel 6
Allgemeine Bestimmungen

Artikel 28
Einsatz von Dienstwaffen, Munition und Ausrüstungsgegenständen

(1) Beamte einer Vertragspartei, die sich im Rahmen eines gemeinsamen Einsatzes im Hoheitsgebiet einer anderen Vertragspartei aufhalten, können dort ihre nationale Dienstkleidung tragen. Sie können ihre nach dem innerstaatlichen Recht des Entsendestaats zugelassenen Dienstwaffen, Munition und Ausrüstungsgegenstände mitführen. Jede Vertragspartei kann das Mitführen von bestimmten Dienstwaffen, Munition und Ausrüstungsgegenständen durch Beamte des Entsendestaats untersagen.

(2) Die Dienstwaffen, Munition und Ausrüstungsgegenstände, die in Anlage 2 aufgeführt sind, dürfen nur im Fall der Notwehr einschließlich der Nothilfe gebraucht werden. Der sachleitende Beamte des Gebietsstaates kann im Einzelfall nach Maßgabe des innerstaatlichen Rechts einer über Satz 1 hinausgehenden Anwendung von Dienstwaffen, Munition und Ausrüstungsgegenständen zustimmen. Der Gebrauch der Dienstwaffen, Munition und Ausrüstungsgegenstände richtet sich nach dem Recht des Gebietsstaates. Die zuständigen Behörden unterrichten einander über die jeweils zulässigen Dienstwaffen, Munition und Ausrüstungsgegenstände sowie die Voraussetzungen für deren Einsatz.

(3) Die Vertragsparteien können durch gesonderte Vereinbarung eine Änderung der Anlage 2 vereinbaren.

(4) Setzen Beamte der einen Vertragspartei bei Maßnahmen aufgrund dieses Vertrags im Hoheitsgebiet einer anderen Vertragspartei Kraftfahrzeuge ein, so unterliegen sie hierbei

denselben verkehrsrechtlichen Bestimmungen wie die Beamten des Gebietsstaats einschließlich der Bestimmungen über die Inanspruchnahme von Sonder- und Wegerechten.

(5) Die praktischen Aspekte des Einsatzes von Dienstwaffen, Munition und Ausrüstungsgegenständen werden in einer Durchführungsvereinbarung nach Artikel 44 geregelt.

(6) Artikel 18 bleibt unberührt.

Artikel 29
Schutz und Beistand

Die Vertragsparteien sind gegenüber den entsandten Beamten der anderen Vertragsparteien bei der Ausübung des Dienstes zu gleichem Schutz und Beistand verpflichtet wie gegenüber den eigenen Beamten.

Artikel 30
Allgemeine Haftungsregelung

Für die Haftung im Rahmen dieses Vertrags findet Artikel 43 des Übereinkommens vom 19. Juni 1990 zur Durchführung des Übereinkommens von Schengen vom 14. Juni 1985 betreffend den schrittweisen Abbau der Kontrollen an den gemeinsamen Grenzen entsprechende Anwendung. Satz 1 findet keine Anwendung auf die Artikel 17 und 18.

Artikel 31
Rechtsstellung der Beamten im Bereich des Strafrechts

Die Beamten, die nach diesem Vertrag im Hoheitsgebiet einer anderen Vertragspartei tätig werden, sind in Bezug auf Straftaten, die sie begehen oder ihnen gegenüber begangen werden, den Beamten der anderen Vertragspartei gleichgestellt, soweit nicht in einer anderen Übereinkunft, die für die Vertragsparteien gilt, anderes vereinbart worden ist.

Artikel 32
Dienstverhältnisse

Die Beamten, die nach diesem Vertrag im Hoheitsgebiet einer anderen Vertragspartei tätig werden, bleiben in dienstrechtlicher, insbesondere in disziplinarrechtlicher Hinsicht den in ihrem Staat geltenden Vorschriften unterworfen.

Kapitel 7
Allgemeine Bestimmungen zum Datenschutz

Artikel 33
Begriffsbestimmungen, Anwendungsbereich

(1) Im Sinne dieses Vertrags bezeichnet der Ausdruck
1. „Verarbeitung personenbezogener Daten" jede Verarbeitung oder jede Vorgangsreihe von Verarbeitungen im Zusammenhang mit personenbezogenen Daten mit oder ohne Hilfe automatisierter Verfahren wie das Erheben, das Speichern, die Organisation, die Aufbewahrung, die Anpassung oder Veränderung, das Auslesen, das Abfragen, Konsultieren, die Benutzung, die Weitergabe durch Übermittlung, Verbreitung oder jede andere Form der Bereitstellung, die Kombination oder die Verknüpfung sowie das Sperren, Löschen oder Vernichten von Daten; als Verarbeitung personenbezogener Daten im Sinne dieses Vertrags gilt auch die Mitteilung über das Vorliegen oder Nichtvorliegen eines Treffers;

2. „automatisierter Abruf“ den unmittelbaren Zugriff auf eine automatisierte Datenbank einer anderen Stelle, in der Weise, dass die Anfrage vollständig automatisiert beantwortet wird;
3. „Kennzeichnung“ die Markierung gespeicherter personenbezogener Daten, ohne dass damit das Ziel verfolgt wird, ihre künftige Verarbeitung einzuschränken;
4. „Sperrung“ die Markierung gespeicherter personenbezogener Daten mit dem Ziel, ihre künftige Verarbeitung einzuschränken.

(2) Für Daten, die nach diesem Vertrag übermittelt werden oder worden sind, gelten die folgenden Bestimmungen, soweit in den vorstehenden Kapiteln nichts anderes bestimmt ist.

Artikel 34
Datenschutzniveau

(1) Jede Vertragspartei gewährleistet in Bezug auf die Verarbeitung personenbezogener Daten, die nach diesem Vertrag übermittelt werden oder worden sind, in ihrem innerstaatlichen Recht ein Datenschutzniveau, das zumindest dem entspricht, das sich aus dem Übereinkommen des Europarats vom 28. Januar 1981 über den Schutz des Menschen bei der automatischen Verarbeitung personenbezogener Daten und dem Zusatzprotokoll vom 8. November 2001 hierzu ergibt, und beachtet dabei die Empfehlung Nr. R (87) 15 des Ministerkomitees des Europarats an die Mitgliedstaaten über die Nutzung personenbezogener Daten im Polizeibereich vom 17. September 1987, und zwar auch insoweit, als die Daten nicht automatisiert verarbeitet werden.

(2) Die in diesem Vertrag vorgesehene Übermittlung personenbezogener Daten darf erst beginnen, wenn in dem Hoheitsgebiet der an der Übermittlung beteiligten Vertragsparteien die Bestimmungen dieses Kapitels im innerstaatlichen Recht umgesetzt worden sind. Das Ministerkomitee nach Artikel 43 stellt durch Beschluss fest, ob diese Voraussetzungen erfüllt sind.

Artikel 35
Zweckbindung

(1) Die empfangende Vertragspartei darf die personenbezogenen Daten ausschließlich zu den Zwecken verarbeiten, zu denen diese nach diesem Vertrag übermittelt worden sind; eine Verarbeitung zu anderen Zwecken ist nur nach vorheriger Zustimmung der Datei führenden Vertragspartei und nur nach Maßgabe des innerstaatlichen Rechts der empfangenden Vertragspartei zulässig. Die Zustimmung darf erteilt werden, soweit das innerstaatliche Recht der Datei führenden Vertragspartei diese Verarbeitung zu solchen anderen Zwecken zulässt.

(2) Die Verarbeitung von nach den Artikeln 3, 4 und 9 übermittelten Daten durch die abrufende oder abgleichende Vertragspartei ist ausschließlich erlaubt im Hinblick auf
1. die Feststellung, ob die verglichenen DNA-Profile oder daktyloskopischen Daten übereinstimmen;
2. die Vorbereitung und Einreichung eines Amts- und Rechtshilfeersuchens nach innerstaatlichem Recht im Fall der Übereinstimmung dieser Daten;
3. die Protokollierung nach Artikel 39.
Die Datei führende Vertragspartei darf die ihr nach den Artikeln 3, 4 und 9 übermittelten Daten ausschließlich verarbeiten, soweit dies zur Durchführung des Abgleichs, zur automatisierten Beantwortung der Anfrage oder zur Protokollierung gemäß Artikel 39 erforderlich ist. Nach Beendigung des Datenabgleichs oder nach der automatisierten Beantwortung der

Anfrage werden die übermittelten Daten unverzüglich gelöscht, soweit nicht die Weiterverarbeitung zu den in Satz 1 Nummern 2 und 3 genannten Zwecken erforderlich ist.

(3) Nach Artikel 12 übermittelte Daten dürfen von der Datei führenden Vertragspartei ausschließlich verwendet werden, soweit dies zur automatisierten Beantwortung der Anfrage oder zur Protokollierung gemäß Artikel 39 erforderlich ist. Nach der automatisierten Beantwortung der Anfrage werden die übermittelten Daten unverzüglich gelöscht, soweit nicht die Weiterverarbeitung zur Protokollierung gemäß Artikel 39 erforderlich ist. Die anfragende Vertragspartei darf die im Zuge der Beantwortung erhaltenen Daten ausschließlich für das Verfahren verwenden, auf Grund dessen die Anfrage erfolgt ist.

Artikel 36
Zuständige Behörden

Die übermittelten personenbezogenen Daten dürfen ausschließlich durch die Behörden und Gerichte verarbeitet werden, die für eine Aufgabe im Rahmen der Zwecke nach Artikel 35 zuständig sind. Insbesondere erfolgt die Weitergabe der übermittelten Daten an andere Stellen nur nach vorangehender Zustimmung der übermittelnden Vertragspartei und nach Maßgabe des innerstaatlichen Rechts der empfangenden Vertragspartei.

Artikel 37
Richtigkeit, Aktualität und Speicherungsdauer von Daten

(1) Die Vertragsparteien sind verpflichtet, auf die Richtigkeit und Aktualität der personenbezogenen Daten zu achten. Erweist sich von Amts wegen oder aufgrund einer Mitteilung des Betroffenen, dass unrichtige Daten oder Daten, die nicht hätten übermittelt werden dürfen, übermittelt worden sind, so ist dies der empfangenden Vertragspartei oder den empfangenden Vertragsparteien unverzüglich mitzuteilen. Diese sind verpflichtet, die Berichtigung oder Löschung der Daten vorzunehmen. Im Übrigen sind übermittelte personenbezogene Daten zu berichtigen, wenn sich ihre Unrichtigkeit herausstellt. Hat die empfangende Stelle Grund zur Annahme, dass übermittelte Daten unrichtig sind oder zu löschen wären, so unterrichtet sie die übermittelnde Behörde unverzüglich hierüber.

(2) Daten, deren Richtigkeit der Betroffene bestreitet und deren Richtigkeit oder Unrichtigkeit sich nicht feststellen lässt, sind nach Maßgabe des innerstaatlichen Rechts der Vertragsparteien auf Verlangen des Betroffenen zu kennzeichnen. Im Fall einer Kennzeichnung darf diese nach Maßgabe des innerstaatlichen Rechts nur mit Zustimmung des Betroffenen oder auf Grund einer Entscheidung des zuständigen Gerichtes oder der für die Datenschutzkontrolle zuständigen unabhängigen Stelle aufgehoben werden.

(3) Übermittelte personenbezogene Daten sind zu löschen, wenn sie nicht hätten übermittelt oder empfangen werden dürfen. Rechtmäßig übermittelte und empfangene Daten sind zu löschen,

1. wenn sie zu dem Zweck, zu dem sie übermittelt worden sind, nicht oder nicht mehr erforderlich sind. Sind personenbezogene Daten ohne Ersuchen übermittelt worden, hat die empfangende Stelle unverzüglich zu prüfen, ob sie für die der Übermittlung zu Grunde liegenden Zwecke erforderlich sind;
2. nach Ablauf einer im nationalen Recht der übermittelnden Vertragspartei vorgesehenen Höchstfrist für die Aufbewahrung der Daten, wenn die übermittelnde Stelle die empfangende Stelle bei der Übermittlung auf solche Höchstfristen hingewiesen hat.

Statt der Löschung erfolgt eine Sperrung nach Maßgabe des innerstaatlichen Rechts, wenn es Grund zu der Annahme gibt, dass durch eine Löschung schutzwürdige Interessen des Betroffenen beeinträchtigt würden. Gesperrte Daten dürfen nur für den Zweck, für den die Löschung unterblieben ist, übermittelt oder genutzt werden.

Artikel 38
Technische und organisatorische Maßnahmen zur Gewährleistung von Datenschutz und Datensicherheit

(1) Die übermittelnde und die empfangende Stelle sind verpflichtet, personenbezogene Daten wirksam gegen zufällige oder unbefugte Zerstörung, zufälligen Verlust, unbefugten Zugang, unbefugte oder zufällige Veränderung und unbefugte Bekanntgabe zu schützen.

(2) Die Einzelheiten der technischen Ausgestaltung des automatisierten Abrufverfahrens werden in einer Durchführungsvereinbarung nach Artikel 44 geregelt, die gewährleistet, dass
1. dem jeweiligen Stand der Technik entsprechende Maßnahmen zur Sicherstellung von Datenschutz und Datensicherheit getroffen werden, die insbesondere die Vertraulichkeit und Unversehrtheit der Daten gewährleisten,
2. bei der Nutzung allgemein zugänglicher Netze Verschlüsselungs- und Authentifizierungsverfahren angewendet werden, die von den dafür zuständigen Stellen anerkannt worden sind, und
3. die Zulässigkeit der Abrufe nach Maßgabe des Artikels 39 Absätze 2, 4 und 5 kontrolliert werden kann.

Artikel 39
Dokumentation und Protokollierung, besondere Vorschriften zur automatisierten und nicht-automatisierten Übermittlung

(1) Jede Vertragspartei gewährleistet, dass jede nicht-automatisierte Übermittlung und jeder nicht-automatisierte Empfang von personenbezogenen Daten durch die anfragende und die Datei führende Stelle zur Kontrolle der Zulässigkeit der Übermittlung dokumentiert werden. Die Dokumentation umfasst folgende Angaben:
1. den Anlass der Übermittlung,
2. die übermittelten Daten,
3. das Datum der Übermittlung und
4. die Bezeichnung oder Kennung der anfragenden und der Datei führenden Stelle.

(2) Für den automatisierten Abruf der Daten aufgrund der Artikel 3, 9 und 12 und den automatisierten Abgleich aufgrund des Artikels 4 gilt Folgendes:
1. Der automatisierte Abruf oder Abgleich darf nur durch besonders ermächtigte Beamte der nationalen Kontaktstellen erfolgen. Auf Ersuchen wird die Liste der Beamten, die zum automatisierten Abruf oder Abgleich ermächtigt sind, den in Absatz 5 genannten beaufsichtigenden Behörden sowie den anderen Vertragsparteien zur Verfügung gestellt.
2. Jede Vertragspartei gewährleistet, dass jede Übermittlung und jeder Empfang von Daten von der Datei führenden Stelle und der anfragenden Stelle protokolliert wird, einschließlich der Mitteilung des Vorliegens oder Nichtvorliegens eines Treffers. Diese Protokollierung umfasst folgende Angaben:
a) die übermittelten Daten,
b) das Datum und den genauen Zeitpunkt der Übermittlung und
c) die Bezeichnung oder Kennung der anfragenden und der Datei führenden Stelle.
Die anfragende Stelle protokolliert darüber hinaus den Anlass der Anfrage oder Übermittlung sowiedie Kennung des Beamten, der den Abruf durchgeführt hat, sowie des Beamten, der die Anfrage oder Übermittlung veranlasst hat.

(3) Die protokollierende Stelle teilt die Protokolldaten den für die Datenschutzkontrolle zuständigen Stellen der betreffenden Vertragspartei auf Ersuchen unverzüglich, spätestens jedoch innerhalb von vier Wochen nach Eingang des Ersuchens mit. Protokolldaten dürfen ausschließlich für die folgenden Zwecke verwendet werden:
1. die Kontrolle des Datenschutzes,
2. die Gewährleistung der Datensicherheit.

(4) Die Protokolldaten sind durch geeignete Vorkehrungen gegen zweckfremde Verwendung und sonstigen Missbrauch zu schützen und zwei Jahre aufzubewahren. Nach Ablauf der Aufbewahrungsfrist sind die Protokolldaten unverzüglich zu löschen.

(5) Die rechtliche Kontrolle der Übermittlung oder des Empfangs personenbezogener Daten obliegt den für die Datenschutzkontrolle zuständigen unabhängigen Stellen der jeweiligen Vertragsparteien. Nach Maßgabe des innerstaatlichen Rechts kann jedermann diese Stellen ersuchen, die Rechtmäßigkeit der Verarbeitung von Daten zu seiner Person zu prüfen. Diese Stellen sowie die für die Protokollierung zuständigen Stellen haben auch unabhängig von solchen Ersuchen Stichproben zur Kontrolle der Rechtmäßigkeit der Übermittlungen anhand der den Zugriffen zugrunde liegenden Aktenvorgänge vorzunehmen. Die Ergebnisse dieser Kontrolltätigkeit sind zur Überprüfung durch die für die Datenschutzkontrolle zuständigen unabhängigen Stellen 18 Monate aufzubewahren. Nach Ablauf dieser Frist sind sie unverzüglich zu löschen. Jede für die Datenschutzkontrolle zuständige Stelle kann von der unabhängigen Datenschutzbehörde einer anderen Vertragspartei um die Ausübung ihrer Befugnisse nach Maßgabe des innerstaatlichen Rechts ersucht werden. Die für die Datenschutzkontrolle zuständigen unabhängigen Behörden der Vertragsparteien sorgen für die zur Erfüllung ihrer Kontrollaufgaben notwendige gegenseitige Zusammenarbeit, insbesondere durch den Austausch sachdienlicher Informationen.

Artikel 40
Rechte der Betroffenen auf Auskunft und Schadensersatz

(1) Dem Betroffenen ist nach Maßgabe des innerstaatlichen Rechts bei Nachweis seiner Identität auf Antrag von der nach innerstaatlichem Recht zuständigen Stelle ohne unzumutbare Kosten in allgemein verständlicher Form und ohne unzumutbare Verzögerung Auskunft über die zu seiner Person verarbeiteten Daten sowie über deren Herkunft, Empfänger oder Empfängerkategorien, den vorgesehenen Verarbeitungszweck und die Rechtsgrundlage der Verarbeitung zu erteilen. Darüber hinaus hat der Betroffene das Recht auf Berichtigung unrichtiger Daten und Löschung unzulässigerweise verarbeiteter Daten. Die Vertragsparteien stellen darüber hinaus sicher, dass sich der Betroffene im Fall der Verletzung seiner Datenschutzrechte mit einer wirksamen Beschwerde an ein unabhängiges und unparteiisches, auf Gesetz beruhendes Gericht im Sinne des Artikels 6 Absatz 1 der Europäischen Menschenrechtskonvention sowie eine unabhängige Kontrollstelle im Sinne des Artikels 28 der Richtlinie 95/46/EG wenden kann und dass ihm die Möglichkeit eröffnet wird, einen Schadensersatzanspruch oder Abhilfe anderer Art gerichtlich durchzusetzen. Die Einzelheiten des Verfahrens zur Durchsetzung dieser Rechte und die Gründe der Einschränkung des Auskunftsrechts richten sich nach dem innerstaatlichen Recht des Staates, in dem er seine Rechte geltend macht.

(2) Hat eine Stelle der einen Vertragspartei personenbezogene Daten auf Grund dieses Vertrags übermittelt, kann die empfangende Stelle der anderen Vertragspartei sich im Rahmen ihrer Haftung nach Maßgabe des innerstaatlichen Rechts gegenüber dem Geschädigten zu ihrer Entlastung nicht darauf berufen, dass die übermittelten Daten unrichtig gewesen sind. Leistet die empfangende Stelle Schadensersatz wegen eines Schadens, der durch die Ver-

wendung von unrichtig übermittelten Daten verursacht wurde, so erstattet die übermittelnde Stelle der empfangenden Stelle den Gesamtbetrag des geleisteten Schadensersatzes.

Artikel 41
Auskunft auf Ersuchen der Vertragsparteien

Die empfangende Vertragspartei informiert die übermittelnde Vertragspartei auf Anfrage über die Verarbeitung der übermittelten Daten und das dadurch erzielte Ergebnis.

Kapitel 8
Durchführungs- und Schlussbestimmungen

Artikel 42
Erklärungen

(1) Zum Zeitpunkt der Hinterlegung der Ratifikations-, Annahme-, Genehmigungs- oder Beitrittsurkunde benennt jede Vertragspartei in einer Erklärung gegenüber dem Verwahrer die Behörden, die für die Anwendung dieses Vertrags zuständig sind. Zu benennen sind
1. nach Artikel 6 Absatz 1 die nationalen Kontaktstellen für die DNA-Analyse;
2. nach Artikel 11 Absatz 1 die nationalen Kontaktstellen für die daktyloskopischen Daten;
3. nach Artikel 12 Absatz 2 die nationalen Kontaktstellen für die Daten aus den Fahrzeugregistern;
4. nach Artikel 15 die nationalen Kontaktstellen für den Informationsaustausch bei Großveranstaltungen;
5. nach Artikel 16 Absatz 3 die nationalen Kontaktstellen für Informationen zur Verhinderung terroristischer Straftaten;
6. nach Artikel 19 die nationalen Kontakt- und Koordinierungsstellen für die Flugsicherheitsbegleiter;
7. nach Artikel 22 die nationalen Kontakt- und Koordinierungsstellen für die Dokumentenberater;
8. nach Artikel 23 Absatz 3 die nationalen Kontaktstellen für die Planung und Durchführung von Rückführungen;
9. nach den Artikeln 24 bis 27 die zuständigen Behörden und Beamten.

(2) Erklärungen nach Absatz 1 können jederzeit durch Erklärung gegenüber dem Verwahrer geändert werden. Die Änderung wird mit dem Tag des Eingangs beim Verwahrer wirksam.

Artikel 43
Ministerkomitee

(1) Die Vertragsparteien richten ein Komitee ein, das sich aus Ministern der Vertragsparteien zusammensetzt. Das Ministerkomitee trifft die erforderlichen Entscheidungen über die Umsetzung und Anwendung dieses Vertrags. Entscheidungen des Ministerkomitees werden durch einstimmigen Beschluss aller Vertragsparteien getroffen.

(2) Zur Unterstützung des Ministerkomitees überprüft eine gemeinsame Arbeitsgruppe aus Vertretern der Vertragsparteien die Umsetzung und Auslegung dieses Vertrags und stellt fest, ob Ergänzungs- und Fortentwicklungsbedarf besteht. Die gemeinsame Arbeitsgruppe wird auf Antrag einer Vertragspartei einberufen.

Artikel 44
Durchführungsvereinbarungen

Die zuständigen Stellen der Vertragsparteien können auf der Grundlage und im Rahmen dieses Vertrags Vereinbarungen treffen, welche die verwaltungsmäßige Durchführung dieses Vertrags zum Ziel haben.

Artikel 45
Räumlicher Geltungsbereich

Die Bestimmungen dieses Vertrags gelten für das Hoheitsgebiet der Vertragsparteien. Für das
Königreich der Niederlande gilt dieser Vertrag ausschließlich für den in Europa gelegenen Teil des Königreichs. Für die Französische Republik gilt dieser Vertrag ausschließlich für den in Europa gelegenen Teil der Republik.

Artikel 46
Kosten

Jede Vertragspartei trägt die ihren Stellen aus der Anwendung dieses Vertrags entstehenden Kosten. In besonderen Fällen können die betreffenden Vertragsparteien eine abweichende Regelung vereinbaren.

Artikel 47
Verhältnis zu anderen zwei- oder mehrseitigen Übereinkünften

(1) Die Bestimmungen dieses Vertrags sind nur anwendbar, soweit sie mit dem Recht der Europäischen Union vereinbar sind. Werden durch die Europäische Union künftig Regelungen geschaffen, die den Anwendungsbereich dieses Vertrags betreffen, treten die entsprechenden Bestimmungen dieses Vertrags in ihrer Anwendung gegenüber dem Recht der Europäischen Union insoweit zurück. Die Vertragsparteien können die Bestimmungen dieses Vertrags im Hinblick auf die entsprechenden neuen Regelungen des Rechts der Europäischen Union ändern oder ersetzen.

(2) Dieser Vertrag berührt nicht die in bestehenden zwei- oder mehrseitigen Übereinkünften zwischen den Vertragsparteien enthaltenen Rechte oder Verpflichtungen. Den Vertragsparteien steht es frei, die bestehenden zwei- oder mehrseitigen Übereinkünfte zwischen den Vertragsparteien in ihren Beziehungen untereinander anzuwenden. Im Fall der Unvereinbarkeit mit Rechten oder Verpflichtungen aus solchen Übereinkünften gelten die Regelungen dieses Vertrags.

Artikel 48
Ratifikation, Annahme, Genehmigung

Dieser Vertrag bedarf der Ratifikation, der Annahme oder der Genehmigung. Die Ratifikations-, Annahme- oder Genehmigungsurkunden werden beim Verwahrer hinterlegt. Anlässlich der Hinterlegung der Ratifikations-, Annahme- oder Genehmigungsurkunden kann eine Erklärung zum räumlichen Geltungsbereich abgegeben werden.

Artikel 49
Verwahrer

(1) Verwahrer dieses Vertrags ist die Regierung der Bundesrepublik Deutschland.

(2) Der Verwahrer notifiziert unverzüglich den anderen Vertragsparteien Ratifikationen, Annahmen, Genehmigungen, Beitritte, Vorbehalte und Kündigungen sowie alle sonstigen Erklärungen im Zusammenhang mit diesem Vertrag.

(3) Die Registrierung des Vertrags beim Sekretariat der Vereinten Nationen nach Artikel 102 der Charta der Vereinten Nationen wird vom Verwahrer übernommen.

Artikel 50
Inkrafttreten

(1) Dieser Vertrag tritt 90 Tage nach Hinterlegung der zweiten Ratifikations-, Annahmeoder Genehmigungsurkunde zwischen den Vertragsparteien, die ratifiziert haben, in Kraft. Für die weiteren Vertragsparteien tritt der Vertrag 90 Tage nach Hinterlegung ihrer Ratifikations-, Annahme- oder Genehmigungsurkunden in Kraft.
(2) Der Verwahrer notifiziert allen Vertragsparteien das Datum des Inkrafttretens.

Artikel 51
Beitritt

(1) Dieser Vertrag steht allen Staaten, die Mitglied der Europäischen Union sind, zum Beitritt offen. Mit dem Beitritt werden auch die bis dahin auf der Grundlage des Artikels 44 getroffenen Durchführungsvereinbarungen und die sonstigen Vereinbarungen zu diesem Vertrag für die beitretenden Staaten verbindlich.

(2) Die Beitrittsurkunden werden beim Verwahrer hinterlegt. Bei einem Beitritt kann anlässlich der Hinterlegung der Beitrittsurkunde eine Erklärung zum räumlichen Geltungsbereich abgegeben werden.

(3) Dieser Vertrag tritt für jeden beitretenden Staat 90 Tage nach Hinterlegung seiner Beitrittsurkunde in Kraft, frühestens zum Zeitpunkt des Inkrafttretens des Vertrags nach Artikel 50.

Artikel 52
Kündigung

(1) Dieser Vertrag wird auf unbestimmte Zeit geschlossen.

(2) Jede Vertragspartei kann diesen Vertrag durch eine auf diplomatischem Weg an den Verwahrer gerichtete Notifikation kündigen. Die Kündigung wird sechs Monate nach Eingang der Notifikation beim Verwahrer wirksam.

Geschehen zu Prüm am 27. Mai 2005 in einer Urschrift in deutscher, spanischer, französischer und niederländischer Sprache, wobei jeder Wortlaut gleichermaßen verbindlich ist. Die Urschrift wird im Archiv des Verwahrers hinterlegt, der jedem Unterzeichnerstaat und beitretenden Staat eine beglaubigte Abschrift der Vertragsurschrift übermittelt.

Für das Königreich Belgien
Pour le Royaume de Belgique
Dewael

Für die Bundesrepublik Deutschland
Pour la République fédérale d'Allemagne
B. Zypries
Schily
Läufer

Für das Königreich Spanien
Pour le Royaume d'Espagne
José Antonio Alonso Suárez

Für die Französische Republik
Pour la République française
De Villepin

Für das Großherzogtum Luxemburg
Pour le Grand-Duché de Luxembourg
Luc Frieden

Für das Königreich der Niederlande
Pour le Royaume des Pays-Bas
J. P. H. Donner

Für die Republik Österreich
Pour la République d'Autriche
Liese Prokop

Anlage 1 zum Vertrag über die Vertiefung der grenzüberschreitenden Zusammenarbeit, insbesondere zur Bekämpfung des Terrorismus, der grenzüberschreitenden Kriminalität und der illegalen Migration

Nach Artikel 17 Absatz 5 notwendige inhaltliche Angaben für die schriftliche Anmeldung

1. Einsatzzeiten, die die vorgesehene Aufenthaltsdauer beschreiben;
2. Flugdaten (einschließlich Flugnummern und -zeiten);
3. Anzahl der Mitglieder des Teams der Flugsicherheitsbegleiter;
4. Angabe des Namens und Vornamens sämtlicher Personen sowie Kennzeichnung des Namens des Leiters des Teams;
5. Passnummern;
6. Marke, Typ und Seriennummern der Waffen;
7. Anzahl und Art der Munition;
8. Ausrüstungsgegenstände, die vom Team mitgeführt werden und zur Erfüllung der Aufgaben dienen.

Anlage 2 zum Vertrag über die Vertiefung der grenzüberschreitenden Zusammenarbeit, insbesondere zur Bekämpfung des Terrorismus, der grenzüberschreitenden Kriminalität und der illegalen Migration

Dienstwaffen, Munition und zugelassene Einsatzmittel im Sinne des Artikels 28 Absatz 2 Sätze 1 und 2

1. Für das Königreich Belgien:
- zugelassene Schusswaffen und die zugelassene Munition
- zugelassene Pfeffersprays und die zugelassenen Einsatzmittel
- zugelassenes Tränengas und die zugelassenen Einsatzmittel

2. Für die Bundesrepublik Deutschland:
- zugelassene Schusswaffen und die zugelassene Munition

3. Für das Königreich Spanien:
- zugelassene Schusswaffen
- zugelassene Selbstschutzwaffen entsprechend der Dienstvorschriften der am gemeinsamen Einsatz beteiligten Polizeieinheit, wie Schlagstock (oder Gummiknüppel), Sprays, Tränengas und andere zugelassene Einsatzmittel

4. Für die Französische Republik:
- die nach dem nationalen Recht zugelassenen Dienstwaffen und individuellen Zwangsmittel

5. Für das Großherzogtum Luxemburg:
- zugelassene Schusswaffen und die zugelassene Munition
- zugelassene Pfeffersprays und die zugelassenen Einsatzmittel
- zugelassenes Tränengas und die zugelassenen Einsatzmittel

6. Für das Königreich der Niederlande:
- zugelassene Schusswaffen und die zugelassene Munition
- zugelassene Pfeffersprays und die zugelassenen Einsatzmittel
- zugelassenes Tränengas und die zugelassenen Einsatzmittel

7. Für die Republik Österreich:
- zugelassene Schusswaffen und die zugelassene Munition
- zugelassene Pfeffersprays und die zugelassenen Einsatzmittel

Gemeinsame Erklärung

des Königreichs Belgien, der Bundesrepublik Deutschland, des Königreichs Spanien, der Französischen Republik, des Großherzogtums Luxemburg, des Königreichs der Niederlande und der Republik Österreich zum Vertrag vom 27. Mai 2005 über die Vertiefung der grenzüberschreitenden Zusammenarbeit, insbesondere zur Bekämpfung des Terrorismus, der grenzüberschreitenden Kriminalität und der illegalen Migration

I. Alle Vertragsparteien erklären gemeinsam

1. unter Bezugnahme auf Artikel 17 Absatz 1 des Vertrags, dass die Formulierung dieser Bestimmung nicht ihre Haltung in Bezug auf die Zuständigkeiten des Staats des Halters oder des Eintragungsstaats im Rahmen des Einsatzes von Flugsicherheitsbegleitern berührt;

2. unter Bezugnahme auf Artikel 34 Absatz 2 Satz 2,
a) dass die Voraussetzungen für die Übermittlung personenbezogener Daten nach Kapitel 7 des Vertrags, soweit diese nicht den automatisierten Abruf oder Abgleich von Daten betreffen, im Wesentlichen bereits zum Zeitpunkt der Unterzeichnung vorliegen,
b) dass sie hinsichtlich der noch fehlenden Voraussetzungen nach Kapitel 7, insbesondere im Bereich des automatisierten Abrufs oder Abgleichs, diese schnellstmöglich schaffen werden.

II. Das Königreich Belgien erklärt

1. dass jegliche Information, die vom Königreich Belgien aufgrund des Vertrags übermittelt wird, von der empfangenden Vertragspartei nur nach Zustimmung der zuständigen belgischen gerichtlichen Behörden als Beweismittel genutzt werden kann,

2. unter Bezugnahme auf Artikel 18,
a) dass immer eine ausdrückliche Genehmigung des Vertreters der belgischen Luftfahrtbehörde vorliegen muss, bevor ein Flugsicherheitsbegleiter ein Luftfahrzeug nach Artikel 18 Absatz 2 Nummer 1 mit Waffen oder Munition verlässt,
b) dass beim Verlassen des Luftfahrzeugs diese Waffen und diese Munition einem Vertreter der belgischen Luftfahrtbehörde auszuhändigen sind, der diese in einem geschlossenen Behälter zu dem Ort der Aufbewahrung begleitet,
c) dass außerhalb eines Luftfahrzeugs das Tragen von Waffen oder Munition durch Flugsicherheitsbegleiter untersagt ist;

3. unter Bezugnahme auf Artikel 27 Absatz 3, dass die Anwendung dieser Bestimmung die Zuständigkeiten der belgischen Justizbehörden nicht beeinträchtigt.

III. Das Königreich Spanien erklärt unter Bezugnahme auf Artikel 45 Satz 1, dass es die Ansicht vertritt, dass auf den Vertrag die „Regelung betreffend die Behörden Gibraltars im Rahmen der Instrumente der EU und EG sowie verbundener Verträge“ vom 19. April 2000 nach Maßgabe der Bestimmungen ihrer Nummer 5 anwendbar ist.

IV. Die Französische Republik erklärt unter Bezugnahme auf Artikel 9, dass der Zugang zu Fundstellendatensätzen der Nationalen Fingerabdruckdatei (FAED) nach Artikel 9 auf der Grundlage des derzeitigen innerstaatlichen Rechts gewährt wird, um den zuständigen Dienststellen die Fahndung nach und die Identifizierung von Tätern bei Verbrechen und Vergehen oder den Vorbereitungshandlungen dazu sowie die Verfolgung von Straftaten zu erleichtern.

V. Das Königreich der Niederlande erklärt unter Bezugnahme auf die Artikel 3 und 4, dass es davon ausgeht, dass das Vorgehen nach diesen Bestimmungen auf die gleiche Art und Weise abläuft in dem Sinne, dass die Vertragsparteien Zugang zu den Fundstellendatensätzen der niederländischen DNA-Analysedateien nach Artikel 2 Absatz 2 des Vertrags bekommen mit dem Recht, diese automatisiert mittels eines Vergleichs ihrer DNA-Profile mit den DNA-Profilen der niederländischen DNA-Analysedateien abzurufen, ungeachtet ob es sich dabei um den Vergleich eines Einzelfalls handelt oder nicht.

VI. Die Republik Österreich erklärt unter Bezugnahme auf Artikel 40 Absatz 1, dass der Rechtsschutz durch die österreichische Datenschutzkommission, die sowohl die Voraussetzungen des Artikel 6 Absatz 1 der Europäischen Menschenrechtskonvention als auch die Kriterien einer unabhängigen Kontrollstelle im Sinne von Artikel 28 der Richtlinie 95/46/EG erfüllt, den Erfordernissen dieses Artikels genügt.

VII. Die Bundesrepublik Deutschland und die Republik Österreich erklären unter Bezugnahme auf Artikel 46 Satz 2, dass im Verhältnis zwischen der Bundesrepublik Deutschland und der Republik Österreich Kosten, die im Rahmen der Leistung von Rechtshilfe nach Artikel 7 anfallen, der ersuchten Vertragspartei erstattet werden.

Prüm, den 27. Mai 2005

Diese Gemeinsame Erklärung wird in einer Ausfertigung in deutscher, spanischer, französischer und niederländischer Sprache unterzeichnet und zusammen mit dem Vertrag im Archiv des Auswärtigen Amtes der Bundesrepublik Deutschland verwahrt, das jedem Unterzeichnerstaat und beitretenden Staat eine beglaubigte Abschrift dieser Gemeinsamen Erklärung übermittelt.

Für das Königreich Belgien
Pour le Royaume de Belgique
Dewael

Für die Bundesrepublik Deutschland
Pour la République fédérale d'Allemagne
B. Zypries
Schily
Läufer

Für das Königreich Spanien
Pour le Royaume d'Espagne
Josè Antonio Alonso Suárez

Für die Französische Republik
Pour la République française
De Villepin

Für das Großherzogtum Luxemburg
Pour le Grand-Duché de Luxembourg
Luc Frieden

Für das Königreich der Niederlande
Pour le Royaume des Pays-Bas
J. P. H. Donner

Für die Republik Österreich
Pour la République d'Autriche
Liese Prokop

3 Urteil des Bundesverfassungsgerichts zum Luftsicherheitsgesetz

Bundesverfassungsgericht
- 1 BvR 357/05 -

Verkündet am 15. Februar 2006
Achilles,Amtsinspektorin
als Urkundsbeamtin der Geschäftsstelle

IM NAMEN DES VOLKES
In dem Verfahren über die Verfassungsbeschwerde

gegen § 14 Abs. 3 des Luftsicherheitsgesetzes (LuftSiG) vom 11. Januar 2005 (BGBl I S. 78)

hat das Bundesverfassungsgericht – Erster Senat – unter Mitwirkung des Präsidenten Papier, der Richterin Haas, der Richter Hömig, Steiner, der Richterin Hohmann-Dennhardt und der Richter Hoffmann-Riem, Bryde, Gaier

auf Grund der mündlichen Verhandlung vom 9. November 2005
durch

Urteil

für Recht erkannt:

1. **§ 14 Absatz 3 des Luftsicherheitsgesetzes vom 11. Januar 2005 (Bundesgesetzblatt I Seite 78) ist mit Artikel 2 Absatz 2 Satz 1 in Verbindung mit Artikel 87a Absatz 2 und Artikel 35 Absatz 2 und 3 sowie in Verbindung mit Artikel 1 Absatz 1 des Grundgesetzes unvereinbar und nichtig.**
2. **Die Bundesrepublik Deutschland hat den Beschwerdeführern ihre notwendigen Auslagen zu erstatten.**

Gründe:

A.

1 Die Verfassungsbeschwerde richtet sich gegen die Ermächtigung der Streitkräfte durch das Luftsicherheitsgesetz, Luftfahrzeuge, die als Tatwaffe gegen das Leben von Menschen eingesetzt werden sollen, durch unmittelbare Einwirkung mit Waffengewalt abzuschießen.

I.

2 1. Am 11. September 2001 wurden in den Vereinigten Staaten von Amerika vier Passagierflugzeuge amerikanischer Fluggesellschaften von einer internationalen Terrororganisation entführt und zum Absturz gebracht. Zwei der Flugzeuge schlugen in das World Trade Center in New York ein, eines stürzte in das Pentagon, das Verteidigungsministerium der Vereinigten Staaten von Amerika. Die vierte Maschine kam, nachdem möglicherweise das Eingreifen von Passagieren an Bord zu einer Kursänderung geführt hatte, südöstlich von Pittsburgh im Bundesstaat Pennsylvania zum Absturz. Bei den Anschlägen starben mehr als 3.000 Menschen in den Flugzeugen, im Bereich des World Trade Center und im Pentagon.

3 Am 5. Januar 2003 kaperte ein bewaffneter Mann ein Sportflugzeug, kreiste damit über dem Bankenviertel von Frankfurt am Main und drohte, das Flugzeug in das Hochhaus der Europäischen Zentralbank zu stürzen, wenn ihm nicht ein Telefonat in die Vereinigten Staaten von Amerika ermöglicht werde. Ein Polizeihubschrauber und zwei Düsenjäger der Luftwaffe stiegen auf und umkreisten den Motorsegler. Die Polizei löste Großalarm aus, die Innenstadt Frankfurts wurde geräumt, Hochhäuser wurden evakuiert. Gut eine halbe Stunde nach der Kaperung war klar, dass es sich bei dem Entführer um einen verwirrten Einzeltäter handelte. Nachdem seine Forderung erfüllt worden war, landete er auf dem Rhein-Main-Flughafen und ließ sich widerstandslos festnehmen.

4 2. Beide Vorfälle lösten eine Vielzahl von Maßnahmen aus mit dem Ziel, unrechtmäßige Eingriffe in die zivile Luftfahrt zu verhindern, die Sicherheit der Zivilluftfahrt insgesamt zu verbessern und dabei auch gegen Gefahren zu schützen, die drohen, wenn Luftfahrzeuge (zum Begriff des Luftfahrzeugs vgl. § 1 Abs. 2 des Luftverkehrsgesetzes in der Fassung der Bekanntmachung vom 27. März 1999,BGBl I S. 550) in die Gewalt von Menschen gelangen, die sie für luftverkehrsfremde Zwecke missbrauchen wollen.

5 a) Unter dem 16. Dezember 2002 erließen das Europäische Parlament und der Rat der Europäischen Union die - durch Verordnung (EG) 849/2004 vom 29. April 2004 (ABlEG Nr. L 158 vom 30. April 2004, S. 1) geänderte - Verordnung (EG) Nr. 2320/2002 zur Festlegung gemeinsamer Vorschriften für die Sicherheit in der Zivilluftfahrt (ABlEG Nr. L 355 vom 30. Dezember 2002, S. 1). Sie sieht für die Flughäfen in den Hoheitsgebieten der Mitgliedstaaten der Europäischen Gemeinschaft die Einführung umfangreicher Sicherheitsmaßnahmen für den Luftverkehr vor. Dazu gehören die Festlegung von Anforderungen an die nationale Flughafenplanung, Regelungen über die Überwachung aller der Öffentlichkeit zugänglichen Flughafenbereiche, Vorschriften über Durchsuchungen von Flugzeugen, Personal und mitgeführten Gegenständen, Bestimmungen über die Kontrolle von Fluggästen und deren Gepäck sowie Vorgaben für ein nationales Programm über die Einstellung und Schulung von Flug- und Bodenpersonal.

6 b) In der Bundesrepublik Deutschland sind sowohl in tatsächlicher als auch in rechtlicher Hinsicht Maßnahmen getroffen worden, die der Stärkung der Sicherheit des Luftverkehrs und dem Schutz vor Angriffen auf diesen Verkehr dienen sollen.

aa) Seit dem 1. Oktober 2003 ist ein in Kalkar am Niederrhein eingerichtetes Nationales Lage- und Führungszentrum „Sicherheit im Luftraum" einsatzbereit. Es soll als zentraler Informationsknotenpunkt zur Gewährleistung der Sicherheit im deutschen Luftraum ein koordiniertes, rasches Zusammenwirken aller mit Fragen der Luftsicherheit befassten Stellen von Bund und Ländern sicherstellen. In ihm kontrollieren Angehörige der Bundeswehr, der Bundespolizei und der Deutschen Flugsicherung den Luftraum. Aufgabe des Zentrums ist es vor allem, Gefahren abzuwehren, die von so genannten Renegade-Flugzeugen drohen; das sind zivile Luftfahrzeuge, die in die Gewalt von Menschen gelangt sind, die sie als Waffe für einen gezielten Absturz missbrauchen wollen. Nach der Klassifizierung eines Luftfahrzeugs als Renegade - sei es von Seiten der NATO, sei es durch das Nationale Lage- und Führungszentrum selbst - liegt die Verantwortung für die erforderlichen Abwehrmaßnahmen im deutschen Luftraum bei den zuständigen Stellen der Bundesrepublik Deutschland. 7

bb) Die rechtlichen Grundlagen für diese Maßnahmen sind in dem Gesetz zur Neuregelung von Luftsicherheitsaufgaben vom 11. Januar 2005 (BGBl I S. 78) enthalten. 8

aaa) Mit diesem Gesetz, das der Bundesrat für zustimmungsbedürftig gehalten, dem er aber nicht zugestimmt hat (vgl. BRDrucks 716/04 [Beschluss], zu BRDrucks 716/04 [Beschluss]), sind Bestimmungen zur Abwehr äußerer Gefahren für die Luftsicherheit, die bisher im Luftverkehrsgesetz enthalten und mit fremden Regelungsmaterien verbunden waren, zusammengefasst und Anpassungen an die Verordnung (EG) Nr. 2320/2002 des Europäischen Parlaments und des Rates vom 16. Dezember 2002 vorgenommen worden (vgl. BTDrucks 15/2361, S. 14). Artikel 1 des Gesetzes enthält als Herzstück der Neuregelung das Luftsicherheitsgesetz (LuftSiG). 9

(1) Dieses dient nach seinem § 1 dem Schutz vor Angriffen auf die Sicherheit des Luftverkehrs, insbesondere vor Flugzeugentführungen, Sabotageakten und terroristischen Anschlägen. Gemäß § 2 LuftSiG hat die Luftsicherheitsbehörde die Aufgabe, Angriffe auf die Sicherheit des Luftverkehrs abzuwehren. Sie trifft nach § 3 LuftSiG die notwendigen Maßnahmen, um eine im Einzelfall bestehende Gefahr für die Sicherheit des Luftverkehrs abzuwehren, soweit nicht § 5 LuftSiG ihre Befugnisse besonders regelt. 10

Dieser räumt den Luftsicherheitsbehörden zur Sicherung der nicht allgemein zugänglichen Bereiche von Flugplätzen umfassende Kontroll- und Durchsuchungsbefugnisse gegenüber Personen und Gegenständen ein. § 7 LuftSiG überträgt den Luftsicherheitsbehörden die Befugnis zur Zuverlässigkeitsüberprüfung von Personen, die aus beruflichen Gründen mit dem Flug- und Flughafenbetrieb in Berührung kommen. Die §§ 8 und 9 LuftSiG begründen für Flugplatzbetreiber und Luftfahrtunternehmen besondere Pflichten zum Schutz vor Angriffen auf die Sicherheit des Luftverkehrs. § 11 LuftSiG verbietet das Mitführen bestimmter Gegenstände in Luftfahrzeugen. § 12 LuftSiG schließlich regelt die Beleihung der verantwortlichen Luftfahrzeugführer mit Aufgaben und Befugnissen zur Aufrechterhaltung der Sicherheit und Ordnung an Bord der von ihnen gesteuerten Luftfahrzeuge. 11

Die Aufgaben der Luftsicherheitsbehörden werden nach § 16 Abs. 2 LuftSiG grundsätzlich von den Ländern im Auftrage des Bundes ausgeführt. Der Schutz vor Angriffen auf die Sicherheit des Luftverkehrs gemäß § 5 LuftSiG obliegt dagegen nach § 4 des Bundespolizeigesetzes der Bundespolizei, soweit die Voraussetzungen von § 16 Abs. 3 Satz 2 und 3 LuftSiG vorliegen. Nach den zuletzt genannten Vorschriften können die Aufgaben der Luftsicherheitsbehörden, abgesehen von denen nach § 9 Abs. 1 LuftSiG, durch die vom Bundesministerium des Innern bestimmte Bundesbehörde in bundeseigener Verwaltung ausgeführt werden, wenn dies zur Gewährleistung der bundeseinheitlichen Durchführung der Sicherheitsmaßnahmen erforderlich ist. 12

13 (2) Einen besonderen Abschnitt 3 des Gesetzes bilden unter der Überschrift „Unterstützung und Amtshilfe durch die Streitkräfte“ die §§ 13 bis 15 LuftSiG. Gemäß § 13 Abs. 1 LuftSiG können, wenn auf Grund eines erheblichen Luftzwischenfalls Tatsachen vorliegen, die im Rahmen der Gefahrenabwehr die Annahme begründen, dass ein besonders schwerer Unglücksfall nach Art. 35 Abs. 2 Satz 2 oder Abs. 3 GG bevorsteht, die Streitkräfte zur Unterstützung der Polizeikräfte der Länder im Luftraum zur Verhinderung dieses Unglücksfalls eingesetzt werden, soweit es zur wirksamen Bekämpfung erforderlich ist. Über den Einsatz entscheidet im Fall des so genannten regionalen Katastrophennotstands nach Art. 35 Abs. 2 Satz 2 GG auf Anforderung des betroffenen Landes der Bundesminister der Verteidigung oder im Vertretungsfall das zu seiner Vertretung berechtigte Mitglied der Bundesregierung (§ 13 Abs. 2 LuftSiG), im Fall des überregionalen Katastrophennotstands nach Art. 35 Abs. 3 GG die Bundesregierung im Benehmen mit den betroffenen Ländern (§ 13 Abs. 3 Satz 1 LuftSiG). Ist eine rechtzeitige Entscheidung der Bundesregierung nicht möglich, entscheidet der Bundesminister der Verteidigung oder im Vertretungsfall das zu seiner Vertretung berechtigte Mitglied der Bundesregierung im Benehmen mit dem Bundesminister des Innern (§ 13 Abs. 3 Satz 2 LuftSiG). Gemäß § 13 Abs. 4 Satz 2 LuftSiG richtet sich die Unterstützung durch die Streitkräfte im Rahmen des Einsatzes nach den Vorschriften des Luftsicherheitsgesetzes.

14 Die danach zulässigen Einsatzmaßnahmen und die Grundsätze, die für ihre Auswahl gelten, werden in den §§ 14 und 15 LuftSiG bestimmt. Nach § 15 Abs. 1 LuftSiG dürfen Einsatzmaßnahmen zur Verhinderung des Eintritts eines besonders schweren Unglücksfalls im Sinne von § 14 Abs. 1 und 3 LuftSiG erst getroffen werden, wenn das Luftfahrzeug, von dem die Gefahr eines solchen Unglücksfalls ausgeht, von den Streitkräften zuvor im Luftraum überprüft und sodann erfolglos versucht worden ist, es zu warnen und umzuleiten. Ist diese Voraussetzung erfüllt, dürfen die Streitkräfte gemäß § 14 Abs. 1 LuftSiG das Luftfahrzeug im Luftraum abdrängen, zur Landung zwingen, den Einsatz von Waffengewalt androhen oder Warnschüsse abgeben. Für die Auswahl unter diesen Maßnahmen gilt der Verhältnismäßigkeitsgrundsatz (§ 14 Abs. 2 LuftSiG). Erst wenn auch durch sie der Eintritt eines besonders schweren Unglücksfalls nicht verhindert werden kann, ist nach § 14 Abs. 3 LuftSiG die unmittelbare Einwirkung auf das Luftfahrzeug mit Waffengewalt zulässig. Dies gilt jedoch nur, wenn nach den Umständen davon auszugehen ist, dass das Luftfahrzeug gegen das Leben von Menschen eingesetzt werden soll, und die unmittelbare Einwirkung mit Waffengewalt das einzige Mittel zur Abwehr dieser gegenwärtigen Gefahr ist. Ausschließlich zuständig für die Anordnung dieser Maßnahme ist nach § 14 Abs. 4 Satz 1 LuftSiG der Bundesminister der Verteidigung oder im Vertretungsfall das zu seiner Vertretung berechtigte Mitglied der Bundesregierung.

15 bbb) Während des Gesetzgebungsverfahrens war - abgesehen von Bedenken, die im Hinblick auf die materielle Verfassungsmäßigkeit von § 14 Abs. 3 LuftSiG geäußert wurden - vor allem streitig, ob sich die §§ 13 bis 15 LuftSiG in dem durch Art. 35 Abs. 2 Satz 2 und Abs. 3 GG vorgegebenen verfassungsrechtlichen Rahmen halten. Das wurde im Bundestag von der Bundesregierung und den Abgeordneten der Regierungsparteien bejaht (vgl. BTPlenarprotokoll 15/89, S. 7882 f., 7886 <A>, 7900 <C>), von den Vertretern der Oppositionsparteien dagegen verneint (vgl. BTPlenarprotokoll 15/89, S. 7884, 7890 f.). Auch in der vom Bundestagsinnenausschuss durchgeführten Sachverständigenanhörung waren die zu dieser Frage geäußerten Auffassungen kontrovers (vgl. das Ausschussprotokoll Nr. 15/35 über die Sitzung am 26. April 2004). Das Gleiche gilt für die Beratungen des Bundesrates (zur Auffassung der Ausschussmehrheiten vgl. die Empfehlungen in BRDrucks 827/1/03, S. 1 ff., und BRDrucks 509/1/04, S. 13 f.).

Die unterschiedliche Einschätzung der verfassungsrechtlichen Lage kam auch darin zum 16
Ausdruck, dass von Seiten der Länder (vgl. vor allem BRDrucks 181/04) und von der CDU/CSU-Bundestagsfraktion (vgl. BTDrucks 15/2649; 15/4658) wiederholt Gesetzentwürfe vorgelegt wurden, die eine Änderung von Art. 35 und Art. 87 a GG vorsahen. Zu einer Änderung des Grundgesetzes ist es jedoch nicht gekommen (vgl. BTPlenarprotokoll 15/115, S. 10545).

ccc) Die Regelungen über die Unterstützung und Amtshilfe durch die Streitkräfte in den 17
§§ 13 bis 15 LuftSiG haben folgenden Wortlaut:

§ 13 18

Entscheidung der Bundesregierung 19

(1) Liegen auf Grund eines erheblichen Luftzwischenfalls Tatsachen vor, die im Rahmen 20
der Gefahrenabwehr die Annahme begründen, dass ein besonders schwerer Unglücksfall nach Artikel 35 Abs. 2 Satz 2 oder Abs. 3 des Grundgesetzes bevorsteht, können die Streitkräfte, soweit es zur wirksamen Bekämpfung erforderlich ist, zur Unterstützung der Polizeikräfte der Länder im Luftraum zur Verhinderung dieses Unglücksfalles eingesetzt werden.

(2) Die Entscheidung über einen Einsatz nach Artikel 35 Abs. 2 Satz 2 des Grundgesetzes 21
trifft auf Anforderung des betroffenen Landes der Bundesminister der Verteidigung oder im Vertretungsfall das zu seiner Vertretung berechtigte Mitglied der Bundesregierung im Benehmen mit dem Bundesminister des Innern. Ist sofortiges Handeln geboten, ist das Bundesministerium des Innern unverzüglich zu unterrichten.

(3) Die Entscheidung über einen Einsatz nach Artikel 35 Abs. 3 des Grundgesetzes trifft die 22
Bundesregierung im Benehmen mit den betroffenen Ländern. Ist eine rechtzeitige Entscheidung der Bundesregierung nicht möglich, so entscheidet der Bundesminister der Verteidigung oder im Vertretungsfall das zu seiner Vertretung berechtigte Mitglied der Bundesregierung im Benehmen mit dem Bundesminister des Innern. Die Entscheidung der Bundesregierung ist unverzüglich herbeizuführen. Ist sofortiges Handeln geboten, sind die betroffenen Länder und das Bundesministerium des Innern unverzüglich zu unterrichten.

(4) Das Nähere wird zwischen Bund und Ländern geregelt. Die Unterstützung durch die 23
Streitkräfte richtet sich nach den Vorschriften dieses Gesetzes.

§ 14 24

Einsatzmaßnahmen, Anordnungsbefugnis 25

(1) Zur Verhinderung des Eintritts eines besonders schweren Unglücksfalles dürfen die 26
Streitkräfte im Luftraum Luftfahrzeuge abdrängen, zur Landung zwingen, den Einsatz von Waffengewalt androhen oder Warnschüsse abgeben.

(2) Von mehreren möglichen Maßnahmen ist diejenige auszuwählen, die den Einzelnen und 27
die Allgemeinheit voraussichtlich am wenigsten beeinträchtigt. Die Maßnahme darf nur so lange und so weit durchgeführt werden, wie ihr Zweck es erfordert. Sie darf nicht zu einem Nachteil führen, der zu dem erstrebten Erfolg erkennbar außer Verhältnis steht.

(3) Die unmittelbare Einwirkung mit Waffengewalt ist nur zulässig, wenn nach den Um- 28
ständen davon auszugehen ist, dass das Luftfahrzeug gegen das Leben von Menschen eingesetzt werden soll, und sie das einzige Mittel zur Abwehr dieser gegenwärtigen Gefahr ist.

29 (4) Die Maßnahme nach Absatz 3 kann nur der Bundesminister der Verteidigung oder im Vertretungsfall das zu seiner Vertretung berechtigte Mitglied der Bundesregierung anordnen...

30 § 15

31 Sonstige Maßnahmen

32 (1) Die Maßnahmen nach § 14 Abs. 1 und 3 dürfen erst nach Überprüfung sowie erfolglosen Versuchen zur Warnung und Umleitung getroffen werden. Zu diesem Zweck können die Streitkräfte auf Ersuchen der für die Flugsicherung zuständigen Stelle im Luftraum Luftfahrzeuge überprüfen, umleiten oder warnen...

33 (2) Der ... Inspekteur der Luftwaffe hat den Bundesminister der Verteidigung unverzüglich über Situationen zu informieren, die zu Maßnahmen nach § 14 Abs. 1 und 3 führen könnten.

34 (3) Die sonstigen Vorschriften und Grundsätze der Amtshilfe bleiben unberührt.

II.

35 Die Beschwerdeführer wenden sich mit der Verfassungsbeschwerde unmittelbar gegen das Luftsicherheitsgesetz, weil es dem Staat erlaube, vorsätzlich Menschen zu töten, die nicht Täter, sondern Opfer eines Verbrechens geworden seien. § 14 Abs. 3 LuftSiG, der unter den im Gesetz genannten Voraussetzungen zum Abschuss von Luftfahrzeugen ermächtige, verletze ihre Rechte aus Art. 1 Abs. 1, Art. 2 Abs. 2 Satz 1 in Verbindung mit Art. 19 Abs. 2 GG.

36 1. Die Verfassungsbeschwerde sei zulässig. Die Beschwerdeführer würden durch die angegriffene Regelung unmittelbar in ihren Grundrechten beeinträchtigt. Da sie aus privaten und beruflichen Gründen häufig Flugzeuge benutzten, sei es nicht eine nur theoretische Möglichkeit, dass sie von einer Maßnahme nach § 14 Abs. 3 LuftSiG betroffen sein könnten.

37 2. Die Verfassungsbeschwerde sei auch begründet. Das Luftsicherheitsgesetz verstoße gegen die Grundrechte der Beschwerdeführer auf Menschenwürde und Leben gemäß Art. 1 Abs. 1 und Art. 2 Abs. 2 Satz 1 GG. Es mache sie zum bloßen Objekt staatlichen Handelns. Wert und Erhaltung ihres Lebens würden unter mengenmäßigen Gesichtspunkten und nach der ihnen „den Umständen nach" vermutlich verbleibenden Lebenserwartung in das Ermessen des Bundesministers der Verteidigung gestellt. Sie sollten im Ernstfall geopfert und vorsätzlich getötet werden, wenn der Minister auf der Grundlage der ihm vorliegenden Informationen annehme, dass ihr Leben nur noch kurze Zeit dauern werde und daher im Vergleich zu den sonst drohenden Verlusten keinen Wert mehr habe oder jedenfalls nur noch minderwertig sei.

38 Der Staat dürfe eine Mehrheit seiner Bürger nicht dadurch schützen, dass er eine Minderheit - hier die Besatzung und die Passagiere eines Flugzeugs - vorsätzlich töte. Eine Abwägung Leben gegen Leben nach dem Maßstab, wie viele Menschen möglicherweise auf der einen und wie viele auf der anderen Seite betroffen seien, sei unzulässig. Der Staat dürfe Menschen nicht deswegen töten, weil es weniger seien, als er durch ihre Tötung zu retten hoffe.

Eine Relativierung des Lebensrechts der Passagiere lasse sich auch nicht damit begründen, dass diese als Teil der Waffe Flugzeug angesehen würden. Wer so argumentiere, mache sie zum bloßen Objekt staatlichen Handelns und beraube sie ihrer menschlichen Qualität und Würde. 39

Der Gesetzesvorbehalt in Art. 2 Abs. 2 Satz 3 GG führe ebenfalls zu keinem anderen Ergebnis. Die Wesensgehaltsgarantie des Art. 19 Abs. 2 GG schließe einen Eingriff in das Recht auf Leben durch vorsätzliche physische Vernichtung aus. 40

Die Beschwerdeführer seien in ihren Grundrechten auf Leben und Menschenwürde auch deshalb verletzt, weil das Luftsicherheitsgesetz und der darin vorgesehene Einsatz der Bundeswehr im Inland wegen Verstoßes gegen Art. 87 a GG verfassungswidrig seien. Die Voraussetzungen von dessen Absatz 2 seien nicht gegeben. Die §§ 13 bis 15 LuftSiG könnten mit Art. 35 Abs. 2 und 3 GG nicht gerechtfertigt werden. Sie wollten für die Bewältigung einer ausweglosen Grenzsituation partielles Kriegsrecht einführen. Ein kriegsmäßiger Kampfeinsatz der Bundeswehr im Inland mit militärischen Mitteln sei von Art. 35 GG aber nicht gedeckt. 41

Mit Art. 35 Abs. 2 und 3 GG sei auch nicht vereinbar, dass der Einsatz der Streitkräfte nicht unter der Verantwortung der jeweiligen Landesregierung und nicht auf der Grundlage des Landespolizeirechts, sondern nach den neuen Regelungen des Bundesrechts erfolgen solle. Nach den Polizeigesetzen aller Länder scheide die vorsätzliche Tötung von Personen, die polizeirechtlich als Unbeteiligte gälten, aus. Diese Konsequenz könne der Bundesgesetzgeber nicht dadurch umgehen, dass er zwar den Einsatz der Bundeswehr in § 13 Abs. 1 LuftSiG als Amtshilfe bezeichne und die Zuständigkeit des Verteidigungsministers gemäß § 13 Abs. 2 LuftSiG mit seiner Befehlsgewalt in Friedenszeiten begründe, dann aber durch § 13 Abs. 4 Satz 2 LuftSiG das Polizeirecht der Länder durch die Vorschriften des Luftsicherheitsgesetzes ersetze. 42

§ 14 Abs. 3 LuftSiG sei im Übrigen schon deswegen nicht verfassungsgemäß, weil das Luftsicherheitsgesetz nicht mit Zustimmung des Bundesrates zustande gekommen sei. Das Gesetz sei nach Art. 87 d Abs. 2 GG zustimmungspflichtig, weil es Vorschriften ändere, durch welche die Luftverkehrsverwaltung auf die Länder übertragen worden sei. Die Zustimmungsbedürftigkeit beziehe sich nicht nur auf einzelne Regelungen eines Gesetzes, sondern auf das Gesetz insgesamt, wenn es zustimmungspflichtige Teile enthalte oder enthalten habe. 43

III.

Zu der Verfassungsbeschwerde haben sich der Deutsche Bundestag, die Bundesregierung, die Bayerische Staatsregierung, die Hessische Landesregierung, der Deutsche Bundeswehr-Verband, die Vereinigung Cockpit und die Unabhängige Flugbegleiter Organisation UFO schriftlich geäußert. 44

1. Der Deutsche Bundestag hält die angegriffene Regelung für verfassungsgemäß. 45

a) Sie habe ihre verfassungsrechtliche Grundlage in Art. 35 Abs. 3 Satz 1 GG. Unter den Begriff des besonders schweren Unglücksfalls im Sinne dieser Vorschrift fielen auch Ereignisse, die von Menschen verursacht worden seien. Der Unglücksfall müsse ferner nicht schon eingetreten sein. Es reiche aus, dass er unmittelbar bevorstehe. In den vom Luftsicherheitsgesetz erfassten Fällen werde das Gebiet mehr als eines Landes gefährdet. Das Bundesgebiet sei in so kleine Einheiten aufgeteilt, dass ein mit Reisegeschwindigkeit fliegendes Verkehrsflugzeug zwangsläufig die Grenzen mehrerer Bundesländer passiere. 46

47 Ein Verstoß gegen Art. 1 GG liege nicht vor. Nicht der - nur reagierende - Staat beraube bei einem Vorgehen nach den §§ 13 bis 15 LuftSiG die Menschen im Flugzeug ihrer Würde und mache sie zu Objekten, sondern derjenige, der ein Flugzeug in seine Gewalt bringe, um die Menschen an Bord nicht nur zu töten, sondern sie noch in ihrem Tod zur Auslöschung weiterer Menschen zu instrumentalisieren. In die Nähe eines Verstoßes gegen Art. 1 GG gerate der Staat erst, wenn er die Subjektqualität der betroffenen Menschen negiere und damit zum Ausdruck bringe, dass er den Wert verachte, der dem Menschen kraft seines Personseins zukomme. Darum gehe es dem Luftsicherheitsgesetz aber nicht. Bei ihm handele es sich um das Bemühen des Gesetzgebers, auch für eine verzweifelte Lage einen rechtlichen Rahmen vorzugeben.

48 Art. 2 Abs. 2 Satz 1 GG sei ebenfalls nicht verletzt. Zwar werde in das Grundrecht auf Leben der Besatzung eines entführten Flugzeugs, der Passagiere und der Flugzeugentführer in der schwerstmöglichen Weise eingegriffen. Doch sei dies verfassungsgemäß. Art. 2 Abs. 2 Satz 3 GG lasse die Tötung eines Menschen ausdrücklich zu. Wenn der Gesetzgeber mit Blick auf eine hoffentlich nie eintretende, aber doch realistische Gefahr eine Regelung treffe, die darauf hinauslaufe, zur Vermeidung einer noch größeren Zahl von Toten eine relativ kleinere Zahl von Menschen durch die Streitkräfte töten zu lassen, sei im Hinblick auf Art. 2 Abs. 2 Satz 1 GG in Wahrheit entscheidend, ob das Gesetz sicherstelle, dass dies nur im äußersten Notfall geschehe. Das sei hier zu bejahen. In der dicht besiedelten und relativ kleinen Bundesrepublik Deutschland sei es faktisch fast nicht denkbar, dass es zur Option des § 14 Abs. 3 LuftSiG komme.

49 Es werde auch nicht gegen die Wesensgehaltsgarantie des Art. 19 Abs. 2 GG verstoßen. Das Luftsicherheitsgesetz errichte hohe Hürden für den denkbar schwersten Eingriff. Dadurch sei gewährleistet, dass es im Ergebnis wohl nur dann zum Abschuss eines Passagierflugzeugs kommen könne, wenn sich die Zahl der Opfer wenigstens mit einer gewissen Wahrscheinlichkeit auf die Flugzeuginsassen beschränken lasse.

50 Der Gesetzgeber habe nur die Wahl gehabt, untätig zu bleiben oder eine Regelung zu treffen, die in den Grenzbereich des überhaupt Regelbaren hineinreichen müsse. Terrorismus nach dem Muster des 11. September 2001 unterscheide sich grundsätzlich von Fällen der Notwehr und des Notstands im strafrechtlichen Sinne. Das Gesetz dürfe in einem solchen Fall die verantwortlichen Personen zu ihrem Handeln legitimieren mit der Folge, dass sie durch rechtmäßiges Verhalten Unrecht anrichteten, um noch größeres Unrecht abzuwenden. § 14 Abs. 3 LuftSiG konstituiere demnach einen persönlichen, an das Amt anknüpfenden Rechtfertigungsgrund für den Bundesminister der Verteidigung und die ausführenden Soldaten.

51 b) Die Bundestagsfraktion von BÜNDNIS 90/DIE GRÜNEN hat in einer ergänzenden Stellungnahme ausgeführt, sie habe § 14 Abs. 3 LuftSiG unter der Prämisse zugestimmt, dass der Abschuss eines Passagierflugzeugs nicht erlaubt werde, wenn damit die Tötung Unbeteiligter verbunden sei. Die Regelung schaffe keine grundsätzlich neuen Rechtfertigungstatbestände. Anderenfalls würde das Rechtsbewusstsein hinsichtlich des Grundrechts auf Leben auf gefährliche Weise unterminiert.

52 Eine quantitative oder qualitative Abwägung von Menschenleben gegen Menschenleben sehe § 14 Abs. 3 LuftSiG nicht vor. Der Abschuss eines Luftfahrzeugs sei verfassungsrechtlich allenfalls dann zulässig, wenn sich in diesem nur der „Störer" befinde, der durch sein Verhalten einen besonders schweren Unglücksfall herbeiführen wolle. Die gezielte vorsätzliche Tötung unbeteiligter Personen sei dagegen durch Art. 2 Abs. 2 Satz 1 in Verbindung mit Art. 1 Abs. 1 GG verboten. Auch eine Pflicht des Einzelnen, sich in Situationen, in denen die Existenz des Staates und das Gemeinwohl gefährdet seien, zu deren Erhaltung aufzuopfern, sei abzulehnen. Werde ein Passagierflugzeug als Waffe eingesetzt,

dürften die Rechte der Passagiere und der Besatzung auf Unterlassen eines staatlichen Eingriffs in ihr Recht auf Leben nicht gegenüber der Schutzpflicht zurückstehen, die aus diesem Recht zugunsten der durch den gezielten Abschuss des Flugzeugs am Boden gefährdeten Personen abgeleitet werde.

2. Die Bundesregierung ist ebenfalls der Auffassung, dass die angegriffene Regelung der Verfassung entspricht. 53

Mit dem Luftsicherheitsgesetz erfülle der Staat seine Schutzpflicht gegenüber jedem menschlichen Leben. Träten - wie hier - das Lebensrecht des einen und das Lebensrecht des anderen zueinander in Konflikt, sei es Aufgabe des Gesetzgebers, Art und Umfang des Lebensschutzes zu bestimmen. Über konkrete Maßnahmen hätten die zuständigen Stellen nach pflichtgemäßem Ermessen zu entscheiden. Dabei sei der aktive Eingriff in die Grundrechte der Flugzeuginsassen von außerordentlichem Gewicht. Dies könne aber nicht ohne weiteres ein Nichterfüllen der Schutzpflicht gegenüber Dritten erzwingen, wenn auf deren Seite dasselbe Rechtsgut Leben unmittelbar bedroht sei. Es bestehe keine Präferenz der Abwehrfunktion gegenüber der Schutzfunktion. In Erfüllung der Letzteren dürfe der Gesetzgeber daher vorsehen, dass ein gegenwärtiger Angriff auf das Leben von Menschen abgewehrt werde, auch wenn dabei andere Menschen zu Tode kämen oder - etwa durch herabfallende Flugzeugtrümmer - gefährdet würden. Eine Abwägung Leben gegen Leben finde insoweit nicht statt. 54

Der Wesensgehalt des Art. 2 Abs. 2 Satz 1 GG werde ebenso wenig verletzt wie der Verhältnismäßigkeitsgrundsatz. Vor allem die strengen Voraussetzungen des § 14 LuftSiG schlössen die unmittelbare Einwirkung mit Waffengewalt auf ein Luftfahrzeug, in dem sich unbeteiligte Personen befinden, unter Zugrundelegung aller denkbaren Geschehensabläufe aus. Dies folge daraus, dass die Vorschrift höchste normative Gewissheit über das unmittelbare Bevorstehen eines besonders schweren Unglücksfalls verlange. Zudem gelte es, in der dicht besiedelten Bundesrepublik Deutschland schlimmeren Schaden zu vermeiden. 55

Im Übrigen sei zu berücksichtigen, dass die Flugzeuginsassen im Fall des § 14 Abs. 3 LuftSiG gleichsam Teil der Waffe seien, als die das Luftfahrzeug benutzt werde. Angesichts der gegenwärtigen Bedrohung des Luftverkehrs müsse den Insassen die Gefährdung bewusst sein, in die sie sich selbst begäben, wenn sie am Flugverkehr teilnähmen. Nur wenn der Staat entsprechend § 14 Abs. 3 LuftSiG handele, könne wenigstens ein Teil der bedrohten Leben gerettet werden. Dies dürfe in einer derart außergewöhnlichen Situation auch zu Lasten derer geschehen, die, untrennbar mit der Waffe verbunden, ohnehin nicht zu retten seien. 56

Das Luftsicherheitsgesetz wahre auch die Würde des Menschen. Die Insassen des von einem Abschuss betroffenen Luftfahrzeugs würden in ihrer Menschenwürde geachtet. Sie seien, wenn auch gegen ihren Willen, Teil einer Waffe, die das Leben anderer bedrohe. Nur deshalb und mangels anderer Möglichkeiten, den Angriff abzuwehren, richteten sich die staatlichen Maßnahmen auch gegen sie. Eventuell gefährdete Dritte seien ebenfalls nicht in ihrer Menschenwürde verletzt. Das Gesetz diene mit allen seinen Regelungen auch ihrem Schutz. 57

Das Luftsicherheitsgesetz beachte ferner die grundgesetzliche Kompetenzordnung. Die Gesetzgebungsbefugnis des Bundes ergebe sich aus Art. 73 Nr. 1 und 6 GG, soweit der Einsatz der Streitkräfte betroffen sei. Der Bund habe auch die Verwaltungskompetenz für die Luftsicherheit. Die bundeseigene Luftverkehrsverwaltung nach Art. 87 d Abs. 1 Satz 1 GG schließe die Zuständigkeit ein, für die Sicherheit im Luftverkehr durch bundeseigene Organe zu sorgen. Die Verwaltungskompetenz ergebe sich zudem aus Art. 87 a Abs. 1 und 2 in Verbindung mit Art. 35 Abs. 2 und 3 GG. Der im Luftsicherheitsgesetz vorgesehene Streit- 58 kräfteeinsatz erfolge im Rahmen von Art. 35 Abs. 2 und 3 GG zur Abwehr eines Katastrophennotstands.

59 Aus der Funktion dieses Einsatzes, die Länder bei der polizeilichen Gefahrenbekämpfung zu unterstützen, folge nicht, dass er sich immer nach Landesrecht richten müsse. Der für die Unterstützung erforderliche Einsatz von Waffen ziehe die Unterstützung nicht in den Bereich des Art. 87 a Abs. 1 GG.

60 Die Verwendung der Streitkräfte nach den §§ 13 bis 15 LuftSiG diene der Abwehr eines besonders schweren Unglücksfalls im Rahmen des Art. 35 Abs. 2 und 3 GG. Der Einsatz eines Luftfahrzeugs gegen das Leben von Menschen könne zu einem solchen Unglücksfall führen. Dass der Einsatz absichtlich geschehe, stehe dem nicht entgegen. Der Unglücksfall müsse auch nicht schon eingetreten sein.

61 Das Luftsicherheitsgesetz habe nicht der Zustimmung des Bundesrates bedurft. Gleiches gelte für die übrigen Regelungen des Gesetzes zur Neuregelung von Luftsicherheitsaufgaben.

62 3. Nach Ansicht der Bayerischen Staatsregierung und der Hessischen Landesregierung, die eine gemeinsame Stellungnahme abgegeben haben, ist die Verfassungsbeschwerde dagegen begründet. Die angegriffene Regelung verstoße gegen Art. 87 a Abs. 2 in Verbindung mit Art. 35 Abs. 2 Satz 2 und Abs. 3 GG.

63 Sie sei nicht durch ein Gesetzgebungsrecht des Bundes aus Art. 35 Abs. 2 Satz 2 und Abs. 3 GG gedeckt. Die Streitkräfte könnten danach nur zur Unterstützung der Länder bei der Erfüllung polizeilicher Aufgaben handeln und dabei lediglich von den Befugnissen Gebrauch machen, die ihnen das Landesrecht einräume. Damit stehe nicht im Einklang, dass das Luftsicherheitsgesetz den Bund ermächtige, die Bundeswehr zur Gefahrenabwehr nach Bundesrecht einzusetzen. Die ausschließliche Gesetzgebungskompetenz des Bundes nach Art. 73 Nr. 1 und 6 GG könne wegen Art. 87 a Abs. 2 GG diesen Befund nicht überspielen.

64 Mit Art. 35 Abs. 2 und 3 GG nicht vereinbar sei ferner, dass die §§ 13 bis 15 LuftSiG einen Einsatz der Streitkräfte auch zu präventiven Zwecken zuließen. Die Verfassung ermögliche einen unterstützenden Einsatz der Streitkräfte nur bei einem schon eingetretenen besonders schweren Unglücksfall. Die in § 14 Abs. 4 LuftSiG geregelte Anordnungsbefugnis trage darüber hinaus nicht dem Umstand Rechnung, dass bei der Konstellation des Art. 35 Abs. 3 GG die Bundesregierung als Kollegialorgan zur Entscheidung berufen sei.

65 Seien danach die §§ 13 ff. LuftSiG schon deshalb verfassungswidrig, weil der Bund den Rahmen von Art. 87 a Abs. 2 in Verbindung mit Art. 35 Abs. 2 Satz 2 und Abs. 3 GG verlassen habe, könne dahinstehen, ob auch Grundrechte verletzt seien. Vorsorglich werde aber darauf hingewiesen, dass die Auffassung der Beschwerdeführer nicht geteilt werde, Art. 2 Abs. 2 Satz 1 in Verbindung mit Art. 1 Abs. 1 GG schließe es schlechthin aus, zur Verhinderung des Eintritts eines besonders schweren Unglücksfalls Waffengewalt gegen ein entführtes Passagierflugzeug anzuwenden.

66 4. Der Deutsche Bundeswehr-Verband äußert Zweifel an der Verfassungsmäßigkeit der angegriffenen Regelung. Die Aufgaben, die das Luftsicherheitsgesetz in den §§ 13 ff. regle, beträfen nicht die militärische Landesverteidigung. Vielmehr gehe es um Aufgaben im Bereich der polizeilichen Gefahrenabwehr. Für deren Wahrnehmung fehle es der Bundeswehr an der erforderlichen Ermächtigungsgrundlage. Zu Recht führe die Verfassungsbeschwerde aus, dass ein kriegsmäßiger Kampfeinsatz der Streitkräfte im Inland mit militärischen Mitteln von Art. 35 Abs. 2 GG nicht gedeckt sei.

Außerdem bestünden gegen § 14 Abs. 3 LuftSiG Bedenken im Hinblick auf den verfassungsrechtlichen Bestimmtheitsgrundsatz. Die Norm nenne keine präzisen Kriterien für die darin vorausgesetzte Abwägung Leben gegen Leben. Das führe für den zum Handeln gezwungenen Soldaten zu einem schweren Konflikt zwischen der Pflicht zum Gehorsam und der von ihm zu treffenden höchstpersönlichen Gewissensentscheidung. Es fehle eine Regelung, welche die Soldaten zuverlässig von strafrechtlichen Ermittlungsverfahren und zivilrechtlichen Haftungsklagen - auch vor ausländischen Gerichten - freistelle. **67**

5. Die Vereinigung Cockpit hält die Verfassungsbeschwerde für begründet. Geeignetheit und Erforderlichkeit des § 14 Abs. 3 LuftSiG, der den Einsatz von tödlicher Gewalt auch gegen Unbeteiligte erlaube, seien zweifelhaft. Der terroristische Erfolg eines Renegade-Angriffs sei von zahlreichen Unwägbarkeiten abhängig. Schon die Feststellung eines erheblichen Luftzwischenfalls im Sinne des § 13 Abs. 1 LuftSiG sei im Hinblick auf die tatsächlichen Abläufe des Flugverkehrs äußerst schwierig und nur selten mit Gewissheit möglich. Die bei der Überprüfung von Luftfahrzeugen nach § 15 Abs. 1 LuftSiG gewonnenen Erkenntnisse seien selbst bei idealer Wetterlage allenfalls vage. Die mögliche Motivation eines Flugzeugentführers und die Ziele einer Flugzeugentführung blieben bis zuletzt spekulativ. Eine auf gesicherte Tatsachen gestützte Entscheidung über einen Einsatz nach § 14 Abs. 3 LuftSiG komme angesichts des zur Verfügung stehenden knappen Zeitfensters im Zweifel zu spät. Deshalb funktioniere die Konzeption der §§ 13 bis 15 LuftSiG nur, wenn von vornherein im Übermaß reagiert werde. **68**

6. Die Unabhängige Flugbegleiter Organisation UFO teilt die mit der Verfassungsbeschwerde vorgetragenen Bedenken. Der Abschuss eines Zivilflugzeugs sei unter keinem rechtlichen Gesichtspunkt gerechtfertigt. Das Ziel des Luftsicherheitsgesetzes, die Sicherheit des Luftverkehrs und den Schutz der Zivilbevölkerung vor terroristischen Angriffen zu erhöhen, werde zwar unterstützt. Dafür seien aber noch lange nicht alle anderen Möglichkeiten ausgeschöpft. **69**

Zudem bestehe die Gefahr, dass von der Erde aus die Situation an Bord falsch eingeschätzt werde. Dort könne praktisch nicht beurteilt werden, ob die Voraussetzungen des § 14 Abs. 3 LuftSiG vorlägen. Die Informationen, die der Bundesminister der Verteidigung für seine Entscheidung benötige, den Abschuss eines Flugzeugs anzuordnen, stammten nicht aus der direkten Gefahrenzone an Bord des Flugzeugs. Es seien nur indirekte Informationen, die der Pilot vom Kabinenpersonal erhalten habe, das sich womöglich in der Gewalt von Terroristen befinde. Abgesehen davon könne sich die Lage an Bord in Sekundenschnelle ändern und dies wegen der langen Kommunikationswege möglicherweise nicht schnell genug dem Boden mitgeteilt werden. **70**

IV.

In der mündlichen Verhandlung haben die Beschwerdeführer, der Deutsche Bundestag, die Bundesregierung, die Bayerische Staatsregierung und die Hessische Landesregierung, der Deutsche Bundeswehr-Verband sowie die Vereinigung Cockpit und die Unabhängige Flugbegleiter Organisation UFO ihren schriftlichen Vortrag ergänzt und vertieft. Dabei haben der Bundesminister des Innern und die Vertreter der Fraktionen des Deutschen Bundestags ihre zum Teil unterschiedlichen Auffassungen zur Reichweite des § 14 Abs. 3 LuftSiG dargelegt. Außerdem haben die Deutsche Flugsicherung und der Verband der Besatzungen strahlgetriebener Kampfflugzeuge der Deutschen Bundeswehr zu der angegriffenen Regelung und vor allem zu tatsächlichen Fragen ihrer Anwendung Stellung genommen. **71**

B.

72 Die Verfassungsbeschwerde ist zulässig.

I.

73 Unzulässig ist allerdings die Rüge, die angegriffene Regelung sei schon deshalb mit dem Grundgesetz nicht vereinbar, weil das Luftsicherheitsgesetz der Zustimmung des Bundesrates bedurft hätte und diese nicht erteilt worden sei.

74 Die Beschwerdeführer stützen diese Rüge auf Art. 87 d Abs. 2 GG. Danach können den Ländern durch Bundesgesetz, das der Zustimmung des Bundesrates bedarf, Aufgaben der Luftverkehrsverwaltung als Auftragsverwaltung übertragen werden. Die Beschwerdeführer stellen nicht darauf ab, dass das Luftsicherheitsgesetz oder andere in dem Gesetz zur Neuregelung von Luftsicherheitsaufgaben enthaltene Vorschriften zu einer solchen Aufgabenübertragung geführt hätten. Sie machen vielmehr ausschließlich geltend, dass dieses Gesetz zustimmungspflichtige Regelungen, durch die Aufgaben der Luftverkehrsverwaltung auf die Länder übertragen worden seien, geändert und deshalb seinerseits der Zustimmung des Bundesrates bedurft habe. Die Verfassungsbeschwerde führt aber nicht aus, welche Vorschriften mit einem nach Art. 87 d Abs. 2 GG zustimmungsauslösenden Inhalt konkret durch das jetzt erlassene Gesetz geändert worden sein sollen und inwieweit dies nach der Rechtsprechung des Bundesverfassungsgerichts zu dieser Vorschrift (vgl.BVerfGE 97, 198 <226 f.>) die Zustimmungsbedürftigkeit des Änderungsgesetzes begründet haben könnte. Das Beschwerdevorbringen genügt damit insoweit nicht den Anforderungen, die nach § 92 in Verbindung mit § 23 Abs. 1 Satz 2 Halbsatz 1 BVerfGG an die Begründung einer Verfassungsbeschwerde zu stellen sind (vgl. dazuBVerfGE 99, 84 <87>; 109, 279 <305>).

II.

75 Zulässig ist dagegen die Rüge, die Beschwerdeführer würden in ihren Rechten aus Art. 1 Abs. 1 und Art. 2 Abs. 2 Satz 1 GG verletzt, weil es § 14 Abs. 3 LuftSiG den Streitkräften unter den dort genannten Voraussetzungen und nach Maßgabe der übrigen Regelungen in den §§ 13 bis 15 LuftSiG erlaube, auch dann auf ein Luftfahrzeug mit Waffengewalt einzuwirken, wenn sich darin Menschen aufhalten, die gegen ihren Willen in die Gewalt derer geraten sind, die das Luftfahrzeug gegen das Leben anderer Menschen einsetzen wollen.

76 1. Auf diesen Regelungsgegenstand beschränken sich die Angriffe der Beschwerdeführer. In Bezug auf § 14 Abs. 1, 2 und 4 sowie § 15 LuftSiG und die darin vorgesehenen Maßnahmen machen sie keine eigenständige Beschwer geltend. Diese Vorschriften werden im Beschwerdevorbringen - ebenso wie die Regelungen in § 13 LuftSiG mit ihrem überwiegend verfahrensrechtlichen Inhalt - nur insoweit erwähnt, als sie der Einsatzmaßnahme nach § 14 Abs. 3 LuftSiG zwingend vorgeschaltet sind und sich auf diese Maßnahme beziehen.

77 2. Hinsichtlich der auf diese Weise angegriffenen Regelung sind die Beschwerdeführer insbesondere beschwerdebefugt.

78 a) Die Beschwerdebefugnis setzt, wenn sich eine Verfassungsbeschwerde - wie hier - unmittelbar gegen ein Gesetz richtet, voraus, dass der Beschwerdeführer durch die angegriffenen Normen selbst, gegenwärtig und unmittelbar in seinen Grundrechten betroffen ist (vgl.BVerfGE 1, 97 <101 ff.>; 109, 279 <305> ; stRspr). Die Voraussetzung der eigenen und gegenwärtigen Betroffenheit ist grundsätzlich erfüllt, wenn der Beschwerdeführer dar-

legt, dass er mit einiger Wahrscheinlichkeit durch die auf den angegriffenen Vorschriften beruhenden Maßnahmen in seinen Grundrechten berührt wird (vgl.BVerfGE 100, 313 <354>; 109, 279 <307 f.>). Unmittelbare Betroffenheit ist schließlich gegeben, wenn die angegriffenen Bestimmungen, ohne eines weiteren Vollzugsakts zu bedürfen, die Rechtsstellung des Beschwerdeführers verändern (vgl.BVerfGE 97, 157 <164>; 102, 197 <207>). Das ist auch dann anzunehmen, wenn dieser gegen einen denkbaren Vollzugsakt nicht oder nicht in zumutbarer Weise vorgehen kann (vgl.BVerfGE 100, 313 <354>; 109, 279 <306 f.>).

b) Nach diesen Grundsätzen ist die Beschwerdebefugnis der Beschwerdeführer gegeben. 79
Sie haben glaubhaft dargelegt, dass sie aus privaten und beruflichen Gründen häufig zivile Luftfahrzeuge benutzen.

aa) Es ist deshalb hinreichend wahrscheinlich, dass sie durch die von ihnen angegriffene 80
Vorschrift des § 14 Abs. 3 LuftSiG selbst und gegenwärtig in ihren Grundrechten betroffen werden. Unmittelbare Einwirkung auf ein Luftfahrzeug mit Waffengewalt im Sinne dieser Vorschrift bedeutet, wie sich auch aus dem Vergleich mit den in § 14 Abs. 1 LuftSiG aufgeführten Einsatzmaßnahmen und den in § 15 Abs. 1 LuftSiG genannten sonstigen Maßnahmen ergibt, ein Einwirken mit dem Ziel, das von der Einwirkung betroffene Luftfahrzeug erforderlichenfalls zum Absturz zu bringen.

Die Betroffenheit der Beschwerdeführer wird nicht dadurch in Frage gestellt, dass im Ver- 81
fassungsbeschwerdeverfahren die Auffassung vertreten worden ist, § 14 Abs. 3 LuftSiG sei nicht anwendbar, wenn sich an Bord eines Luftfahrzeugs Personen befänden, die - wie dessen Besatzung und Passagiere - für die Herbeiführung einer Gefahrenlage im Sinne dieser Bestimmung nicht verantwortlich seien. Im Wortlaut des § 14 Abs. 3 LuftSiG findet eine solche Beschränkung des Anwendungsbereichs der Vorschrift keinen Ausdruck. Die Gesetzesbegründung lässt im Gegenteil erkennen, dass von einer unmittelbaren Einwirkung mit Waffengewalt nach § 14 Abs. 3 LuftSiG auch Personen betroffen sein können, welche die Gefahr eines besonders schweren Unglücksfalls nicht geschaffen haben. Dort wird ausdrücklich von der Lebensbedrohung auch der Flugzeuginsassen durch die Angreifer auf das Luftfahrzeug gesprochen und nicht danach unterschieden, ob es sich bei den Insassen um Täter oder Opfer handelt (vgl. BTDrucks 15/2361, S. 21 zu § 14). Das lässt erkennen, dass von einer Anwendung des § 14 Abs. 3 LuftSiG auch unschuldige Menschen an Bord des Luftfahrzeugs betroffen sein können.

Davon ist im Übrigen auch bei den Beratungen des Entwurfs eines Gesetzes zur Neurege- 82
lung von Luftsicherheitsaufgaben im Deutschen Bundestag ausgegangen worden (vgl. vor allem die Ausführungen der Abg. Burgbacher [FDP], Hofmann [SPD] in der 89. Sitzung des 15. Deutschen Bundestages am 30. Januar 2004, BTPlenarprotokoll 15/89, S. 7887 f., 7889, und der Abg. Pau [fraktionslos] in der 115. Sitzung des 15. Deutschen Bundestages am 18. Juni 2004, BTPlenarprotokoll 15/115, S. 10545; anders allerdings der Abg. Ströbele [BÜNDNIS 90/DIE GRÜNEN], BTPlenarprotokoll 15/89, S. 7893 f.; zu den Beiträgen in der Anhörung des Bundestagsinnenausschusses vgl. das Ausschussprotokoll 15/35 über die Sitzung am 26. April 2004, S. 11 f., 22, 33, 43, 44, 57 f., 66 f., 85 f., 94 f., 111 f.). In der mündlichen Verhandlung vor dem Bundesverfassungsgericht ist denn auch von den Vertretern des Deutschen Bundestages überwiegend bekräftigt worden, § 14 Abs. 3 LuftSiG betreffe nicht nur den Fall, dass ein nur mit Straftätern besetztes Luftfahrzeug gegen das Leben von Menschen eingesetzt werden soll. Von dieser Vorschrift - zumindest theoretisch - erfasst würden vielmehr auch Luftzwischenfälle mit unschuldigen, an deren Herbeiführung nicht beteiligten Menschen an Bord.

83 bb) Auch die unmittelbare Betroffenheit der Beschwerdeführer ist unter diesen Umständen gegeben. Es kann ihnen nicht zugemutet werden abzuwarten, bis sie selbst Opfer einer Maßnahme nach § 14 Abs. 3 LuftSiG werden.

C.

84 Die Verfassungsbeschwerde ist auch begründet. § 14 Abs. 3 LuftSiG ist mit Art. 2 Abs. 2 Satz 1 in Verbindung mit Art. 87 a Abs. 2 und Art. 35 Abs. 2 und 3 sowie in Verbindung mit Art. 1 Abs. 1 GG unvereinbar und nichtig.

I.

85 Art. 2 Abs. 2 Satz 1 GG gewährleistet das Recht auf Leben als Freiheitsrecht (vgl. BVerfGE 89, 120 <130>). Mit diesem Recht wird die biologisch-physische Existenz jedes Menschen vom Zeitpunkt ihres Entstehens an bis zum Eintritt des Todes unabhängig von den Lebensumständen des Einzelnen, seiner körperlichen und seelischen Befindlichkeit, gegen staatliche Eingriffe geschützt. Jedes menschliche Leben ist als solches gleich wertvoll (vgl.BVerfGE 39, 1 <59>). Obwohl es innerhalb der grundgesetzlichen Ordnung einen Höchstwert darstellt (vgl. BVerfGE 39, 1 <42>; 46, 160 <164>; 49, 24 <53>), steht allerdings auch dieses Recht nach Art. 2 Abs. 2 Satz 3 GG unter Gesetzesvorbehalt. Auch in das Grundrecht auf Leben kann deshalb auf der Grundlage eines förmlichen Parlamentsgesetzes (vgl.BVerfGE 22, 180 <219>) eingegriffen werden. Voraussetzung dafür ist aber, dass das betreffende Gesetz in jeder Hinsicht den Anforderungen des Grundgesetzes entspricht. Es muss kompetenzgemäß erlassen worden sein, nach Art. 19 Abs. 2 GG den Wesensgehalt des Grundrechts unangetastet lassen und darf auch sonst den Grundentscheidungen der Verfassung nicht widersprechen.

II.

86 Diesen Maßstäben wird die angegriffene Vorschrift des § 14 Abs. 3 LuftSiG nicht gerecht.

87 1. Sie greift in den Schutzbereich des durch Art. 2 Abs. 2 Satz 1 GG garantierten Grundrechts auf Leben sowohl der Besatzung und der Passagiere des von einer Einsatzmaßnahme nach § 14 Abs. 3 LuftSiG betroffenen Luftfahrzeugs als auch derer ein, die dieses im Sinne dieser Vorschrift gegen das Leben von Menschen einsetzen wollen. Die Inanspruchnahme der Ermächtigung zur unmittelbaren Einwirkung mit Waffengewalt auf ein Luftfahrzeug nach § 14 Abs. 3 LuftSiG führt praktisch immer zu dessen Absturz. Dieser wiederum hat mit an Sicherheit grenzender Wahrscheinlichkeit den Tod, also die Vernichtung des Lebens aller seiner Insassen zur Folge.

88 2. Für diesen Eingriff lässt sich eine verfassungsrechtliche Rechtfertigung nicht anführen. § 14 Abs. 3 LuftSiG kann in formeller Hinsicht schon nicht auf eine Gesetzgebungskompetenz des Bundes gestützt werden (a). Die Vorschrift verstößt darüber hinaus, soweit von ihr nicht nur diejenigen, die das Luftfahrzeug als Waffe missbrauchen wollen, sondern außerdem Personen betroffen werden, welche die Herbeiführung des in § 14 Abs. 3 LuftSiG vorausgesetzten erheblichen Luftzwischenfalls nicht zu verantworten haben, auch materiell gegen Art. 2 Abs. 2 Satz 1 GG (b).

89 a) Für die angegriffene Regelung fehlt es an einer Gesetzgebungsbefugnis des Bundes.

aa) § 14 Abs. 3 LuftSiG ist Teil der Bestimmungen in Abschnitt 3 des Luftsicherheitsgeset- 90
zes. Dieser trägt die Überschrift „Unterstützung und Amtshilfe durch die Streitkräfte" und macht damit deutlich, dass es sich bei deren Einsatz, so wie er in den §§ 13 bis 15 LuftSiG geregelt ist, primär nicht um die Wahrnehmung einer eigenständigen Aufgabe des Bundes, sondern „im Rahmen der Gefahrenabwehr" und der „Unterstützung der Polizeikräfte der Länder" (§ 13 Abs. 1 LuftSiG) um die Hilfe bei der Bewältigung einer den Ländern obliegenden Aufgabe handelt. Diese Hilfe vollzieht sich, wie § 13 LuftSiG in seinen Absätzen 1 bis 3 im Einzelnen ausweist, in den Bahnen einerseits des Art. 35 Abs. 2 Satz 2 GG und andererseits des Art. 35 Abs. 3 GG. Da diese Artikel unstreitig zu den Regelungen des Grundgesetzes gehören, die im Sinne des Art. 87 a Abs. 2 GG den Einsatz der Streitkräfte außerhalb der Verteidigung ausdrücklich zulassen (vgl. BTDrucks V/2873, S. 2 unter B i.V.m. S. 9 f.; zu Art. 35 Abs. 3 GG s. auchBVerfGE 90, 286 <386 f.>), geht es § 14 Abs. 3 LuftSiG ebenso wie den übrigen Regelungen des Abschnitts 3 des Gesetzes, auch im Sinne der Kompetenznorm des Art. 73 Nr. 1 GG, nicht um Verteidigung (a.A. die Begründung zum Entwurf des Gesetzes zur Neuregelung von Luftsicherheitsaufgaben, BTDrucks 15/2361, S. 14, und weiter etwa auch BVerwG, DÖV 1973, S. 490 <492>). Auch der in den Kompetenztitel „Verteidigung" eingeschlossene Teilbereich des Schutzes der Zivilbevölkerung ist deshalb nicht einschlägig.

Auf die Gesetzgebungszuständigkeit des Bundes für den Luftverkehr nach Art. 73 Nr. 6 GG 91
lässt sich § 14 Abs. 3 LuftSiG ebenfalls nicht stützen. Dabei ist hier nicht zu entscheiden, ob der Bund im Rahmen des Art. 73 Nr. 6 GG auch in weiterem Umfang, als er es bisher tut, Aufgaben der Gefahrenabwehr übernehmen könnte. Nach der Konzeption des Gesetzes geht es in den §§ 13 bis 15 LuftSiG um die Unterstützung bei der Gefahrenabwehr der Länder. Regelungsziel ist es, die Verfahrensabläufe im Bereich des Bundes und im Zusammenwirken mit den Ländern festzulegen sowie die Einsatzmittel der Streitkräfte für den Fall zu bestimmen, dass diese den Polizeikräften der Länder zur Unterstützung bei der Abwehr von Gefahren zur Verfügung gestellt werden, die durch einen erheblichen Luftzwischenfall ausgelöst werden. Es handelt sich also um Ausführungsregelungen zum Streitkräfteeinsatz in den Konstellationen des Art. 35 Abs. 2 Satz 2 und Abs. 3 GG. Dafür ergibt sich die Gesetzgebungsbefugnis des Bundes nicht aus Art. 73 Nr. 6 GG (so auch die Gesetzesbegründung der Bundesregierung; vgl. BTDrucks 15/2361, S. 14). Die Kompetenz für Regelungen des Bundes, die das Nähere über den Einsatz seiner Streitkräfte im Zusammenwirken mit den beteiligten Ländern zur Bewältigung eines regionalen oder überregionalen Katastrophennotstands bestimmen, folgt vielmehr unmittelbar aus Art. 35 Abs. 2 Satz 2 und Abs. 3 GG selbst.

bb) § 14 Abs. 3 LuftSiG ist durch diesen Kompetenzbereich des Bundes jedoch deshalb 92
nicht gedeckt, weil sich die Vorschrift mit den wehrverfassungsrechtlichen Vorgaben des Grundgesetzes nicht vereinbaren lässt.

aaa) Die Streitkräfte, deren Einsatz die §§ 13 bis 15 LuftSiG regeln, werden vom Bund 93
nach Art. 87 a Abs. 1 Satz 1 GG zur Verteidigung aufgestellt. Zu anderen Zwecken („Außer zur Verteidigung") dürfen sie gemäß Art. 87 a Abs. 2 GG nur eingesetzt werden, soweit es das Grundgesetz ausdrücklich zulässt. Diese Regelung, die im Zuge der Einfügung der Notstandsverfassung in das Grundgesetz durch das Siebzehnte Gesetz zur Ergänzung des Grundgesetzes vom 24. Juni 1968 (BGBl I S. 709) geschaffen worden ist, soll verhindern, dass für die Verwendung der Streitkräfte als Mittel der vollziehenden Gewalt „ungeschriebene Zuständigkeiten aus der Natur der Sache" abgeleitet werden (so der Bundestagsrechtsausschuss in seinem Schriftlichen Bericht zum Entwurf einer Notstandsverfassung, BTDrucks V/2873, S. 13). Maßgeblich für die Auslegung und Anwendung des Art. 87 a Abs. 2 GG ist daher das Ziel, die Möglichkeiten für einen Einsatz der Bundeswehr im Innern durch das Gebot strikter Texttreue zu begrenzen (vgl.BVerfGE 90, 286 <356 f.>).

94 bbb) Dieses Ziel bestimmt auch die Auslegung und Anwendung der Regelungen, durch welche im Sinne des Art. 87 a Abs. 2 GG der Einsatz der Streitkräfte im Grundgesetz außer zur Verteidigung ausdrücklich zugelassen wird. Zu ihnen gehören, wie schon erwähnt, die Ermächtigungen in Art. 35 Abs. 2 Satz 2 und Abs. 3 GG, auf deren Grundlage die §§ 13 bis 15 LuftSiG der Bekämpfung erheblicher Luftzwischenfälle und der damit verbundenen Gefahren dienen sollen. Im Fall des regionalen Katastrophennotstands nach Art. 35 Abs. 2 Satz 2 GG kann das betroffene Land zur Hilfe bei der Naturkatastrophe oder dem besonders schweren Unglücksfall unter anderem Kräfte und Einrichtungen der Streitkräfte anfordern. Liegt ein überregionaler, das Gebiet mehr als eines Landes gefährdender Katastrophenfall vor, bedarf es nach Art. 35 Abs. 3 Satz 1 GG einer solchen Anforderung nicht. Vielmehr kann die Bundesregierung in diesem Fall von sich aus zur Unterstützung der Polizeikräfte der Länder neben Einheiten des - durch Gesetz vom 21. Juni 2005 (BGBl I S. 1818) in Bundespolizei umbenannten - Bundesgrenzschutzes auch Einheiten der Streitkräfte einsetzen, soweit es zur wirksamen Bekämpfung erforderlich ist.

95 ccc) Mit diesen Regelungen steht die Ermächtigung der Streitkräfte zur unmittelbaren Einwirkung auf ein Luftfahrzeug mit Waffengewalt in § 14 Abs. 3 LuftSiG nicht im Einklang.

96 (1) Art. 35 Abs. 2 Satz 2 GG schließt eine solche Einwirkung im Fall des regionalen Katastrophennotstands aus.

97 (a) Von Verfassungs wegen nicht zu beanstanden ist allerdings, dass § 14 Abs. 3 LuftSiG, wie sich aus dem Zusammenhang der Vorschrift mit § 13 Abs. 1 und § 14 Abs. 1 LuftSiG ergibt, das Ziel verfolgt, im Rahmen der Gefahrenabwehr zu verhindern, dass ein besonders schwerer Unglücksfall nach Art. 35 Abs. 2 Satz 2 GG eintritt, der als Folge eines erheblichen Luftzwischenfalls als gegenwärtige Gefahr bevorsteht.

98 (aa) Unter einem besonders schweren Unglücksfall im Sinne des Art. 35 Abs. 2 Satz 2 GG - und damit auch im Sinne der §§ 13 bis 15 LuftSiG - wird im Allgemeinen ein Schadensereignis von großem Ausmaß verstanden, das - wie ein schweres Flugzeug- oder Eisenbahnunglück, ein Stromausfall mit Auswirkungen auf lebenswichtige Bereiche der Daseinsvorsorge oder der Unfall in einem Kernkraftwerk - wegen seiner Bedeutung in besonderer Weise die Öffentlichkeit berührt und auf menschliches Fehlverhalten oder technische Unzulänglichkeiten zurückgeht (in diesem Sinne schon Abschnitt A Nr. 3 der Richtlinie des Bundesministers der Verteidigung über Hilfeleistungen der Bundeswehr bei Naturkatastrophen oder besonders schweren Unglücksfällen und im Rahmen der dringenden Nothilfe vom 8. November 1988, VMBl S. 279). Von diesem Begriffsverständnis, das verfassungsrechtlich nicht zu beanstanden ist, werden auch Ereignisse umfasst, wie sie hier in Rede stehen.

99 (bb) Dass der Absturz des Luftfahrzeugs, gegen das sich die Maßnahme nach § 14 Abs. 3 LuftSiG richtet, absichtlich herbeigeführt werden soll, steht der Anwendung des Art. 35 Abs. 2 Satz 2 GG nicht entgegen.

100 Nach dem allgemeinen Sprachgebrauch kann unter einem Unglücksfall unschwer auch ein Ereignis verstanden werden, dessen Eintritt auf den Vorsatz von Menschen zurückgeht. Anhaltspunkte dafür, dass Art. 35 Abs. 2 Satz 2 GG, davon abweichend, auf unwillentlich ausgelöste oder fahrlässig herbeigeführte Unglücksfälle beschränkt bleiben, auf Vorsatz beruhende Vorfälle also nicht erfassen soll, sind weder dem Wortlaut der Norm noch den Gesetzesmaterialien (vgl. BTDrucks V/1879, S. 22 ff.; V/2873, S. 9 f.) zu entnehmen. Sinn und Zweck des Art. 35 Abs. 2 Satz 2 GG, durch den Einsatz auch der Streitkräfte einen wirksamen Katastrophenschutz zu ermöglichen (vgl. BTDrucks V/1879, S. 23 f.), sprechen ebenfalls dafür, den Begriff des Unglücksfalls weit auszulegen. Die Staatspraxis geht deshalb zu Recht seit langem davon aus, dass als besonders schwere Unglücksfälle auch Scha-

densereignisse anzusehen sind, die von Dritten absichtlich herbeigeführt werden (vgl. jeweils die Nr. 3 des Erlasses des Bundesministers der Verteidigung über Hilfeleistungen der Bundeswehr bei Naturkatastrophen bzw. besonders schweren Unglücksfällen und dringende Nothilfe vom 22. Mai 1973, VMBl S. 313, und der entsprechenden Richtlinie vom 17. Dezember 1977, VMBl 1978 S. 86).

(cc) Verfassungsrechtlich unbedenklich ist es auch, dass die Einsatzmaßnahme nach § 14 Abs. 3 LuftSiG zu einem Zeitpunkt angeordnet und durchgeführt werden soll, zu dem sich zwar bereits ein erheblicher Luftzwischenfall im Sinne des § 13 Abs. 1 LuftSiG ereignet hat, dessen Folge, der besonders schwere Unglücksfall selbst, der durch die unmittelbare Einwirkung mit Waffengewalt verhindert werden soll (vgl. § 14 Abs. 1 LuftSiG), aber noch nicht eingetreten ist. Art. 35 Abs. 2 Satz 2 GG verlangt nicht, dass der besonders schwere Unglücksfall, zu dessen Bekämpfung die Streitkräfte eingesetzt werden sollen, schon vorliegt. Unter den Begriff des Katastrophennotstands fallen vielmehr auch Vorgänge, die den Eintritt einer Katastrophe mit an Sicherheit grenzender Wahrscheinlichkeit erwarten lassen. **101**

Art. 35 Abs. 2 Satz 2 GG ist nicht zu entnehmen, dass der Hilfeeinsatz der Streitkräfte hinsichtlich des Einsatzbeginns bei Naturkatastrophen und besonders schweren Unglücksfällen unterschiedlich verlaufen soll. Für Naturkatastrophen wird jedoch in Übereinstimmung mit der Hilfeleistungsrichtlinie des Bundesministers der Verteidigung (vgl. Abschnitt A Nr. 2 der Richtlinie vom 8. November 1988) allgemein davon ausgegangen, dass unter diesen Begriff auch unmittelbar drohende Gefahrenzustände fallen (vgl. etwa Bauer, in: Dreier, Grundgesetz, Bd. II, 1998, Art. 35 Rn. 24; Gubelt, in: von Münch/Kunig, Grundgesetz-Kommentar, Bd. 2, 4./5. Aufl. 2001, Art. 35 Rn. 25; von Danwitz, in: v. Mangoldt/Klein/Starck, Kommentar zum Grundgesetz, 5. Aufl., Bd. 2, 2005, Art. 35 Rn. 70), von ihm also auch Gefahrenlagen erfasst werden, die, wenn ihnen nicht rechtzeitig entgegengewirkt wird, mit an Sicherheit grenzender Wahrscheinlichkeit den Eintritt des jeweils drohenden schädigenden Ereignisses erwarten lassen. Für besonders schwere Unglücksfälle kann schon deshalb nichts anderes gelten, weil sich diese nicht immer scharf von Naturkatastrophen abgrenzen lassen und auch hier die Übergänge von der noch drohenden Gefahr zum schon erfolgten Schadenseintritt im Einzelfall fließend sein können. Auch der Sinn und Zweck des Art. 35 Abs. 2 Satz 2 GG, den Bund zu einer effektiven Hilfeleistung im Aufgabenbereich der Länder zu befähigen, spricht dafür, beide Katastrophenursachen in zeitlicher Hinsicht gleich zu behandeln und in beiden Fällen mit der Hilfeleistung nicht abzuwarten, bis die zum Schadensereignis führende Gefahrenentwicklung ihren Abschluss gefunden hat. **102**

Dass die Anforderung der Streitkräfte und deren Einsatz nach Art. 35 Abs. 2 Satz 2 GG „zur Hilfe" „bei" einer Naturkatastrophe und „bei" einem besonders schweren Unglücksfall erfolgen, zwingt nicht zu der Annahme, dass das jeweilige Schadensereignis bereits eingetreten sein muss. Der Wortsinn der Regelung lässt gleichermaßen eine Auslegung dahin gehend zu, dass die Hilfe schon angefordert und geleistet werden kann, wenn erkennbar wird, dass sich mit an Sicherheit grenzender Wahrscheinlichkeit in Kürze ein Schadensfall ereignen wird, wenn also im polizeirechtlichen Sinne eine gegenwärtige Gefahr gegeben ist. Davon geht erkennbar auch Art. 35 Abs. 3 Satz 1 GG aus, der, an Art. 35 Abs. 2 Satz 2 GG anknüpfend, die Befugnisse der Bundesregierung für den Fall erweitert, dass die Naturkatastrophe oder der Unglücksfall das Gebiet mehr als eines Landes „gefährdet". Wie hier im überregionalen Katastrophenfall ist demnach für den Streitkräfteeinsatz auch beim regionalen Katastrophennotstand nach Art. 35 Abs. 2 Satz 2 GG das Vorliegen einer gegenwärtigen Gefahr als ausreichend anzusehen. **103**

Zu Recht wird deshalb auch in den Richtlinien des Bundesministers der Verteidigung über Hilfeleistungen der Bundeswehr bei Naturkatastrophen oder besonders schweren Unglücksfällen und im Rahmen der dringenden Nothilfe seit langem davon ausgegangen, dass die **104**

Streitkräfte nicht nur „in Fällen überregionaler Gefährdung" nach Art. 35 Abs. 3 GG, sondern auch „in Fällen regionaler Gefährdung" nach Art. 35 Abs. 2 Satz 2 GG eingesetzt werden dürfen (so zuletzt Abschnitt A Nr. 4 der Richtlinie vom 8. November 1988). Das schließt notwendigerweise die Annahme aus, der besonders schwere Unglücksfall müsse schon eingetreten sein.

105 (b) Die Einsatzmaßnahme der unmittelbaren Einwirkung auf ein Luftfahrzeug mit Waffengewalt nach § 14 Abs. 3 LuftSiG wahrt jedoch deshalb nicht den Rahmen des Art. 35 Abs. 2 Satz 2 GG, weil diese Vorschrift einen Kampfeinsatz der Streitkräfte mit spezifisch militärischen Waffen bei der Bekämpfung von Naturkatastrophen und besonders schweren Unglücksfällen nicht erlaubt.

106 (aa) Die „Hilfe", von der Art. 35 Abs. 2 Satz 2 GG spricht, wird den Ländern gewährt, damit diese die ihnen obliegende Aufgabe der Bewältigung von Naturkatastrophen und besonders schweren Unglücksfällen wirksam erfüllen können. Davon geht zutreffend auch § 13 Abs. 1 LuftSiG aus, nach dem der Einsatz der Streitkräfte der Unterstützung der Polizeikräfte der Länder bei der Verhinderung des Eintritts eines besonders schweren Unglücksfalls im Rahmen der Gefahrenabwehr dienen soll, soweit es zur wirksamen Bekämpfung erforderlich ist. Die Ausrichtung auf diese Aufgabe im Zuständigkeitsbereich der Gefahrenabwehrbehörden der Länder, der ausweislich der Gesetzesbegründung durch die §§ 13 bis 15 LuftSiG nicht angetastet werden soll (vgl. BTDrucks 15/2361, S. 20 zu § 13), bestimmt notwendig auch die Art der Hilfsmittel, die beim Einsatz der Streitkräfte zum Zweck der Hilfeleistung verwandt werden dürfen. Sie können nicht von qualitativ anderer Art sein als diejenigen, die den Polizeikräften der Länder für die Erledigung ihrer Aufgaben originär zur Verfügung stehen. Das bedeutet, dass die Streitkräfte, wenn sie nach Art. 35 Abs. 2 Satz 2 GG auf Anforderung eines Landes „zur Hilfe" eingesetzt werden, zwar die Waffen verwenden dürfen, die das Recht des betreffenden Landes für dessen Polizeikräfte vorsieht. Militärische Kampfmittel, beispielsweise die Bordwaffen eines Kampfflugzeugs, wie sie für Maßnahmen nach § 14 Abs. 3 LuftSiG benötigt werden, dürfen dagegen nicht zum Einsatz gebracht werden.

107 (bb) Dieses Normverständnis, zu dem der Wortlaut sowie Sinn und Zweck des Art. 35 Abs. 2 Satz 2 GG zwingen, wird durch den systematischen Standort und die Entstehungsgeschichte dieser Vorschrift bestätigt. Der regionale Katastrophennotstand im Sinne des Art. 35 Abs. 2 Satz 2 GG sollte nach dem von der Bundesregierung vorgelegten Entwurf einer Notstandsverfassung ursprünglich - zusammen mit dem so genannten inneren Notstand - in Art. 91 GG geregelt werden (vgl. BTDrucks V/1879, S. 3). Ziel des Vorschlags war es, den Einsatz der Streitkräfte im Innern gegenüber dem Bürger und im Hinblick auf die Kompetenzverteilung des Grundgesetzes auch für den Fall der regionalen Katastrophenhilfe verfassungsrechtlich zu legitimieren (vgl. BTDrucks V/1879, S. 23 zu Art. 91 Abs. 1). Die Streitkräfte sollten aber nach dem ausdrücklichen Wortlaut der beabsichtigten Regelung lediglich „als Polizeikräfte" zur Verfügung gestellt werden können. Die Bundesregierung wollte auf diese Weise sicherstellen, dass die Streitkräfte allein für polizeiliche Aufgaben und nur mit den polizeirechtlich vorgesehenen Befugnissen gegenüber dem Staatsbürger eingesetzt werden können (vgl. BTDrucks V/1879, S. 23 zu Art. 91 Abs. 2). Das schließt die Aussage ein, dass die Verwendung spezifisch militärischer Bewaffnung beim Einsatz der Streitkräfte im Aufgabenbereich der Länder ausgeschlossen sein sollte.

108 Die einschränkende Formulierung einer Verwendung der Streitkräfte „als Polizeikräfte" ist zwar im späteren Verfassungstext nicht mehr enthalten; auf sie ist im Zusammenhang mit dem Vorschlag des Bundestagsrechtsausschusses verzichtet worden, die Hilfe zugunsten der Länder im Fall des Katastrophennotstands in Art. 35 Abs. 2 und 3 GG und die Unterstützung der Länder bei der Bekämpfung des inneren Notstands in Art. 87 a Abs. 4 und Art. 91 GG in unterschiedlichen Sachzusammenhängen zu regeln (vgl. dazu BTDrucks

V/2873, S. 2 unter B, S. 9 zu § 1 Nr. 2 c). Eine gegenständliche Erweiterung der zulässigen Einsatzmittel der Streitkräfte auf militärtypische Waffen war damit aber nicht beabsichtigt (vgl. auch Cl. Arndt, DVBl 1968, S. 729 <730>).

Der Ausschuss wollte im Gegenteil mit der von ihm vorgeschlagenen - und später vom ver- 109
fassungsändernden Gesetzgeber insoweit auch übernommenen - Vorschrift die Schwelle für den Einsatz der Streitkräfte als bewaffnete Macht gegenüber der Regierungsvorlage anheben und den bewaffneten Einsatz der Bundeswehr nur für die Bekämpfung von Gruppen militärisch bewaffneter Aufständischer nach Art. 87 a Abs. 4 GG zulassen (vgl. BTDrucks V/2873, S. 2 unter B). Das findet seinen sichtbaren Ausdruck darin, dass die Bestimmung über den Einsatz der Streitkräfte im regionalen Katastrophenfall in den Bund und Länder betreffenden Abschnitt II des Grundgesetzes und nicht in den Abschnitt VIII eingestellt worden ist, in dem auch die militärische Verwendung der Streitkräfte geregelt ist. Deren Einsatz „zur Hilfe“ nach Art. 35 Abs. 2 Satz 2 GG sollte sich nach den Vorstellungen des Verfassungsgesetzgebers ausdrücklich darauf beschränken, es der Bundeswehr zu ermöglichen, im Rahmen eines regionalen Katastropheneinsatzes die dabei anfallenden Aufgaben und Zwangsbefugnisse polizeilicher Art wahrzunehmen, beispielsweise gefährdete Grundstücke abzusperren und Verkehrsregelungen zu treffen (vgl. BTDrucks V/2873, S. 10 zu Art. 35 Abs. 2; zum verfassungspolitischen Hintergrund der norddeutschen Flutkatastrophe im Jahre 1962 s. auch die Ausführungen von Senator Ruhnau [Hamburg, SPD] in der 3. öffentlichen Informationssitzung des Rechts- und des Innenausschusses des 5. Deutschen Bundestages am 30. November 1967, Protokoll, S. 8, und des Abg. Schmidt [Hamburg, SPD] in der 175. Sitzung des 5. Deutschen Bundestages am 16. Mai 1968, Sten. Ber., S. 9444).

(2) § 14 Abs. 3 LuftSiG ist auch mit der Regelung des Art. 35 Abs. 3 Satz 1 GG über den 110
überregionalen Katastrophennotstand nicht vereinbar.

(a) Allerdings ist verfassungsrechtlich insoweit ebenfalls nicht zu beanstanden, dass die 111
unmittelbare Einwirkung mit Waffengewalt auf ein Luftfahrzeug gemäß § 14 Abs. 3 in Verbindung mit § 13 Abs. 1 LuftSiG an einen Vorgang anknüpft, der von denen, die das Luftfahrzeug gegen das Leben von Menschen einsetzen wollen, vorsätzlich herbeigeführt worden ist. Aus den zu Art. 35 Abs. 2 Satz 2 GG ausgeführten Gründen (vgl. oben unter C II 2 a bb ccc [1] [a]) kann in einem solchen absichtlich in Gang gesetzten Vorfall auch im Sinne des Art. 35 Abs. 3 Satz 1 GG ein besonders schwerer Unglücksfall gesehen werden. Dass noch nicht alle seine Konsequenzen eingetreten sind, die Dinge sich vielmehr noch auf die Katastrophe hinbewegen, schließt, wie sich aus dem Tatbestandsmerkmal „gefährdet“ ergibt, auch die Anwendung des Art. 35 Abs. 3 Satz 1 GG nicht aus. Wo die Gefährdung eintritt, ob also das Erfordernis einer überregionalen Gefährdung erfüllt ist, ist eine Frage des Einzelfalls. Dass sie beim Vorliegen der Voraussetzungen des § 14 Abs. 3 LuftSiG mehr als nur ein einzelnes Land betrifft, ist jedenfalls möglich, nach der Lagebeurteilung des Gesetzgebers (vgl. BTDrucks 15/2361, S. 20, 21, jeweils zu § 13) und den Stellungnahmen von Bundestag und Bundesregierung sogar eher die Regel.

(b) § 14 Abs. 3 LuftSiG begegnet aber schon deshalb verfassungsrechtlichen Bedenken, 112
weil der danach zulässige Streitkräfteeinsatz gemäß § 13 Abs. 3 LuftSiG nicht durchweg eine vorherige Einsatzentscheidung der Bundesregierung voraussetzt.

Zum Einsatz der Streitkräfte im Fall des überregionalen Katastrophennotstands ist nach 113
Art. 35 Abs. 3 Satz 1 GG ausdrücklich nur die Bundesregierung ermächtigt. Diese besteht nach Art. 62 GG aus dem Bundeskanzler und den Bundesministern. Sie ist Kollegialorgan. Ist die Zuständigkeit für die Entscheidung über den Einsatz der Streitkräfte zum Zweck der überregionalen Katastrophenhilfe der Bundesregierung vorbehalten, verlangt Art. 35 Abs. 3 Satz 1 GG demzufolge einen Beschluss des Kollegiums (vgl. - zu Art. 80 Abs. 1 Satz 1 GG

-BVerfGE 91, 148 <165 f.>). Die Entscheidungszuständigkeit der Bundesregierung als Ganzes sichert auch stärker die Belange der Länder, die durch die Verwendung der Streitkräfte in ihrem Kompetenzbereich ohne vorherige Anforderung durch die gefährdeten Länder nachhaltig berührt werden (vgl. BVerfGE 26, 338 <397 f.>).

114 § 13 Abs. 3 LuftSiG wird dem lediglich in Satz 1 gerecht, nach dem die Entscheidung über einen Einsatz der Streitkräfte nach Art. 35 Abs. 3 GG die Bundesregierung im Benehmen mit den betroffenen Ländern trifft. Die Sätze 2 und 3 sehen dagegen vor, dass der Bundesminister der Verteidigung oder im Vertretungsfall das zu seiner Vertretung berechtigte Mitglied der Bundesregierung im Benehmen mit dem Bundesminister des Innern entscheidet, wenn eine rechtzeitige Entscheidung der Bundesregierung nicht möglich ist; deren Entscheidung ist in diesem Fall, bei dem es sich nach Auffassung des Gesetzgebers um den Regelfall handeln wird (vgl. BTDrucks 15/2361, S. 21 zu § 13), unverzüglich nachzuholen. Die Bundesregierung wird danach bei der Entscheidung über den Einsatz der Streitkräfte im überregionalen Katastrophenfall nicht nur ausnahmsweise, sondern regelmäßig durch einen Einzelminister ersetzt. Das lässt sich im Blick auf Art. 35 Abs. 3 Satz 1 GG auch nicht mit einer besonderen Eilbedürftigkeit rechtfertigen. Das knappe Zeitbudget, das im Anwendungsbereich des § 13 Abs. 3 LuftSiG im Allgemeinen nur zur Verfügung steht, macht vielmehr gerade deutlich, dass Maßnahmen der in § 14 Abs. 3 LuftSiG normierten Art auf dem in Art. 35 Abs. 3 Satz 1 GG vorgesehenen Wege in der Regel nicht zu bewältigen sein werden.

115 (c) Darüber hinaus ist der wehrverfassungsrechtliche Rahmen des Art. 35 Abs. 3 Satz 1 GG vor allem deshalb überschritten, weil auch im Fall des überregionalen Katastrophennotstands ein Einsatz der Streitkräfte mit typisch militärischen Waffen von Verfassungs wegen nicht erlaubt ist.

116 Art. 35 Abs. 3 Satz 1 GG unterscheidet sich von Art. 35 Abs. 2 Satz 2 GG nur in zweifacher Hinsicht. Einmal verlangt Art. 35 Abs. 3 Satz 1 GG das Vorliegen einer Gefahrenlage, von der das Gebiet mehr als eines Landes bedroht ist. Zum andern werden im Hinblick auf die Überregionalität der Notstandslage die Initiative für die wirksame Bekämpfung dieser Situation auf die Bundesregierung verlagert und deren Kompetenzen zur Unterstützung der Polizeikräfte der Länder erweitert; die Bundesregierung kann unter anderem von sich aus Einheiten der Streitkräfte einsetzen. Dass diese bei einem solchen Einsatz spezifisch militärische Waffen verwenden dürfen, wie sie für eine Maßnahme nach § 14 Abs. 3 LuftSiG benötigt werden, ist dagegen nicht vorgesehen. Der Wortlaut des Art. 35 Abs. 3 Satz 1 GG, der den Streitkräfteeinsatz lediglich „zur Unterstützung" der Polizeikräfte der Länder, also wiederum nur bei Wahrnehmung einer Landesaufgabe, erlaubt, und der daraus ersichtliche Regelungszweck der bloßen Unterstützung der Länder durch den Bund schließen einen Einsatz mit militärtypischer Bewaffnung im Lichte des Art. 87 a Abs. 2 GG vielmehr auch bei der Bekämpfung überregionaler Katastrophennotstände aus.

117 Das wird durch die Entstehungsgeschichte des Art. 35 Abs. 3 Satz 1 GG insoweit bestätigt, als für diese Vorschrift vom verfassungsändernden Gesetzgeber kein Anlass gesehen wurde, die Verwendung der Streitkräfte und deren Einsatzmittel abweichend von Art. 35 Abs. 2 Satz 2 GG zu regeln. Nachdem hinsichtlich dieser Bestimmung zum Ausdruck gebracht worden war, dass im Rahmen eines Hilfeeinsatzes zugunsten der Länder auch die Wahrnehmung der dabei anfallenden Aufgaben polizeilicher Art erlaubt sein soll, war die entsprechende Aussage für Art. 35 Abs. 3 Satz 1 GG offenbar so selbstverständlich, dass auf Ausführungen dazu in den Gesetzesmaterialien verzichtet werden konnte (vgl. BTDrucks V/2873, S. 10 zu Art. 35 Abs. 2 und 3). Das ist im Hinblick auf die nach dem allgemeinen Sprachgebrauch im Wesentlichen inhaltsgleichen Einsatzzwecke „zur Hilfe" in Art. 35 Abs. 2 Satz 2 GG und „zur Unterstützung" in Art. 35 Abs. 3 Satz 1 GG nachvollziehbar (vgl. auch dazu Cl. Arndt, a.a.O.). Auch die Hilfeleistungsrichtlinie des Bundesministers der Verteidigung vom 8. November 1988 geht in Abschnitt A Nr. 5 in Verbindung mit Nr. 4 und in Abschnitt C Nr. 16 wie selbstverständlich davon aus, dass sich die Befugnisse sowie Art und Umfang der Hilfeleistungen der Bundeswehr in den Fällen des Art. 35 Abs. 2 Satz 2 und des Art. 35 Abs. 3 Satz 1 GG nicht voneinander unterscheiden. Sie sehen auch bei der Unterstützung der Polizeikräfte der Länder nach Art. 35 Abs. 3 Satz 1 GG einen Einsatz der Streitkräfte mit militärspezifischen Waffen der in § 14 Abs. 3 LuftSiG vorausgesetzten Art nicht vor.

b) § 14 Abs. 3 LuftSiG steht darüber hinaus im Hinblick auf die Menschenwürdegarantie 118
des Art. 1 Abs. 1 GG (aa) auch materiell mit Art. 2 Abs. 2 Satz 1 GG nicht in Einklang, soweit er es den Streitkräften gestattet, Luftfahrzeuge abzuschießen, in denen sich Menschen als Opfer eines Angriffs auf die Sicherheit des Luftverkehrs im Sinne des § 1 LuftSiG befinden (bb). Nur soweit sich die Einsatzmaßnahme des § 14 Abs. 3 LuftSiG gegen ein unbemanntes Luftfahrzeug oder gegen den- oder diejenigen richtet, denen ein solcher Angriff zuzurechnen ist, begegnet die Vorschrift keinen materiellverfassungsrechtlichen Bedenken (cc).

aa) Das durch Art. 2 Abs. 2 Satz 1 GG gewährleistete Grundrecht auf Leben steht gemäß 119
Art. 2 Abs. 2 Satz 3 GG unter dem Vorbehalt des Gesetzes (vgl. auch oben unter C I). Das einschränkende Gesetz muss aber seinerseits im Lichte dieses Grundrechts und der damit eng verknüpften Menschenwürdegarantie des Art. 1 Abs. 1 GG gesehen werden. Das menschliche Leben ist die vitale Basis der Menschenwürde als tragendem Konstitutionsprinzip und oberstem Verfassungswert (vgl.BVerfGE 39, 1 <42>; 72, 105 <115>; 109, 279 <311>). Jeder Mensch besitzt als Person diese Würde, ohne Rücksicht auf seine Eigenschaften, seinen körperlichen oder geistigen Zustand, seine Leistungen und seinen sozialen Status (vgl.BVerfGE 87, 209 <228>; 96, 375 <399>). Sie kann keinem Menschen genommen werden. Verletzbar ist aber der Achtungsanspruch, der sich aus ihr ergibt (vgl. BVerfGE 87, 209 <228>). Das gilt unabhängig auch von der voraussichtlichen Dauer des individuellen menschlichen Lebens (vgl. BVerfGE 30, 173 <194> zum Anspruch des Menschen auf Achtung seiner Würde selbst nach dem Tod).

Dem Staat ist es im Hinblick auf dieses Verhältnis von Lebensrecht und Menschenwürde 120
einerseits untersagt, durch eigene Maßnahmen unter Verstoß gegen das Verbot der Missachtung der menschlichen Würde in das Grundrecht auf Leben einzugreifen. Andererseits ist er auch gehalten, jedes menschliche Leben zu schützen. Diese Schutzpflicht gebietet es dem Staat und seinen Organen, sich schützend und fördernd vor das Leben jedes Einzelnen zu stellen; das heißt vor allem, es auch vor rechtswidrigen An- und Eingriffen von Seiten Dritter zu bewahren (vgl.BVerfGE 39, 1 <42>; 46, 160 <164>; 56, 54 <73>). Ihren Grund hat auch diese Schutzpflicht in Art. 1 Abs. 1 Satz 2 GG, der den Staat ausdrücklich zur Achtung und zum Schutz der Menschenwürde verpflichtet (vgl. BVerfGE 46, 160 <164>; 49, 89 <142>; 88, 203 <251>).

Was diese Verpflichtung für das staatliche Handeln konkret bedeutet, lässt sich nicht ein für 121
allemal abschließend bestimmen (vgl. BVerfGE 45, 187 <229>; 96, 375 <399 f.>). Art. 1 Abs. 1 GG schützt den einzelnen Menschen nicht nur vor Erniedrigung, Brandmarkung, Verfolgung, Ächtung und ähnlichen Handlungen durch Dritte oder durch den Staat selbst (vgl. BVerfGE 1, 97 <104>; 107, 275 <284>; 109, 279 <312>). Ausgehend von der Vorstellung des Grundgesetzgebers, dass es zum Wesen des Menschen gehört, in Freiheit sich selbst zu bestimmen und sich frei zu entfalten, und dass der Einzelne verlangen kann, in der Gemeinschaft grundsätzlich als gleichberechtigtes Glied mit Eigenwert anerkannt zu werden (vgl. BVerfGE 45, 187 <227 f.>), schließt es die Verpflichtung zur Achtung und zum Schutz der Menschenwürde vielmehr generell aus, den Menschen zum bloßen Objekt des Staates zu machen (vgl. BVerfGE 27, 1 <6>); 45, 187 <228>; 96, 375 <399>). Schlechthin verboten ist damit jede Behandlung des Menschen durch die öffentliche Gewalt, die dessen

Subjektqualität, seinen Status als Rechtssubjekt, grundsätzlich in Frage stellt (vgl. BVerfGE 30, 1 <26>; 87, 209 <228>; 96, 375 <399>), indem sie die Achtung des Wertes vermissen lässt, der jedem Menschen um seiner selbst willen, kraft seines Personseins, zukommt (vgl. BVerfGE 30, 1 <26>; 109, 279 <312 f.>). Wann eine solche Behandlung vorliegt, ist im Einzelfall mit Blick auf die spezifische Situation zu konkretisieren, in der es zum Konfliktfall kommen kann (vgl. BVerfGE 30, 1 <25>; 109, 279 <311>).

122 bb) Nach diesen Maßstäben ist § 14 Abs. 3 LuftSiG auch mit Art. 2 Abs. 2 Satz 1 in Verbindung mit Art. 1 Abs. 1 GG nicht vereinbar, soweit vom Abschuss eines Luftfahrzeugs Personen betroffen werden, die als dessen Besatzung und Passagiere auf die Herbeiführung des in § 14 Abs. 3 LuftSiG vorausgesetzten nichtkriegerischen Luftzwischenfalls keinen Einfluss genommen haben.

123 aaa) In der Situation, in der sich diese Personen in dem Augenblick befinden, in dem die Anordnung der unmittelbaren Einwirkung mit Waffengewalt auf das in den Luftzwischenfall verwickelte Luftfahrzeug gemäß § 14 Abs. 4 Satz 1 LuftSiG erfolgt, muss nach § 14 Abs. 3 LuftSiG davon auszugehen sein, dass das Luftfahrzeug gegen das Leben von Menschen eingesetzt werden soll. Das Luftfahrzeug muss, wie es in der Gesetzesbegründung heißt, von denen, die es in ihre Gewalt gebracht haben, zur Angriffswaffe umfunktioniert worden sein (vgl. BT-Drucks 15/2361, S. 20 zu § 13 Abs. 1), es muss selbst von den Straftätern als Tatwaffe, nicht lediglich als Hilfsmittel zur Tatbegehung zielgerichtet gegen das Leben von Menschen verwandt werden (vgl. BTDrucks 15/2361, S. 21 zu § 14 Abs. 3), die sich in dem Bereich aufhalten, in dem das Luftfahrzeug zum Absturz gebracht werden soll. In dieser Extremsituation, die zudem durch die räumliche Enge eines im Flug befindlichen Luftfahrzeugs geprägt ist, sind Passagiere und Besatzung typischerweise in einer für sie ausweglosen Lage. Sie können ihre Lebensumstände nicht mehr unabhängig von anderen selbstbestimmt beeinflussen.

124 Dies macht sie zum Objekt nicht nur der Täter. Auch der Staat, der in einer solchen Situation zur Abwehrmaßnahme des § 14 Abs. 3 LuftSiG greift, behandelt sie als bloße Objekte seiner Rettungsaktion zum Schutze anderer. Die Ausweglosigkeit und Unentrinnbarkeit, welche die Lage der als Opfer betroffenen Flugzeuginsassen kennzeichnen, bestehen auch gegenüber denen, die den Abschuss des Luftfahrzeugs anordnen und durchführen. Flugzeugbesatzung und -passagiere können diesem Handeln des Staates auf Grund der von ihnen in keiner Weise beherrschbaren Gegebenheiten nicht ausweichen, sondern sind ihm wehr- und hilflos ausgeliefert mit der Folge, dass sie zusammen mit dem Luftfahrzeug gezielt abgeschossen und infolgedessen mit an Sicherheit grenzender Wahrscheinlichkeit getötet werden. Eine solche Behandlung missachtet die Betroffenen als Subjekte mit Würde und unveräußerlichen Rechten. Sie werden dadurch, dass ihre Tötung als Mittel zur Rettung anderer benutzt wird, verdinglicht und zugleich entrechtlicht; indem über ihr Leben von Staats wegen einseitig verfügt wird, wird den als Opfern selbst schutzbedürftigen Flugzeuginsassen der Wert abgesprochen, der dem Menschen um seiner selbst willen zukommt.

125 bbb) Dies geschieht zudem unter Umständen, die nicht erwarten lassen, dass in dem Augenblick, in dem gemäß § 14 Abs. 4 Satz 1 LuftSiG über die Durchführung einer Einsatzmaßnahme nach § 14 Abs. 3 LuftSiG zu entscheiden ist, die tatsächliche Lage immer voll überblickt und richtig eingeschätzt werden kann. Auch ist nicht ausgeschlossen, dass Verhaltensabläufe eintreten, die den Einsatz der Maßnahme nicht mehr erforderlich sein lassen. Nach den Erkenntnissen, die der Senat auf Grund der im Verfahren abgegebenen schriftlichen Stellungnahmen und der Äußerungen in der mündlichen Verhandlung gewonnen hat, kann nicht davon ausgegangen werden, dass die tatsächlichen Voraussetzungen für die Anordnung und Durchführung einer solchen Maßnahme stets mit der dafür erforderlichen Gewissheit festgestellt werden können.

(1) Vor allem die Vereinigung Cockpit hat darauf hingewiesen, schon die Feststellung, dass ein erheblicher Luftzwischenfall im Sinne des § 13 Abs. 1 LuftSiG vorliegt und dieser die Gefahr eines besonders schweren Unglücksfalls begründet, sei je nach Sachlage von großen Unsicherheiten geprägt. Diese Feststellung könne nur selten mit Gewissheit getroffen werden. Neuralgischer Punkt bei der Lagebeurteilung sei, inwieweit die möglicherweise betroffene Flugzeugbesatzung den Versuch oder den Erfolg der Entführung eines Luftfahrzeugs den Entscheidungsträgern am Boden noch mitteilen könne. Gelinge das nicht, sei die Tatsachengrundlage von Anfang an mit dem Makel einer Fehlinterpretation behaftet. **126**

Auch die Erkenntnisse, die durch Aufklärungs- und Überprüfungsmaßnahmen nach § 15 Abs. 1 LuftSiG gewonnen werden sollen, sind nach Auffassung der Vereinigung Cockpit selbst bei idealer Wetterlage allenfalls vage. Der Annäherung von Abfangjägern an ein auffällig gewordenes Luftfahrzeug seien im Hinblick auf die damit verbundenen Gefahren Grenzen gesetzt. Die Möglichkeit, die Situation und die Geschehnisse an Bord eines solchen Luftfahrzeugs zu erkennen, sei deshalb selbst bei - zudem oft nur schwer herstellbarem - Sichtkontakt eingeschränkt. Die auf den ermittelten Tatsachen beruhenden Einschätzungen hinsichtlich Motivation und Zielen der Entführer eines Luftfahrzeugs blieben unter diesen Umständen im Allgemeinen wohl bis zuletzt spekulativ. Die Gefahr bei der Anwendung des § 14 Abs. 3 LuftSiG liege infolgedessen darin, dass der Abschussbefehl auf ungesicherter Tatsachengrundlage zu früh erteilt werde, wenn der Einsatz von Waffengewalt im Rahmen des zur Verfügung stehenden, im Regelfall äußerst knappen Zeitfensters überhaupt noch rechtzeitig mit Aussicht auf Erfolg und ohne unverhältnismäßige Gefährdung unbeteiligter Dritter vorgenommen werden solle. Damit ein solcher Einsatz wirkungsvoll sei, müsse deshalb von vornherein in Kauf genommen werden, dass die Maßnahme möglicherweise gar nicht erforderlich sei. Es werde mit anderen Worten häufig wohl mit Übermaß reagiert werden müssen. **127**

(2) Anhaltspunkte dafür, dass diese Einschätzung auf unrealistischen und daher unzutreffenden Annahmen beruhen könnte, sind im Verfahren nicht hervorgetreten. Im Gegenteil hat auch die Unabhängige Flugbegleiter Organisation UFO nachvollziehbar ausgeführt, dass die vom Bundesminister der Verteidigung oder seinem Vertreter nach § 14 Abs. 4 Satz 1 in Verbindung mit Abs. 3 LuftSiG zu treffende Entscheidung auf der Grundlage weitgehend ungesicherter Informationen gefällt werden müsse. Wegen der komplizierten und fehleranfälligen Kommunikationswege einerseits zwischen Kabinenpersonal und Cockpit an Bord eines in einen Luftzwischenfall involvierten Luftfahrzeugs und andererseits zwischen Cockpit und den Entscheidungsträgern am Boden sowie im Hinblick darauf, dass sich die Lage an Bord des Luftfahrzeugs innerhalb von Minuten, ja Sekunden ändern könne, sei es für diejenigen, die auf der Erde unter extremem Zeitdruck entscheiden müssten, praktisch unmöglich, verlässlich zu beurteilen, ob die Voraussetzungen des § 14 Abs. 3 LuftSiG vorliegen. Die Entscheidung könne deshalb im Regelfall nur auf Verdacht, nicht aber auf der Grundlage gesicherter Erkenntnisse getroffen werden. **128**

Diese Bewertung erscheint dem Senat nicht zuletzt deshalb überzeugend, weil das komplizierte, mehrfach gestufte und auf eine Vielzahl von Entscheidungsträgern und Beteiligten angewiesene Verfahren, das nach den §§ 13 bis 15 LuftSiG durchlaufen sein muss, bis es zu einer Maßnahme nach § 14 Abs. 3 LuftSiG kommen kann, im Ernstfall einen nicht unerheblichen Zeitaufwand erfordern wird. Angesichts des verhältnismäßig kleinen Überfluggebiets Bundesrepublik Deutschland besteht deshalb nicht nur ein immenser zeitlicher Entscheidungsdruck, sondern damit auch die Gefahr vorschneller Entscheidungen. **129**

130 ccc) Auch wenn sich im Bereich der Gefahrenabwehr Prognoseunsicherheiten vielfach nicht gänzlich vermeiden lassen, ist es unter der Geltung des Art. 1 Abs. 1 GG schlechterdings unvorstellbar, auf der Grundlage einer gesetzlichen Ermächtigung unschuldige Menschen, die sich wie die Besatzung und die Passagiere eines entführten Luftfahrzeugs in einer für sie hoffnungslosen Lage befinden, gegebenenfalls sogar unter Inkaufnahme solcher Unwägbarkeiten vorsätzlich zu töten. Dabei ist hier nicht zu entscheiden, wie ein gleichwohl vorgenommener Abschuss und eine auf ihn bezogene Anordnung strafrechtlich zu beurteilen wären (vgl. dazu und zu vergleichbaren Fallkonstellationen etwa OGHSt 1, 321 <331 ff., 335 ff.>; 2, 117 <120 ff.>; Roxin, Strafrecht, Allgemeiner Teil, Bd. I, 3. Aufl. 1997, S. 888 f.; Erb, in: Münchener Kommentar zum Strafgesetzbuch, Bd. 1, 2003, § 34 Rn. 117 ff.; Rudolphi, in: Systematischer Kommentar zum Strafgesetzbuch, Bd. I, Allgemeiner Teil, Vor § 19 Rn. 8 <Stand: April 2003>; Kühl, Strafgesetzbuch, 25. Aufl. 2004, Vor § 32 Rn. 31; Tröndle/Fischer, Strafgesetzbuch, 52. Aufl. 2004, Vor § 32 Rn. 15, § 34 Rn. 23; Hilgendorf, in: Blaschke/Förster/Lumpp/ Schmidt, Sicherheit statt Freiheit?, 2005, S. 107 <130>). Für die verfassungsrechtliche Beurteilung ist allein entscheidend, dass der Gesetzgeber nicht durch Schaffung einer gesetzlichen Eingriffsbefugnis zu Maßnahmen der in § 14 Abs. 3 LuftSiG geregelten Art gegenüber unbeteiligten, unschuldigen Menschen ermächtigen, solche Maßnahmen nicht auf diese Weise als rechtmäßig qualifizieren und damit erlauben darf. Sie sind als Streitkräfteeinsätze nichtkriegerischer Art mit dem Recht auf Leben und der Verpflichtung des Staates zur Achtung und zum Schutz der menschlichen Würde nicht zu vereinbaren.

131 (1) So kann - anders als gelegentlich argumentiert wird - nicht angenommen werden, dass derjenige, der als Besatzungsmitglied oder Passagier ein Luftfahrzeug besteigt, mutmaßlich in dessen Abschuss und damit in die eigene Tötung einwilligt, falls dieses in einen Luftzwischenfall im Sinne des § 13 Abs. 1 LuftSiG verwickelt wird, der eine Abwehrmaßnahme nach § 14 Abs. 3 LuftSiG zur Folge hat. Eine solche Annahme ist ohne jeden realistischen Hintergrund und nicht mehr als eine lebensfremde Fiktion.

132 (2) Auch die Einschätzung, diejenigen, die sich als Unbeteiligte an Bord eines Luftfahrzeugs aufhalten, das im Sinne des § 14 Abs. 3 LuftSiG gegen das Leben anderer Menschen eingesetzt werden soll, seien ohnehin dem Tode geweiht, vermag der mit einer Einsatzmaßnahme nach dieser Vorschrift im Regelfall verbundenen Tötung unschuldiger Menschen in einer für sie ausweglosen Lage nicht den Charakter eines Verstoßes gegen den Würdeanspruch dieser Menschen zu nehmen. Menschliches Leben und menschliche Würde genießen ohne Rücksicht auf die Dauer der physischen Existenz des einzelnen Menschen gleichen verfassungsrechtlichen Schutz (vgl. oben unter C I, II 2 b aa). Wer dies leugnet oder in Frage stellt, verwehrt denjenigen, die sich wie die Opfer einer Flugzeugentführung in einer für sie alternativlosen Notsituation befinden, gerade die Achtung, die ihnen um ihrer menschlichen Würde willen gebührt (vgl. oben unter C II 2 b aa, bb aaa).

133 Dazu kommen auch hier Ungewissheiten im Tatsächlichen. Die Unsicherheiten, die die Lagebeurteilung im Anwendungsbereich der §§ 13 bis 15 LuftSiG im Allgemeinen kennzeichnen (vgl. vorstehend unter C II 2 b bb bbb), beeinflussen notwendigerweise auch die Prognose darüber, wie lange Menschen, die sich an Bord eines zur Angriffswaffe umfunktionierten Luftfahrzeugs befinden, noch zu leben haben und ob noch die Chance einer Rettung besteht. Eine verlässliche Aussage darüber, dass das Leben dieser Menschen „ohnehin schon verloren" sei, wird deshalb im Regelfall nicht getroffen werden können.

134 (3) Eine andere Beurteilung rechtfertigt auch nicht die Annahme, wer an Bord eines Luftfahrzeugs in der Gewalt von Personen festgehalten werde, die das Luftfahrzeug im Sinne des § 14 Abs. 3 LuftSiG als Tatwaffe gegen das Leben anderer Menschen einsetzen wollen, sei selbst Teil dieser Waffe und müsse sich als solcher behandeln lassen. Diese Auffassung bringt geradezu unverhohlen zum Ausdruck, dass die Opfer eines solchen Vorgangs nicht

mehr als Menschen wahrgenommen, sondern als Teil einer Sache gesehen und damit selbst verdinglicht werden. Mit dem Menschenbild des Grundgesetzes und der Vorstellung vom Menschen als einem Wesen, das darauf angelegt ist, in Freiheit sich selbst zu bestimmen (vgl. BVerfGE 45, 187 <227>), und das deshalb nicht zum reinen Objekt staatlichen Handelns gemacht werden darf, lässt sich dies nicht vereinbaren.

(4) Der Gedanke, der Einzelne sei im Interesse des Staatsganzen notfalls verpflichtet, sein 135
Leben aufzuopfern, wenn es nur auf diese Weise möglich ist, das rechtlich verfasste Gemeinwesen vor Angriffen zu bewahren, die auf dessen Zusammenbruch und Zerstörung abzielen (so etwa Enders, in: Berliner Kommentar zum Grundgesetz, Bd. 1, Art. 1 Rn. 93 <Stand: Juli 2005>), führt ebenfalls zu keinem anderen Ergebnis. Dabei braucht der Senat nicht zu entscheiden, ob und gegebenenfalls unter welchen Umständen dem Grundgesetz über die mit der Notstandsverfassung geschaffenen Schutzmechanismen hinaus eine solche solidarische Einstandspflicht entnommen werden kann. Denn im Anwendungsbereich des § 14 Abs. 3 LuftSiG geht es nicht um die Abwehr von Angriffen, die auf die Beseitigung des Gemeinwesens und die Vernichtung der staatlichen Rechts- und Freiheitsordnung gerichtet sind.

Die §§ 13 bis 15 LuftSiG dienen im Rahmen der Gefahrenabwehr der Verhinderung des 136
Eintritts von besonders schweren Unglücksfällen im Sinne des Art. 35 Abs. 2 Satz 2 und Abs. 3 GG. Derartige Unglücksfälle können ausweislich der Gesetzesbegründung politisch motiviert sein, aber auch von Kriminellen ohne politische Absichten oder von geistig verwirrten Einzeltätern ausgehen (vgl. BTDrucks 15/2361, S. 14). Auch wo sie im Einzelfall auf politische Motive zurückgehen, werden, wie die Einbindung der §§ 13 ff. LuftSiG in das System der Katastrophenbekämpfung nach Art. 35 Abs. 2 Satz 2 und Abs. 3 GG zeigt, Vorgänge vorausgesetzt, die nicht darauf zielen, den Staat selbst und seinen Fortbestand in Frage zu stellen. Für die Annahme einer Einstandspflicht im dargelegten Sinne ist unter diesen Umständen kein Raum.

(5) Schließlich lässt sich § 14 Abs. 3 LuftSiG auch nicht mit der staatlichen Schutzpflicht 137
zugunsten derjenigen rechtfertigen, gegen deren Leben das im Sinne von § 14 Abs. 3 LuftSiG als Tatwaffe missbrauchte Luftfahrzeug eingesetzt werden soll.

Dem Staat und seinen Organen kommt bei der Erfüllung derartiger Schutzpflichten ein wei- 138
ter Einschätzungs-, Wertungs- und Gestaltungsbereich zu (vgl. BVerfGE 77, 170 <214>; 79, 174 <202>; 92, 26 <46>). Anders als die Grundrechte in ihrer Funktion als subjektive Abwehrrechte sind die sich aus dem objektiven Gehalt der Grundrechte ergebenden staatlichen Schutzpflichten grundsätzlich unbestimmt (vgl. BVerfGE 96, 56 <64>). Wie die staatlichen Organe solchen Schutzpflichten nachkommen, ist von ihnen prinzipiell in eigener Verantwortung zu entscheiden (vgl. BVerfGE 46, 160 <164>; 96, 56 <64>). Das gilt auch für die Pflicht zum Schutz des menschlichen Lebens. Zwar kann sich gerade mit Blick auf dieses Schutzgut in besonders gelagerten Fällen, wenn anders ein effektiver Lebensschutz nicht zu erreichen ist, die Möglichkeit der Auswahl der Mittel zur Erfüllung der Schutzpflicht auf die Wahl eines bestimmten Mittels verengen (vgl. BVerfGE 46, 160 <164 f.>). Die Wahl kann aber immer nur auf solche Mittel fallen, deren Einsatz mit der Verfassung in Einklang steht.

Daran fehlt es im Fall des § 14 Abs. 3 LuftSiG. Die Anordnung und Durchführung der un- 139
mittelbaren Einwirkung auf ein Luftfahrzeug mit Waffengewalt nach dieser Vorschrift lässt außer Betracht, dass auch die in dem Luftfahrzeug festgehaltenen Opfer eines Angriffs Anspruch auf den staatlichen Schutz ihres Lebens haben. Nicht nur, dass ihnen dieser Schutz seitens des Staates verwehrt wird, der Staat greift vielmehr selbst in das Leben dieser Schutzlosen ein. Damit missachtet jedes Vorgehen nach § 14 Abs. 3 LuftSiG, wie ausgeführt, die Subjektstellung dieser Menschen in einer mit Art. 1 Abs. 1 GG nicht zu vereinba-

renden Weise und das daraus für den Staat sich ergebende Tötungsverbot. Daran ändert es nichts, dass dieses Vorgehen dazu dienen soll, das Leben anderer Menschen zu schützen und zu erhalten.

140 cc) § 14 Abs. 3 LuftSiG ist dagegen mit Art. 2 Abs. 2 Satz 1 in Verbindung mit Art. 1 Abs. 1 GG insoweit vereinbar, als sich die unmittelbare Einwirkung mit Waffengewalt gegen ein unbemanntes Luftfahrzeug oder ausschließlich gegen Personen richtet, die das Luftfahrzeug als Tatwaffe gegen das Leben von Menschen auf der Erde einsetzen wollen.

141 aaa) Insoweit steht der Anordnung und Durchführung einer Einsatzmaßnahme nach § 14 Abs. 3 LuftSiG die Menschenwürdegarantie des Art. 1 Abs. 1 GG nicht entgegen. Das versteht sich bei Maßnahmen gegen unbemannte Luftfahrzeuge von selbst, gilt aber auch im anderen Fall. Wer, wie diejenigen, die ein Luftfahrzeug als Waffe zur Vernichtung menschlichen Lebens missbrauchen wollen, Rechtsgüter anderer rechtswidrig angreift, wird nicht als bloßes Objekt staatlichen Handelns in seiner Subjektqualität grundsätzlich in Frage gestellt (vgl. oben unter C II 2 b aa), wenn der Staat sich gegen den rechtswidrigen Angriff zur Wehr setzt und ihn in Erfüllung seiner Schutzpflicht gegenüber denen, deren Leben ausgelöscht werden soll, abzuwehren versucht. Es entspricht im Gegenteil gerade der Subjektstellung des Angreifers, wenn ihm die Folgen seines selbstbestimmten Verhaltens persönlich zugerechnet werden und er für das von ihm in Gang gesetzte Geschehen in Verantwortung genommen wird. Er wird daher in seinem Recht auf Achtung der auch ihm eigenen menschlichen Würde nicht beeinträchtigt.

142 Daran ändern auch die Unsicherheiten nichts, die sich bei der Prüfung ergeben können, ob die Voraussetzungen für die Anordnung und Durchführung einer Einsatzmaßnahme nach § 14 Abs. 3 LuftSiG tatsächlich vorliegen (vgl. oben unter C II 2 b bb bbb). Diese Unsicherheiten sind in Fällen der hier erörterten Art nicht mit denen vergleichbar, die im Regelfall anzunehmen sein werden, wenn sich an Bord des Luftfahrzeugs außer Straftätern auch Besatzungsmitglieder und Passagiere befinden. Wollen diejenigen, die das Luftfahrzeug in ihrer Gewalt haben, dieses nicht als Waffe benutzen, ist also der entsprechende Verdacht nicht begründet, können sie aus Anlass der nach § 15 Abs. 1 und § 14 Abs. 1 LuftSiG durchgeführten Vorfeldmaßnahmen, etwa auf Grund der Androhung von Waffengewalt oder eines Warnschusses, unschwer durch Kooperation, beispielsweise durch Abdrehen oder das Landen der Maschine, zu erkennen geben, dass von ihnen keine Gefahr ausgeht. Auch entfallen die spezifischen Schwierigkeiten, die sich hinsichtlich der Kommunikation zwischen möglicherweise von Straftätern bedrohtem Kabinenpersonal und Cockpit und zwischen diesem und den Entscheidungsträgern am Boden ergeben können. Es ist deshalb hier eher möglich, hinreichend verlässlich und auch rechtzeitig festzustellen, dass ein Luftfahrzeug als Waffe für einen gezielten Absturz missbraucht werden soll.

143 Gibt es keine Anhaltspunkte dafür, dass sich an Bord eines auffällig gewordenen Luftfahrzeugs Unbeteiligte aufhalten, beziehen sich noch verbleibende Ungewissheiten - etwa hinsichtlich der dem Luftzwischenfall zugrunde liegenden Motive - auf einen Geschehensablauf, der durch das Handeln derjenigen ausgelöst worden ist und abgewendet werden kann, gegen die sich die Abwehrmaßnahme nach § 14 Abs. 3 LuftSiG ausschließlich richtet. Damit verbundene Unwägbarkeiten sind daher dem Verantwortungsbereich der Straftäter zuzurechen.

144 bbb) Die Regelung des § 14 Abs. 3 LuftSiG wird, soweit sie nur gegenüber Personen an Bord eines Luftfahrzeugs angewandt wird, das diese als Tatwaffe gegen das Leben von Menschen einsetzen wollen, auch den Anforderungen des Verhältnismäßigkeitsgrundsatzes gerecht.

(1) Die Vorschrift dient dem Ziel, Leben von Menschen zu retten. Das ist im Hinblick auf 145
den Höchstwert, den das menschliche Leben in der Verfassungsordnung des Grundgesetzes einnimmt (vgl. oben unter C I), ein Regelungszweck von solchem Gewicht, dass er den schwerwiegenden Eingriff in das Grundrecht auf Leben der Täter an Bord des Luftfahrzeugs rechtfertigen kann.

(2) § 14 Abs. 3 LuftSiG ist zur Erreichung dieses Schutzzwecks nicht schlechthin ungeeig- 146
net, weil nicht ausgeschlossen werden kann, dass dieser im Einzelfall durch eine Maßnahme nach § 14 Abs. 3 LuftSiG gefördert wird (vgl. BVerfGE 30, 292 <316>; 90, 145 <172>; 110, 141 <164>). Ungeachtet der geschilderten Einschätzungs- und Prognoseunsicherheiten (vgl. oben unter C II 2 b bb bbb) sind Situationen vorstellbar, in denen verlässlich festgestellt werden kann, dass sich an Bord eines in einen Luftzwischenfall verwickelten Luftfahrzeugs nur daran beteiligte Straftäter befinden, und auch ausreichend sicher angenommen werden kann, dass bei einem Einsatz nach § 14 Abs. 3 LuftSiG nachteilige Folgen für das Leben von Menschen am Boden nicht eintreten werden. Ob eine solche Sachlage gegeben ist, hängt von der Lagebeurteilung im Einzelfall ab. Führt sie zu der sicheren Einschätzung, dass sich im Luftfahrzeug nur die Straftäter aufhalten, und zu der Prognose, dass durch den Abschuss des Luftfahrzeugs die Gefahr für die durch dieses am Boden bedrohten Menschen abgewendet werden kann, wird der Erfolg, der mit § 14 Abs. 3 LuftSiG erreicht werden soll, gefördert. Die Eignung dieser Vorschrift für den mit ihr verfolgten Zweck lässt sich deshalb nicht generell in Abrede stellen.

(3) Auch die Erforderlichkeit der Regelung zur Zielerreichung ist in einem solchen Fall ge- 147
geben, weil ein gleich wirksames, das Recht auf Leben der Straftäter nicht oder weniger beeinträchtigendes Mittel nicht ersichtlich ist (vgl. BVerfGE 30, 292 <316>; 90, 145 <172>; 110, 141 <164>).

Der Gesetzgeber hat vor allem in den §§ 5 bis 12 LuftSiG ein ganzes Bündel von Maßnah- 148
men getroffen, die alle im Sinne des § 1 LuftSiG dazu bestimmt sind, dem Schutz vor Angriffen auf die Sicherheit des Luftverkehrs, insbesondere vor Flugzeugentführungen, Sabotageakten und terroristischen Anschlägen, zu dienen (im Einzelnen vgl. schon oben unter A I 2 b bb aaa [1]). Trotzdem hat er es für erforderlich gehalten, mit den §§ 13 bis 15 LuftSiG für den Fall, dass auf Grund eines erheblichen Luftzwischenfalls der Eintritt eines besonders schweren Unglücksfalls in der Bedeutung des Art. 35 Abs. 2 Satz 2 oder Abs. 3 GG zu befürchten ist, Regelungen mit speziellen Eingriffsbefugnissen und Schutzmaßnahmen zu erlassen, die bis zur Ermächtigung reichen, unter den Voraussetzungen des § 14 Abs. 3 LuftSiG als ultima ratio unmittelbar mit Waffengewalt auf ein Luftfahrzeug einzuwirken. Dem liegt die nicht widerlegbare Einschätzung zugrunde, dass auch die umfangreichen Vorkehrungen nach den §§ 5 bis 11 LuftSiG ebenso wie die Erweiterung der Aufgaben und Befugnisse der Luftfahrzeugführer durch § 12 LuftSiG der Erfahrung nach einen absolut sicheren Schutz vor einem Missbrauch von Luftfahrzeugen für kriminelle Zwecke nicht bieten können. Für andere denkbare Schutzmaßnahmen kann nichts anderes gelten.

(4) Die Ermächtigung zur unmittelbaren Einwirkung mit Waffengewalt auf ein Luftfahr- 149
zeug, in dem sich nur Menschen befinden, die dieses im Sinne des § 14 Abs. 3 LuftSiG missbrauchen wollen, ist schließlich auch verhältnismäßig im engeren Sinne. Der Abschuss eines solchen Luftfahrzeugs stellt nach dem Ergebnis der Gesamtabwägung zwischen der Schwere des damit verbundenen Grundrechtseingriffs und dem Gewicht der zu schützenden Rechtsgüter (vgl. dazuBVerfGE 90, 145 <173>; 104, 337 <349>; 110, 141 <165>) eine angemessene, den Betroffenen zumutbare Abwehrmaßnahme dar, wenn Gewissheit über die tatbestandlichen Voraussetzungen besteht.

150 (a) Der Grundrechtseingriff wiegt allerdings schwer, weil der Vollzug der Einsatzmaßnahme nach § 14 Abs. 3 LuftSiG mit an Sicherheit grenzender Wahrscheinlichkeit zum Tod der Flugzeuginsassen führt. Doch sind es diese in der hier angenommenen Fallkonstellation selbst, die als Täter die Notwendigkeit des staatlichen Eingreifens herbeigeführt haben und dieses Eingreifen jederzeit dadurch wieder abwenden können, dass sie von der Verwirklichung ihres verbrecherischen Plans Abstand nehmen. Diejenigen, die das Luftfahrzeug in ihrer Gewalt haben, sind es, die maßgeblich den Geschehensablauf an Bord, aber auch am Boden bestimmen. Zu ihrer Tötung kann es nur kommen, wenn sicher erkennbar ist, dass sie das von ihnen beherrschte Luftfahrzeug zur Tötung von Menschen einsetzen werden, und wenn sie an diesem Vorhaben festhalten, obwohl ihnen die damit für sie selbst verbundene Lebensgefahr bewusst ist. Das mindert das Gewicht des gegen sie gerichteten Grundrechtseingriffs.

151 Auf der anderen Seite haben diejenigen, deren Leben durch die Eingriffsmaßnahme nach § 14 Abs. 3 LuftSiG in Erfüllung der staatlichen Schutzpflicht geschützt werden soll, im Zielbereich des beabsichtigten Flugzeugabsturzes im Regelfall nicht die Möglichkeit, den gegen sie geplanten Angriff abzuwehren, ihm insbesondere auszuweichen.

152 (b) Zu beachten ist allerdings auch, dass durch die Anwendung des § 14 Abs. 3 LuftSiG auf der Erde nicht nur hoch gefährliche Anlagen betroffen, sondern auch Menschen getötet werden können, die sich in Gebieten aufhalten, in denen aller Voraussicht nach Trümmer des unter Einwirkung von Waffengewalt abgeschossenen Luftfahrzeugs niedergehen werden. Auch zum Schutz des Lebens - und der Gesundheit - dieser Menschen ist der Staat von Verfassungs wegen verpflichtet. Das kann bei einer Entscheidung nach § 14 Abs. 4 Satz 1 LuftSiG nicht unberücksichtigt bleiben.

153 Dieser Aspekt berührt aber nicht den rechtlichen Bestand der in § 14 Abs. 3 LuftSiG getroffenen Regelung, sondern deren Anwendung im Einzelfall. Sie soll nach den im Verfahren abgegebenen Stellungnahmen ohnehin unterbleiben, wenn mit Sicherheit erwartet werden muss, dass am Boden über dicht besiedeltem Gebiet durch herabfallende Flugzeugteile Menschen zu Schaden kommen oder gar ihr Leben verlieren würden. Für die Frage, ob die Vorschrift den Anforderungen auch der verfassungsrechtlichen Angemessenheit genügt, reicht die Feststellung aus, dass Fallkonstellationen denkbar sind, in denen die unmittelbare Einwirkung auf ein nur mit Angreifern auf den Luftverkehr besetztes Luftfahrzeug die Gefahr für das Leben derer abwenden kann, gegen die das Luftfahrzeug als Tatwaffe eingesetzt werden soll, ohne dass durch den Abschuss gleichzeitig in das Leben anderer eingegriffen wird. Das ist, wie schon ausgeführt (vgl. oben unter C II 2 b cc bbb [2]), der Fall. § 14 Abs. 3 LuftSiG ist damit, soweit er die unmittelbare Einwirkung mit Waffengewalt auf ein unbemanntes oder nur mit Angreifern besetztes Luftfahrzeug erlaubt, auch verhältnismäßig im engeren Sinne.

154 ccc) Die Wesensgehaltssperre des Art. 19 Abs. 2 GG schließt eine solche Maßnahme gegenüber diesem Personenkreis ebenfalls nicht aus. Im Hinblick auf die außergewöhnliche Ausnahmesituation, von der § 14 Abs. 3 LuftSiG ausgeht, bleibt der Wesensgehalt des Grundrechts auf Leben im hier vorausgesetzten Fall durch den mit dieser Vorschrift verbundenen Grundrechtseingriff so lange unangetastet, wie gewichtige Schutzinteressen Dritter den Eingriff legitimieren und der Grundsatz der Verhältnismäßigkeit gewahrt ist (vgl. BVerfGE 22, 180 <219 f.>; 109, 133 <156>). Beide Voraussetzungen sind nach den vorstehenden Ausführungen gegeben (vgl. unter C II 2 b cc bbb).

III.

Da es dem Bund für § 14 Abs. 3 LuftSiG schon an der Gesetzgebungskompetenz mangelt, hat die Vorschrift auch insoweit, als die unmittelbare Einwirkung auf ein Luftfahrzeug mit Waffengewalt materiellverfassungsrechtlich gerechtfertigt werden kann, keinen Bestand. Die Regelung ist in vollem Umfang verfassungswidrig und infolgedessen gemäß § 95 Abs. 3 Satz 1 BVerfGG nichtig. Für die bloße Feststellung einer Unvereinbarkeit der angegriffenen Regelung mit dem Grundgesetz ist unter den gegebenen Umständen kein Raum. **155**

D.

Die Kostenentscheidung beruht auf § 34 a Abs. 2 BVerfGG. **156**

Papier
Haas
Hömig
Steiner
Hohmann-Dennhardt
Hoffmann-Riem
Bryde

Gaier

Literaturverzeichnis

Loseblattsammlungen

Giemulla, Elmar / van Schyndel, Heiko (Hrsg.), Luftsicherheitsgesetz Kommentar, Loseblattsammlung, Bearbeiter: Giemulla, Elmar / van Schyndel, Heiko / Mendel, Jörg W. / Rothe, Bastian R., Luchterhand, 2008

Hofmann/Grabherr, Luftverkehrsgesetz, Kommentar, C.H. Beck, 2008

Monografien

Bethkenhagen, Kathrin, Die Entwicklung des Luftrechts bis zum Luftverkehrsgesetz von 1922, Peter Lang, Frankfurt a.M., 2004

Denninger, Erhard, Recht in globaler Unordnung, BERLINER WISSENSCHAFTS-VERLAG GmbH, Berlin 2005

Hobe, Stephan / Kimminich, Otto, Einführung in das Völkerrecht, 8. Aufl., A. Francke Verlag, Tübingen, 2004

Isensee, Josef, Das Grundrechtrecht auf Sicherheit: zu den Schutzpflichten des freiheitlichen Verfassungsstaates, Vortrag gehalten vor der Berliner Juristischen Gesellschaft am 24. November 1982, Erweiterte Fassung, Berlin, New York, de Gruyter, 1983

Katz, Alfred, Staatsrecht, Grundkurs im öffentlichen Recht, 14. Aufl., C. F. Müller Verlag, Heidelberg 1999

Lange, Hans-Jürgen (Hrsg.), Staat, Demokratie und Innere Sicherheit in Deutschland, Leske + Budrich, Opladen, 2000

Leber, Georg, Vom Frieden, Seewald Verlag, Stuttgart, 1979

Militärgeschichtliches Forschungsamt (Hrsg.), Anfänge westdeutscher Sicherheitspolitik 1945 – 1956, Band 1, Von der Kapitulation bis zum Pleven-Plan, R. Oldenbourg Verlag München Wien, 1982

Militärgeschichtliches Forschungsamt (Hrsg.), Anfänge westdeutscher Sicherheitspolitik 1945 – 1956, Band 3, Die NATO-Option, R. Oldenbourg Verlag München, 1983

Militärgeschichtliches Forschungsamt (Hrsg.), Anfänge westdeutscher Sicherheitspolitik 1945 – 1956, Band 4, Wirtschaft und Rüstung, Souveränität und Sicherheit, R. Oldenbourg Verlag München, 1997

NATO (Hrsg.), NATO, Tatsachen und Dokumente, Brüssel, 1971

NATO (Hrsg.), NATO-Handbuch, Brüssel, 2001

NATO (Hrsg.), NATO-Handbuch, Brüssel, 2006

Richter, Steffen, Luftsicherheit, Einführung in die Aufgaben und Maßnahmen zum Schutz vor Angriffen auf die Sicherheit des zivilen Luftverkehrs, Richard Boorberg Verlag, 2. Aufl., Berlin, 2007

Roggan, Fredrik, Handbuch zum Recht der Inneren Sicherheit, Pahl-Rugenstein Verlag, Bonn, 2003

Rousseau, Jean-Jacques, Vom Gesellschaftsvertrag oder Grundlagen des politischen Rechts, Insel Verlag, Frankfurt am Main, 2000

Rudolf, Peter, USA – Sicherheitspolitische Konzeptionen und Kontroversen, in: Ferdowski, Mir A., Sicherheit und Frieden zu Beginn des 21. Jahrhunderts, Bayerische Landeszentrale für politische Bildungsarbeit (Hrsg.), 3. Aufl., München, 2004

Schleicher, Rüdiger / Reymann, Friedrich, Recht der Luftfahrt, Kommentar zur deutschen Luftfahrtgesetzgebung, 2. Aufl., Carl Heymanns Verlag, Berlin, 1937

Schleicher, Rüdiger / Reymann, Friedrich / Abraham, Hans Jürgen, Das Recht der Luftfahrt, Kommentar und Quellensammlung, Zweiter Band, Nationales Luftrecht und Nachträge zum ersten Band, 3. Aufl., Carl Heymanns Verlag, Köln, 1966

Schmidt, Siegmar / Hellmann, Gunthrt / Wolf, Reinhard (Hrsg.), Handbuch zur deutschen Außenpolitik, Verlag für Sozialwissenschaften, Wiesbaden, 2007

Schröfl, Josef / Pankratz, Thomas (Hrsg.), Asymmetrische Kriegsführung – ein neues Phänomen der Internationalen Politik?, Nomos Verlagsgesellschaft, Baden-Baden, 2004

Schwenk, Walter / Giemulla, Elmar, Handbuch des Luftverkehrsrechts, unter Mitarbeit von van Schyndel, Heiko und Schorcht, Hendrik, 3. Aufl., Köln, 2004

Stahel, Albert / Geller, Armando, Asymmetrischer Krieg: Theorie – Fallbeispiele – Simulation, in: Schröfl, Josef / Pankratz, Thomas (Hrsg.), Asymmetrische Kriegsführung – ein neues Phänomen der Internationalen Politik?, Nomos Verlagsgesellschaft, Baden-Baden, 2004, S. 95 – 116

Stupka, Andreas, Kriegsgeschichte und klassische kriegstheoretische Betrachtungen zur asymmetrischen Kriegsführung, in: Schröfl, Josef / Pankratz, Thomas (Hrsg.), Asymmetrische Kriegsführung – ein neues Phänomen der Internationalen Politik?, Nomos Verlagsgesellschaft, Baden-Baden, 2004, S. 41 – 56.

Aufsätze

Blumenwitz, Dieter, Der Vertrag vom 12.9.1990 über die abschließende Regelung in Bezug auf Deutschland, NJW 1990, 3041

Brenner, Michael / Hahn, Daniel, Bundeswehr und Auslandseinsätze, JuS 2001, 729

Franzke, Hans-Georg, Art. 24 II GG als Rechtsgrundlage für den Außeneinsatz der Bundeswehr?, NJW 1992, 3075

Froehlich, Annette, Luftsicherheitsgesetze in Europa, ZLW 2007, 340

Giemulla, Elmar, Zwangsmaßnahmen an Bord von Luftfahrzeugen, ZLW 2002, 528

Häußler, Ulf, Der Schutz der Rechtsidee – Zur Notwendigkeit effektiver Terrorismusbekämpfung nach geltendem Völkerrecht, ZRP 2001, 537

Kietz/Maurer, Von Schengen nach Prüm, Stiftung Wissenschaft und Politik, Diskussionspapier der FG 1, 2006/07, Mai 2006, SWP Berlin unter http://www.swp-berlin.de

Kohl, Wolfgang / Stolleis, Michael, Im Bauch des Leviathan – Zur Staats- und Verwaltungsrechtslehre im Nationalsozialismus, NJW 1988, Heft 45, S. 2849 – 2856

Küpper, Herbert, Aktuelle Rechtsentwicklung in Ungarn – Europäische Integration, WiRO 2008, 94.

Lang, Stefan, Wege zu einer europäischen Armee – im Spannungsfeld zwischen Tradition und Integration, ZRP 2000, 268

Menzenbach, Steffi / Grill, Gordon, Maßnahmen zur Terrorismusbekämpfung seit dem 11. September 2001, in: Wissenschaftliche Dienste des Deutschen Bundestages (Hrsg.), Aktueller Begriff Nr. 63/07 vom 12.12.2007, S. 1 – 2

Niklaus, René, Zum Abschuss freigegeben? – Eine interpretative Mikro-Policy-Analyse des Sicherheitskonzeptes zur Abwehr terroristischer Gefahren aus dem Luftraum, Diplomarbeit, Frankfurt, 2005

Palm, Ulrich, Der wehrlose Staat? Der Einsatz der Streitkräfte im Innern nach der Entscheidung des Bundesverfassungsgerichts zum Luftsicherheitsgesetz, Archiv des öffentlichen Rechts, Band 132 (2007), S. 95 – 113

Ruffert, Matthias, Terrorismusbekämpfung zwischen Selbstverteidigung und kollektiver Sicherheit – Die Anschläge vom 11.9.2001 und die Intervention in Afghanistan, ZRP 2002, 247

Schaer, Über den Abschuss von Passagierflugzeugen zur Terrorabwehr, Das Urteil des deutschen Bundesverfassungsgerichts vom 15. Februar 2006 (Az. 1 BvR 357/05) und die aktuellen Regelungen in Österreich und der Schweiz, ZLW 2007, 551

Schily, Otto, Die Europäisierung der Innenpolitik, NVwZ 2000, Heft 8, S. 883 – 889

Sennekamp, Michael, Die völkerrechtliche Stellung der ausländischen Streitkräfte in der Bundesrepublik Deutschland, NJW 1983, 2731

v. Goetze, Clemens, Die Rechte der Alliierten auf Mitwirkung bei der deutschen Einigung, NJW 1990, 2161

Van Schyndel, Heiko, Ein Jahrzehnt neues russisches Luftfahrtgesetz, ZLW 2007, 537

Verlage, Christopher, Liegt der NATO-Bündnisfall noch vor?, Verwaltungsrundschau 2008, 6

Sonstiges

Constitution of the United States, The debates and Proceedings in the Congress of the United States, Volume 1, Washington, 1834

Grundsatzprgramm der CDU Deutschlands: „Freiheit in Verantwortung", 5. Parteitag, 21. – 23. Februar 1994, Hamburg

Robbers, Gerhard, Stellungnahme, an den Präsidenten des Bundesverfassungsgerichts im Namen der Bundesregierung auf die Fragen des Senates vom 21. Juli 2005 zur Vorbereitung der mündlichen Verhandlung am 9. November 2005 vom 3. Oktober 2005, nicht veröffentlicht

USIS, Überprüfung des Systems der inneren Sicherheit der Schweiz, 2003

Autorenverzeichnis

Gerhart R. Baum
Gerhart R. Baum ist deutscher Politiker (FDP) und Rechtsanwalt (Köln). Er war von 1972 bis 1978 Parlamentarischer Staatssekretär beim Bundesminister des Innern und von 1978 bis 1982 Bundesminister des Innern. Gerhart R. Baum legte zusammen mit Dr. Dr. h.c. Burkhard Hirsch und vier weiteren Klägern Verfassungsbeschwerde gegen das Luftsicherheitsgesetz ein, § 14 Abs. 3 LuftSiG wurde in der Folge vom Bundesverfassungsgericht für verfassungswidrig und nichtig erklärt.

Clemens Binninger
Clemens Binninger (CDU) ist seit 2002 Mitglied des Deutschen Bundestages und dort ordentliches Mitglied im Innenausschuss und stellvertretendes Mitglied im Gemeinsamen Ausschuss. Zudem ist er Mitglied der Arbeitsgruppe „Innen" der CDU/CSU-Bundestagsfraktion, die sich mit innenpolitischen Themen, u.a. der inneren und äußeren Sicherheit, beschäftigt.

Boyan Boyanov
Dr. Boyanov ist Persönlicher Referent des amtierenden Verkehrsministers von Bulgarien.

Elmar M. Giemulla
Prof. Dr. iur. Elmar M. Giemulla ist Honorarprofessor für Luftverkehrsrecht an der Technischen Universität Berlin, Attorney-at-Law (New York), Herausgeber des Frankfurter Kommentars zum Luftverkehrsrecht, des Handbuches des Luftverkehrsrechts sowie des Kommentars zum Luftsicherheitsgesetz.

Burkhard Hirsch
Dr. Dr. h.c. Burkhard Hirsch ist deutscher Politiker (FDP) und Rechtsanwalt (Düsseldorf). Er war von 1975 bis 1980 Innenminister des Landes Nordrhein-Westfalen. Gemeinsam mit Gerhart R. Baum und vier weiteren Klägern legte er Verfassungsbeschwerde gegen das Luftsicherheitsgesetz ein, dessen § 14 Abs. 3 in der Folge vom Bundesverfassungsgericht für verfassungswidrig und nichtig erklärt wurde.

Gerhard Hüttig
Prof. Dr.-Ing. Gerhard Hüttig ist Professor am Institut für Luft- und Raumfahrttechnik der Technischen Universität Berlin und leitet dort das Fachgebiet Flugführung & Luftverkehr.

Jörg W. Mendel
Jörg W. Mendel, Jurist und Ministerialrat, war bis Ende 2007 Leiter des Referates Luftsicherheit im Bundesministerium für Verkehr, Bau und Stadtentwicklung (BMVBS). Seit Januar 2008 leitet er die Außenstelle des BMVBS bei der ICAO in Montreal und vertritt die deutschen Interessen im Rat der ICAO, wo Deutschland mit einem ständigen Sitz vertreten ist.

Bastian R. Rothe
Bastian R. Rothe ist Mitautor des Kommentars zum Luftsicherheitsgesetz von Giemulla/van Schyndel, Gutachter und Honorartrainer für Luftrecht.

Klaus-Jürgen Schwahn
Dr.-Ing. Klaus-Jürgen Schwahn ist Geschäftsführer des Flugplatzes Schönhagen und Vizepräsident der AOPA Deutschland.

Eckard Seebohm
Dr. Eckard Seebohm ist Referatsleiter für Luftverkehrssicherheit bei der Generaldirektion Energie und Verkehr der Europäischen Kommission in Brüssel.

Hristo Smolenov
Prof. Dr. Hristo Smolenov ist Leiter des Centrer for Antiterrorism and Security am European College of Economics and Management/Centre for Situation Analyses and Anti-terrorism and Security Studies in Plovdiv.

Heiko van Schyndel
Dr. jur. Heiko van Schyndel ist Luftverkehrsrechtler und Rechtsanwalt (Berlin), u.a. Mitherausgeber des Kommentars zum Luftsicherheitsgesetz von Giemulla/van Schyndel und Mitautor des Handbuchs des Luftverkehrsrechts von Schwenk/Giemulla.

Ludwig Weber
Prof. Dr. Ludwig Weber war über viele Jahre lang Direktor des Legal Bureau der IATA und zuletzt der ICAO in Montreal und lehrt heute als Adjunct Professor an der McGill University in Montreal.

Tim Würfel
Tim Würfel ist Präsident der Vereinigung Cockpit.

The manufacturer's authorised representative in the EU is Springer Nature Customer Service Centre GmbH, Europaplatz 3, 69115 Heidelberg, Germany. If you have any concerns regarding our products, please contact ProductSafety@springernature.com

Printed and bound by CPI Group (UK) Ltd, Croydon, CR0 4YY
21/10/2026
02237133-0007